BIBLIOGRAPHIA PATRISTICA
XXVIII

PATRISTISCHE KOMMISSION
DER AKADEMIEN
DER WISSENSCHAFTEN IN DER
BUNDESREPUBLIK DEUTSCHLAND

BIBLIOGRAPHIA PATRISTICA

XXVIII

WALTER DE GRUYTER · BERLIN · NEW YORK

1987

BIBLIOGRAPHIA PATRISTICA

INTERNATIONALE PATRISTISCHE BIBLIOGRAPHIE

In Verbindung mit vielen Fachgenossen

herausgegeben von

Knut Schäferdiek

XXVIII

Die Erscheinungen des Jahres

1983

WALTER DE GRUYTER · BERLIN · NEW YORK

1987

Gedruckt auf säurefreiem Papier
(alterungsbeständig – pH 7, neutral)

ISBN 3 11 011396 1 · ISSN 0523-2252

VORWORT

Nach einer Reihe von Doppelbänden erscheint der vorliegende Band XXVIII der Bibliographia Patristica wieder als Einzelband. Die immer noch zunehmende Fülle des bibliographischen Materials ließ diesen Schritt im Interesse einer Verminderung des Berichtsabstandes geraten erscheinen. Zudem konnte für den neuen Band das Abkürzungsverzeichnis gründlich revidiert und dabei auch abgemagert werden.

Verbindlicher Dank gebührt erneut den zahlreichen Fachkolleginnen und -kollegen, deren fortdauernde Beiträge die Weiterführung der Bibliographie erst ermöglichen:
K. Aland – Münster; G. Astruc-Morize – Paris; G. Bartelink – Nijmegen; A. Bastiaensen – Nijmegen; J. B. Bauer – Graz; B. Bradley – Dublin; H. Chr. Brennecke – Tübingen; P. Christou – Thessaloniki; I. Coman (†) – Bukarest; A. Davids – Nijmegen; Y.-M. Duval – Paris; J.-C. Fredouille – Toulouse; G. Garitte – Louvain; B. Grabar – Zagreb; E. A. Livingstone – Oxford; W. Myszor – Piastów; D. I. Rankin – Melbourne; N. Rejchrtová – Prag; H. Riesenfeld – Uppsala; W. Rordorf – Peseux; M. Schatkin – New York; R. Trevijano – Salamanca; I. Zonewski – Sofia.

Die Erstellung des Manuskriptes wurde von Herrn Mag. theol. Volker Eschen unter Mithilfe von Frau Andrea Gattwinkel und Frau Doris Garde besorgt.

Mit der Bitte um freundliche Aufnahme verbindet sich wiederum auch die Bitte um tätige Unterstützung: Hinweise auf einschlägige Veröffentlichungen, insbesondere solche an entlegenen Stellen, wie auch auf Fehler und Lücken sind wertvolle Hilfen zu möglichster Vollständigkeit.

Bonn, den 24. September 1987
Evangel.-theol. Seminar
der Universität

Knut Schäferdiek

HINWEISE FÜR DEN BENUTZER

1. Zeitraum. Die obere zeitliche Grenze ist für den Osten das 2. Nicänische Konzil (787), für den Westen Ildefons von Toledo († 667).

2. Die Aufnahme der Titel erfolgt nach den im Bibliothekswesen üblichen Normen. Slawischen, rumänischen und ungarischen Titeln ist eine Übersetzung beigefügt.

3. Die Verfasservornamen sind im allgemeinen so angeführt, wie sie bei den Veröffentlichungen angegeben sind. Lediglich in Abschnitt IX (Recensiones) und im Register werden grundsätzlich nur die Anfangsbuchstaben genannt.

4. In Abschnitt III 2, der die Kirchenschriftsteller in alphabetischer Reihenfolge aufführt, finden sich alle Arbeiten, die sich mit einzelnen Kirchenschriftstellern befassen, einschließlich der Textausgaben.

5. Verweise. Kommt ein Titel für mehrere Abschnitte in Frage, so ist er lediglich unter einem Abschnitt vollständig angegeben, während sich unter den anderen nur der Autorenname findet und in eckigen Klammern auf die Nummer verwiesen wird, unter welcher der vollständige Titel zu suchen ist. Bei Verweisen nach Abschnitt I 10b ist das Wort und bei Verweisen nach III 2 oder III 3b der Kirchenschriftsteller bzw. Heilige angegeben, unter dem der entsprechende Titel zu finden ist.

6. Bei Rezensionen ist stets auf den Jahrgang unserer Bibliographie und die Nummer des rezensierten Werkes verwiesen. Kurze Buchanzeigen bleiben unberücksichtigt, ebenso Rezensionen von Büchern, die vor 1956 erschienen sind.

INHALTSVERZEICHNIS

ABKÜRZUNGSVERZEICHNIS

AA	Antike und Abendland. Beiträge zum Verständnis der Griechen und Römer und ihres Nachlebens. Berlin
AAASzeged	Acta antiqua et archaeologica. Acta Univ. Szegediensis de Attila József nominatae. Szeged
AALig	Atti dell'Accademia Ligure di Scienze e Lettere. Genova
AAP	Atti dell' Accademia Pontaniana. Napoli
AAPal	Atti dell' Accademia di Scienze, Lettere ed Arti di Palermo. Palermo
AAPat	Atti e Memorie dell' Accademia Patavina di Scienze, Lettere ed Arti, Classe di Sc. mor., Lett. ed Arti. Padova
AAPel	Atti della Accademia Peloritana dei Pericolanti. Classe di Lettere, Filosofia e Belle Arti. Messina
AAPh	Arctos. Acta philologica Fennica. Nova series. Helsinki
AArchHung	Acta Archaeologica Academiae Scientiarum Hungaricae. Budapest
AArchSlov	Acta Archaeologica. Arheološki Vestnik. Ljubljana
AASN	Atti della Accademia di Scienze morali e politiche della Società nazionale di Scienze, Lettere ed Arti di Napoli. Napoli
AASOR	The Annual of the American Schools of Oriental Research. New Haven, Conn.
AAT	Atti della Accademia delle Scienze di Torino. Classe di Scienze morali, storiche e filologiche. Torino
AAug	Analecta Augustiniana. Roma
AB	Analecta Bollandiana. Bruxelles
ABG	Archiv für Begriffsgeschichte. Bonn
ABo	Archivum Bobiense. Bobbio
ABourg	Annales de Bourgogne. Dijon
ABret	Annales de Bretagne. Faculté des lettres de l'université de Rennes. Rennes
AcAbo	Acta academiae Aboensis. Ser. A: Humaniora. Åbo
AcAl	Acta classica Universitatis Scientiarum Debreceniensis. Debrecen
AcAnt	Acta Antiqua Academiae Scientiarum Hungaricae. Budapest
AcArO	Acta ad archaeologiam et artium historiam pertinentia. Oslo; Roma
AcIt	Accademie e Biblioteche d'Italia. Roma
ACl	L'antiquité classique. Louvain-la-Neuve
AClass	Acta Classica. Proceedings of the Classical Association of South Africa. Cape Town
Acme	Acme. Università degli Studi di Milano. Milano

AcOK	Acta Orientalia. København
ACPAP	American Catholic Philosophical Association Proceedings. Washington, D.C.
ACW	Ancient Christian Writers. Ramsey, N. J.
AE	Annales de L'Est. Faculté des lettres de l'université de Nancy. Nancy
AEAls	Archives de l'Église d'Alsace. Strasbourg
AEB	Analytical and Enumerative Bibliography. Bibliographical Society of Northern Illinois. Northern Illinois University. DeKalb, Ill.
Aeg	Aegyptus. Rivista Italiana di Egittologia e di Papirologia. Milano
AEHESHP	Annuaire de l'École pratique des Hautes Études, IVᵉ section, Sciences historiques et philologiques. Paris
AEHESR	Annuaire de l'École pratique des Hautes Études, Vᵉ section, Sciences religieuses. Paris
AEKD	Archeion ekklesiastikou kai kanonikou dikaiou. Athenai
AEM	Anuario de Estudios medievales. Barcelona
Aevum	Aevum. Rassegna di Scienze Storiche, Linguistiche e Filologiche. Milano
AFC	Anales de Filología Clásica. Buenos Aires
AFFB	Anuario de Filología. Facultad de Filología. Universidad de Barcelona. Barcelona
AFGG	Annali della Facoltà di Giurisprudenza. Univ. di Genova. Milano
AFH	Archivum Franciscanum Historicum. Ad Claras Aquas, Florentiae-Firenze
AFLB	Annali della Facoltà di Lettere e Filosofia di Bari. Bari
AFLC	Annali della Facoltà di Lettere, Filosofia e Magistero dell'Università di Cagliari. Cagliari
AFLF	Annali della Facoltà di Lettere e Filosofia della Università di Napoli. Napoli
AFLL	Annali della Facoltà di Lettere di Lecce. Lecce
AFLM	Annali della Facoltà di Lettere e Filosofia, Università di Macerata. Padova
AFLNice	Annales de la Faculté des Lettres et Sciences humaines de Nice. Nice
AFLP	Annali della Facoltà di Lettere e Filosofia, Università di Perugia. Rimini
AfO	Archiv für Orientforschung. Horn (Austria)
AFP	Archivum Fratrum Praedicatorum. Roma
AfricaThJ	Africa Theological Journal. Usa River, Tanzania; Makumira
AG	Analecta Gregoriana. Roma
AGLB	Aus der Geschichte der lateinischen Bibel. Freiburg i. Br.
AGPh	Archiv für Geschichte der Philosophie. Berlin
AHAMed	Anales de Historia antigua y medieval. Facultad de Filosofía. Universidad de Buenos Aires. Buenos Aires
AHAW	Abhandlungen der Heidelberger Akademie der Wissenschaften, Philos.-Hist. Klasse. Heidelberg
AHC	Annuarium historiae conciliorum. Paderborn; Amsterdam
AHD	Archives d'histoire doctrinale et littéraire du moyen âge. Paris

AHDE	Anuario de Historia del Derecho español. Madrid
AHES	Archive for history of exact sciences. Berlin
AHP	Archivum historiae pontificiae. Roma
AHR	The American Historical Review. Washington, D.C.; New York, N.Y.; Richmond, Va.
AHSI	Archivum historicum Societatis Iesu. Roma
AIA	Archivo ibero-americano. Madrid
AION	Annali dell'Istituto universitario orientale di Napoli. Seminario di studi del mondo classico. Sezione Linguistica. Pisa
AIONF	Annali dell'Istituto universitario orientale di Napoli. Seminario di studi del mondo classico. Sezione filologico-letteraria. Napoli
AIPh	Annuaire de l'Institut de Philologie et d'Histoire Orientales et Slaves de l'Université Libre de Bruxelles. Bruxelles
AJ	The Archaeological Journal. London
AJBI	Annual of the Japanese Biblical Institute. Tokyo
AJC	American Jewish Committee. Annual Report. New York, N.Y.
AJPh	American Journal of Philology. Baltimore, Md.
AKG	Archiv für Kulturgeschichte. Münster; Köln
AKK	Archiv für katholisches Kirchenrecht. Mainz
Akroterion	Akroterion. Quarterly for the Classics in South Africa. Dept. of Classics, Univ. of Stellenbosch. Stellenbosch
AktAthen	Aktines. Athenai
ALBO	Analecta Lovaniensia Biblica et Orientalia. Bruges
Alfa	Alfa. Marília (Brasil)
ALGHJ	Arbeiten zur Literatur und Geschichte des hellenistischen Judentums. Leiden
ALGP	Annali del Liceo classico G. Garibaldi di Palermo. Palermo
ALMA	Archivum latinitatis medii aevi. Leiden; Bruxelles
Altamira	Altamira. Santander (España)
Altt	Das Altertum. Berlin (DDR)
Alvernia	Alvernia. Calpan (México)
ALW	Archiv für Liturgiewissenschaft. Regensburg
AM	Annales du Midi. Revue archéologique, historique et philologique de la France méridionale. Toulouse
AMATosc	Atti e Memorie dell'Accad. Toscana di Scienze e Lettere La Colombaria. Firenze
AMAV	Atti e Memorie delle Accademie di Agricoltura, Scienze e Lettere di Verona. Verona
AmBenR	The American Benedictine Review. Atchison, Kans.
Ambr	Ambrosius. Milano
Ampurias	Ampurias. Revista de Arqueología, Prehistoria y Etnología. Barcelona
AMSI	Atti e Memorie della Società Istriana di archeologia e storia patria. Trieste
AmSlav	The American Slavic review. American Assoc. for the Advancement of Slavic Studies. Washington, D.C.; New York, N.Y.
AMSM	Atti e Memorie della Deputazione di Storia Patria per le Marche. Ancona

AMSPR	Atti e Memorie Regia della Deputazione di Storia Patria per le Provincie di Romagna. Bologna
AMW	Archiv für Musikwissenschaft. Wiesbaden
AN	Aquileia nostra. Bollettino dell'Associazione nazionale per Aquileia. Aquileia
An	Antiquitas. Reihe 1: Abhandlungen zur alten Geschichte. Bonn
AnAcBel	Annuaire de l'Académie Royale de Belgique. Bruxelles
AnAl	Antichità altoadriatiche. Udine
AnAlic	Anales de la Universidad de Alicante. Facultad de Derecho. Alicante
AnAmHist	Annual Report of the American Historical Association. Washington, D. C.
AnAnk	Annales de l'Université d'Ankara. Ankara
Anazetesis	Anazetesis. Quaderni di ricerca. Gruppo di Studio Carlo Cattaneo. Pistoia
AnBib	Analecta Biblica. Roma
AnBodl	Annual Report of the Curators of the Bodleian Library. Oxford
AnCal	Analecta Calasanctiana. Revista del Colegio Teologado «Felipe Scio». Salamanca
AnCan	L'Annee canonique. Paris
AnColFr	Annuaire du Collège de France. Paris
AnCra	Analecta Cracoviensia. Krakow
AncSoc	Ancient Society. Louvain
AnDomingo	Anales de la Universidad Autónoma de Santo Domingo. Santo Domingo (República Dominicana)
AnFen	Annales Academiae Scientiarum Fennicae. Helsinki
AnFil	Anuario Filosófico. Universidad de Navarra. Pamplona
AnFilE	Anuario de Estudios Filológicos. Universidad de Extremadura. Cáceres
Ang	Angelicum. Roma
AnGir	Annals de l'Institut d'Estudis Gironins. Girona (España)
AnglThR	Anglican Theological Review. Evanston, Ill.
AnMal	Analecta Malacitana. Málaga
AnMont	Analecta Montserratensia. Montserrat, Barcelona
AnMurcia	Anales de la Universidad de Murcia. Murcia
AnMus	Anuario musical. Barcelona
Annales (ESC)	Annales (Économie, Sociétés, Civilisations). Paris
AnnFLGen	Annali della Facoltà di Lettere e Filosofia di Genova. Genova
ANRW	Aufstieg und Niedergang der römischen Welt. Geschichte und Kultur Roms im Spiegel der neueren Forschung. Berlin
AnS	Anatolian Studies. London
AnSaar	Annales Universitatis Saraviensis. Reihe Philosoph. Fak. Saarbrükken
AnSan	Anales de la Facultad de Teología. Santiago de Chile
Ant	Antonianum. Roma
AntAfr	Antiquités africaines. Paris
Anthol	Anthologica annua. Roma; Madrid
AnthropBarc	Anthropologica. Barcelona

Anthropos	Anthropos. Revue internationale d'ethnologie et de linguistique. Fribourg (Suisse)
AnthrVen	Anthropos. Instituto Superior Salesiano de Filosofía y Educación. Los Teques (Venezuela)
Antichthon	Antichthon. Journal of the Australian Society for Classical Studies. Sydney
Antiqua	Antiqua. Rivista di archeologia, architettura, urbanistica, dalle origini al medioevo. Roma
Antiquity	Antiquity. A quarterly Review of Archaeology. Newbury, Berks.
AntJ	The Antiquaries Journal, being the Journal of the Society of Antiquaries of London. London
AnTo	Anales Toledanos. Toledo
AntRev	The Antioch Review. Yellow Springs, O.
ANTT	Arbeiten zur neutestamentlichen Textforschung. Berlin; Stuttgart
AnV	Annales valaisannes. Monthey; Sion (Suisse)
AnVal	Anales Valentinos. Revista de Filosofía y Teología. Valencia
AnVlat	Analecta Vlatadon. Thessaloniki
AnW	Antiquitas. Wrocław
AnzAlt	Anzeiger für die Altertumswissenschaft. Innsbruck
AOAW	Anzeiger der österreichischen Akademie der Wissenschaften in Wien. Philos.-hist. Klasse. Wien
AOS	American Oriental Series. New Haven, Conn.
AP	Archeion Pontou. Athenai
Apollinaris	Apollinaris. Commentarium iuridico-canonicum. Roma
Apollonia	Apollonia. Johannesburg; Alexandria
APQ	American Philosophical Quarterly. Pittsburgh, Penna.
APraem	Analecta Praemonstratensia. Abdij Tongerloo, Prov. Antwerpen
Arabica	Arabica. Revue des études arabes. Leiden
ArAm	Archivio ambrosiano. Milano
ARBB	Académie Royale des sciences, des lettres et des beaux-arts de Belgique. Bulletin de la classe des lettres et des sciences morales et politiques. Bruxelles
ArBiBe	Archives et Bibliothèques de Belgique. Archief- en Bibliotheekwezen in Belgie. Bruxelles-Brussel
Arbor	Arbor. Revista general de Investigación y Cultura. Madrid
ArBu	The Art Bulletin. New York, N.Y.
Arch	Der Archivar. Düsseldorf; Siegburg
Archaeology	Archaeology. New York, N.Y.
ArchClass	Archeologia Classica. Rivista della Scuola naz. di Archeologia, pubbl. a cura degli Ist. di Archeologia e Storia dell'arte greca e romana e di Etruscologia e antichità italiche dell'Univ. di Roma. Roma
Archeion	(früher: AIHS = Archives internationales . . .) Archeion. Archives internationales d'histoire de sciences. Roma
Archeologia	Archeologia. Rocznik Instiytutu Historii Kultury materialnej Polskiej Akademii Nauk., Zakł. Narod. Im. Ossolińskich. Warszawa
Archivum	Archivum. Revue internationale des archives. Paris; Munich
ArchPal	Archivio Paleografico Italiano. Roma

ArchPhilos	Archives de Philosophie. Recherches et documentation. Paris
ArEArq	Archivo español de Arqueología. Madrid
ArEArt	Archivo español de Arte. Madrid
Arethusa	Arethusa. A journal of the wellsprings of Western man. Buffalo, N.Y.
Argensola	Argensola. Huesca (España)
ArGran	Archivo teológico granadino. Granada; Madrid
ArHisp	Archivo hispalense. Sevilla
ARID	Analecta Romana Instituti Danici. Odense; København
ÅrKob	Årbog for Københavns universitet. København
ArLeón	Archivos leoneses. León
ArLing	Archivum Linguisticum. Menston, Yorks.; London
ArOr	Archiv Orientální. Praha
ArOviedo	Archivum. Oviedo
ArPap	Archiv für Papyrusforschung und verwandte Gebiete. Leipzig
ArPh	Archiv für Philosophie. Stuttgart
ArR	Archeologické rozhledy. Praha
ARSP	Archiv für Rechts- und Sozialphilosophie. Meisenheim am Glan; Wiesbaden; Stuttgart
ArSR	Archives de sciences sociales des religions. Paris
ArSS	Archivio Storico Siciliano. Palermo
ArSSO	Archivio Storico per la Sicilia Orientale. Catania
ArStoria	Archivio della Società Romana di Storia Patria. Roma
AS	Archaeologica Slovaca. Bratislava
ASCL	Archivio Storico per la Calabria e la Lucania. Roma
ASE	Anglo-Saxon England. Cambridge
ASI	Archivio Storico Italiano. Firenze
ASL	Archivio Storico Lombardo. Milano
ASNSP	Annali della Scuola Normale Superiore di Pisa. Lettere, Storia e Filosofia. Pisa; Firenze
ASPN	Archivio Storico per le Provincie Napoletane. Napoli
ASPP	Archivio Storico per le Provincie Parmensi. Parma
Asprenas	Asprenas. Napoli
ASPugl	Archivio Storico Pugliese. Bari
ASSPh	Annuaire de la Société Suisse de Philosophie (Studia Philosophica). Bâle
AST	Analecta Sacra Tarraconensia. Barcelona
ASTI	Annual of the Swedish Theological Institute in Jerusalem. Leiden
ASUA	Academia Regia Scientiarum Upsaliensis. Acta. Uppsala
ASUAn	Academia Regia Scientiarum Upsaliensis. Annales. Uppsala
AteRo	Atene e Roma. Firenze
AThD	Acta Theologica Danica. København; Leiden
Athena	Athena. Athenai
AThGlThAthen	Archeion tou Thrakikou Laographikou kai Glossikou Thesaurou. Athenai
AThijmG	Annalen van het Thijmgenootschap. Baarn; Hilversum
AtKap	Ateneum Kapłańskie. Włocławek
AtPavia	Athenaeum. Studi Periodici di Letteratura e Storia dell'Antichità. Pavia

AtVen	Atti dell'Istituto Veneto di Scienze, Lettere ed Arti. Classe di Scienze Morali, Lettere ed Arti. Venezia
AU	Der altsprachliche Unterricht. Arbeitshefte zu seiner wissenschaftlichen Begründung und praktischen Gestalt. Stuttgart
AUB	Annales Universitatis Budapestinensis. Budapest
AUC	Acta Universitatis Carolinae. Praha
AUG	Acta Universitatis Gothoburgensis (Göteborgs Universitets årsskrift). Göteborg
AugR	Augustinianum. Roma
AugSt	Augustinian Studies. Villanova University. Villanova, Penna.
Augustiniana	Augustiniana. Tijdschrift voor de studie van Sint Augustinus en de Augustijnenorde. Leuven
Augustinus	Augustinus. Madrid
AusBR	Australian Biblical Review. Melbourne
AusCRec	Australasian Catholic Record. Sydney
AUSS	Andrews University Seminary Studies. Berrien Springs, Mich.
AustinSemBul	Austin Seminary Bulletin. Faculty Edition. Austin, Tex.
AUU	Acta Universitatis Upsaliensis. Uppsala
AUW	Acta Universitatis Wratislaviensis. Wrocław; Warszawa
AV	Archivio Veneto. Venezia
AvOslo	Avhandlinger utgitt av det Norske Videnskaps-Akademi i Oslo. Historisk-Filosofisk Klasse. Oslo
AVTRW	Aufsätze und Vorträge zur Theologie und Religionswissenschaft. Berlin
AW	Antike Welt. Zürich
AWR	Aus der Welt der Religion. Gießen; Berlin
Axerquia	Axerquia. Revista de Estudios Cordobeses. Córdoba
AZ	Archivalische Zeitschrift. München
AzTh	Arbeiten zur Theologie. Reihe 1. Stuttgart
BAB	Bulletin de la Classe des Lettres de l'Académie Royale de Belgique. Bruxelles
BAC	Biblioteca de Autores Cristianos. Madrid
BAL	Sitzungsberichte der Sächsischen Akademie der Wissenschaften zu Leipzig. Philol.-hist. Klasse. Leipzig; Berlin
BALux	Bulletin des antiquités luxembourgeoises. Luxembourg
BaptQ	Baptist Quarterly. London
BaptRefR	Baptist Reformation Review. Malin, Oreg.
BASOR	Bulletin of the American Schools of Oriental Research. Jerusalem e. a.
BASP	Bulletin of the American Society of Papyrologists. New York, N.Y.
BAug	Bibliothèque Augustinienne. Paris
BBA	Berliner byzantinische Arbeiten. Berlin
BBB	Bonner biblische Beiträge. Bonn
BBEr	Bulletin de la Bibliothèque d'Erevan (Banber Matenadarani). Erevan
BBF	Bulletin des Bibliothèques de France. Paris

BBGG	Bolletino della Badia Greca di Grottaferrata. Grottaferrata, Roma
BBMP	Boletín de la Biblioteca de Menéndez Pelayo. Madrid
BBR	Bulletin de l'Institut Historique Belge de Rome. Roma; Bruxelles
BCPE	Bollettino del Centro internazionale per lo studio dei Papiri Ercolanesi. Napoli
BCRH	Bulletin de la Commission Royale d'Histoire. Académie Royale des Sciences, des Lettres et des Beaux arts. Bruxelles
BEC	Bibliothèque de l'école des chartes. Genève; Paris
Belfagor	Belfagor. Rassegna di varia umanità. Firenze
Benedictina	Benedictina. Roma
BEPB	Bulletin des études portugaises et brésiliennes. Coimbre; Paris
Berceo	Berceo. Logroño (España)
BEThL	Bibliotheca ephemeridum theologicarum Lovaniensium. Louvain
BEU	Bibliotheca Ekmaniana Universitatis Regiae Upsaliensis. Uppsala; Stockholm
BGBE	Beiträge zur Geschichte der biblischen Exegese. Tübingen
BGDST	Beiträge zur Geschichte der deutschen Sprache und Literatur. Tübingen
BGL	Bibliothek der griechischen Literatur. Stuttgart
BHisp	Bulletin hispanique. Bordeaux
BHTh	Beiträge zur historischen Theologie. Tübingen
BibArch	Biblical Archaeologist. Cambridge, Mass.; Philadelphia, Penna.
BibArchR	Biblical Archeological Review. Washington, D. C.
BibbOr	Bibbia e Oriente. Bornato in Franciacorte, Brescia; Fossano; Milano
BiBe	Biblische Beiträge. Einsiedeln; Köln
BibHR	Bibliothèque d'Humanisme et Renaissance. Genève
Bibl	Biblica. Roma
BiblOr	Bibliotheca Orientalis. Leiden
Biblos	Biblos. Coimbra
BiblSacr	Bibliotheca sacra. Dallas, Tex.
BibRes	Biblical Research. Chicago, Ill.
BibThBul	Biblical Theology Bulletin. New York; Albany, N. Y.
BICS	Bulletin of the Institute of Classical Studies of the University of London. London
BIDR	Bollettino dell'Istituto di Diritto romano. Milano
BIFAO	Bulletin de l'Institut Français d'Archéologie Orientale. Le Caire
BIFG	Boletín de la Institución Fernán González. Burgos (España)
BIHR	Bulletin of the Institute of Historical Research. London
BijFTh	Bijdragen. Tijdschrift voor filosofie en theologie. Meppel; Nijmegen
BiKi	Bibel und Kirche. Bad Cannstatt, Stuttgart
BILPatr	Bulletin d'information et de liaison de l'Association internationale des Études patristiques. Amsterdam
BISIAM	Bollettino dell'Istituto Storico Italiano per il Medio Evo e Archivio Muratoriano. Roma
BiTransl	The Bible Translator. London
BiZ	Biblische Zeitschrift (N. F.). Paderborn

BJ	Bonner Jahrbücher des Rheinischen Landesmuseums in Bonn und des Vereins von Altertumsfreunden im Rheinland. Bonn
BJRL	Bulletin of the John Rylands Library Manchester. Manchester
BKA	Bibliothek der klassischen Altertumswissenschaften. Heidelberg
BKM	Byzantina keimena kai meletai. Thessaloniki
BKP	Beiträge zur klassischen Philologie. Meisenheim
BL	Bibel und Liturgie. Wien; Klosterneuburg
BLE	Bulletin de littérature ecclésiastique. Toulouse
BLSCR	Bollettino Ligustico per la Storia e la Cultura Regionale. Genova
BMGS	Byzantine and modern greek studies. London
BMm	Bulletin monumental. Paris
BMRAH	Bulletin des musées royaux d'art et d'histoire. Bruxelles
BMZ	Boletín Museo de Zaragoza de Bellas Artes. Zaragoza
BN	Beiträge zur Namensforschung. Heidelberg
BNJ	Byzantinisch-Neugriechische Jahrbücher. Athen
BodlR	Bodleian Library Record. Oxford
Bogoslovl'e	Bogoslovl'e. Beograd
BolArq	Boletín arqueológico. Tarragona
BolAst	Boletín del Instituto de Estudios Asturianos. Oviedo (España)
BolBarc	Boletín de la Real Academia de Buenas Letras de Barcelona. Barcelona
BolClass	(jetzt: BollClass)
BolComp	Boletín de la Universidad Compostelana. Santiago de Compostela
BolCórd	Boletín de la Real Academia de Córdoba, de Ciencias, Bellas Letras y Nobles. Córdoba
BolFilChile	Boletín de Filología. Universidad de Chile. Santiago de Chile
BolGien	Boletín del Instituto de Estudios Giennenses. Jaén (España)
BolGranada	Boletín de la Universidad de Granada. Granada
BollClass	(früher: BolClass) Bollettino dei classici, a cura del Comitato per la preparazione dell'Edizione nazionale dei Classici greci e latini. Roma
BolPaís	Boletín de la Real Sociedad Vascongada de Amigos del País. San Sebastián
BolPiacentino	Bollettino Storico Piacentino. Piacenza
BolSiena	Bollettino Senese di Storia Patria. Siena
BonnBK	Bonner Beiträge zur Kirchengeschichte. Köln
BOR	Biserica Ortodoxă Română. Bucureşti
BPhM	Bulletin de philosophie médiévale. Louvain-la-Neuve
BPHP	Bulletin philologique et historique du Comité des Travaux Historiques et Scientifiques. Paris
BracAug	Bracara Augusta. Braga (Portugal)
BRAE	Boletín de la Real Academia española. Madrid
BRAH	Boletín de la Real Academia de la Historia. Madrid
BrethLife	Brethren Life and Thought. Oak Brook; Chicago, Ill.
Britannia	Britannia. A journal of Romano-British and kindred studies. London
Brotéria	Brotéria. Cultura e informação. Série mensal, Fé, sciências, letras. Lisboa

BSAF	Bulletin de la Société nationale des Antiquaires de France. Paris
BSAL	Boletín de la Sociedad Arqueológica Luliana. Palma de Mallorca (España)
BSAN	Bulletin de la Société des antiquaires de Normandie. Caen
BSAO	Bulletins de la Société des Antiquaires de l'Ouest et des Musées de Poitiers. Poitiers
BSAP	Bulletins trimestriels de la Société des Antiquaires de Picardie. Amiens
BSCC	Boletín de la Sociedad Castellonense de Cultura. Castellón de la Plana (España)
BSEAA	Boletín del Seminario de Estudios de Arte y Arqueología. Universidad de Valladolid. Valladolid (España)
BSEB	Byzantine Studies – Études Byzantines. Tempe, Ariz.; Pittsburgh, Penna.
BSFN	Bulletin de la Société française de Numismatique. Paris
BSL	Bulletin de la Société de Linguistique de Paris. Paris
BSNES	Bulletin of the Society for Near Eastern Studies in Japan (Oriento), Tokyo Tenrikyokan. Tokyo
BSOAS	Bulletin of the School of Oriental and African Studies. London
BSRel	Biblioteca di scienze religiose. Roma; Brescia; Zurigo
BStudLat	Bollettino di Studi latini. Periodico quadrimestrale d'informazione bibliografica. Napoli
BT	Benediktijns Tijdschrift voor evangeliese bezinning. Sint-Adelbertabdij, Egmond-Binnen
BTAM	Bulletin de théologie ancienne et médiévale. Gembloux; Abbaye du Mont César, Louvain
BTSAAM	Bulletin trimestriel de la Société Académique des Antiquaires de la Morinie. Saint-Omer (France)
BulArchCopte	Bulletin de la Société d'Archéologie Copte. Le Caire; Alexandrie
BulBudé	Bulletin de l'association Guillaume Budé. Paris
BulHel	Bulletin de correspondance hellénique. Paris
BulOr	Bulletin d'études orientales. Beyrouth
Burgense	Burgense. Seminario metropolitano. Burgos
BurlM	Burlington Magazine. London
BWG	Berichte zur Wissenschaftsgeschichte. Wiesbaden
ByFo	Byzantinische Forschungen. Internationale Zeitschrift für Byzantinistik. Amsterdam
ByN	Byzantina Neerlandica. Leiden
Byslav	Byzantinoslavica. Praha
ByZ	Byzantinische Zeitschrift. München
Byzan	Byzantion. Bruxelles
Byzantina	Byzantina. Thessaloniki
BZG	Basler Zeitschrift für Geschichte und Altertumskunde. Basel
BZNW	Beihefte zur Zeitschrift für die neutestamentliche Wissenschaft. Berlin
CaAr	Cahiers archéologiques. Paris
Caesarodunum	Caesarodunum. Tours

CahEA	Cahiers des Études anciennes. Montréal
CaHist	Cahiers d'histoire. Lyon
CalTJ	Calvin Theological Journal. Grand Rapids, Mich.
CanHR	Canadian Historical Review. Toronto
CarkV	Cărkoven vestnik. Sofija
Carmelus	Carmelus. Commentarii ab Instituto Carmelitano editi. Roma
CaSion	Cahiers sioniens. Paris
Cass	Cassiciacum. Eine Sammlung wissenschaftlicher Forschungen über den heiligen Augustinus und den Augustinerorden, sowie wissenschaftlicher Arbeiten von Augustinern aus anderen Wissensgebieten. Würzburg
Cath	Catholica. Vierteljahresschrift für Kontroverstheologie. Münster
CathSt	Catholic Studies (Katorikku Kenkyu). Tokyo
CB	The Classical Bulletin. Department of Classical Languages at Saint Louis University. Saint Louis, Mo.
CBNT	Coniectanea biblica. New Testament Series. Lund
CBQ	The Catholic Biblical Quarterly. Washington, D.C.
CC	La Civiltà Cattolica. Roma
CCAB	Corsi di cultura sull'arte ravennate e bizantina. Bologna
CCC	Civiltà classica e cristiana. Genova
CCER	Cahiers du cercle Ernest-Renan pour Libres Recherches d'Histoire du Christianisme. Paris
CCH	Československý časopis historický. Praha
CChr	Corpus Christianorum. Turnhout
CCM	Cahiers de civilisation médiévale. Poitiers
CD	La Ciudad de Dios. Madrid
CdR	Classici delle religioni. Torino
CE	Chronique d'Égypte. Bulletin périodique de la Fondation égyptologique Reine Elisabeth. Bruxelles
Celtiberia	Celtiberia. Soria
Celtica	Celtica. Dublin
Centaurus	Centaurus. København
CF	Collectanea Franciscana. Roma
CFC	Cuadernos de Filología Clásica. Facultad de Filosofía y Letras. Universitas Complutensis. Madrid
CFilos	Cuadernos de Filosofía. Buenos Aires
CFR	Cuadernos Franciscanos de Renovación. Santiago de Chile
CHE	Cuadernos de Historia de España. Buenos Aires
ChH	Church History. Chicago, Ill.
ChicS	Chicago Studies. Mundelein, Ill.
Chiron	Chiron. Mitteilungen der Kommission für alte Geschichte und Epigraphik des Deutschen Archäologischen Instituts. München
CHR	The Catholic Historical Review. Washington, D.C.
ChrCent	Christian Century. Chicago, Ill.
ChrCris	Christianity and Crisis. New York, N.Y.
Christus	Christus. Paris
ChrLit	Christianity and Literature. Grand Rapids, Mich.
ChrM	Christliche Meister. Einsiedeln

ChrToday	Christianity Today. Washington, D.C.
CHS	Church in History Series. London
Cias	Cias. Buenos Aires
Ciencias	Las Ciencias. Madrid
CIH	Cuadernos de Investigación Histórica. Fundación Universitaria Espãnola. Seminario «Cisneros». Madrid
CIMA	Cahiers de l'Institut du moyen âge grec et latin. Copenhague
CISA	Contributi dell'Istituto di Storia antica dell'Univ. del Sacro Cuore. Milano
Cistercium	Cistercium. Revista monástica. Revista española de espiritualidad, historia y doctrina. Abadía de La Oliva. Carcastillo, Navarra
CistStud	Cistercian Studies. Spencer, Mass.
Cithara	Cithara. St. Bonaventure, N.Y.
CîtNed	Cîteaux. Commentarii Cistercienses. Westmalle (Belgie)
CJ	Classical Journal. Athens, Ga.
CL	Corolla Londiniensis. Amsterdam
ClAnt	Classical antiquity. Berkeley, Calif.
Claretianum	Claretianum. Commentaria Theologica. Pontificia Universitas Lateranensis: Institutum Theologiae Vitae Religiosae. Roma
Classica	Classica. Boletim de pedagogia e cultura. Lisboa
Clergy	The Clergy Review. London
ClO	The Classical Outlook. Journal of the American Classical League. Oxford, O.; Miami, Fla.
ClPh	Classical Philology. Chicago, Ill.
CM	Classica et mediaevalia. København
CO	Het christelijk Oosten. Nijmegen
CodMan	Codices manuscripti. Zeitschrift für Handschriftenkunde. Wien
ColCist	Collectanea Cisterciensia. Abbaye de la Paix, Chimay (Belgique)
Collationes	Collationes. Vlaams Tijdschrift voor Theologie en Pastoraal. Gent
Colloquium	Colloquium. Sydney (Australia)
CollSR	Collection de sociologie religieuse. Paris
ColSal	Colloquium salutis. Wrocław
Commentary	Commentary. American Jewish Committee. New York, N.Y.
Communio	Communio. Commentarii Internationales de Ecclesia et Theologia. Studium Generale, O.P. Sevilla (España)
Communio (US)	Communio. International Catholic Review. Spokane, Wash.
Communion	Communion. Taizé (France)
Compostellanum	Compostellanum. Instituto de Estudios Jacobeos. Santiago de Compostela
Concilium	Concilium. Internationale Zeitschrift für Theologie. Mainz; Einsiedeln; Zürich; Wien
ConciliumM	Concilium. Revista Internacional de Teología. Madrid
ConciliumP	Concilium. Revue internationale de théologie. Paris
ConcorJ	Concordia Journal. St. Louis, Mo.
ConcorThQ	Concordia Theological Quarterly. Ft. Wayne, Ind.
Confer	Confer. Revista de vida religiosa. Conferencia Española de Religiosos. Madrid
ConferS	Comunidades. Suplemento Confer. Boletín bibliográfico de vida religiosa y espiritualidad. Madrid

Conimbriga	Conimbriga. Revista do Instituto de Arqueologia da Faculdade de Letras. Coimbra
ConvSPaulo	Convivium. São Paulo (Brasil)
CopticChurchR	Coptic Church Review. Lebanon, Penna.
COr	Cahiers d'Orientalisme. Genève
COS	Cambridge Oriental Series. London
CoTh	Collectanea Theologica. Warszawa
CP	Corona Patrum. Torino
CQ	The Classical Quarterly. Oxford
CR	Classical Review (N. S.). Oxford
CRAI	Comptes rendus des séances de l'Académie des inscriptions et belles lettres. Paris
CRDAC	Centro ricerche e documentazione sull' antichità classica. Atti. Roma
Crisis	Crisis. Revista española de Filosofía. Madrid
Criterio	Criterio. Buenos Aires
Cross	Cross Currents. New York, N. Y.
CrossCr	Cross and Crown. St. Louis, Mo.; West Nyack, N. Y.
CrSt	Cristianesimo nella storia. Ricerche storiche esegetiche teologiche. Bologna
CS	Critica storica. Firenze
CSC	Cistercian studies series. Kalamazoo, Mich.
CSCO	Corpus scriptorum Christianorum orientalium. Leuven
CSEL	Corpus scriptorum ecclesiasticorum Latinorum. Wien
CSF	Cuadernos Salmantinos de Filosofía. Universidad Pontificia. Salamanca
CSG	Collana di Studi greci. Napoli
CSR	Christian Scholar's Review. Wenham, Mass.
CStR	Collana di storia religiosa. Napoli
CStT	Częstochowskie Studia Teologiczne. Częstochowa
CT	La Ciencia Tomista. Salamanca
CThM	Calwer theologische Monographien. Stuttgart
CTM	Cuestiones Teológicas. Medellín (Colombia)
CTP	Collana di testi patristici. Roma
CTSA	Catholic Theological Society of America. Proceedings of the annual convention. Bronx, N. Y.
CTu	Les Cahiers de Tunisie. Tunis
CuadGal	Cuadernos de Estudios gallegos. Santiago de Compostela
CuadMon	Cuadernos Monásticos. Conferencia de Comunidades Monásticas del Cono Sur. Abadía de Santa Escolástica. Victoria, Buenos Aires (R. Argentina)
CUAPS	Catholic University of America Patristic Studies. Washington, D. C.
CultBib	Cultura Bíblica. Madrid; Segovia
CultLisb	Cultura. História e Filosofia. Lisboa
CultNeolat	Cultura neolatina. Modena
CuSc	Cultura e Scuola. Ist. dell' Enciclopedia Italiana. Roma
CV	Communio viatorum. Praha

CW   The Classical World. Pittsburgh, Penna.

DA   Deutsches Archiv für Erforschung des Mittelalters. Köln; Graz
DArch   Dialoghi di Archeologia. Roma
Davar   Davar. Buenos Aires
DC   Doctor Communis. Roma
DChrArHet   Deltion tes Christianikes Archaiologikes Hetaireias. Athenai
DE   Il Diritto Ecclesiastico e rassegna di diritto matrimoniale. Mi-
                    lano
DHA   Dialogues d'histoire ancienne. Paris
Diak   Diakonia. Bronx, N.Y.
Diakon   Diakonia. Der Seelsorger. Internationale Zeitschrift für praktische
                    Theologie. Mainz
Dial   Dialog. Minneapolis; St. Paul, Minn.
DialEc   Diálogo Ecuménico. Centro de Estudios Orientales y Ecuménicos
                    Juan XXIII. Universidad Pontificia. Salamanca
Dialogue   Dialogue. Revue canadienne de philosophie. Kingston; Montreal
Did   Didascalia. Rosario (República Argentina)
Didaskalia   Didaskalia. Revista da Faculdade de Teologia de Lisboa. Universi-
                    dade Católica Portuguesa. Lisboa
Dioniso   Dioniso. Rivista trimestrale di studi sul teatro antico. Siracusa
Dionysius   Dionysius. Dept. of Classics, Dalhousie University. Halifax, Nova
                    Scotia
Diotima   Diotima. Revue de recherche philosophique. Athènes
DipOrthAth   Diptycha Orthodoxias. Athenai
Dipt   Diptycha. Athenai
DissAbstr   Dissertation Abstracts. A Guide to Dissertations and Monographs
                    available in microfilm. Ann Arbor, Mich.
Divinitas   Divinitas. Roma
DLZ   Deutsche Literaturzeitung für Kritik der internationalen Wissen-
                    schaft. Berlin
DocLife   Doctrine and Life. Dublin
Dodone   Dodone. Epistemonike Epeteris tes Philosophikes Scholes tou
                    Panepistemiou Ioanninon. Ioannina
Dom   Dominicana. Washington, D.C.
DR   Downside Review. Downside Abbey, Bath; Exeter
DrewG   Drew Gateway. Madison, N.J.
DThP   Divus Thomas. Commentarium de Philosophia et Theologia. Pia-
                    cenza (Italia)
DtPfrBl   Deutsches Pfarrerblatt. Essen
DTT   Dansk teologisk tidsskrift. København
DuchKult   Duchovna Kultura. Sofija
DuchPast   Duchovní pastýř. Praha
DukeDivR   The Duke Divinity School Review. Durham, N.C.
DumPap   Dumbarton Oaks Papers. New York, N.Y.
DurhamUni   The Durham University Journal. Durham, N.C.
Durius   Durius. Valladolid
DVM   Deltio Vivlikon Meleton. Athenai

DVSHFM	Det kgl. danske Videnskabernes Selskab. Hist.-Filol. Medd. København
DZPh	Deutsche Zeitschrift für Philosophie. Berlin
EA	Erbe und Auftrag. Beuron
EAg	Estudio Agustiniano. Valladolid
EarlyAmLit	Early American Literature. Amherst, Mass.
EBib	Estudios Bíblicos. Madrid
ECA	Estudios centroamericanos. San Salvador
ECl	Estudios Clásicos. Madrid
EcumR	The Ecumenical Review. Geneva
EDeusto	Estudios de Deusto. Bilbao (España)
EE	Estudios Eclesiásticos. Madrid
EF	Estudios Franciscanos. Barcelona
EFil	Estudios Filosóficos. Revista de Investigación y Crítica publicada por los Estudios de Filosofía de los Dominicos Españoles. Valladolid
EgliseTh	Église et Théologie. Ottawa
EHBS	Epeteris tes Hetaireias Byzantinon Spoudon. Athenai
EHR	English Historical Review. London
EHRel	Études d'histoire des Religions. Strasbourg
EIC	Ephemerides iuris canonici. Roma
Eidos	Eidos. Madrid
Eirene	Eirene. Studia Graeca et Latina. Praha
EJos	Estudios Josefinos. Valladolid
EkklAthen	Ekklesia. Athenai
EL	Ephemerides liturgicae. Roma
Elenchos	Elenchos. Rivista di studi sul pensiero antico. Roma
ELul	Estudios Lulianos. Palma de Mallorca (España)
EMaria	Estudios marianos. Madrid
EMC	Échos du Monde classique. Classical News and Views. Calgary, Alberta
EMerced	Estudios. Estudios, Notas y Bibliografía especialmente sobre la Orden de la Merced en España y América. Madrid
Emérita	Emérita. Boletín de Lingüistica y Filología Clásica. Madrid
EMSlVD	Editiones Monumentorum Slavicorum Veteris Dialecti. Graz
Enc	Encounter. Indianapolis, Ind.
Enchoria	Enchoria. Zeitschrift für Demotistik und Koptologie. Wiesbaden
Encrucillada	Encrucillada. Revista galega de pensamento cristián. El Ferrol
Enrahonar	Enrahonar. Barcelona
Eos	Eos. Commentarii Societatis Philologae Polonorum. Wrocław
EpAn	Epigraphica Anatolica. Zeitschrift für Epigraphik und historische Geographie Anatoliens. Bonn
EpAth	Epistemonike Epeteris tes Philosophikes Scholes tou Panepistemiou Athenon. Athenai
EPh	Ekklesiastikos Pharos. Alexandria
EphMariol	Ephemerides mariologicae. Madrid
Epiphany	Epiphany. A Journal of Faith and Insight. San Francisco, Calif.

EPRO   Études préliminaires aux religions orientales dans l'Empire ro-
                main. Leiden
EpThAth   Epistemonike Epeteris tes Theologikes Scholes tou Panepistemiou
                Athenon. Athenai
EpThes   Epistemonike Epeteris tes Philosophikes Scholes tou Panepiste-
                miou Thessalonikes. Thessaloniki
EpThThes   Epistemonike Epeteris tes Theologikes Scholes tou Panepistemiou
                Thessalonikes. Thessaloniki
Eranos   Eranos. Acta philologica Suecana. Uppsala
ErJb   Eranos-Jahrbuch. Leiden
ES   Economia e storia. Rivista italiana di storia economica e sociale.
                Milano
EscrVedat   Escritos del Vedat. Anuario. Instituto Pontificio de Teología. PP.
                Dominicos. Valencia (España)
ESeg   Estudios Segovianos. Segovia (España)
ESH   Ecumenical Studies in History. Richmond, Va.
Espíritu   Espíritu, Conocimiento, Acutalidad. Barcelona
Esprit   Esprit et vie. Langres
EstRo   Estudis romànics. Barcelona
EstT   Estudos Teológicos. São Leopoldo (Brasil)
Et   Études. Paris
EtGreg   Études grégoriennes. Solesmes
ETGuatemala   Estudios teológicos. Instituto Teológico Salesiano. Guatemala
EThL   Ephemerides theologicae Lovanienses. Leuven
EtPh   Les Études Philosophiques. Paris
ETrin   Estudios Trinitarios. Publicación del Secretariado Trinitario. Sala-
                manca
EtThR   Études théologiques et religieuses. Montpellier
Euhemer   Euhemer. Przegląd religioznawczy. Warszawa
EuntDoc   Euntes Docete. Roma
Euphorion   Euphorion. Zeitschrift für Literaturgeschichte. Heidelberg
Euphrosyne   Euphrosyne. Revista de Filologia clássica. Lisboa
EvangQ   Evangelical Quarterly. London
EVO   Egitto e Vicino Oriente. Rivista della Sezione orientalistica dell'Ist.
                di Storia antica dell'Univ. di Pisa. Pisa
EvTh   Evangelische Theologie. München
Explor   Explor. A Journal of Theology. Evanston, Ill.
ExpT   The Expository Times. Edinburgh

Fabula   Fabula. Zeitschrift für Erzählforschung. Berlin
FaCh   Fathers of the Church. Washington, D. C.
Faventia   Faventia. Publicació del Departament de Filologia clàssica de la
                Univ. autònoma de Barcelona. Barcelona
FBogotá   Filosofía. Bogotá
FC   Filosofický časopis. Praha
FDA   Freiburger Diözesan-Archiv. Freiburg i. Br.
FilBuenosA   Filología. Buenos Aires
FilNau   Filosofija i naucnyj kommunizm. Minsk

Filos	Filosofia. Torino
FilVit	Filosofia e Vita. Torino; L'Aquila
FKDG	Forschungen zur Kirchen- und Dogmengeschichte. Göttingen
Florilegium	Florilegium. Carleton Univ. Annual papers on classical antiquity and the middle ages. Ottawa
FMSt	Frühmittelalterliche Studien. Berlin
Foi	Foi et vie. Paris
FoiTemps	La Foi et le Temps. Tournai
ForumTheo	Forum theologicum. Härnösand; Stockholm
FR	Felix Ravenna. Faenza
Franc	Franciscana. Sint-Truiden (Belgie)
Francia	Francia. München; Sigmaringen
FrBogotá	Franciscanum. Revista de las ciencias del espíritu. Universidad de San Buenaventura. Bogotá (Colombia)
FRLANT	Forschungen zur Religion und Literatur des Alten und Neuen Testaments. Göttingen
FrSt	French Studies. Oxford
FS	Franziskanische Studien. Werl; Münster
FSt	Franciscan Studies. St. Bonaventure, N.Y.
FThSt	Freiburger theologische Studien. Freiburg i. Br.
FTS	Frankfurter Theologische Studien. Frankfurt a.M.
FZPT	Freiburger Zeitschrift für Philosophie und Theologie. Freiburg (Schweiz)
GB	Grazer Beiträge. Horn (Austria)
GBA	Gazette des beaux arts. Paris
GCFI	Giornale Critico della Filosofia Italiana. Firenze
GCS	Die griechischen christlichen Schriftsteller der ersten Jahrhunderte. Berlin
GDA	Godišnik na duchovnata akademija. Sofija
GeiLeb	Geist und Leben. Zeitschrift für Askese und Mystik. Würzburg
Genava	Genava. Genf
Gerión	Gerión. Madrid
GGA	Göttingische gelehrte Anzeigen. Göttingen
GiorFil	Giornale Italiano di Filologia. Roma
GJ	The Geographical Journal. London
GlB	Glasul Bisericii. Bucureşti
Glotta	Glotta. Göttingen
GM	Giornale di Metafisica. Genova
Gn	Gnomon. München
GNS	Gazette Numismatique Suisse. Bâle
GöO	Göttinger Orientforschungen. Göttingen
GöThA	Göttinger theologische Arbeiten. Göttingen
GR	Greece and Rome. Oxford
GraceThJ	Grace Theological Journal. Winona Lake, Ind.
Greg	Gregorianum. Roma
GregPalThes	Gregorios ho Palamas. Thessaloniki
GrOrthThR	The Greek Orthodox Theological Review. Brookline, Mass.

GrRoBySt	Greek, Roman and Byzantine Studies. Durham, N.C.
GrTS	Grazer Theologische Studien. Graz
GTT	Gereformeerd theologisch tijdschrift. Kampen
GWU	Geschichte in Wissenschaft und Unterricht. Stuttgart
Gy	Gymnasium. Zeitschrift für Kultur der Antike und humanistische Bildung. Heidelberg
HA	Handes Amsorya. Zeitschrift für armenische Philologie. Wien
Ha	Hermathena. A Series of Papers on Literature, Science and Philosophy. Dublin
Habis	Habis. Universidad de Sevilla. Arqueología, Filología clásica. Sevilla
HarvAsia	Harvard Journal of Asiatic Studies. Cambridge, Mass.
HarvClassPhil	Harvard Studies in Classical Philology. Cambridge, Mass.
HarvDB	Harvard Divinity Bulletin. Cambridge, Mass.
HC	Historický časopis. Slovenskej Akadémie Vied a Umeni. Bratislava
Helikon	Helikon. Rivista di tradizione e cultura classica. Roma
Helios	Helios. Journal of the Classical Association of the Southwestern United States. Lubbock, Tex.
Hell	Hellenika. Thessaloniki
HellAgAthen	Hellenochristianike Agoge. Athenai
Helmántica	Helmántica. Universidad Pontificia. Salamanca
Hephaistos	Hephaistos. Kritische Zeitschrift zur Theorie und Praxis der Archäologie, Kunstwissenschaft und angrenzender Gebiete. Bremen
Her	Hermes. Zeitschrift für klassische Philologie. Wiesbaden
HerE	Hermes. Zeitschrift für klassische Philologie – Einzelschriften. Wiesbaden
Hermeneus	Hermeneus. Tijdschrift voor de antieke Cultuur. Culemburg
HervTSt	Hervormde teologiese studies. Pretoria
Hesp	Hesperia. Journal of the American School of Classical Studies at Athens. Athens
Hespéris	Hespéris-Tamuda. Paris
HeythropJ	The Heythrop Journal. Heythrop College. University of London. London; Oxen; Oxford
Hispania	Hispania. Revista española de Historia. Madrid
HispAnt	Hispania Antiqua. Valladolid
HistIud	Historia Iudaica. New York, N.Y.
HistJ	Historical Journal. Cambridge
Historia	Historia. Zeitschrift für alte Geschichte. Wiesbaden
History	History. London
HistoryT	History Today. London
HistReli	History of Religions. Chicago, Ill.
HistTh	History and Theory. Middletown, Conn.
HJ	Historisches Jahrbuch. München; Freiburg i.Br.
HKZMTL	Handelingen der Koninklijke Zuidnederlandse Maatschappij voor Taal- en Letterkunde en Geschiedenis. Brussel; Langemark
HlasPrav	Hlas pravoslaví. Praha
HlD	Heiliger Dienst. Salzburg

Horizon	Horizon. New York, N.Y.
Horizontes	Horizontes. Revista de la Universidad Católica de Puerto Rico. Ponce (Puerto Rico)
HP	Ἕλληνες Πατέρες τῆς Ἐκκλησίας. Θεσσαλονίκη
HPR	Homiletic and Pastoral Review. New York, N.Y.
HR	Hispanic Review. Philadelphia, Penna.
HS	Hispania Sacra. Madrid
HSHT	Historica. Les sciences historiques en Tchécoslovaquie. Prague
HSt	Historické štúdie. Bratislava
HThR	Harvard Theological Review. Cambridge, Mass.
HTK	Historisk tidsskrift. København
HUCA	Hebrew Union College Annual. Cincinnati, O.
Humanitas	Humanitas. Revista de la Facultad de Filosofía y Letras. Tucumán (R. Argentina)
HumanitasBr	Humanitas. Brescia (Italia)
HumanitasCoim	Humanitas. Coimbra (Portugal)
HumTeol	Humanística e Teologia. Instituto de Ciências Humanas e Teológicas do Porto. Porto (Portugal)
HVF	Handelingen van de Vlaams Filologencongressen. Gent; Leuven
HVSLA	Kungliga Humanistiska vetenskapssamfundet i Lund. Årsberättelse. Lund
HVSUA	Kungliga Humanistiska vetenskapssamfundet i Uppsala. Årsbok. Uppsala
Hymn	The Hymn. Springfield, O.
Hyp	Hypomnemata. Göttingen
HZ	Historische Zeitschrift. München
IBS	Irish Biblical Studies. Belfast
IBSibiu	Îndrumător Bisericesc. Sibiu
IC	Ius Canonicum. Universidad de Navarra. Pamplona
IClSt	Illinois Classical Studies. Chico, Calif.
IH	Information historique. Paris
IHS	Irish Historical Studies. Dublin
IKZ	Internationale kirchliche Zeitschrift. Bern
IL	L'Information littéraire. Paris
Ilerda	Ilerda. Lérida
IM	Imago mundi. Leiden; München; Paderborn
IMU	Italia medioevale e umanistica. Padova
IndCultEsp	Indice cultural español. Madrid
IndHistEsp	Indice histórico español. Barcelona
InFil	Inozema filolohija. Lvov
Interp	Interpretation. A journal of Bible and Theology. Richmond, Va.
Interpretation	Interpretation. A journal of political philosophy. New York, N.Y.
IntRMiss	International Review of Mission. Geneva; New York, N.Y.
InvLuc	Invigilata lucernis. Rivista dell'Istituto di ·Latino. Università di Bari. Bari
IPAlba Iulia	Îndrumător pastoral. Alba Iulia
IPhQ	International Philosophical Quarterly. New York, N.Y.

Irénikon	Irénikon. Chevetogne (Belgique)
IRSH	International Review of Social History. Assen
IsExJ	Israel Exploration Journal. Jerusalem
Isis	Isis. Washington, D.C.
Islam	Der Islam. Strasbourg; Berlin
ISPh	International Studies in Philosophy. Torino
Istina	Istina. Paris; Boulogne
Itinerarium	Itinerarium. Braga (Portugal)
ITQ	The Irish Theological Quarterly. Maynooth (Ireland)
ITS	Innsbrucker Theologische Studien. Innsbruck; München
Iura	Iura. Rivista Internazionale di Diritto Romano e Antico. Napoli
Iz	Izvestija. Akademii Nauk Gruzinskoj SSR, ser. filos. i psichol. Tbilisi
JA	Journal asiatique. Paris
JAACr	The Journal of Aesthetics and Art Criticism. Baltimore, Md.
JAAR	Journal of the American Academy of Religion. Waterloo, Ontario; Missoula, Mont.
JAC	Jahrbuch für Antike und Christentum. Münster
JACE	Jahrbuch für Antike und Christentum. Ergänzungsband. Münster
Janus	Janus. Revue internationale de l'histoire des sciences, de la médecine, de la pharmacie et de la technique. Amsterdam
JAOS	Journal of the American Oriental Society. New Haven, Conn.
JARCE	Journal of the American Research Center in Egypt. Boston, Mass.
JBAA	The Journal of the British Archaeological Association. London
JbBerlin	Akademie der Wissenschaften der DDR. Jahrbuch. Berlin
JbGö	Jahrbuch der Akademie der Wissenschaften in Göttingen. Göttingen
JBL	Journal of Biblical Literature. Philadelphia, Penna.
JBMainz	Akademie der Wissenschaften und der Literatur. Jahrbuch. Mainz
JbrPK	Jahresbericht. Staatsbibliothek Preußischer Kulturbesitz. Berlin
JChSt	Journal of Church and State. Waco, Tex.
JCS	Journal of Classical Studies. Kyoto; Tokyo (Japan)
JDAI	Jahrbuch des deutschen archäologischen Instituts. Berlin
JEA	Journal of Egyptian Archaeology. London
JEcclH	Journal of Ecclesiastical History. London
JEGP	The journal of English and German philology. Urbana, Ill.
JEOL	Jaarbericht van het Vooraziatisch-Egyptisch Genootschap «Ex Oriente Lux». Leiden
JES	Journal of Ecumenical Studies. Pittsburgh; Philadelphia, Penna.
JETS	Journal of the Evangelical Theological Society. Wheaton, Ill.
JGO	Jahrbücher für Geschichte Osteuropas. München; Stuttgart
JHI	Journal of the History of Ideas. Philadelphia, Penna.
JHPh	Journal of the History of Philosophy. Berkeley, Los Angeles, Calif.
JHS	Journal of Hellenic Studies. London
JHSCW	Journal of the Historical Society of the Church in Wales. Cardiff
JIES	Journal of Indo-European Studies. Hattiesburg, Miss.
JJur	The Journal of Juristic Papyrology. Warsaw

JKGV	Jahrbuch des Kölnischen Geschichtsvereins. Köln
JLH	Jahrbuch für Liturgik und Hymnologie. Kassel
JMP	Journal of the Moscow Patriarchate. Moscow
JNAW	Jaarboek van de Koninklijke Nederlandse Akademie van Wetenschappen. Amsterdam
JNES	Journal of Near Eastern Studies. Chicago, Ill.
JÖB	Jahrbuch der Österreichischen Byzantinistik. Wien
JPastCare	Journal of Pastoral Care. Kutztown, Penna.; New York, N.Y.
JPh	Journal of Philosophy. New York, N.Y.
JQR	The Jewish Quarterly Review. Philadelphia, Penna.
JR	The Journal of Religion. Chicago, Ill.
JRAS	Journal of the Royal Asiatic Society of Great Britain and Ireland. London
JRelEthics	Journal of Religious Ethics. Knoxville, Tenn.
JRelPsychRes	The Journal of Religion and Psychical Research. Bloomfield, Conn.
JRelSt (Ohio)	Journal of Religious Studies. Cleveland, O.
JReSt	Journal of Religious Studies (Shukyo Kenkyo). University of Tokyo. Tokyo
JRH	The Journal of religious history. Sydney
JRS	Journal of Roman Studies. London
JRTh	Journal of Religious Thought. Washington, D.C.
JS	Journal des savants. Paris
JSb	Jazykovedný časopis. Bratislava
JSS	Journal of Semitic Studies. Manchester
JSSR	Journal for the Scientific Study of Religion. New Haven; Storrs, Conn.
JStJ	Journal for the study of Judaism in the Persian, Hellenistic and Roman period. Leiden
JTh	Journal of Theology (Shingaku). Tokyo
JThS	Journal of Theological Studies. Oxford
Jud	Judaism. New York, N.Y.
Judaica	Judaica. Beiträge zum Verständnis des jüdischen Schicksals in Vergangenheit und Gegenwart. Basel; Zürich
JuFi	Južnoslovenski Filolog. Beograd
JWCI	Journal of the Warburg and Courtauld Institutes. London
JWG	Jahrbuch für Wirtschaftsgeschichte. Berlin (DDR)
KÅ	Kyrkohistorisk årsskrift. Stockholm
Kairos	Kairos. Zeitschrift für Religionswissenschaft und Theologie. Salzburg
Kanon	Kanon. Jahrbuch der Gesellschaft für das Recht der Ostkirchen. Wien
KBANT	Kommentare und Beiträge zum Alten und Neuen Testament. Düsseldorf
Klearchos	Klearchos. Bollettino dell'Assoc. Amici del Museo Nazionale di Reggio Calabria. Napoli
Kleio	Kleio. Tijdschrift voor oude Talen en antieke Kultuur. Leuven
Kleronomia	Kleronomia. Thessaloniki

Klio	Klio. Beiträge zur alten Geschichte. Berlin
KlT	Kleine Texte für Vorlesungen und Übungen. Begründet von H. Lietzmann. Berlin
KoinAthen	Koinonia. Athenai
KoinNapoli	Κοινωνία. Organo dell'Associazione di studi tardoantichi. Portici, Napoli
KoSt	Koptische Studien. Würzburg
KřR	Křest'anská revue. Praha
KRS	Kirchenblatt für die reformierte Schweiz. Basel
KT	Kerk en theologie. 's-Gravenhage; Wageningen
KuD	Kerygma und Dogma. Göttingen
Labeo	Labeo. Napoli
Lampas	Lampas. Muiderberg
Langages	Langages. Paris
Language	Language. Journal of the Linguistic Society of America. Baltimore, Md.
Lateranum	Lateranum. Città del Vaticano
Latinitas	Latinitas. Roma
Latomus	Latomus. Revue d'études latines. Bruxelles
Lau	Laurentianum. Roma
Laval	Laval théologique et philosophique. Québec
LCC	The Library of Christian Classics. London
LCM	Liverpool Classical Monthly. University of Liverpool. Liverpool
LCO	Letture cristiane delle origine. Roma
LebS	Lebendige Seelsorge. Karlsruhe; Freiburg i. Br.
LEC	Les Études Classiques. Namur
Leodium	Leodium. Liège
LeV	Liturgia e Vida. Rio de Janeiro
LexThQ	Lexington Theological Quarterly. Lexington, Ky.
LFilol	Listy filologické. Praha
LG	Latina et Graeca. Zagreb
LibriRiv	Libri e Riviste d'Italia. Roma
LinBibl	Linguistica Biblica. Bonn
Liturgia	Liturgia. Monasterio de Sto. Domingo. Silos, Burgos
LJ	Liturgisches Jahrbuch. Münster
LO	Lex Orandi. Paris
Logos	Logos. Revista de Filosofía. Universidad La Salle. México
LQF	Liturgiewissenschaftliche Quellen und Forschungen. Münster
LR	Lettres romanes. Louvain
LS	Lingua e Stile. Milano
LSD	Litteraria. Štúdie a dokumenty. Bratislava
LSt	Louvain Studies. Louvain
LUÅ	Acta Universitatis Lundensis. Sectio 1. Theologica, iuridica, humaniora. Lund
Lum	Lumen. Lisboa
Lumen	Lumen. Facultad de Teología del Norte de España – Sede de Vitoria. Vitoria.

Lumenvitae	Lumen vitae. Revue internationale de la formation religieuse. Bruxelles
LumVi	Lumière et vie. St. Alban-Leysse
LusSac	Lusitania sacra. Lisboa
Lustrum	Lustrum. Internationale Forschungsberichte aus dem Bereich des klassischen Altertums. Göttingen
Lychnos	Lychnos. Uppsala
MA	Moyen-âge. Bruxelles
MAAL	Mededelingen der Koninklijke Nederlandse Akademie van Wetenschappen. Afdeling Letterkunde. Amsterdam
MAB	Mededelingen van de koninklijke Academie voor Wetenschappen, Letteren en Schone Kunsten van België. Klasse de Letteren. Brussel
MAb	Misión Abierta al servicio de la fe. Madrid
MAev	Medium aevum. Oxford
Maia	Maia. Bologna
MaisonDieu	La Maison-Dieu. Paris
MakThes	Makedonika. Syngramma periodikon tes Hetaireias Makedonikon Spoudon. Thessaloniki
Manresa	Manresa. Revista de Información e Investigación ascética y mística. Barcelona; Madrid
Manuscripta	Manuscripta. St. Louis, Mo.
Marianum	Marianum. Roma
MarSt	Marian Studies. Washington, D.C.; Paterson, N.Y.
MAT	Memorie dell'Accademia delle Scienze di Torino. Torino
Mayeútica	Mayeútica. Publicación cuatrimestral de los Padres Agustinos Recoletos. Marcilla, Navarra
MayR	Maynooth Review. Maynooth
MBTh	Münsterische Beiträge zur Theologie. Münster
MCM	Miscellanea classico-medievale. Quaderni predipartimento di civiltà classica e del medioevo. Università di Lecce. Lecce
MCom	Miscelánea Comillas. Madrid
MCSN	Materiali e contributi per la storia della narrative greco-latina. Perugia
MD	Materiali e Discussioni per l'analisi dei testi classici. Pisa
MDOG	Mitteilungen der Deutschen Orient-Gesellschaft zu Berlin. Berlin
MEAH	Miscelánea de Estudios Árabes y Hebraicos. Granada
Meander	Meander. Revue de civilisation du monde antique. Varsovie
Medellín	Medellín. Teología y Pastoral para América Latina. Instituto Teológico Pastoral del CELAM. Medellín (Colombia)
Mediterraneus	Mediterraneus. Annual Report of the Collegium Mediterranistarum. Tokyo
MEFR	Mélanges d'Archéologie et d'Histoire de l'École Française de Rome. Paris
MelitaTh	Melita theologica. Valetta, Malta
MennQR	Mennonite Quarterly Review. Goshen, Ind.
MF	Miscellanea francescana. Roma
MFCh	Message of the Fathers of the Church. Wilmington, Del.

MGH	Monumenta Germaniae historica. Köln e.a.
MH	Museum Helveticum. Basel
MHA	Memorias de Historia antigua. Oviedo
MHisp	Missionalia Hispanica. Madrid
MHum	Medi(a)evalia et Humanistica. Studies in Medieval and Renaissance Society. North Texas State University. Denton, Tex.
MIDEO	Mélanges de l'Institut Dominicain d'Études Orientales du Caire. Dar Al-Maaref
Mid-stream	Mid-stream. Indianapolis, Ind.
Mikael	Mikael. Paraná (República Argentina)
MIL	Memorie dell'Ist. Lombardo, Accademia di Scienze e Lettere, Cl. di Lett., Sc. morali e storiche. Milano
MIÖGF	Mitteilungen des Instituts für österreichische Geschichtsforschung. Wien
Missio	Missiology. South Pasadena, Calif.
MitrArd	Mitropolia Ardealului. Sibiu
MitrBan	Mitropolia Banatului. Timişoara
MitrMold	Mitropolia Moldovei şi Sucevei. Iaşi
MitrOlt	Mitropolia Olteniei. Craiova
MLatJB	Mittellateinisches Jahrbuch. Köln; Stuttgart
MM	Miscellanea mediaevalia. Berlin
MmFor	Memorie Storiche Forogiuliesi. Udine
Mn	Mnemosyne. Bibliotheca classica Batava. Leiden
MNHIR	Mededelingen van het Nederlands Historisch Instituut te Rome. 's-Gravenhage
ModCh	Modern Churchman. London; Oxford
ModS	The Modern Schoolman. St. Louis, Mo.
MonStud	Monastic Studies. Pine City, N.Y.
Montalbán	Montalbán. Universidad Católica Andrés Bello. Caracas
MontCarm	El Monte Carmelo. Burgos (España)
Month	The Month. London notes. Baltimore, Md.
Moralia	Moralia. Revista de Ciencias Morales. Instituto Superior de Ciencias Morales. Madrid
MPhL	Museum Philologum Londiniense. Amsterdam
MR	The Minnesota Review. Minneapolis, Minn.
MRSt	Mediaeval and Renaissance Studies. London
MS	Mediaeval Studies. Toronto
MSAHC	Mémoires de la société archéologique et historique de la Charente. Angoulème
MSHDI	Mémoires de la société pour l'histoire du droit et des institutions des anciens pays bourguignons, comtois et romands. Dijon
MSR	Mélanges de science religieuse. Lille
MSSNTS	Monograph series. Society for New Testament Studies. Cambridge
MT	Museum Tusculanum. København
MThSt	Münchener Theologische Studien. München
MThZ	Münchener theologische Zeitschrift. München
Mu	Le Muséon. Revue d'études orientales. Louvain

MuAfr	Museum Africum. Ibadan (Nigeria)
MüBPR	Münchener Beiträge zur Papyrusforschung und antiken Rechtsgeschichte. München
MüStSpr	Münchener Studien zur Sprachwissenschaft. München
MusCan	Museo canario. Madrid; Las Palmas, Gran Canaria
MusCrit	Museum Criticum. Quaderni dell'Ist. di Filologia classica dell' Università di Bologna. Bologna
MUSJ	Mélanges de l'Université Saint-Joseph. Beyrouth
MusI	The Muslim World. Hartford, Conn.
MusPat	Museum Patavinum. Rivista semestrale della Facoltà di Lettere e Filosofia di Padova. Firenze
MVVEG	Mededelingen en verhandelingen van het Vooraziatisch-Egyptisch Genootschap «Ex oriente Lux». Leiden
NAA	Narody Azii i Afriki. Moskva
NAFM	Nuovi Annali della Facoltà di Magistero dell'Università di Messina. Roma
NAG	Nachrichten der Akademie der Wissenschaften in Göttingen. Göttingen
NAKG	Nederlands archief voor kerkgeschiedenis. Leiden
Namurcum	Namurcum. Namur
NatGrac	Naturaleza y Gracia. Salamanca
NDid	Nuovo Didaskaleion. Catania (Italia)
NedThT	Nederlands theologisch tijdschrift. 's-Gravenhage
NEThR	The Near East School of Theology Theological Review. Beirut
NetV	Nova et Vetera. Temas de vida cristiana. Monasterio de Benedictinas. Zamora
NiceHist	Nice historique. Nice
Nicolaus	Nicolaus. Bari
NMES	Near and Middle East Series. Toronto
NMS	Nottingham Mediaeval Studies. Nottingham
Norba	Norba. Revista de Arte, Geografía e Historia. Universidade de Extremadura. Cáceres
NotreDameEngJ	Notre Dame English Journal. A Journal of Religion in Literature. Notre Dame, Ind.
NovaVet	Nova et vetera. Genf; Freiburg (Schweiz)
NovTest	Novum Testamentum. Leiden
NPh	Neophilologus. Groningen
NPM	Neuphilologische Mitteilungen. Helsinki
NRiSt	Nuova Rivista Storica. Roma
NRTh	Nouvelle revue théologique. Tournai
NS	The New Scholasticism. Washington, D.C.
NTA	Neutestamentliche Abhandlungen. Münster
NTS	New Testament Studies. Cambridge
NTT	Norsk teologisk tidsskrift. Oslo
Numen	Numen. International Review for the History of Religions. Leiden
NVA	Det norske videnskaps-akademi. Avhandlinger. Hist.-filos. klasse. Oslo

NYRB	New York Review of Books. Milford, Conn.
NZMW	Neue Zeitschrift für Missionswissenschaft. Schöneck-Beckenried
NZSTh	Neue Zeitschrift für systematische Theologie und Religionsphilosophie. Berlin
OBO	Orbis biblicus et orientalis. Freiburg (Schweiz)
OCA	Orientalia Christiana Analecta. Roma
ÖAKR	Österreichisches Archiv für Kirchenrecht. Wien
ÖAW	Österreichische Akademie der Wissenschaften. Philos.-hist. Klasse. Wien
OECT	Oxford Early Christian Texts. Oxford
ÖT	Ökumenische Theologie. Zürich; Köln
OHM	Oxford Historical Monographs. Oxford
OiC	One in Christ. Catholic Ecumenical Review. London
Oikumene	Oikumene. Studia ad historiam antiquam classicam et Orientalem spectantia. Budapest
Oliv	El Olivo. Documentación y estudios para el Diálogo entre Judíos y Cristianos. Madrid
OLP	Orientalia Lovaniensia Periodica. Louvain
OLZ	Orientalistische Literaturzeitung. Berlin
OneChurch	One Church. Youngstown, O.; New York, N. Y.
OP	Opuscula Patrum. Roma
Opus	Opus. Rivista internazionale per la storia economica e sociale dell' antichità. Roma
OrAnc	L'orient ancien illustré. Paris
OrCath	Orbis catholicus. Barcelona
OrChr	Oriens Christianus. Wiesbaden
OrChrP	Orientalia Christiana Periodica. Roma
Oriens	Oriens. Journal of the International Society for Oriental Research. Leiden
Orient	Orient. Bulletin of the Society of Near Eastern studies in Japan. Tokyo
Orientalia	Orientalia. Roma
OrLab	Ora et Labora. Revista litúrgico-pastoral e beneditina. Mosteiro de Singeverga. Roriz; Santo Tirso (Portugal)
OrOcc	Oriente-Occidente. Revista de Investigaciones Comparadas. Buenos Aires
Orpheus	Orpheus. Catania (Italia)
OrSuec	Orientalia suecana. Uppsala
OrtBuc	Ortodoxia. Bucureşti
OrthL	Orthodox Life. Jordanville, N. Y.
OstkiSt	Ostkirchliche Studien. Würzburg
OTM	Oxford Theological Monographs. Oxford
OTS	Oudtestamentische studien. Leiden
PA	Památky archeologické. Praha
PAA	Πρακτικὰ τῆς Ἀκαδημίας Ἀθηνῶν. Ἀθῆναι
PACPA	Proceedings of the American Catholic Philosophical Association. Washington, D. C.

Paid	Paideuma. Mitteilungen zur Kulturkunde. Frankfurt a. M.; Wiesbaden
Paideia	Paideia. Genova
Pal	Palestra del Clero. Rovigo (Italia)
PalBul	Palaeobulgarica (Starobălgaristika). Sofija
PalExQ	Palestine Exploration Quarterly. London
Pallas	Pallas. Fasc. 3 des Annales, publiées par la Faculté des Lettres de Toulouse. Toulouse
Pan	Pan. Studi dell'Istituto di Filologia latina dell'Università di Palermo. Palermo
PapyBrux	Papyrologia Bruxellensia. Bruxelles-Brussel
PapyCast	Papyrologia Castroctaviana. Barcelona
Par	La Parola del Passato. Rivista di Studi Antichi. Napoli
ParOr	Parole de l'Orient. Kaslik (Liban)
Parr	La Parrochia. Quaderno di presenza culturale. Ed. del Seminario. Caltanisetta
PărSB	Părinţi şi scriitori bisericeşti. Bucureşti
Past	Past and Present. London
Pastbl	Pastoralblätter. Stuttgart
PatrMediaev	Patristica et Mediaevalia. Buenos Aires
Pazmaveb	Pazmaveb. Venezia
PBH	Patma-banasirakan handes. Jerevan
PBrSchRome	Papers of the British School at Rome. London
PC	Pensée catholique. Paris
PeI	Le Parole e le idee. Napoli
Pelop	Peloponnesiaka. Athenai
Pensamiento	Pensamiento. Madrid
Perficit	Perficit. Salamanca
PerkinsJ	Perkins School of Theology Journal. Dallas, Tex.
PerRelSt	Perspectives in Religious Studies. Macon, Ga.; Mufreesboro, N.C.
PersTeol	Perspectiva Teológica. Faculdade de Teologia. Universidade de Vale do Rio dos Sinos. São Leopoldo (Brasil)
Phase	Phase. Centro de Pastoral Litúrgica. Barcelona
Phil	Philologus. Zeitschrift für das klassische Altertum. Berlin; Wiesbaden
Philol	Philologica Pragensia. Praha
Philosophia	Φιλοσοφία. Ἐπετηρὶς τοῦ Κέντρου ἐρεύνης τῆς ἑλληνικῆς φιλοσοφίας. Ἀθῆναι
Philosophy	Philosophy. The Journal of the Royal Institute of Philosophy. London
PhilosQ	The Philosophical Quarterly. University of St. Andrews. Scots Philos. Club. St. Andrews
PhilTo	Philosophy Today. Celina; Carthagena, O.
PhJB	Philosophisches Jahrbuch der Görresgesellschaft. München; Freiburg i. Br.
PhLit	Philosophischer Literaturanzeiger. Meisenheim; München; Basel
PhMendoza	Philosophia. Universidad nacional de Cuyo. Mendoza
PhNat	Philosophia naturalis. Meisenheim am Glan

Phoenix	The Phoenix. The Journal of the Classical Association of Canada. Toronto
PhoenixL	Phoenix. Bulletin uitgegeven door het Vooraziatisch-Egyptisch genootschaap «Ex Oriente Lux». Leiden; Rotterdam
PhP	Philosophia Patrum. Interpretation of Patristic texts. Leiden
PhPhenRes	Philosophy and Phenomenological Research. Buffalo, N.Y.
PhR	Philosophical Review. New York, N.Y.
PhrCórd	Phronesis. Córdoba (R. Argentina)
PhRef	Philosophia reformata. Kampen
PhRh	Philosophy and Rhetoric. University Park, Pa.
Phronesis	Phronesis. A Journal for Ancient Philosophy. Assen
PhRu	Philosophische Rundschau. Tübingen
PHum	Przegląd Humanistyczny. Warszawa
PhValparaíso	Philosophica. Universidad Católica de Valparaíso (Chile)
Physis	Physis. Rivista internazionale di Storia della scienza. Firenze
PILLParma	Pubblicazioni dell'Istituto di Lingua e Lettere latine dell'Università di Parma. Roma
Pirineos	Pirineos. Zaragoza (España)
Platon	Platon. Deltion tes Hetaireias Hellenon Philologon. Athenai
PLu	Positions Luthériennes. Paris
PMAPA	Philological Monographs of the American Philological Association. Cleveland, O.; New York, N.Y.
PO	Patrologia Orientalis. Paris; Turnhout
POK	Pisma Ojców Kościola. Poznań
PolKnig	Polata Knigopisnaja. An Information Bulletin devoted to the Study of Early Slavic Books, Texts and Literatures. Nijmegen
POr	Przegląd Orientalistyczny. Warszawa
POrth	La Pensée Orthodoxe. Institut de théologie orthodoxe St. Serge. Paris
PPMRC	Proceedings of the Patristic, Mediaeval and Renaissance Conference. Villanova, Pa.
PPol	Il pensiero politico. Rivista di Storia delle idee politiche e sociali. Firenze
PQ	Philological Quarterly. Iowa City, Ia.
PraKan	Prawo Kanoniczne. Warszawa
PravS	Pravoslavný sborník. Praha
PrincBul	The Princeton Seminary Bulletin. Princeton, N.J.
ProcAmJewish	Proceedings of the American Academy for Jewish Research. New York, N.Y.; Jerusalem
ProcAmPhS	Proceedings of the American Philosophical Society. Philadelphia, Penna
ProcBritAc	Proceedings of the British Academy. London
ProcIrAc	Proceedings of the Royal Irish Academy. Sect. C. Dublin
ProCTS	Proceedings of the College Theology Society. Waterloo, Ontario
ProcVS	Proceedings of the Virgil Society. London
Prometheus	Prometheus. Rivista quadrimestrale di studi classici. Firenze
PrOrChr	Proche orient chrétien. Jérusalem
Protest	Protestantesimo. Roma

Proteus	Proteus. Rivista di filosofia. Roma
ProvHist	Provence historique. Marseille
Proyección	Proyección. Granada
Prudentia	Prudentia. Auckland (New Zealand)
PrViana	Príncipe de Viana. Pamplona
PrzHi	Przegląd Historyczny. Warszawa
PS	Palestinskij Sbornik. Leningrad; Moskva
PSIL	Publications de la section historique de l'Institut Grand-Ducal de Luxembourg. Luxembourg
PSP	Pisma Starochrzešcijańskich Pisarzy. Warszawa
PST	Poznańskie Studia Teologiczne. Poznań
PTA	Papyrologische Texte und Abhandlungen. Bonn
PThSt	Pretoria theological studies. Leiden
PTS	Patristische Texte und Studien. Berlin
PublIOL	Publications de l'Institut Orientaliste de Louvain. Louvain
PublMen	Publicaciones del Instituto Tello Téllez de Meneses. Palencia
Pyrenae	Pyrenae. Crónica arqueológica. Barcelona
QC	Quaderni Catanesi di Studi classici e medievali. Catania
QFIAB	Quellen und Forschungen aus italienischen Archiven und Bibliotheken. Tübingen
QILCl	Quaderni dell'Istituto di Lingue e Letterature classiche. Bari
QILL	Quaderni dell'Istituto di Lingua e Letteratura latina. Roma
QJS	Quarterly Journal of Speech. New York, N. Y.
QL	Les Questions liturgiques. Louvain
QM	Quaderni medievali. Bari
QR (Methodist)	Quarterly Review. A Scholarly Journal for Reflection on Ministry. Nashville, Tenn.
QS	Quaderni di Storia. Rassegna di antichità redatta nell'Ist. di Storia greca e romana dell'Univ. di Bari. Bari
QSt	Quaderni Storici. Bologna
QuadFoggia	Quaderni dell'Associazione italiana di Cultura classica, Deleg. di Foggia. Foggia
Quaerendo	Quaerendo. A quarterly journal from the Low Countries devoted to manuscripts and printed books. Amsterdam
QuatFleuv	Les Quatre Fleuves. Paris
QUCC	Quaderni Urbinati di Cultura Classica. Roma
QVChr	Quaderni di «Vetera Christianorum». Bari
RA	Revue archéologique. Paris
RaAcSant	Revista de la Academia Superior de Ciencias pedagógicas de Santiago de Chile. Santiago de Chile
RAAN	Rendiconti dell'Accademia di Archeologia, Lettere e Belle Arti di Napoli. Napoli
RaBi	Revista bíblica. Buenos Aires
RABM	Revista de Archivos, Bibliotecas y Museos. Madrid
RaBol	Revista de la Sociedad Bolivariana de Venezuela. Caracas
RaBrFilos	Revista brasileira de Filosofia. São Paulo

RaBuenosA	Revista de la Universidad de Buenos Aires. Buenos Aires
RAC	Reallexikon für Antike und Christentum. Stuttgart
RaCa	La Revista Católica. Santiago de Chile
RaCórdoba	Revista de la Universidad nacional de Córdoba. Córdoba (R. Argentina)
RaCuzco	Revista universitaria. Universidad de Cuzco. Cuzco (Perú)
RaEduc	Revista de Educación. Madrid
RaExtr	Revista de estudios extremeños. Badajoz (España)
RaFMex	Revista de Filosofía. Departamento de Filosofía. Universidad ibero-americana. México
RAgEsp	Revista agustiniana. Calahorra, Logroño; La Rioja
RaHist	Revista de Historia. São Paulo
RAIB	Rendiconti dell'Accademia delle Scienze dell'Istituto di Bologna. Bologna
RaInd	Revista de Indias. Madrid
RAL	Rendiconti della Reale Accademia Nazionale dei Lincei. Classe di Scienze Morali, Storiche e Filologiche. Roma
Ramus	Ramus. Critical studies in Greek and Latin Literature. Monash Univ. Clayton, Victoria (Australia)
RaNCult	Revista nacional de Cultura. Caracas
RaOviedo	Revista de la Universidad de Oviedo. Oviedo
RaPlata	Revista de Teología. La Plata (R. Argentina)
RaPol	Revista de Estudios políticos. Madrid
RaPortFilog	Revista portuguesa de Filologia. Coimbra
RaPortFilos	Revista portuguesa de Filosofia. Braga (Portugal)
RaPortHist	Revista portuguesa de História. Coimbra
RArch	Rivista di Archeologia. Roma
RAS	Rassegna degli Archivi di Stato. Roma
RasIsr	Rassegna Mensile di Israel. Roma
RaUCR	Revista de la Universidad de Costa Rica. San José de Costa Rica
RaUSPaulo	Revista da Pontificia Universidade Católica de São Paulo. São Paulo
RaVenFilos	Revista Venezolana de Filosofía. Caracas
RBen	Revue bénédictine. Abbaye de Maredsous (Belgique)
RBi	Revue biblique. Paris
RBL	Ruch Biblijny i Liturgiczny. Kraków
RBPh	Revue belge de philologie et d'histoire. Mechelen
RBR	Ricerche bibliche e religiose. Genova
RBS	Regulae Benedicti Studia. Annuarium internationale. Hildesheim
RC	Religión y Cultura. Madrid
RCA	Rozpravy Československé Akademie Věd. Řada společenských věd. Praha
RCatT	Revista Catalana de Teología. Barcelona
RCCM	Rivista di Cultura Classica e Medioevale. Roma
RCEduc	Revista de Ciencias de la Educación. Madrid
RDC	Revue de droit canonique. Strasbourg
REA	Revue des études augustiniennes. Paris
REAnc	Revue des études anciennes. Domaine Univ., Sect. d'histoire. Talence

REArm	Revue des études arméniennes. Paris
REB	Revue des études byzantines. Paris; Bucarest
REBras	Revista eclesiástica brasileira. Petrópolis
REC	Revista de Estudios Clásicos. Mendoza (R. Argentina)
ReC	Religioni e Civiltà. Bari
REccDoc	Rerum ecclesiasticarum documenta. Roma
RechAug	Recherches augustiniennes. Paris
RecHist	Recusant History. Bognor Regis, Sussex
RechSR	Recherches de science religieuse. Paris
Recollectio	Recollectio. Institutum Historicum Augustinorum Recollectorum. Roma
REDC	Revista española de Derecho canónico. Madrid
REDI	Revista española de Derecho internacional. Madrid
ReEg	Revue d'égyptologie. Paris
ReExp	Review and Expositor. Louisville, Ky.
RefR	Reformed Review. New Brunswick, N.J.; Holland, Mich.
REG	Revue des études grecques. Paris
REI	Revue des études islamiques. Paris
REJ	Revue des études juives. Paris
REL	Revue des études latines. Paris
Religion	Religion. Journal of Religion and Religions, publ. by the Dept. of Religious Studies, Univ. of Lancaster. London
RelSoAfrica	Religion in Southern Africa. Durban; Pietermaritzburg
RelStR	Religious Studies Review. Waterloo, Ontario
RelStud	Religious Studies. Cambridge
ReMet	The Review of Metaphysics. Washington, D.C.; New York, N.Y.
REP	Revista española de Pedagogía. Madrid
RESE	Revue des Études sud-est européennes. Bucarest
Réseaux	Réseaux. Revue interdisciplinaire de philosophie morale et politique. Mons
REspir	Revista de Espiritualidad. Madrid
ResPL	Res publica litterarum. Studies in the classical tradition. Univ. of Kansas. Laurence, Kans.
ReSR	Revue des sciences religieuses. Strasbourg
RestQ	Restoration Quarterly. Abilene, Tex.
RET	Revista española de Teología. Madrid
RF	Razón y Fe. Madrid
RFacDMadrid	Revista de la Facultad de Derecho de la Universidad Complutense de Madrid. Madrid
RFC	Rivista di Filologia e d'Istruzione Classica. Torino
RFCRica	Revista de Filosofía. Universidad de Costa Rica. Costa Rica
RFE	Revista de Filología española. Madrid
RFil	Revista de Filosofía. Madrid
RFN	Rivista di Filosofia Neoscolastica. Milano
RGuimerães	Revista de Guimerães. Guimerães
RH	Revue historique. Paris
RHD	Revue d'histoire du droit. Tijdschrift voor Rechtsgeschiedenis. Groningen

RHDFE	Revue historique de droit français et étranger. Paris
RHE	Revue d'histoire ecclésiastique. Louvain
RHEF	Revue d'histoire de l'église de France. Paris
Rhetorica	Rhetorica. International Society for the history of rhetoric. Berkeley, Calif.
RHLag	Revista de historia canaria. La Laguna, Tenerife (Canarias)
RHLF	Revue d'histoire littéraire de la France. Paris
RhM	Rheinisches Museum für Philologie. Frankfurt a. M.
RHPhR	Revue d'histoire et de philosophie religieuses. Paris
RHR	Revue de l'histoire des religions. Paris
RHS	Revue d'histoire des sciences et de leurs applications. Paris
RHSpir	Revue d'histoire de la spiritualité. Bruxelles; Paris
RHT	Revue d'Histoire des Textes. Paris
RhV	Rheinische Vierteljahrsblätter. Bonn
RiAC	Rivista di Archeologia Cristiana. Roma
RiAsc	Rivista di Ascetica e Mistica. Firenze
RiBi	Rivista Biblica. Brescia
RIDA	Revue internationale des droits de l'antiquité. Gembloux; Bruxelles
RIEAl	Revista de investigación y ensayos del Instituto de Estudios Alicantinos. Alicante
RIFD	Rivista internazionale di filosofia del diritto. Milano; Roma
RiFil	Rivista di Filosofia. Torino
RiLit	Rivista Liturgica. Finalpia; Torino
RILSL	Rendiconti. Istituto Lombardo di Scienze e Lettere. Classe di Lettere e Scienze Morali e Storiche. Milano
Rinascimento	Rinascimento. Firenze
RIP	Revue internationale de philosophie. Paris
RiStor	Rivista di Storia, Arte, Archeologia per le provincie di Alessandrie ed Asti. Alessandria
RivRos	Rivista Rosminiana di filosofia e di cultura. Stresa
RiVSp	Rivista di Vita Spirituale. Roma
RJaver	Revista Javeriana, Signos de los Tiempos. Bogotá (Colombia)
RJC	Revista juridica de Cataluña. Barcelona
RKZ	Reformierte Kirchenzeitung. Neukirchen-Vluyn
RLC	Revue de littérature comparée. Paris
RM	Revue Mabillon. Ligugé
RMAL	Revue du moyen-âge latin. Strasbourg
RMM	Revue de métaphysique et de morale. Paris
RN	Revue du nord. Lille
ROB	Religion och Bibel. Nathan Söderblom-Sällskapets årsbok. Lund; Stockholm
RoczFil	Roczniki Filozoficzne. Lublin
RoczH	Roczniki humanistyczne (Kathol. Uniw. Lubelskiego). Lublin
RoczTK	Roczniki Teologiczno-Kanoniczne. Lublin
RÖ	Römisches Österreich. Jahresschrift der österreichischen Gesellschaft für Archäologie. Wien
RöHM	Römische Historische Mitteilungen. Graz; Köln; Wien
ROIELA	Revue de l'Organisation internationale pour l'étude des langues anciennes par ordinateur. Liège

Roma	Roma. Buenos Aires (R. Argentina)
Romania	Romania. Paris
RomBarb	Romanobarbarica. Contributi allo studio dei rapporti culturali tra mondo latino e mondo barbarico. Roma
RomForsch	Romanische Forschungen. Vierteljahresschrift für romanische Sprachen und Literaturen. Frankfurt a. M.
RPAA	Rendiconti della Pontificia Accademia di Archeologia. Roma
RPFE	Revue philosophique de la France et de l'étranger. Paris
RPh	Revue de philologie, de littérature et d'histoire anciennes. Paris
RPL	Revue philosophique de Louvain. Louvain
RQ	Römische Quartalschrift für christliche Altertumskunde und Kirchengeschichte. Freiburg i. Br.
RQS	Revue des questions scientifiques. Namur
RRel	Review for Religious. St. Mary's, Kans.; St. Louis, Mo.
RSA	Rivista storica dell'Antichità. Bologna
RSAA	Revue Suisse d'Art et d'Archéologie. Zurich
RSB	Rivista di Studi Bizantini e Neoellenici. Roma
RSCI	Rivista di Storia della Chiesa in Italia. Roma
RSF	Rivista Critica di Storia della Filosofia. Firenze
RSH	Revue des sciences humaines. Lille
RSI	Rivista Storica Italiana. Napoli
RSLR	Rivista di storia e letteratura religiosa. Firenze
RSO	Rivista degli Studi Orientali. Roma
RSPhTh	Revue des Sciences philosophiques et théologiques. Paris
RStudFen	Rivista di studi fenici. Roma
RThAM	Recherches de théologie ancienne et médiévale. Abbaye du Mont César, Louvain
RThL	Revue théologique de Louvain. Collège Albert-Descamps. Louvain-la-Neuve
RThom	Revue thomiste. Paris
RThPh	Revue de théologie et de philosophie. Lausanne
RThR	The Reformed Theological Review. Melbourne (Australia)
RTLim	Revista Teológica Limense. Lima
RUO	Revue de l'universitè d'Ottawa. Ottawa
SAC	Studi di antichità Cristiana. Roma
SacD	Sacra Doctrina. Bologna
SADDR	Sitzungsberichte der Akademie der Wissenschaften der Deutschen Demokratischen Republik. Berlin
Saeculum	Saeculum. Jahrbuch für Universalgeschichte. München; Freiburg i. Br.
SAH	Sitzungsberichte der Heidelberger Akademie der Wissenschaften. Philos.-hist. Klasse. Heidelberg
SAL	Sitzungsberichte der sächsischen Akademie der Wissenschaften zu Leipzig. Philologisch-historische Klasse. Leipzig; Berlin
Salesianum	Salesianum. Roma
Salmant	Salmanticensis. Salamanca
SALS	Saint Augustine Lecture Series. New York, N. Y.

SalTerrae	Sal Terrae. Santander
SAM	Sitzungsberichte der bayrischen Akademie der Wissenschaften in München. Philosoph.-philol. und hist. Klasse. München
Sandalion	Sandalion. Quaderni di cultura classica, cristiana e medievale. Sassari
SAP	Sborník archivních prací. Praha
Sapientia	Sapientia. Buenos Aires
Sapienza	Sapienza. Rivista internazionale di Filosofia e di Teologia. Milano; Napoli
SAW	Sitzungsberichte der österreichischen Akademie der Wissenschaften. Phil.-hist. Klasse. Wien
SBLDS	Society of Biblical Literature. Dissertation Series. Chico, Calif.; Missoula, Mont.
SBLMS	Society of Biblical Literature. Monograph Series. Chico, Calif.; Missoula, Mont.
SBLSemPap	Society of Biblical Literature. Seminary Papers. Chico, Calif.; Missoula, Mont.
SBR	Sociedad brasileira de Romanistas. Rio de Janeiro
SBS	Sources for Biblical Study. Missoula, Mont.
SBT	Studies in Biblical Theology. London
SC	Sources chrétiennes. Paris
Sc	Scriptorium. Revue internationale des Études relatives aux manuscrits. Florence
SCA	Studies in Christian Antiquity. Catholic University of America. Washington, D.C.
ScCat	La Scuola Cattolica. Milano; Venegono Inferiore
ScEs	Science et Esprit. Montréal; Bruges
SCH	Studies in Church History. American Society of Church History. Chicago, Ill.; London
SCHNT	Studia ad Corpus Hellenisticum Novi Testamenti. Leiden
SCO	Studi classici e orientali. Pisa
ScrCiv	Scrittura e Civiltà. Torino
ScrMar	Scripta de Maria. Centro de Estudios Marianos. Zaragoza
ScrPhil	Scripta Philologa. Milano
ScTh	Scripta Theologica. Universidad de Navarra. Pamplona
SD	Scripta et documenta. Montserrat, Barcelona
SDHI	Studia et documenta historiae et iuris. Roma
SE	Sacris erudiri. St. Pietersabdij, Steenbrugge
SEÅ	Svensk exegetisk årsbok. Uppsala
SearchTogether	Searching Together. Malin, Oreg.
SecCent	The Second Century. A Journal of Early Christian Studies. Abilene, Tex.
SEF	Semanas españolas de Filosofía. Madrid
Sefarad	Sefarad. Revista de la Escuela de Estudios hebraicos. Madrid
SelFr	Selecciones de Franciscanismo. Valencia
Semeia	Semeia. An experimental journal for biblical criticism. Missoula, Mont.
Seminarium	Seminarium. Città del Vaticano

Semitica	Semitica. Institut d'Études Sémitiques de l'Université de Paris. Paris
SG	Siculorum gymnasium. Facoltà di Lettere e Filosofía dell'Università. Catania, Sicilia
SHCSR	Spicilegium historicum congregationis SSmi. Redemptoris. Roma
SHG	Subsidia Hagiographica. Bruxelles
SHR	Scottish Historical Review. Edinburgh; Aberdeen
SHVL	Skrifter utgivna av kungl. humanistiska vetenskapssamfundet i Lund. Lund
SHVSU	Skrifter utgivna av kungl. humanistiska vetenskapssamfundet i Uppsala. Uppsala
SIF	Studi Italiani di Filologia Classica. Firenze
Sigma	Sigma. Rivista quadrimestrale. Napoli
Sileno	Sileno. Rivista di studi classici e cristiani. Roma
Sinite	Sinite. Tejares-Salamanca; Madrid
SJTh	Scottish Journal of Theology. Edinburgh
SK	Schriften der Kirchenväter. München
SKZ	Schweizerische Kirchenzeitung. Luzern
Slavia	Slavia. Praha
SLH	Scriptores Latini Hiberniae. Dublin
Slovo	Slovo. Zagreb
SM	Studien und Mitteilungen zur Geschichte des Benediktinerordens und seiner Zweige. München; Augsburg
SMEA	Studi micenei ed egeo-anatolici. Roma
SMed	Schede medievale. Rassegna a cura dell' officina di studi medievali. Palermo
SMLV	Studi Mediolatini e Volgari. Bologna; Pisa
SMSR	Studi e Materiali di Storia delle Religioni. Bologna. Jetzt: StSR
SNMP	Sborník Národního Musea v Praze (Acta Musei Nationalis Pragae). Praha
SNVAO	Skrifter utgitt av det norske videnskapsakademi i Oslo. Historisk-Filosofisk Klasse. Oslo
SO	Symbolae Osloenses. Oslo
So	Sophia. Rassegna critica di Filosofia e Storia della Filosofia. Padova; Napoli
Sob	Sobornost. London
SOCC	Studia orientalia christiana. Collectanea. Cairo
Sodalitas	Sodalitas. Sección de Granada de la Soc. española de Est. clás. Universidad de Granada. Dept. de Derecho romano. Granada
Sp	Speculum. A Journal of Mediaeval Studies. Cambridge, Mass.
SPC	Studia philosophiae Christianae. Warszawa
SPFFBU	Sborník prací filosofické fakulty brněnské university. Brno
SPGAP	Studien zur Problemgeschichte der antiken und mittelalterlichen Philosophie. Leiden
SPh	Studies in Philology. University of North Carolina. Chapel Hill, N.C.
SPhS	Studia philologica Salmanticensia. Salamanca
Spic	Spicilegium sacrum Lovaniense. Leuven

Spiritus	Spiritus. Cahiers de spiritualité missionaire. Paris
SpirLife	Spiritual Life. Washington, D.C.; Brookline, Mass.
SPLi	Studia patristica et liturgica. Regensburg
SPMe	Studia Patristica mediolanensia. Milano
SpOVM. Sp	Spiritualité orientale et vie monastique. Spiritualité orientale. Bégrolles-en-Mauche
SpOVM. VM	Spiritualité orientale et vie monastique. Vie monastique. Bégrolles-en-Mauche
Sprache	Die Sprache. Zeitschrift für Sprachwissenschaft. Wiesbaden; Wien
SQS	Sammlung ausgewählter kirchen- und dogmengeschichtlicher Quellenschriften. Tübingen
SR	Studies in Religion/Sciences Religieuses. Revue canadienne. Waterloo, Ontario
SSF	Societas scientiarum Fennica. Commentationes humanarum litterarum. Helsinki
SSHT	Ślaskie studia historyczno-teologiczne. Katowice
SST	Studies in Sacred Theology. Catholic University of America. Washington, D.C.
ST	Studi e Testi. Cagliari
StAC	Studia Antiquitatis Christianae. Warszawa
StAcOr	Studia et acta orientalia. Bucureşti
StAns	Studia Anselmiana. Roma
StANT	Studien zum Alten und Neuen Testament. München
StaroLit	Starobălgarska literatura. Sofija
StBibF	Studii Biblici Franciscani Liber Annus. Jerusalem
StBibFA	Studium Biblicum Franciscanum. Analecta. Jerusalem
StBibFCMaior	Studium Biblicum Franciscanum. Collectio Maior. Jerusalem
StBibFCMin	Studium Biblicum Franciscanum. Collectio Minor. Jerusalem
StBuc	Studii teologice. Bucureşti
StChrRe	Studies in the Christian Religion (Kirisutokyo Kenkyu). Kyoto
StEA	Studia Ephemeridis «Augustinianum». Rom
StFr	Studi Francescani. Firenze
StFrancesi	Studi Francesi. Torino
StGnes	Studia Gnesnensia. Gniezno
StHS	Studia z historii semiotyki. Wrocław
StIR	Studies. An Irish Quarterly Review. Dublin
StJCA	Studies in Judaism and Christianity in antiquity. University of Notre Dame. Notre Dame, Ind.
StLeg	Studium legionense. León
StLit	Studia Liturgica. Rotterdam
StLukeJ	St. Luke's Journal of Theology. Sewanee, Tenn.
StMC	Studies in Mediaeval Culture. Kalamazoo, Mich.
StMe	Studi medievali. Spoleto
StMiss	Studia missionalia. Roma
StMon	Studia Monastica. Abadía de Montserrat, Barcelona
StMor	Studia Moralia. Roma; Paris; Tournai; New York, N.Y.
StOr	Studia Orientalia. Helsinki
StOv	Studium Ovetense. Oviedo

StPap	Studia papyrologica. San Cugat del Vallés, Barcelona
StPat	Studia Patavina. Padova
StPB	Studia post-biblica. Leiden
StPel	Studia Pelplińskie. Pelplin
StPic	Studia Picena. Fano
STPIMS	Studies and Texts. Pontifical Institute of Mediaeval Studies. Toronto
Streven	Streven. Maandblad voor geestesleven en cultuur. Brussel
StRo	Studi Romani. Roma
Stromata	Stromata – Ciencia y Fe. Buenos Aires
StrPat	Stromata patristica et mediaevalia. Utrecht
StSR	Studi storico-religiosi. Roma. Früher: SMSR
StTBiał	Studia Teologiczne. Białystok
StTh	Studia theologica. Lund
StudClas	Studii Clasice. Bucureşti
StudFilos	Studi filosofici. Annali dell' Istituto universitario orientale. Firenze
Studie o rukopisech	Studie o rukopisech. Praha
StudIs	Studia Islamica. Paris
Studium	Studium. Roma
StudiumM	Studium. Institutos Pontificios de Teología y de Filosofía. O.P. Madrid
StudMagr	Studi Magrebini. Napoli
StudRomagn	Studi Romagnoli. Faenza
StudSan	Studia Sandomierskie. Sandomierz
StudStor	Studi storici. Rivista trimestrale dell'Ist. Gramsci. Roma
StudWarm	Studia Warmińskie. Olsztyn
STV	Studia Theologica Varsaviensia. Warszawa
StVlThQ	St. Vladimir's Theological Quarterly. Crestwood, N.Y.
SVict	Scriptorium Victoriense. Seminario diocesano. Vitória
SVSL	Skrifter utgivna av vetenskapssocieteten i Lund. Lund
SvTK	Svensk teologisk kvartalskrift. Lund
SyBU	Symbolae biblicae Upsalienses. (Supplementhäften till SEÅ). Uppsala
Symbolon	Symbolon. Jahrbuch für Symbolforschung. Köln
Syria	Syria. Paris
SZ	Stimmen der Zeit. Freiburg i. Br.
SZG	Schweizerische Zeitschrift für Geschichte. Zürich
Tabona	Tabona. Revista de prehistoria y de arqueología y filología clásicas. La Laguna, Tenerife (Canarias)
TAik	Teologinen Aikakauskirja. Helsinki
Talanta	Talanta. Amsterdam
TAPhA	Transactions and Proceedings of the American Philological Association. Chico, Calif.
TB	Theologische Bücherei. Neudrucke und Berichte aus dem 20. Jhd. München
TBT	Theologische Bibliothek Töpelmann. Berlin
TC	Traditio Christiana. Texte und Kommentare zur patristischen Theologie. Zürich; Bern

Temenos	Temenos. Studies in comparative religion presented by scholars in Denmark, Finland, Norway and Sweden. Helsinki
Teoc	Teocomunicaçao. Porto Alegre (Brasil)
Teología	Teología. Revista de la Facultad de Teología de la Pontificia Universidad Católica Argentina. Buenos Aires
TeologiaB	Teologia. Brescia
TEsp	Teología espiritual. Valencia
TG	Tijdschrift voor geschiedenis. Groningen
TGL	Tijdschrift voor geestelijk leven. Borgerhout-Antwerpen
ThA	Theologische Arbeiten. Berlin
ThAthen	Theologia. Athenai
ThBraga	Theologica. Braga
ThDi	Theology Digest. St. Louis, Mo.; St. Marys, Kans.
TheBibleToday	The Bible Today. Collegeville, Minn.
Theokratia	Theokratia. Jahrbuch des Institutum Iudaicum Delitzschianum. Leiden
Theology	Theology. London
Theoph	Theophaneia. Beiträge zur Religions- und Kirchengeschichte des Altertums. Bonn; Köln
Theoria	Theoria. Lund
ThGl	Theologie und Glaube. Paderborn
ThH	Théologie historique. Paris
ThLZ	Theologische Literaturzeitung. Berlin
Thom	The Thomist. Washington, D.C.
Thought	Thought. New York, N.Y.
ThPh	Theologie und Philosophie. Freiburg i.Br.
ThQ	Theologische Quartalschrift. München
THR	Travaux d'humanisme et Renaissance. Genève
ThR (Near East)	Theological Review. Beirut
ThRe	Theologische Revue. Münster
ThRu	Theologische Rundschau. Tübingen
ThSt	Theological Studies. Theol. Faculties of the Society of Jesus in the U.S. Baltimore, Md.
ThT	Theology Today. Princeton, N.Y.
ThTS	Theology Today Series. Cork
ThXaver	Theologica Xaveriana. Revista de la Facultad de Teología. Pontificia Universidad Javeriana. Bogotá (Colombia)
ThZ	Theologische Zeitschrift. Basel
TJ	Travaux et Jours. Beyrouth (Liban)
TLit	Tijdschrift voor liturgie. Affligem; Hekelgem
TLS	The Times Literary Supplement. London
TM	Travaux et Mémoires. Paris
TMLT	Toronto medieval Latin Texts. Toronto
TNTL	Tijdschrift voor Nederlandse taal- en letterkunde. Leiden
TP	Teološki Pogledi (Revue du Patriarcat serbe). Beograd
TPL	Textus patristici et liturgici. Regensburg
TPQS	Theologisch-praktische Quartalschrift. Linz a.d.D.
Tr	Traditio. Studies in Ancient and Mediaeval History, Thought and Religion. New York, N.Y.

TrAmPhilos	Transactions of the American Philosophical Society. Philadelphia, Penna.
TrConnec	Transactions of the Connecticut Academy of Arts and Sciences. New Haven, Conn.
TRG	Tijdschrift voor rechtsgeschiedenis. Haarlem; Groningen
TRHS	Transactions of the Royal Historical Society. London
TrinityJ	Trinity Journal. Deerfield, Ill.
TrPhilol	Transactions of the Philological Society. Oxford
TS	La Terra Santa. Gerusalemme
TST	Tarnowskie Studia Teologiczne. Tarnow
TTh	Tijdschrift voor Theologie. Nijmegen
TTK	Tidsskrift for teologi og kirke. Oslo
TTS	Tübinger Theologische Studien. Mainz
TTZ	Trierer Theologische Zeitschrift. Trier
TU	Texte und Untersuchungen zur Geschichte der altchristlichen Literatur. Berlin
TWAS	Twayne's world authors series. Boston, Mass.
TyV	Teología y Vida. Facultad de Teología. Universidad Católica de Chile. Santiago de Chile
UBA	Universitas. Buenos Aires
UCalifClass	University of California Publications in Classical Philology. Berkeley, Calif.
UMC	Xerox University Microfilms. Monograph Abstr. Ann Arbor, Mich.
UMI	University Microfilms International. Monograph Abstr. Ann Arbor, Mich.
UnHumJav	Universitas Humanistica. Pontificia Universidad Javeriana. Bogotá
UnionSQR	Union Seminary Quarterly Review. New York, N.Y.
UnitasManila	Unitas. Manila
UniTor	Università di Torino. Pubblicazioni della Facoltà di Lettere e Filosofia. Torino
UnitUnivChr	Unitarian Universalist Christian. Boston, Mass.
Universitas	Universitas. Stuttgart
USa	Una Sancta. Rundbriefe für interkonfessionelle Begegnung. Meitingen b. Augsburg
UToronto	University of Toronto Quarterly. Toronto
VAA	Verhandelingen der Koninklijke Nederlandse Akademie van Wetenschappen, Afdeling letterkunde. Amsterdam
Vallesia	Vallesia. Bulletin annuel de la Bibliothèque et des Archives cantonales du Valais et du Musée de Valère. Sion
VaQR	Virginia Quarterly Review. Charlottesville, Va.
VbSal	Verbum salutis. Paris
VD	Verbum Domini. Roma
VDI	Vestnik drevnej istorii. Moskva
Veltro	Il Veltro. Revista di civiltà italiana. Roma
Verbum	Verbum. Pontificia Universidade Católica. Rio de Janeiro (Brasil)

Vergilius	Vergilius. The Vergilian Society of America. Vancouver; Waterdown, Ontario
Veritas	Veritas. Rio Grande; Porto Alegre (Brasil)
VetChr	Vetera Christianorum. Bari
VF	Verkündigung und Forschung. München
Via	Viator. Mediaeval and Renaissance Studies. Berkeley, Calif.
Vichiana	Vichiana. Rassegna di Studi Classici. Napoli
VigChr	Vigiliae Christianae. Amsterdam
Vivarium	Vivarium. Leiden
ViVrem	Vizantijskij Vremennik. Leningrad; Moskva
VL	Vita Latina. Avignon
VMUfilos	Vestnik Moskovskogo Universiteta (filos. sekcija). Moskva
VopFilos	Voprosy filosofii. Moskva
VopIst	Voprosy istorii. Moskva
VoprJaz	Voprosy jazykoznanija. Moskva
VoxLat	Vox Latina. Commentarii periodici. Univ. des Saarlandes. Saarbrücken
VoxP	Vox Patrum. Lublin
VR	Visible Religion. Leiden
VS	La vie spirituelle. Paris
VSLA	Vetenskaps-societeten i Lund. Årsbok. Lund
VSSuppl	La vie spirituelle. Supplément. Paris
VT	Vetus Testamentum. Leiden
VyV	Verdad y Vida. Madrid
Wending	Wending. 's-Gravenhage
WesleyThJ	Wesleyan Theological Journal. Marion, Ind.
WestThJ	Westminster Theological Journal. Philadelphia, Penna.
WiWh	Wissenschaft und Weisheit. Düsseldorf
WJA	Würzburger Jahrbücher für die Altertumswissenschaft. Neue Folge. Würzburg
WLL	Werkschrift voor leerhuis en liturgie. Amsterdam
Word	Word. Journal of the Linguistic Circle of New York. New York, N.Y.
Worship	Worship. Collegeville, Minn.
WSlJb	Wiener slawistisches Jahrbuch. Wien; Köln
WSp	Word and Spirit. A monastic review. Still River, Mass.
WSt	Wiener Studien. Zeitschrift für klassische Philologie und Patristik. Wien
WStT	Warszawskie Studia Teologiczne. Warszawa
WuD	Wort und Dienst. Jahrbuch der kirchlichen Hochschule Bethel. Bielefeld
WUNT	Wissenschaftliche Untersuchungen zum Neuen Testament. Tübingen
WZBerlin	Wissenschaftliche Zeitschrift der Humboldt-Universität. Gesellschafts- und sprachwissenschaftliche Reihe. Berlin
WZGreifswald	Wissenschaftliche Zeitschrift der E.-M.-Arndt-Universität Greifswald. Gesellschafts- und sprachwissenschaftliche Reihe. Greifswald

WZHalle	Wissenschaftliche Zeitschrift der M.-Luther-Universität Halle-Wittenberg. Halle a. d. S.
WZJena	Wissenschaftliche Zeitschrift der Fr.-Schiller-Universität Jena. Gesellschafts- und sprachwissenschaftliche Reihe. Jena
WZKM	Wiener Zeitschrift für die Kunde des Morgenlands. Wien
WZLeipzig	Wissenschaftliche Zeitschrift der K.-Marx-Universität Leipzig. Gesellschafts- und sprachwissenschaftliche Reihe. Leipzig
WZRostock	Wissenschaftliche Zeitschrift der Wilhelm-Pieck-Universität Rostock. Gesellschafts- und sprachwissenschaftliche Reihe. Rostock
YClSt	Yale Classical Studies. New Haven, Conn.
Yermo	Yermo. El Paular. Madrid
YJS	Yale Judaica Series. New Haven, Conn.
YULG	Yale University Library Gazetta. New Haven, Conn.
ŽA	Živa antika. Skopje
ZÄA	Zeitschrift für ägyptische Sprache und Altertumskunde. Berlin
ZAGV	Zeitschrift des Aachener Geschichtsvereins. Aachen
ZAW	Zeitschrift für die alttestamentliche Wissenschaft. Berlin
ZB	Zeitschrift für Balkanologie. Wiesbaden
ZBB	Zeitschrift für Bibliothekswesen und Bibliographie. Frankfurt a. M.
ZBW	Zentralblatt für Bibliothekswesen. Leipzig
ZDMG	Zeitschrift der Deutschen Morgenländischen Gesellschaft. Wiesbaden
ZDPV	Zeitschrift des deutschen Palästinavereins. Stuttgart; Wiesbaden
ZEE	Zeitschrift für evangelische Ethik. Gütersloh
Zetesis	Zetesis. Bollettino d'informazione e collegamento tra studiosi e insegnanti di discipline classiche. Milano
ZEvKR	Zeitschrift für evangelisches Kirchenrecht. Tübingen
ZGesch	Zeitschrift für Geschichtswissenschaft. Berlin
ZJKF	Zprávy Jednoty klasických Filologu. Praha
ZKG	Zeitschrift für Kirchengeschichte. Stuttgart
ZKTh	Zeitschrift für katholische Theologie. Wien
ŽM	Życie i Myśl. Warszawa
ZMRW	Zeitschrift für Missionswissenschaft und Religionswissenschaft. Münster
ZNKUL	Zeszyty Naukowe Katolickiego Uniwersytetu Lubelskiego. Lublin
ZNUJ	Zeszyty Naukowe Uniwersytetu Jagiellońskiego. Kraków
ZNW	Zeitschrift für die neutestamentliche Wissenschaft und die Kunde der älteren Kirche. Berlin
ZPE	Zeitschrift für Papyrologie und Epigraphik. Bonn
ZPhF	Zeitschrift für philosophische Forschung. Bonn; Meisenheim
ZRBl	Zbornik Radova Vizantološkog Instituta. Beograd
ZRGG	Zeitschrift für Religions- und Geistesgeschichte. Köln
ZRPh	Zeitschrift für Romanische Philologie. Tübingen
ZSavG	Zeitschrift der Savigny-Stiftung für Rechtsgeschichte. Germanistische Abteilung. Weimar; Graz
ZSavK	Zeitschrift der Savigny-Stiftung für Rechtsgeschichte. Kanonistische Abteilung. Weimar; Graz

ZSavR   Zeitschrift der Savigny-Stiftung für Rechtsgeschichte. Romanisti-
             sche Abteilung. Weimar; Graz
ZSKG   Zeitschrift für schweizerische Kirchengeschichte. Freiburg
             (Schweiz)
ZSl   Zeitschrift für Slawistik. Berlin
ZSP   Zeitschrift für slavische Philologie. Heidelberg
ZThK   Zeitschrift für Theologie und Kirche. Tübingen
ŽurMP   Žurnal Moskovskoj Patriarchi (Revue du Patriarcat de Moscou).
             Moskva
ZVSp   Zeitschrift für vergleichende Sprachforschung auf dem Gebiete der
             indogermanischen Sprache. Göttingen
ZWG   Sudhoffs Archiv. Zeitschrift für Wissenschaftsgeschichte. Wiesba-
             den

I. GENERALIA

1. Historia patrologiae

[760] ANGELUCCI, P.: Arator
1 *Annuaire de l'Association internationale d'études patristiques* — BILPatr 5 (1980); 6 (1981) 4–10; 7 (1982) 4–10; 8 (1982) 3–36; 9 (1983) 4
2 BOBER, ANDRZEJ; SJ *In memoriam Alfred Stuiber (1912-1981)* — VoxP 4 (1983) 367–371
[805] BOBER, A.: Augustinus
3 BREWARD, I. *A Neglected Protestant Patrology*. In: *Studia Patristica 17* (cf. 1981/82, 283b) I, 352–356
4 CZERNIATOWICZ, JANINA *Polskie opracowania greckich Ojców Kościoła w XVI i XVII wieku (= Polnische Bearbeitungen der griechischen Kirchenväter im 16. und 17. Jahrhundert)* [mit dt. Zus.-fass.] — VoxP 5 (1983) 418–443
[52] CZERNIATOWICZ, J.; MAZUR, C.: Bibliographica
5 *40 lat «Sources Chrétiennes» (= XL anniversarium «Sources Chrétiennes»* — VoxP 4 (1983) 351–354
6 DARRICAU, R. *A hellenist of the grand siècle, the Dominican François Combefis (1605-1676)* — ResPL 1 (1978) 21–41
7 DIHLE, A. *Antike und Christentum*. In: *Forschung in der Bundesrep. Deutschland* (cf. 1983, 105) 31–37
8 DOCKRILL, D. W. *The Fathers and the Theology of the Cambridge Platonists*. In: *Studia Patristica 17* (cf. 1981/82, 283b) I, 427–439
[1415] DROBNER, H.: Gregorius Nyssenus
[1121] ELIA, F. D': Boethius
[1725] FALLA, C.: Origenes
9 GOMES, PINHARANDA *João Lourenço Insuelas (1884-1950) Patrologista Bracarense* — ThBraga 18 (1983) 326–350
[880] GORMAN, M. M.: Augustinus
10 HENRY, P. *Why Is Contemporary Scholarship so Enamored of Ancient Heretics?* In: *Studia Patristica 17* (cf. 1981/82, 283b) I, 123–126
[1551] HOLLAND, M.: Iohannes Damascenus
11 HUNT, R. W. *The Need for a Guide to the Editors of Patristic Texts in the 16th Century*. In: *Studia Patristica 17* (cf. 1981/82, 283b) I, 365–371
12 *L'influence de la patristique sur la pensée religieuse anglaise*. Éd.: Institut

de Recherche Universitaire d'Histoire de la Connaissance, des Idées et des Mentalités, Université Paris Val de Marne, Groupe de Recherches sur l'Histoire et la Pensée Religieuse Anglaise. Paris: Didier-Érudition 1983. 97 pp.

[2320] KAMP, G. C. VAN DE: Christologia

13 KANIA, WOJCIECH *Król Jan III Sobieski — żarliwy czytelnik pism Ojców Kościoła (= Der König Johann Sobieski als glühender Leser der Schriften der Kirchenväter* [mit dt. Zus.-fass.] — VoxP 5 (1983) 451–454

14 KAY, RICHARD *The Maurist congregation of French Benedictines* — Am BenR 34 (1983) 309–316

15 KOPEĆ, J. *In memoriam Wacław Schenk (1913-1982)* — VoxP 4 (1983) 359–367

16 LINAGE CONDE, A. *El profesor Manuel Cecilio Díaz y Díaz.* In: *Bivium* (cf. 1983, 87) 15–20

17 LONGOSZ, STANISŁAW *Wywiad dla Radia Watykańskiego na temat «Vox Patrum» (= Alloquium radiophonicum Vaticanum de periodico «Vox Patrum»)* — VoxP 5 (1983) 495–499

18 LONGOSZ, STANISŁAW *Duch Święty w katechezie patrystycznej (= Conventus de Spiritu Sancto in catechesi patristica)* — VoxP 4 (1983) 300–302

19 LONGOSZ, STANISŁAW *Międzynarodowy Kongres Pneumatologów (= De Theologico Congressu Pneumatologorum)* — VoxP 4 (1983) 302–304

20 LONGOSZ, STANISŁAW *Rok Świętego Seweryna (= De «Anno Sancti Severini»)* — VoxP 4 (1983) 296–299

21 LONGOSZ, STANISŁAW *Sympozjum o odkrytych listach św. Augustyna (= De conventu epistulis S. Augustini inventis sacro)* — VoxP 4 (1983) 294–295

22 LONGOSZ, STANISŁAW *Colloquium Origenianum III* — VoxP 4 (1983) 290–294

23 LONGOSZ, STANISŁAW *Międzynarodowe sympozjum o tradycji enkratei (= Conventus de traditione encratiae)* — VoxP 4 (1983) 286–290

24 LONGOSZ, STANISŁAW *In memoriam Jerzy Langman (1903-1982)* — VoxP 4 (1983) 371–372

[2503] LYNCH, E. M.: Patrum exegesis

25 MAZUR, CZESŁAW *Teksty łacińskich Ojców Kościoła w zbiorach polskich okresu Sredniowiecza i Odrodzenia (= Texte lateinischer Kirchenväter in polnischen Sammlungen des Mittelalters und der Renaissance)* [mit dt. Zus.-fass.] — VoxP 5 (1983) 455–466

[1529] McCORMICK, K. S.: Iohannes Chrysostomus

26 MEIJERING, E. P. *Melanchthon and Patristic Thought. The Doctrines of Christ and Grace, the Trinity and the Creation* [Studies in the History of Christian Thought 32]. Leiden: Brill 1983. 165 pp.

27 MOLNÀR, A. *Friedensaspekt des patristischen Arguments in der bömischen Reformation* — CV 24 (1981) 201–218

[1419] ΜΟΥΤΣΟΥΛΑΣ, Ε. Δ.: Gregorius Nyssenus

[1049] MUELLER, L. E.: Basilius Caesariensis

28 *Ojcowie Kościoła a kultura polska (= De Ecclesiae Patribus in litteris Polonorum vigentibus). I Sekcyjna sesja naukowa. II Sekcyjna sesja naukowa (= I–II Sessiones scientificae Sectionis Patristicae Polonorum):* T. CZAPIGA et J. GRZYWACZEWSKI. *Protokół z zebrania sprawozdawczo-wyborczego Sekcji Patrystycznej (= Electio auctoritatum Sectionis Patristicae Polonorum):* A. JABŁOŃSKI. *Sprawozdanie z działalności Sekcji Patrystycznej 1977-1983 (= Sectio Patristica Polonorum annis 1977-1983):* STANISŁAW LONGOSZ — VoxP 5 (1983) 479–489

29 OROZ RETA, JOSE *In memoriam. Ha muerto el P. Victorino [Capánaga]* — Augustinus 28 (1983) 345–353

30 ΠΑΣΧΟΥ, Π. Β. *José Grosdidier de Matons (1924-1983)* — ThAthen 54 (1983) 921–925

31 PASQUATO, OTTORINO *Influssi agostiniani sulla storiografia ecclesiastica di H. I. Marrou.* In: *Theologie und Leben. Festgabe für Georg Söll zum 70. Geburtstag* (cf. 1983, 187) 97–124

[937] PETERSEN, R. L.: Augustinus

[1535] PIL, A.: Iohannes Chrysostomus

[2466] POIRIER, P.: Gnostica

32 *Przemówienie Ojca Świętego Pawła VI na otwarcie Instytutu Patrystycznego «Augustinianum» (= Allocutio Pauli VI ad sodales Ordinis Sancti Augustini, cum Institutum Patristicum «Augustinianum» praesens inauguravit).* Trad. STANISŁAW LONGOSZ — VoxP 4 (1983) 15–20

33 *Przemówienie Ojca Świętego Jana Pawła II do profesorów i alumnów Instytutu Patrystycznego «Augustinianum» (= Allocutio Ioannis Pauli II ad professores et alumnos Instituti Patristici «Augustinianum» in eiusdem aedibus congregatos habita).* Trad. STANISŁAW LONGOSZ — VoxP 4 (1983) 21–28

[1246] ROSSI, M. A.: Cyrillus Alexandrinus

[1154] SCHRIJVERS, P. H.: Boethius

[1309] STOCKMEIER, P.: Eugippius

[1157] TRONCARELLI, F.: Boethius

[1364] VERBEKE, W.: Gregorius Magnus

34 WACHÉ, B. *Duchesne et la question constantinienne. Enquête historiographique.* In: *Miscellanea Historiae Ecclesiasticae VI,1* (cf. 1983, 137) 328–342

35 WOJDECKI, WALDEMAR *Wpływ pism Ojców Kościoła na teorię i praktykę kaznodziejską w Polsce w XIX wieku (= L'influence des écrits des Pères de l'Église sur la théorie et la pratique de la prédication en Pologne au XIX siècle)* [avec un rés. en franç.] — VoxP 5 (1983) 467–478

36 WÓJTOWICZ, HENRYK *In memoriam Władysław Wójcik (1931-1983)* — VoxP 5 (1983) 509–516

[1075] WRIGHT, D. F.: Basilius Caesariensis

2. Opera ad patrologiam universalem pertinentia

37 ANDRÉS, MELQUIADES (dir.) *Historia de la Teología Española, I. Desde sus orígenes hasta fines del s. XVI.* Madrid: Fundación Universitaria Española 1983. 747 pp.

38 BELLINI, E. *I Padri nella tradizione cristiana.* A cura di L. SAIBENE [Già e non ancora pocket 66]. Milano: Jaka Book 1982. 139 pp.

39 DATTRINO, L. *Patrologia.* Roma: Istit. di teol. a distanza 1982. 293; 20 pp.

40 FIGUEIREDO, FERNANDO ANTONIO *Curso de Teologia Patrística, I. Vida da Igreja Primitiva (séculos I e II)* [Teologia Patristica 1]. Petropolis: Editora Vozes 1983. 150 pp.

41 GOMES, PINHARANDA *História da Filosofia Portuguesa, 2.A. Patrologia Lusitana.* Porto: Lello e Irmão 1983. 318 pp.

42 MOLINÉ, ENRIQUE *Los Padres de la Iglesia. Una guía introductoria, I–II* [Biblioteca Palabra 35; 37]. Madrid: Editorial Palabra 1982. 292; 313 pp.

3. Bibliographica

43 ALTÉS, F. X. *Bibliografía de Dom Alexandre Olivar* — StMon 25 (1983) 153–168

[993] *Ausone. Bibliographie objective et subjective:* Ausonius

44 AZEVEDO, C. A. M. *Bibliografia para a História da Igreja em Portugal* — HumTeol 3 (1982) 99–115; 195–232

45 *A Benedictine Bibliography. An Author-Subject union list.* Comp. by O. L. KAPSNER. *First supplement; Author and Subject Part.* Collegeville, Minn.: The Liturgical Press St. John's Abbey 1982. XVII, 807 pp.

46 *Bibliografía del profesor M. C. Díaz y Díaz.* In: *Bivium* (cf. 1983, 87) 21–30

47 BOGAERT, P.-M. *Bulletin d'ancienne littérature chrétienne latine T. VI* — RBen 93 (1983) [137]–[164]

[1895] BRAUN, R.; FREDOUILLE, J. C.; PETITMENGIN, P.: Tertullianus

[2500] BROMILEY, G. W.: Patrum exegesis

[816] *Bulletin augustinien . . . :* Augustinus

48 *Bulletin de spiritualité monastique, III: Du VIᵉ au XIᵉ siècle* — ColCist 44 (1982) [81]–[136]

49 *Bulletin de spiritualité monastique. Études générales* — ColCist 45 (1983) [177–208]

50 *Bulletin de théologie ancienne et médiévale XII (1976-1980). Tables des noms, des matières, des manuscrits* — RThAM Leuven 1982. 120 pp.

[261] CHESNUT, G. F.: Opera ad historiam

50a *Chronique d'antiquité tardive et de christianisme ancien et médiéval* — REAnc 84 (1982) 153–182

51 COSTA, A. DE J. DA *A Biblioteca e o Tesouro da Sé de Braga nos séculos XV a XVIII* — ThBraga 18 (1983) 107–138

[1719] CROUZEL, H.: Origenes

[1720] CROUZEL, H.: Origenes

52 CZERNIATOWICZ, JANINA; MAZUR, CZESŁAW *Recepja antyku chrześcijańskiego w Polsce. Materiały bibliograficzne (= De studiis antiquitatis christianae in Polonia vigentibus. Materies bibliographica)*. Tomus I. *XV–XVIII saec.* Pars II. *Doctrina et historia primaevae christianitatis.* Lublin: Towarzystwo Naukowe Katolickiego Uniwersytetu Lubelskiego 1983. 190 pp.

[1623] DAVIDS, A.: Iustinus Martyr

53 DURAND, G. M. DE *Bulletin de patrologie* — RSPhTh 66 (1982) 611–638; 67 (1983) 603–633

54 FEDWICK, P. J. *The most recent (1977-1980) bibliography of Basil of Caesarea.* In: *Atti del Congresso internazionale su Basilio di Cesarea . . .,* I (cf. 1983, 82) 3–19

[1596] FONTAINE, J.: Isidorus Hispalensis

55 GAIFFIER, B. DE *Hispania et Lusitania, XI* — AB 101 (1983) 151–167

[2196] GAZTAMBIDE, J. G.; LUMPE, A.: Concilia, acta conciliorum, canones

56 GRANADO BELLIDO, C. *Boletín de literatura antigua cristiana* — EE 58 (1983) 83–93

[2050] GY, P. M.: Liturgica

57 HALTON, T. P.; SIDER, R. D. *A decade of patristic scholarship 1970–1979, II* — CW 76 (1983) 313–383

[1091] *Internationale Bibliographie . . .:* Benedictus Nursinus

[1011] ISETTA, S.: Avitus Viennensis

[1092] JASPERT, B.: Benedictus Nursinus

[626] JUNOD, E.: Apocrypha

58 KALINKOWSKI, S. *Biuletyn patrystyczny* — CoTh 53,1 (1983) 133–143; CoTh 53,2 (1983) 143–155; CoTh 53,4 (1983) 159–171

59 KANNENGIESSER, CH. *Bulletin de théologie patristique, I: Latinité chrétienne; II: Éditions, mélanges, encyclopédies* — RechSR 71 (1983) 539–562

[1775] KÜRZINGER, J.: Papias Hieropolitanus

60 LEDOYEN, H. *Bulletin d'histoire bénédictine. Tome X* — RBen 93 (1983) 741*-820*, 821*-859*

61 LONGOSZ, STANISŁAW *Przegląd czasopism. Patrystyka w czasopismach 1982 (= Patristica in periodicis 1982)* — VoxP 4 (1983) 373–394

[2210] LUMPE, A.: Concilia, acta conciliorum, canones

62 MALINOWSKI, ANDRZEJ *Komisja Badań nad Antykiem Chrześcijańskim KUL (= De Consilio Studiis Antiquitatis Christianae in Catholica Universitate Lublinensi Promovendis)* — VoxP 4 (1983) 281–286

[1957] PIOBINOS, PH.: Hagiographica

63 PORRO, M. J. *La Biblioteca pública provincial de Córdoba, I. Historia* —
    Axerquia 7 (1983) 7–34
64 PORRO, M. J. *La Biblioteca pública provincial de Córdoba, II. Proceden-
    cia de algunos volúmenes que integran su fondo bibliográfico antiguo* —
    Axerquia 8 (1983) 7–42
[376] SANSTERRE, J. M.: Opera ad historiam
[2480] SCHOLER, D. M.: Gnostica
[1017] SIDOROV, A. I.: Basilides Gnosticus
65 SIEBEN, HERMANN JOSEF *Exegesis Patrum. Saggio bibliografico sull'
    esegesi biblica dei Padri della Chiesa* [Sussidi Patristici 2]. Roma:
    Istituto Patristico Augustinianum 1983. 150 pp.
66 SOTO RABANOS, J. M.; SANTIAGO OTERO, H. *Boletín bibliográfico de
    historia de la teología en España 1983* — RET 43 (1983) 427–510
67 *Streszczenia prac dyplomowych z dziedziny antyku chrześcijańskiego (=
    Summaria dissertationum de antiquitate christiana ad obtinendos gradus
    accademicos a. 1982-1983 in Polonia scriptarum)* — VoxP 4 (1983)
    314–336
68 *Travaux récemment parus ou en préparation (Histoire du christianisme
    ancien, Langues et littératures chrétiennes, La Bible et les Pères, Auteurs)* —
    BILPatr 6 (1981) 11–58; 7 (1982) 11–36; 9 (1983) 5–33
69 *Verzeichnis der Schriften von H. Dörrie*. In: *Platonismus und Christen-
    tum* (cf. 1983, 153) VIII–XV
70 *Wykaz prac ś. p. prof. LEOKADII MAŁUNOWICZÓWNY z dziedziny antyku
    chrześcijańskiego (= Index scriptorum de antiquitate christiana a LEOCADIA
    MAŁUNOWICZÓWNA in lucem editorum)* — VoxP 4 (1983) 305–308
71 *Wykaz prac magisterskich z dziedziny antyku chrześcijańskiego powstał-
    ych na Sekcji Filologii Klasycznej KUL (= Index dissertationum de anti-
    quitate christiana ad gradum magisterii obtinendum in Philologia Clas-
    sica Catholicae Universitatis Lublinensis scriptarum)* — VoxP 4 (1983)
    309–313

4. Series editionum et versionum

Ancient Christian Writers (ACW)

[783] Vol. 41/42: Augustinus

Biblioteca de Autores Cristianos (BAC)

[1586] Vol. 434: Isidorus Hispalensis
[793] Vol. 441: Augustinus
[794] Vol. 443: Augustinus
[795] Vol. 447: Augustinus

Bibliothek der griechischen Literatur (BGL)

[719] Vol. 14: Agapetus Diaconus
[1706] Vol. 18: Origenes

Collana di Testi Patristici (CTP)

[1406] Vol. 34: Gregorius Nyssenus
[1517] Vol. 35: Iohannes Chrysostomus
[1548] Vol. 36: Iohannes Damascenus
[1692] Vol. 38: Nilus Ancyranus
[1367] Vol. 39: Gregorius Nazianzenus
[1428] Vol. 40: Gregorius Thaumaturgus

Corona Patrum (CP)

[1341] Vol. 9: Fulgentius Ruspensis
[778] Vol. 10: Pseudo-Athanasius Alexandrinus
[1022] Vol. 11: Basilius Caesariensis

Corpus Christianorum (CChr)

Series Graeca

[1814] Vol. 4, Suppl.: Procopius Gazaeus
[1665] Vol. 10: Maximus Confessor
[1175] Vol. 11: Catena Trium Patrum

Series Latina

[779a] Vol. 27: Augustinus
[1450] Vol. 79: Hieronymus

Corpus Scriptorum Christianorum Orientalium (CSCO)

[1917] Vol. 435/436: Theodorus Mopsuestenus
[1504] Vol. 454/455: Iacobus Sarugensis

Letture cristiane delle origine (LCO)

[1619] Vol. 10: Iustinus Martyr
[1888] Vol. 23: Tertullianus
[1645] Vol. 24: Leo Magnus

Părinţi şi Scriitori Bisericeşti (PărSB)

[1666] Vol. 80: Maximus Confessor

Patrologia Orientalis (PO)

[1446] Vol. 42: Hesychius Hierosolymitanus

Pisma Starochrzešcijańskich Pisarzy (PSP)

[1889] Vol. 29: Tertullianus
[1708] Vol. 30: Origenes

Schriften der Kirchenväter (SK)

[1187] Vol. 1: Clemens Alexandrinus
[1452] Vol. 2: Hieronymus
[1848] Vol. 3: Salvianus Massiliensis
[1366] Vol. 5: Gregorius Nazianzenus

Sources Chrétiennes (SC)

[1707] Vol. 302: Origenes
[1451] Vol. 303: Hieronymus
[1515] Vol. 304: Iohannes Chrysostomus
[1019] Vol. 305: Basilius Caesariensis
[1873] Vol. 306: Sozomenus
[1312] Vol. 307: Eusebius Caesariensis
[1365] Vol. 309: Gregorius Nazianzenus

5. Collectanea et miscellanea

73 Abba. Guides to wholeness and holiness East and West. Papers presented
at a Symposium on spiritual fatherhood/motherhood at the abbey of New
Clairvaux, Vina, California, 12-16 june 1978. Ed. by J. R. SOMMER-
FELDT [CSC 38]. Kalamazoo, Mich.: Cistercian Publ. 1982. XII,
416 pp.

74 Actes du 2e Congrès International d'étude des cultures de la Méditerranée
occidentale (Malte, 23-28 juin 1976). I. Rapports publiés par l'Association internationale d'étude des civilisations méditerranéennes. Alger:
SNED 1976. 197 pp. II. Actes. Publ. par M. GALLEY. Alger: SNED
1978. XXVII, 590 pp.

75 L'Afrique romaine. Éd. C. M. WELLS. Les Conférences Vanier 1980 –
Rev. Univ. d'Ottawa 52,1 (1982)

76 Alessandria e il mondo ellenistico-romano. Studi in onore di Achille
Adriani. [Studi e Materiali. Ist. di archeol. Univ. di Palermo 4–6].
Roma: L'Erma di Bretschneider 1983–1984. 3 voll. XIX, 877 pp.

77　*Alexandrien. Kulturbegegnungen dreier Jahrtausende im Schmelztiegel einer mediterranen Großstadt.* Hrsg. vom Forschungszentrum Griechisch-Römisches Ägypten der Univ. Trier, unter Mitarbeit von N. HINSKE [Aegyptiaca Treverensia 1]. Mainz: von Zabern 1981. 76 pp.

78　*Apocalypticism in the Mediterranean world and the Near East. Proceedings of the international colloquium on apocalypticism, Uppsala, August 12–17, 1979.* Ed. D. HELLHOLM. Tübingen: Mohr 1983. XI, 876 pp.

79　Ἀρετῆς μνήμη. Ἀφιέρωμα τοῦ Κονσταντίνου Ἰ. Βουρβέρη [Διεθνές Κέντρον ἀνθρωπιστικῶν ἐρευνῶν. Μελ. καὶ ἐρευν. 35]. Ἀθῆναι: Ἑλληνική Ἀνθρωκιστική Ἑταιρεία 1983. 384 σσ.

80　*Ars et ingenium. Studien zum Übersetzen. Festgabe für Frans Stoks zum sechzigsten Geburtstag.* Herausgegeben von H. ESTER; G. VAN GEMERT; J. VAN MEGEN. Amsterdam-Maarssen: APA-Holland University Press 1983. X, 309 pp.

81　*Aspetti di Hermann Usener, filologo della religione. Seminario della Scuola normale superiore di Pisa, 17–20 febbraio 1982.* Pref. di A. MOMIGLIANO [Bibl. di studi ant. 39]. Pisa: Giardini 1982. 239 pp.

82　*Atti del Congresso internazionale su Basilio di Cesarea, la sua età e il Basilianesimo in Sicilia, I (Università degli studi di Messina, Facoltà di Lettere e Filosofia, 3–6 dicembre 1979).* Messina: Centro di Studi umanistici 1983. 699 pp.

83　*Atti del Convegno XXXI cinquantenario della morte di S. Paolino di Nola (431–1981), Nola, 20–21 marzo 1982* [Publ. dell'Accad. Bessarione]. Roma: Herder 1983. 283 pp.

84　*Authority in the Church.* Ed. by P. F. FRANSEN [Annua Nuntia Lovan. 26]. Leuven: Leuven University Press 1983. 248 pp.

85　*Beiträge zu Symbol, Symbolbegriff und Symbolforschung.* Hrsg. von M. LURKER [Bibliogr. zur Symbolik, Ikonogr. und Mythol. Erg.-Bd. 1]. Baden-Baden: Koerner 1982. 244 pp.

86　*The Bible and medieval culture.* Ed. by W. LOURDAUX; D. VERHELST [Mediaevalia Lovan. Ser. 1 Studia 7]. Leuven: University Pr. 1979. 286 pp.

87　*Bivium. Homenaje a Manuel Cecilio Díaz y Díaz.* Madrid: Editorial Gredos 1983. 290 pp.

88　*Byzanz in der europäischen Staatenwelt. Eine Aufsatzsammlung.* Hrsg. von J. DUMMER; J. IRMSCHER [BBA 49]. Berlin: Akademie-Verlag 1983. 229 pp.

89　*Centro Studi Sanguis Christi. I: Atti della Settimana Sangue e antropologia biblica (Roma, 10–15 marzo 1980).* A cura di F. VATTIONI. Roma: Ed. Pia Unione del Preziosissimo Sangue 1981. 2 voll., XIX, 910 pp.

90　*Centro Studi Sanguis Christi. II: Atti della Settimana Sangue e antropologia Biblica nella patristica (Roma, 23–28 novembre 1981).* Roma: Ed. Pia Unione del Preziosissimo Sangue 1982. 2 voll. 955 pp.

91　*Centro Studi Sanguis Christi. III: Atti della Settimana Sangue e antropo-*

logia nella letteratura cristiana (Roma, 29 novembre–4 dicembre 1982). Roma: Ed. Pia Unione del Preziosissimo Sangue 1983. 3 voll. 1581 pp.

92 *Collectanea historica. Essays in memory of Stuart Rigold.* Ed. by A. DETSICAS. Maidstone: Kent Archaeol. Soc. 1981. XXX, 315 pp.

93 *Combats pour un christianisme africain. Mélanges en l'honneur du professeur V. Mulago.* Édité par A. NGINDU MUSHETE, avec la collaboration de BUAKASA T. K. M. [Bibliothèque du Centre d'études des religions africaines 6]. Kinshasa: Faculté de théologie catholique 1981. 324 pp.

94 *El Concilio de Constantinopla I y el Espíritu Santo.* Pres. NEREO SI-LANES [Semanas de estudios trinitarios 17]. Salamanca: Ed. Secretariado Trinitario 1983. 236 pp.

95 *Corollas Philologicas in honorem Josephi Guillén Cabañero* ed. J. OROZ RETA [Bibliotheca Salmanticensis. Estudios 61]. Salamanca: Universidad Pontificia 1983. 629 pp. [= Helmántica 34 (1983)]

96 *Crise et redressement dans les provinces européennes de l'empire (milieu du IIIe–milieu du IVe siècle ap. J. C.). Actes du colloque de Strasbourg (décembre 1981).* Éd. par E. FRÉZOULS [Contrib. et trav. de l'Inst. d'Hist. rom. Univ. de Strasbourg 3]. Strasbourg: AECR 1983. 199 pp.

97 *La cristologia nei Padri della Chiesa. Le due culture* [Quaderno 2]. Roma: Herder 1981. 196 pp.

98 *La croyance.* Prés. de J. GREISCH [Coll. Philosophie 7]. Paris: Beauchesne 1982. 240 pp.

99 *L'esperienza monastica benedettina e la Puglia. Atti del convegno di studio organizzato in occasione del XV centenario della nascita di San Benedetto (Bari, Noci, Lecce, Picciano, 6–10 ottobre 1980).* Vol. I. A cura di COSIMO DAMIANO FONSECA [Università degli Studi di Lecce. Facoltà di Lettere e Filosofia. Istituto Storia Medioevale e Moderna. Saggi e ricerche 8]. Galatina: Congedo Ed. 1983.

100 *Estudios en homenaje a don Claudio Sánchez Albornoz en sus 90 años.* [Anexos de CHE]. Buenos Aires: Instituto de Historia de España 1983. 2 voll.

101 *Das Evangelium und die Evangelien. Vorträge vom Tübinger Symposion 1982.* Hrsg. von P. STUHLMACHER [WUNT 28]. Tübingen: Mohr 1983. VIII, 456 pp.

102 *Festschrift zum 100jährigen Bestehen der Papyrussammlung der Österreichischen Nationalbibliothek. Papyrus Erzherzog Rainer (P. Rainer Cent.),* I: *Textband;* II: *Tafelband.* Wien: Hollinek 1983. XXIV, 518 pp.; 129 pl.

103 *Festschrift für Fairy von Lilienfeld zum 65. Geburtstag.* Hrsg. von A. REXHEUSER; K. H. RUFFMANN. Erlangen: Inst. für Gesellschaft und Wiss. an der Univ. Erlangen-Nürnberg 1982. VI, 560 pp.

104 *Festschrift für Robert Muth zum 65. Geburtstag am 1. Januar 1981 dargebracht von Freunden und Kollegen.* Hrsg. von P. HAENDEL und W. MEID [Innsbrucker Beitr. zur Kulturwiss. 22]. Innsbruck: Inst. für Sprachwissenschaft 1983. 631 pp.

105 *Forschung in der Bundesrepublik Deutschland. Beispiele, Kritik, Vorschläge.* Hrsg. von CHRISTOPH SCHNEIDER. Weinheim: Verlag Chemie 1983

106 *Funktionen des Fiktiven.* Hrsg. von D. HENRICH; W. ISER [Poetik und Hermeneutik 10]. München: Fink 1983. 567 pp.

107 *La Gerusalemme celeste. La dimora di Dio con gli uomini (Ap 21,3). Immagini della Gerusalemme celeste dal III al XIV secolo. Catalogo della mostra, Milano Univ. del Sacro Cuore 20 maggio–5 giugno 1983.* A cura di M. L. GATTI PERER; pref. di C. M. MARTINI. Milano: Vita e Pensiero 1983. 300 pp.

108 *Il Giuliano l'Apostata di Augusto Rostagni. Atti dell'incontro di studio di Muzzano del 18 ottobre 1981.* Racc. e ed. da I. LANA [AAT 116 (1982) Suppl.]. Torino: 1983. III pp.

109 GRANT, ROBERT M. *Christian beginnings. Apocalypse to history* [Collected studies series CS 179]. London: Variorum Repr. 1983. 336 pp.

110 GUARDUCCI, MARGHERITA *Scritti scelti sulla religione greca e romana e sul cristianesimo* [EPRO 98]. Leiden: Brill 1983. XXIV, 457 pp.

111 *Hamartia. The concept of error in the Western tradition. Essays in honor of John M. Crossett.* Ed. by D. V. STUMP [Texts and Studies in Religion 16]. New York: E. Mellen Pr. 1983. XVI, 302 pp.

112 *Historisch-archäologische Quellen und Geschichte bis zur Herausbildung des Feudalismus. Beiträge des I. und II. Kolloquiums Junger Wissenschaftler Archäologischer und Althistorischer Disziplinen der DDR.* Hrsg. vom Zentralinst. für Alte Geschichte und Archäol. der Akad. der Wiss. der DDR. Berlin: 1983. 180 pp.

113 *History and historians in late antiquity.* Ed. by B. CROKE; A. EMMETT. Sydney: Pergamon Pr. 1983. IX, 182 pp.

114 *History of philosophy in the making. A symposium of essays to honor James D. Collins on his 65th birthday.* Ed. by L. J. THRO. Washington, D.C.: Univ. Pr. of America 1982. IX, 330 pp.

115 *Hommages à Jean Cousin. Rencontres avec l'antiquité classique* [Ann. littér. de l'Univ. de Besançon 273]. Paris: Les Belles Lettres 1983. 308 pp.

116 *Hommages à Robert Schilling.* Éd. par H. ZEHNACKER et G. HENTZ [Coll. d'ét. lat. Sér. scient. 37]. Paris: Les Belles Lettres 1983. 546 pp.

117 HOMMEL, HILDEBRECHT *Sebasmata. Studien zur antiken Religionsgeschichte und zum frühen Christentum* [WUNT 31]. Bd. 1. Tübingen: Mohr 1983. X, 382 pp.

118 KARPP, HEINRICH *Vom Umgang der Kirche mit der Heiligen Schrift. Gesammelte Aufsätze* [Kölner Veröffentlichungen zur Religionsgeschichte 3]. Köln; Wien: Böhlau 1983. 347 pp.

119 *Aus Kirche und Reich. Studien zu Theologie, Politik und Recht im Mittelalter. Festschrift für Friedrich Kempf zu seinem fünfundsiebzigsten Geburtstag und fünfzigjährigen Doktorjubiläum.* Hrsg. von HUBERT MORDEK. Sigmaringen: Thorbecke 1983. XXII, 532 pp.

120 KOSTER, S. *Tessera. Sechs Beiträge zur Poesie und poetischen Theorie der Antike* [Erlanger Forsch. R. A. 30]. Erlangen: Univ.-Bibl. 1983. 71 pp.

121 *The legacy of Greece. A new appraisal.* Ed. by M. I. FINLEY. Oxford: Clarendon Pr. 1981. V, 479 pp.

122 *Les lettres de saint Augustin découvertes par Johannes Divjak. Communications présentées au colloque des 20 et 21 septembre 1982.* Paris: Études Augustiniennes 1983. 390 pp.

123 LILIENFELD, FAIRY VON *Spiritualität des frühen Wüstenmönchtums. Ges. Aufsätze 1962 bis 1971.* Hrsg. von RUTH ALBRECHT und FRANZISKA MÜLLER [Oikonomia 18]. Erlangen: Lehrstuhl für Geschichte und Theologie des Christlichen Orients 1983. II, 115 pp.

124 *Liturgia opera divina e umana. Studi sulla riforma liturgica offerti a S. E. Mons. Annibale Bugnini in occasione del suo 70° compleanno.* Roma: Edizioni liturgiche 1982. 715 pp.

125 *Liturgie und Dichtung. Ein interdisziplinäres Kompendium. I: Historische Präsentation. II: Interdisziplinäre Reflexion. Gualtero Duerig annum vitae septuagesimum feliciter complenti.* Hrsg. von H. BECKER; R. KACZYNSKI [Pietas Liturgica 1–2]. St. Ottilien: EOS 1983. XIII, 902 pp; XIII, 1030 pp.

126 *La liturgie, son sens, son esprit, sa méthode (liturgie et théologie). Conférences Saint-Serge, XXVIIIᵉ Semaine d'études liturgiques (Paris, 1981)* [Coll. Bibl. Ephem. liturg. 27]. Roma: Ed. liturg. 1982. 386 pp.

127 *Liturgie, spiritualité, cultures. Conférences Saint-Serge 29e semaine d'etudes liturgiques. Paris, 29 juin–2 juillet 1982.* Ed. par A. M. TRIACCA et A. PISTOIA [Coll. Bibl. Ephem. liturg. 29]. Roma: Ed. liturgiche 1983. 420 pp.

128 *Livius. Werk und Rezeption. Festschrift für Erich Burck zum 80. Geburtstag.* Hrsg. von E. LEFÈVRE und E. OLSHAUSEN. München: Beck 1983. 447 pp.

129 *Magna Grecia bizantina e tradizione classica. Atti XVII Convegno di studi sulla Magna Grecia. Taranto, ott. 1977.* Napoli: Arte tipogr. 1978. 610 pp.

130 *Makarios-Symposion über das Böse. Vorträge der Finnisch-deutschen Theologentagung in Goslar 1980.* Hrsg. v. W. STROTHMANN [GöO I R. 24]. Wiesbaden: Harrassowitz 1983. VII, 369 pp.

131 *Der Mandäismus.* Hrsg. von GEO WIDENGREN [Wege der Forschung 167]. Darmstadt: Wissenschaftliche Buchgesellschaft 1982. X, 479 pp.

132 MARKUS, R. A. *From Augustine to Gregory the Great. History and Christianity in Late Antiquity* [Collected Studies Series CS 169]. London: Variorum Repr. 1983. 318 pp.

133 MEDAGLIA, S. M. *Note di esegesi archilochea* – BollClass suppl. 4 (1982) 149 pp.

134 *Mens concordet voci. Pour A. G. Martimort à l'occasion de ses quarante années d'enseignement et des vingt ans de la Constitution Sacrosanctum Concilium.* Paris: Desclée 1983. 723 pp.

135 MEYER, BEN F.; SANDERS, E. P. *Jewish and Christian self-definition 3: self-definition in the Greco-Roman world.* Philadelphia, Penna.: Fortress Press 1983. XX, 295 pp.

136 *Mimesis. From mirror to method, Augustine to Descartes.* Ed. by J. A. LYONS; S. NICHOLS. London, Ont.: Ontario Univ. Pr. of New England 1982. 277 pp.

137 *Miscellanea historiae ecclesiasticae, VI: Congrès de Varsovie (25 juin–1er juillet 1978),* Section I: *Les transformations dans la société chrétienne au IVe siècle* [Bibl. de la RHE 67]. Bruxelles: Ed. Nauwelaerts 1983. XX, 361 pp.

138 *Μνήμη Συνόδου Ἁγίας Β´ Οἰκουμενικῆς (ἐν Κωνσταντινουπόλει 381). Τόμος Α´.* Κωνσταντινούπολις; Θεσσαλονίκη: Οἰκουμενικόν Πατριαρχεῖον – Πατριαρχικόν Ἴδρυμα Πατερικῶν Μελετῶν 1983. 692 σσ.

139 *Monastica, I. Scritti raccolti in memoria del XV centenario della nascita di S. Benedetto (480–1980)* [Miscell. Cassinese 44]. Montecassino: Pubbl. Cassinesi 1981. 356 pp.

140 *La mort selon la Bible dans l'antiquité classique et selon le manichéisme. Actes d'un Colloque de Louvain-la-Neuve.* Éd. par J. RIES [Collection Cerfaux-Lefort 5]. Louvain-la-Neuve: Centre d'Histoire des Religions 1983. 166 pp.

141 *Neoplatonism and Christian Thought.* Ed. by D. J. O'MEARA [Studies in Neoplatonism 3]. Albany: State University of New York Press 1981. XVIII, 145 pp.

142 *The New Testament Era: essays in honor of Bo Reicke.* Ed. WILLIAM C. WEINRICH. Macon, Georgia: Mercer University Press 1983. 650 pp. 2 voll.

143 *The New Testament and Gnosis. Essays in honour of Robert McL. Wilson.* Ed. by A. H. B. LOGAN; A. J. M. WEDDERBURN. Edinburgh: Clark 1983. XII, 258 pp.

144 *Omaggio a Piero Treves.* A cura di A. MASTROCINQUE. Padova: Antenore 1983. XII, 350 pp.

145 *20. Deutscher Orientalistentag vom 3. bis 8. Oktober 1977 in Erlangen. Vorträge.* Herausgegeben von W. VOIGT [ZDMG Suppl. 4]. Wiesbaden: Steiner 1982. XIII, 585 pp.

146 *Paganismo y cristianismo en el occidente del Imperio Romano* [Memorias de historia antigua – 1981]. Oviedo: Universidad de Oviedo 1983. 284 pp.

147 *Il paleocristiano in Ciociaria. Atti del Convegno di Fiuggi, 8–9 ottobre 1977.* Roma: Ed. Grafica 1978. 199 pp.

148 *La Pâque du Christ, mystère de salut. Mélanges offerts à F. X. Durrwell.* Éd. par M. BENZERATH; A. SCHMID; J. GUILLET [Coll. Lectio divina 112]. Paris: Éd. du Cerf 1982. 312 pp.

149 *Pascua mediaevalia. Studies voor Prof. Dr. J. M. de Smet.* Red. R.

LIEVENS; E. VAN MINGROOT [Mediaevalia Lovaniensia ser. 1, studia 10]. Leuven: Univ. Pers 1983. XII, 691 pp.

150 *La patrie gauloise d'Agrippa au VIe siècle. Actes du Colloque (Lyon 1981)* [Publ. du Centre d'Études romaines et gallo-romaines 3]. Lyon: L'Hermès 1983. 444 pp.

151 *Paul and Paulinism. Essays in honour of C. K. Barrett.* Ed. by M. D. HOOKER; S. G. WILSON. London: SPCK 1982. XXVII, 404 pp.

152 *Il pensiero di Paolo nella storia del cristianesimo antico* [Pubblicazioni dell'Istituto di Filologia Classica e Medievale dell'Università di Genova 82]. Genova: Univ., Ist. di Filologia Classica e Medievale 1983. 151 pp.

153 *Platonismus und Christentum. Festschrift für Heinrich Doerrie.* Hrsg. von H. BLUME; F. MANN [JACE 10]. Münster: Aschendorff 1983. XV, 328 pp.

154 *Primera reunión gallega de estudios clásicos (Santiago-Pontevedra, 2–4 julio 1979).* Prol. de M. C. DÍAZ Y DÍAZ [Cursos y Congr. Univ. de Santiago 19]. Santiago de Compostela: Secr. de Publ. 1981. 448 pp.

155 *Problèmes de l'être et du savoir dans l'histoire de la philosophie étrangère.* Moskva: Univ. 1982. 85 pp.

156 *Problèmes actuels de philologie classique, I* [en russe]. Moskva: Univ. 1982. 169 pp.

157 *Reconciliación y penitencia. V Simposio Internacional de Teología de la Universidad de Navarra* [Colección Teológica 38]. Pamplona: Eunsa 1983. 1040 pp.

158 *Religionstheorie und Politische Theologie, I: Der Fürst dieser Welt. Carl Schmitt und die Folgen.* Hrsg. von J. TAUBES. München: Fink 1983. 321 pp.

159 *Research on tropes. Proceedings of a symposium organized by the Royal Academy of literature, history and antiquities and the Corpus troporum, Stockholm, June 1–3, 1981.* Ed. by G. IVERSEN [Kungl. Vitterhets. Historie och Antikvitets Akad. Konferenser. 8]. Stockholm: Almqvist och Wiksell 1983. 186 pp.

160 RODRÍGUEZ HERRERA, ISIDORO *Antigüedad clásica y cristianismo* [Bibliotheca Salmanticensis. Estudios 64]. Salamanca: Universidad Pontificia 1983. 552 pp.

161 *Das römisch-byzantinische Ägypten. Akten des internationalen Symposions 26.–30. September 1978 in Trier* [Aegyptiaca Treverensia 2]. Mainz: von Zabern 1983. VII, 211 pp.

162 *Roma, Costantinopoli, Mosca. Atti del I Seminario internazionale di studi storici su Aspetti storico-religiosi e giuridici dell'idea di Roma; tradizione e rivoluzioni, 21–23 aprile 1981* [Da Roma alla terza Roma. Studi 1]. Napoli: Ed. Scientif. Italiane 1983. XX, 570 pp.

163 *Sacramentalidad de la Iglesia y Sacramentos. Actas del IV Simposio Internacional de Teología de la Universidad de Navarra* [Colección Teológica 36]. Pamplona: Eunsa 1983. 856 pp.

164 *Lo scetticismo antico. Atti del Convegno organizzato dal Centro di studio del pensiero antico del C.N.R., Roma, 5–8 novembre 1980.* A cura di G. GIANNANTONI [Collana Elenchos 6]. Napoli: Bibliopolis 1981. 913 pp.

165 *Semana de historia e del monacato cántabro-astur leonés, xv Centenario del nacimiento de S. Benito.* Oviedo: Monasterio de San Pelayo 1982. 686 pp.

166 *XIX Semana de Estudios Monásticos. Comunidad cristiana y comunidades monásticas.* Dirigido por C. DE LA SERNA GONZALEZ [Studia Silensia 9]. Abadía de Silos 1983. 352 pp.

167 ŠEVČENKO, IHOR *Ideology, Letters and Culture in the Byzantine World* [Collected Studies, Series CS 155]. London: Variorum Repr. 1982. 368 pp.

168 *La società del basso impero. Guida storica e critica.* Introd. di D. VERA [Universale Laterza 636]. Bari : Laterza 1983. 193 pp.

169 *Societat espanyola d'estudis clàssics. Actes del VIè simposi (Barcelona 11–13 de febrer del 1981).* Barcelona: Fac. de filol. de le Univ. 1983. 268 pp.

170 *Spätantike und frühes Christentum. Ausstellung im Liebighaus Museum alter Plastik Frankfurt am Main, 16. Dezember 1983 bis 11. März 1984 (Katalog).* Hrsg. von H. BECK und P. C. BOL. Frankfurt: Liebighaus 1983. XIII, 698 pp.

171 *Spirito Santo e catechesi patristica. Convegno di studio e aggiornamento, Fac. di Lettere Cristiane e Classiche Roma, 6–7 marzo 1982.* A cura di SERGIO FELICI [Biblioteca di scienze religiose 54]. Roma: LAS 1983. 303 pp.

172 STOCKMEIER, P. *Glaube und Kultur. Studien zur Begegnung von Christentum und Antike* [Beiträge zur Theologie und Religionswissenschaft]. Düsseldorf: Patmos-Verlag 1983. 307 pp.

173 *Struktur und Gehalt.* Hrsg. v. P. NEUKAM [Dialog. Schule – Wissensch., Klass. Spr. und Lit. 17]. München: Bayer. Schulbuch-Verl. 1983. 159 pp.

174 *Studi bizantini e neogreci. Atti del IV Congresso nazionale di studi bizantini, Lecce, 21–23 aprile 1980–Calimera, 24 aprile 1980.* A cura di P. L. LEONE [Ist. di storia mediev. e mod. dell'Univ. degli studi di Lecce Saggi e ric. 7]. Galatina: Congedo 1983. 647 pp.

175 *Studi in onore di Cesare Sanfilippo* [Pubbl. della Fac. di Giurisprud. dell'Univ. di Catania 96]. Milano: Giuffrè 1982 (1–2); 1983 (3). XII, 766; 780; 782 pp.

176 *Studia Evangelica, VII: Papers presented to the 5. International Congress on Biblical Studies held at Oxford, 1973.* Ed. E. A. LIVINGSTONE [TU 126]. Berlin: Akademie-Verlag 1982. XI, 570 pp.

177 *Studia Hierosolymitana, III: Nell' Ottavo Centenario Francescano (1182–1982).* A cura di G. C. BOTTINI [StBibFC Mai 30]. Jerusalem: 1982. 378 pp.

178   *Studia Paulo Naster oblata. I: Numismatica antiqua. II: Orientalia antiqua* [Orientalia Lovaniensia Analecta 12–13]. Leuven: Peeters 1982. XXXIII, 342 pp.; XII, 343 pp.

179   *Studien zur mittelalterlichen Geistesgeschichte und ihren Quellen.* Hrsg. A. ZIMMERMANN [MM 15]. Berlin: de Gruyter 1982. VIII, 318 pp.

180   *Studies of the church in history. Essays honoring Robert S. Paul on his sixty-fifth birthday.* Edited by HORTON DAVIES [Pittsburgh theological monographs, new series 5]. Allison Park, Pa.: Pickwick Publications 1983. X, 276 pp.

181   *Studies in Latin literature and Roman history, III.* Ed. by C. DEROUX [Coll. Latomus 180]. Bruxelles: Éd. Latomus 1983. 440 pp.

181a Σύγκρισις. *Testi e studi di storia e filosofia del linguaggio religioso.* A cura di C. ANGELINO; E. SALVANESCHI. Genova: Il melangolo 1982–83. 2 voll., 150, 143 pp.

182   *2. Symposium Nazianzenum, Louvain-la-Neuve, 25–28 août 1981. Actes du colloque international organisé avec le soutien du Fonds National Belge de la Recherche Scientifique et de la Görres-Gesellschaft zur Pflege der Wissenschaft.* Éd. par JUSTIN MOSSAY [Studien zur Geschichte und Kultur des Altertums. N.F. Reihe 2: Forschungen zu Gregor von Nazianz 2]. Paderborn: Schöningh 1983. 306 pp.

183   *3. Symposium Syriacum 1980. Les contacts du monde syriaque avec les autres cultures [Goslar 7–11 septembre 1980].* Éd. par RÉNÉ LAVENANT [OCA 221]. Roma: Pont. Inst. Studiorum Orientalium 1983. XII, 392 pp.

184   *Teología del Sacerdocio, 16: El ministerio y el Corazón de Cristo.* Facultad de Teología del Norte de España – Sede de Burgos. Instituto «Juan de Avila». Burgos: Ediciones Aldecoa 1983. 321 pp.

185   *Teología del Sacerdocio, 17: La Pneumatología en los Padres de la Iglesia.* Facultad de Teología del Norte de España – Sede de Burgos. Instituto «Juan de Avila». Burgos: Ediciones Aldecoa 1983. 314 pp.

186   *Theologie – Grund und Grenzen. Festgabe für Heimo Dolch zur Vollendung des 70. Lebensjahres.* Hrsg. von HANS WALDENFELS u. Mitarb. von H. PFEIFFER und K. ROTHMANN. Paderborn: Schöningh 1982. 635 pp.

187   *Theologie und Leben. Festgabe für Georg Söll zum 70. Geburtstag.* Hrsg. von ANTON BODEM und ALOIS M. KOTHGASSER [BSRel 58]. Roma: LAS 1983. 530 pp.

188   TIBILETTI, C. *Verginità e matrimonio in antichi scrittori cristiani* [Univ. di Macerata Pubbl. della Fac. di Lett. e Filos. 15]. Roma: Giorgio Bretschneider 1983. 260 pp.

189   *Tradurre poesia.* A cura di R. COPIOLI [L'altro versante. Quaderni di poetica e poesia 1]. Brescia: Paideia 1983. 382 pp.

190   *Tria Corda. Scritti in onore di Arnaldo Momigliano.* A cura di E. GABBA [Bibl. Athenaeum 1]. Como: New Press 1983. 307 pp.

191 *Unidad y pluralidad en el mundo antiguo. Actas del VI Congreso español de estudios clásicos (Sevilla, 6–11 de abril de 1981)*, I: *Ponencias;* II: *Comunicaciones* [Soc. españ. de estud. clás.]. Madrid: Ed. Gredos 1983. 492; 432 pp.

192 UNNIK, W. C. VAN *Sparsa Collecta. Collected Essays. III: Patristica – Gnostica – Liturgica* [NovTest Supplements 31]. Leiden: Brill 1983. IX, 418 pp.

193 *Visages du destin dans les mythologies. Mélanges Jacqueline Duchemin* [Centre de Rech. mythol. de l'Univ. de Paris 10 Trav. et Mém. Actes du Colloque de Chantilly 1er–2 mai 1980]. Publ. par F. JOUAN. Paris: Les Belles Lettres 1983. 268 pp.

194 WASZINK, J. H. *Verzamelde opstellen uitgegeven ter gelegenheid van de 75e verjaardag van de auteur.* Leiden: Dimensie 1983. 176 pp.

195 *Word and spirit: a monastic review*, vol. 5: *christology.* Ed. H. U. VON BALTHASAR; L. BOUYER; L. RICHARD et alii. Still River, Mass.: St. Bede's Publications 1983. X, 169 pp.

196 *2000 Jahre Vergil. Ein Symposium.* Hrsg. von V. POESCHL [Wolfenbütteler Forsch. 24]. Wiesbaden: Harrassowitz 1983. VIII, 222 pp.

6. Methodologica

[1447] AUBINEAU, M.: Hesychius Hierosolymitanus

197 BERTHOLD, W. *Zum Problem der Erkenntnis des geschichtlichen Fortschritts in der Epoche des Übergangs von der weströmischen Sklavereigesellschaft zum westeuropäischen Feudalismus* – Klio 65 (1983) 347–350

[610b] BIANCHI, U.: Apocrypha

198 CUNNINGHAM, AGNES *The Greek Fathers: an alternative to Augustine* – ChicS 21 (1982) 239–253

199 HUSSEY, M. EDMUND *Religious education and the fathers of the church* – Diak 18 (1983) 265–270

200 HUTTAR, CHARLES A. *Christian writers and pagan readers: the poverty of the secular imagination* – ChrLit 32 (1983) 19–28

201 KEE, H. C. *Miracles in the early Christian world: a study in sociohistorical method.* New Haven, Conn.: Yale University Press 1983. 304 pp.

202 MIGUEL, J. M. DE *Crónica del XVII Simposio Internacional de Teología Trinitaria (Salamanca, del 20 al 23 de octubre de 1982)* – ETrin 17 (1983) 67–70

203 MOMIGLIANO, ARNALDO *Biblical studies and classical studies: simple reflections about historical method* – BibArch 45 (1982) 224–228

[438] SCHEFFCZYK, L.: Philosophica

[2508] SCHWAGER, R.: Patrum exegesis

[646]   SFAMENI GASPARRO, G.: Apocrypha
 204   SMULDERS, P. *Is There a Medicine Against Contamination?* In: *Studia Patristica 17* (cf. 1981/82, 283b) I, 372–381

7. Subsidia

[2169] *Acta conciliorum oecumenicorum, Index prosopographicus:* Concilia, acta conciliorum, canones
 205   BAUER, J. B.; FELBER, A. *A reverse index of patristic Greek.* Graz: Theolog. Studien 1983. 193 pp.
[2093] *Concordances et tableaux pour l'étude des grands sacramentaires:* Missa, sacramenta, sacramentalia
 206   *Corpus Ambrosiano-Liturgicum I. Das Sacramentarium Triplex. Die Handschrift C 43 der Zentralbibliothek Zürich. 2. Teil: Wortschatz und Ausdrucksformen. Ein Wortverzeichnis.* Mit Hilfe des Scriptoriums der Benediktinerinnenabtei Varensell erstellt und herausgegeben von J. FREI [LQF 49]. Münster: Aschendorff 1983. VI, 267 pp.
 207   *Corpus Christianorum. Instrumenta lexicologica Latina.* Ser. A: *Formae.* Fasc. 13: *Sanctus Aurelius Augustinus. Confessiones [S. L. 27].* Curante CETEDOC, Universitas Catholica Lovaniensis Lovannii Novi. Turnhout: Brepols 1983. 82 pp. 8 microfiches
[1944] DELANEY, J. J.: Hagiographica
 208   *Dictionnaire d'histoire et de géographie ecclésiastiques, XX, fasc. 115–116, Geilon – Gérard.* Paris: Letouzey et Ané 1983. Col. 257–768
 209   *Dictionnaire d'histoire et de géographie ecclésiastiques, XX, fasc. 117–118, Gérard – Giffoni.* Paris: Letouzey et Ané 1983. Col. 769–1280
 210   *Dictionnaire de spiritualité ascétique et mystique, XII, fasc. 76–77, Pacaud – Pawlowski.* Paris: Beauchesne 1983. Col. 1–700
 211   *Dizionario patristico e di antichità cristiane.* Diretto da ANGELO DI BERARDINO. *Vol. 1. A–F.* Casale Monferrato: Marietti 1983. XXV, 1412 coll.
 212   FICHTINGER, CHRISTIAN *Lexikon der Heiligen und Päpste.* Salzburg: Kiesel 1983. 389 pp.
 213   GEERARD, M. *Clavis Patrum Graecorum, I: Patres antenicaeni* [CChr Ser. Graeca]. Turnhout: Brepols 1983. XXIII, 283 pp.
 214   GINGRICH, FELIX WILBUR *Shorter lexicon of the Greek New Testament.* 2. ed. rev. by FREDERICK W. DANKER. Chicago, Ill.; London: The Univ. of Chicago Pr. 1983. X, 221 pp.
 215   GRYSON, R. *Recueil de Vérone. Concordance* [Informatique et ét. de textes Litt. arienne lat. 11,2]. Louvain-la-Neuve: Univ. cathol. Publ. du CETEDOC 1983. XI, 303 pp.

216 GRYSON, R. *Fragments ariens de Bobbio. Commentaire arien sur saint Luc. Concordance* [Informatique et ét. de textes Litt. arienne lat. 11,3]. Louvain-la-Neuve: Univ. cathol. Publ. du CETEDOC 1983. IX, 143 pp.

217 HALKIN, F. *Analecta Bollandiana. Inventaire hagiographique des tomes 1 à 100 (1882–1982).* Bruxelles: Soc. des Bollandistes 1983. 444 pp.

[503] HALKIN, F.: Palaeographica atque manuscripta

[1449] *Index Verborum Homiliarum festalium* . . .: Hesychius Hierosolymitanus

218 *Vollständige Konkordanz zum griechischen Neuen Testament, unter Zugrundelegung aller modernen Textausgaben und des Textus receptus.* In Verbindung mit H. RIESENFELD, H.-U. ROSENBAUM, CHR. HANNICK, B. BONSACK neu zusammengestellt unter der Leitung von K. ALAND [ANTT 4]. Bd. I. Teil 1 (A–Λ). Teil 2 (M–Ω). Berlin: de Gruyter 1983. XVIII, 752; VI, 600 pp.

219 *Vollständige Konkordanz zum griechischen Neuen Testament.* Neu zusammengestellt unter der Leitung von K. ALAND. Liefer. 13–14: πολύς – ὠφέλιμος [ANTT]. Berlin: de Gruyter 1983. p. 1153–1352

220 LAMBDIN, THOMAS ODEN *Introduction to Sahidic Coptic.* Macon, Georgia: Mercer University Press 1983. XVII, 377 pp.

[2057] LE GALL, R.: Liturgica

221 *Lexicon errorum interpretum Latinorum* [II–VII saeculi, qui textus christianorum e Graeco in Latinum transtulerunt]. Cur. S. LUNDSTRÖM [AUU 16]. Uppsala; Stockholm: Almqvist och Wiksell Internat. 1983. 194 pp.

222 NEUGEBAUER, OTTO *Ethiopic Astronomy and Computus* [Veröffentlichungen der Kommission für Geschichte der Mathematik, Naturwissenschaften und Medizin, Heft 22]. Wien: Österreichische Akademie der Wissenschaften 1979. 264 pp.

223 *Reallexikon für Antike und Christentum. Sachwörterbuch zur Auseinandersetzung des Christentums mit der antiken Welt (RAC), Bd. XII,* Lief. 92–96: *Grabinschrift I [Fortsetzung] – Gürtel.* Stuttgart: Hiersemann 1983. VI, 1278 coll.

224 STADLER, HUBERT *Päpste und Konzilien. Kirchengeschichte und Weltgeschichte; Personen, Ereignisse, Begriffe* [Hermes Handlexikon]. Düsseldorf; Wien: Econ 1983. 381 pp.

[1961] STRAETEN, J. VAN DER: Hagiographica

[1212] STRECKER, G.: Pseudo-Clemens Romanus

[546] *A synopsis of the four Gospels* . . .: Editiones textus graeci

225 *Taschenlexikon Religion und Theologie.* 4., neu bearb. und stark erweiterte Auflage. Göttingen: Vandenhoeck und Ruprecht 1983. 5 voll.

226 *Theologische Realenzyklopädie,* hrsg. von G. KRAUSE†; G. MÜLLER u.a., *XI: Familie – Futurologie.* Berlin: de Gruyter 1983. 800 pp.

8. Opera ad historiam ecclesiasticam sive saecularem spectantia

227 AALDERS, G. J. D. *Julianus de Afvallige. Het leven van een verbitterde keizer.* Kampen: J. H. Kok 1983. 125 pp.

[1024] ALEXE, S. C.: Basilius Caesariensis

228 ALI, J. S. *The Christians of the Jazira 17–132 A.H.* Edinburgh: University 1982

229 ALLEN, ROLAND *The spontaneous expansion of the church* — Search Together 12 (1983) 3–6

230 AMBROSANI, A. *Per una storia del monastero di S. Ambrogio.* In: *Ricerche storiche sulla Chiesa Ambrosiana, IX* (cf. 1981/82, 263) 291–317

231 ANDERSON, J. C. *A topographical tradition in fourth century chronicles. Domitian's building program* — Historia 32 (1983) 93–105

232 ARGIOLAS, D. *Alle origini del cristianesimo barbaricino.* Cagliari: Ed. Sarda Fossataro 1979. 115 pp.

[1521] ATALI, A.: Iohannes Chrysostomus

233 ATWOOD, D. JAMES; FLOWERS, RONALD B. *Early Christianity as a cult movement* — Enc 44 (1983) 245–261

234 AUNE, D. E. *Prophecy in early Christianity and the ancient Mediterranean World.* Grand Rapids, Mich.: Eerdmans 1983. XII, 522 pp.

[1981] AUPEST-CONDUCHÉ, D.: Felix Nannetensis

235 AUSTIN, BILL R. *Austin's Topical history of Christianity.* Wheaton, Ill.: Tyndale House Publishers 1983. 527 pp.

236 AZCONA, TARSICIO DE *«Apuntes sobre el origen apostólico del cristianismo en Aragón»* — RET 43 (1983) 57–74

237 BAGNALL, ROGER S. *Religious conversion and onomastic change in early Byzantine Egypt* — BASP 19 (1982) 105–124

238 BAJO, F. *El patronato de los obispos sobre ciudades durante los siglos IV–V en Hispania.* In: *Paganismo y Cristianismo* (cf. 1983, 146) 203–212

[2028] BALBONI, D.: Liturgica

239 BAMFORD, CHRISTOPHER *Ecology and holiness: the heritage of Celtic Christianity* — Epiphany 3 (1983) 66–78

240 BANCHICH, THOMAS M. *Eunapius and Arethas* — GrRoBySt 24 (1983) 181–184

241 BARNES, T. D. *Late Roman Prosopography: Between Theodosius and Justinian* — Phoenix 37 (1983) 248–270

242 BARNES, T. D. *Two victory titles of Constantius* — ZPE 52 (1983) 229–235

243 BAUMEISTER, TH. *Mártires y perseguidos en el cristianismo primitivo* — ConciliumM 19/1 (1983) 312–320

244 BENKO, STEPHEN *Early Christian magical practices* — SBLSemPap 21 (1982) 9–14

245 BIRLEY, A. R. *Magnus Maximus and the Persecution of Heresy* — BJRL 66,1 (1983) 13–43

246 BLAZQUEZ, J. M.; MONTENEGRO, A. et alii *España Romana (218 s. de J. C. - 414 de J. C.)* [R. MENÉNDEZ PIDAL (ed.) *Historia de España.* Tomo II 1–2]. Madrid: Espasa - Calpe 1982. Vol. II 1 646 pp.; II 2 764 pp.

[1349] BOGLIONI, P.: Gregorius Magnus

247 BRATOŽ, R. *Die Beziehungen zwischen Germanen und Romanen im Gebiet Niederösterreichs in der zweiten Hälfte des 5. Jahrhunderts* [slowenisch; deutsche Zusammenf.] — AArchSlov 33 (1982) 157–168

248 BRETT, EDWARD T. *Early Constantine Legends: a study in propaganda* — BSEB 10 (1983) 52–70

249 BROX, NORBERT *Kirchengeschichte des Altertums* [Leitfaden Theologie 8]. 1. Aufl. Düsseldorf: Patmos 1983. 205 pp.

250 BRUCE, L. D. *Diocletian, the proconsul Iulianus and the Manichaeans.* In: *Studies in Latin literature III* (cf. 1983, 181) 336–347

251 BUCCI, O. *Episcopato delle campagne e corepiscopi. Un caso emblematico del cristianesimo orientale fra proletariato rurale siriaco e predominio culturale delle poleis ellenistiche. L'impressionante parallelismo all'interno del cristianesimo occidentale.* In: *Atti del IV Convegno internazionale dell'Accad. roman. Costantiniana* ... (cf. 1981/82, 166) 97–163

252 CAGIANO DE AZEVEDO, M. *Elementi storico-archeologici relativi alla origine della diocesi di Bagnoregio.* In: *Atti del Convegno Il paleocristiano nella Tuscia* (cf. 1981/82, 167) 11–21

253 CALVINO, R. *La comunità cristiana di Cuma* — Campania sacra 13–14 (Napoli d'Auria 1982–1983) 5–16

254 CAMPBELL, TED A. *Charismata in the Christian communities of the second century* — WesleyThJ 17 (1982) 7–25

255 CANTAVELLA, J. *Los monjes menorquines en el siglo V.* Menorca: 1983. 318 pp.

256 CATTANEO, E. *Cataloghi e biografie dei vescovi di Milano dalle origini al secolo XVI* [ArAm 44]. Milano: 1982. 206 pp.

257 CATTANEO, E. *Il monachesimo a Milano dalle origini all'età postcarolingia.* In: *Ricerche storiche sulla Chiesa Ambrosiana, IX* (cf. 1981/82, 263) 7–29

[2092] CATTANEO, E.: Missa, sacramenta, sacramentalia

258 CECCHELLI TRINCI, M. *Le più antiche testimonianze letterarie e monumentali del monachesimo in territorio ciociaro.* In: *Il paleocristiano in Ciociaria* (cf. 1983, 147) 39–52

259 (ΧΑΡΙΣΙΑΔΗΣ,) ΚΩΝΣΤΑΝΤΙΝΟΣ (Μητροπολίτης Δέρκων) *Ἡ κατήχησις κατά τήν ἐποχήν τῆς Βʹ Οἰκουμενικῆς Συνόδου.* In: *Μνήμη Συνόδου* ... (cf. 1983, 138) 637–643

260 CHERCHI, L. *I vescovi di Cagliari (314-1983). Note storiche e pastorali.* Cagliari: Tip. ed. Artigiana 1983. XLIV, 336 pp.

261 CHESNUT, GLENN F. *Radicalism and orthodoxy; the unresolved problem of the first Christian histories* [bibliog.] — AnglThR 65 (1983) 292–305

262 CLARK, MARK EDWARD *Images and concepts of hope in the early imperial cult* – SBLSemPap 21 (1982) 39–43

263 CLARK, MARK EDWARD *Spes in the later imperial cult* – SBLSemPap 22 (1983) 315–319

264 CLÉVENOT, MICHEL *Les hommes de la fraternité 4. La chrétienté à l'heure de Mahomet* [Histoire et documents]. Paris: Nathan 1983. 229 pp.

265 COHEN, SHAYE J. D. *Yavneh revisited: Pharisees, rabbis, and the end of Jewish sectarianism* – SBLSemPap 21 (1982) 45–61

266 COHN-SHERBOK, DANIEL M. *The Mandaeans and heterodox Judaism* – HUCA 54 (1983) 147–151

267 CONSOLINO, F. E. *Ascesi e mondanità nella Gallia tardoantica. Studi sulla figura del vescovo nei secoli IV–VI.* Pres. di V. TANDOI [Koinonia Collana di Studi e Testi 4]. Napoli: Assoc. di Studi tardoant. 1980. VII, 191 pp.

268 CRACCO RUGGINI, L. *Christianisation in Sicily (IIIrd–VIIth century)* – Gerión 1 (1983) 219–234

[1032] CRACCO RUGGINI, L.: Basilius Caesariensis

[1862] CZÚTH, B.: Sidonius Apollinaris

[1243] DALY, A.: Cyrillus Alexandrinus

269 DAUNTON-FEAR, A. *The Ecstasies of Montanus.* In: *Studia Patristica 17* (cf. 1981/82, 283b) II, 648–651

270 DAVIES, J. G. *The making of the Church.* London: Mowbray 1983 [repr.]. 208 pp.

[845] DELMAIRE, R.: Augustinus

[846] DELMAIRE, R.; LEPELLEY, C.: Augustinus

271 DEMOUGEOT, E. *La Gaule selon Cassiodore et Procope.* In: *La patrie gauloise* (cf. 1983, 150) 375–395

[1856] DEMOUGEOT, E.: Severus Minoricensis

272 D'ENCARNAÇÃO, JOSE *A religião romana não-oficial nas colónias e municipios da Lusitânia durante o alto Império.* In: *Paganismo y cristianismo* (cf. 1983, 146) 19–31

[847] DESANGES, L.; LANCEL, S.: Augustinus

273 DESPREZ, V. *Les origines du monachisme occidental, I: Italie, Palestine, Gaule* – Lettre de Ligugé (Abbaye de Ligugé, France) 204 (1980,6) 6–18

274 DESPREZ, V. *Les origines du monachisme occidental, II: Afrique et Espagne* – Lettre de Ligugé (Abbaye de Ligugé, France) 209 (1981,5) 9–31

275 DÍAZ Y DÍAZ, M. C. *L'expansion du christianisme et les tensions épiscopales dans la péninsule ibérique.* In: *Miscellanea Historiae Ecclesiasticae VI,1* (cf. 1983, 137) 84–94

276 DOMINGUEZ MONEDERO, A. J. *Los ejércitos regulares tardorromanos en la Península Ibérica y el problema del pretendido «limes hispanus»* – RGuimarães 93 (1983) 101–132

277 DZIEWULSKI, W. *Upadek pogaństwa w Egipcie (= Vom Untergang des Heidentums in Ägypten)* — AnW 9, AUW 497 (1983) 15–32

278 *Egyptian Copts and papyrus documents written by women may reveal early history of Christianity* — BibArchR 9 (1983) 16–17

279 FALANGA, L. *Presenze giudaiche e cristiane a Pompei* — Campania sacra (Napoli) 11–12 (1980–1981) 397–402

280 FALANGA, L. *Albori del cristianesimo in Sardegna* — Campania sacra 13–14 (Napoli d'Auria 1982–1983) 17–56

281 FARINA, RAFFAELE *Religion und Politik in der Mitte des 4. Jahrhunderts in der Pars Orientis des Römischen Reiches.* In: *Theologie und Leben. Festschrift für Georg Söll zum 70. Geburtstag* (cf. 1983, 187) 85–96

282 FATAS CABEZA, G. *La antigüedad cristiana en el Aragón romano* — BMZ (1982) 1, 177–219

283 FEDALTO, G. *Le Chiese d'Oriente. Da Giustiniano alla caduta di Constantipoli* [Complementi alla Storia della Chiesa diretta da Hubert Jedin, a cura di Elio Guerriero] [Già e non ancora 103]. Milano: Jaca Book 1983. 236 pp.

[1320] FEDALTO, G.: Eusebius Caesariensis

284 FERNÁNDEZ HERNÁNDEZ, G. *Causas y consecuencias de la gran persecución* — Gerión 1 (1983) 305–325

[1227] FERNÁNDEZ UBIÑA, J.: Cyprianus Carthaginiensis

[1803] FIACCADORI, G.: Philostorgius

285 FINN, T. W. *Social Mobility, Imperial Service and the Spread of Early Christianity.* In: *Studia Patristica 17* (cf. 1981/82, 283b) I, 31–37

[1038] FORLIN PATRUCCO, M.: Basilius Caesariensis

286 FREND, W. H. C. *Early Christianity and Society. A Jewish Legacy in the Pre-Constantinian era* — HThR 76 (1983) 53–72

287 FREUND, R. A. *Principia politica. The political dimensions of Jewish and Christian self-definition in the Greco-Roman period* [Diss.]. New York: The Jewish Theol. Semin. of America 1982. 365 pp. [microfilm, Summary in DissAbstr 43 (1982) 479A]

288 GADILLE, J. *Le diocèse de Lyon* [Histoire des diocèses de France 16]. Paris: Beauchesne 1983. 352 pp.

289 GAGER, JOHN G. *The origins of anti-semitism. Attitudes toward Judaism in Pagan and Christian antiquity.* New York, Oxford: Oxford Univ. Pr. 1983. VIII, 311 pp.

290 GARCÍA MORENO, L. A. *La cristianización de la topografía de las ciudades de la península ibérica durante la antigüedad tardía.* In: *Miscellanea historiae ecclesiasticae VI,1* (cf. 1983, 137) 346–348

291 GASCÓ LA CALLE, FERNANDO *El silencio sobre los cristianos en la Historia de Roma de Casio Dion* — Habis 12 (1981) 197–202

292 GHERMAN, PIERRE *Païens et chrétiens au IVe siècle* — PC 38 (1983) 81–87

293 GINI, P. *Evangelizzazione prefeliciana in terra comasca e cronologia del*

protovescovo San Felice — Periodico della Soc. stor. comense 48 (1981) 7–88

294 GONZÁLEZ BLANCO, ANTONINO *El cristianismo en el municipio de Calahorra del 380 al 410.* In: *Paganismo y cristianismo* (cf. 1983, 146) 195–202

295 GONZÁLEZ ECHEGARAY, J. *El monacato de la España nórdica en su confrontación con el paganismo, siglos VI–VII.* In: *Semana de historia e del monacato cántabro-astur leonés* ... (cf. 1983, 165) 35–56

296 GONZÁLEZ ROMÁN, CRISTOBAL *Problemas sociales y política religiosa: a propósito de los rescriptos de Trajano, Adriano y Antonino Pío sobre los cristianos.* In: *Paganismo y cristianismo* (cf. 1983, 146) 227–242

297 GRANT, R. M. *The social setting of second-century Christianity.* In: *Jewish and Christian self-definition, I* (cf. 1981/82, 220) 16–29

298 GREGO, I. *I Giudeo-cristiani nel IV secolo. Reazioni. Influssi.* Jerusalem: Franciscan Printing Pr. 1982. 221 pp.

299 GREGORY, TIMOTHY E. *Julian and the last oracle at Delphi* — GrRo BySt 24 (1983) 355–366

300 GRYSON, R. *L'autorité des docteurs dans l'Église ancienne et médiévale* — RThL 13 (1982) 63–73

301 GRYSON, R. *The authority of the teacher in the ancient and medieval Church.* In: *Authority in the Church* (cf. 1983, 84) 176–187

302 GUENTHER, J. *Zum sozialen Hintergrund der religions- und kirchenge-schichtlichen Entwicklung des 4. und des 5. Jahrhunderts im Westen des Römischen Reiches* — Klio 64 (1982) 449–457

303 GUNTHER, JOHN J. *The Association of Mark and Barnabas with Egyptian Christianity, II* — EvangQ 55 (1983) 21–29

304 HAAS, CHRISTOPHER J. *Imperial religious policy and Valerian's persecution of the church, A.D. 257–260* — ChH 52 (1983) 133–144

305 HAENDLER, G. *Die abendländische Kirche im Zeitalter der Völkerwanderung* [Kirchengeschichte in Einzeldarstellungen. 1. (Alte Kirche und frühes Mittelalter) 5]. Berlin: Ev. Verl.-Anst. 1983. 150 pp.

306 HENGEL, MARTIN *Propiedad y riqueza en el cristianismo primitivo. Apuntes de una historia social de la Iglesia antigua.* Traducción del alemán por J. A. JAÚREGUI [Cristianismo y Sociedad 1]. Bilbao: Descleé de Brouwer 1983. 208 pp.

307 HERRMANN, E. *Ecclesia in re publica. Die Entwicklung der Kirche von pseudostaatlicher zu staatlich inkorporierter Existenz* [Europ. Forum II]. Frankfurt: Lang 1980. 504 pp.

[2376] HICKEY, A. E.: Vita christiana, monastica

[1556] HUXLEY, G.: Iohannes Malalas

308 HUXLEY, G. *Baanes the notary on "Old Edessa"* — GrRoBySt 24 (1983) 253–257

309 JANSEN, HANS *Christelijke theologie na Auschwitz, I: Theologische en kerkelijke wortels van het antisemitisme.* Den Haag: Boekencentrum 1981. 619 pp.

310 JERVELL, J. *The mighty minority* — StTh 34 (1980) 13–38

311 JIMÉNEZ GARNICA, ANA MARIA *Orígenes y desarrollo del Reino Visigótico de Tolosa*. Valladolid: Universidad de Valladolid 1983. 263 pp.

312 KAWERAU, P. *Ostkirchengeschichte. 1. Das Christentum in Asien und Afrika bis zum Auftreten der Portugiesen im Indischen Ozean* [CSCO 451]. Louvain: 1983. LXXI, 204 pp.

313 KAWERAU, P. *Il cristianesimo d'Oriente*. Trad. di M. R. LIMIROLI [Storia delle relig. 2]. Milano: Jaka Book 1981. 300 pp.

314 KELLERMANN, D. *Migdal-El Magdiel* — ZDPV 98 (1982) 63–69

315 KELLY, J. F. *The Gallic Resistance to Eastern Asceticism*. In: *Studia Patristica 17* (cf. 1981/82, 283b) II, 506–510

316 KENNEDY, GEORGE A. *Greek rhetoric under Christian emperors; a history of rhetoric, vol. 3*. Princeton: Princeton University Press 1983. 330 pp.

317 KERESZTES, P. *From the great persecution to the peace of Galerius* — VigChr 37 (1983) 379–399

318 KERESZTES, P. *Patristic and historical evidence for Constantine's christianity* — Latomus 42 (1983) 84–94

319 KING, P. D. *Derecho y sociedad en el Reino Visigodo*. Traducción de M. RODRÍGUEZ ALONSO y S. MORETA [Alianza Universidad]. Madrid: Alianza Editorial 1981. 308 pp.

320 KNIGHT, J. K. *In tempore Iustini consulis. Contacts between the British and Gaulish churches before Augustine*. In: *Collectanea historica* (cf. 1983, 92) 54–62

321 KOENEN, L. *Manichäische Mission und Klöster in Ägypten*. In: *Das römisch-byzantinische Ägypten* (cf. 1983, 161) 93–108

322 KORSUNSKI, A. R. *The Church and the slavery problem in the 4th century*. In: *Miscellanea historiae ecclesiasticae VI,1* (cf. 1983, 137) 95–110

323 KOTULA, T. *Point de vue sur le Christianisme Nord-Africain à l'Époque du Bas-Empire*. In: *Miscellanea historiae ecclesiasticae VI, 1* (cf. 1983, 137) 116–120

324 KRAUSE, M. *Das christliche Alexandrien und seine Beziehungen zum koptischen Ägypten*. In: *Alexandrien* (cf. 1983, 77) 53–62

325 KRAUTHEIMER, RICHARD *Three Christian capitals. Topography and Politics* [Una's lectures 4]. Berkeley, Calif.; London: University of California Press 1983. XIV, 167 pp.

[1168] KRAUTSCHICK, S.: Cassiodorus

[898] LANCEL, S.: Augustinus

326 LEWY, YOHANAN H. *Julian the apostate and the building of the temple*. In: *The Jerusalem Cathedra*, 3, ed. L. LEVINE. Wayne State Univ. Pr. (1983) 70–96

[2205] L'HUILLIER, P.: Concilia, acta conciliorum, canones

[2382] LIZZI, R.: Vita christiana, monastica

[2383] LIZZI, R.: Vita christiana, monastica

327 LOISY, ALFRED *Les mystères païens et le mystère chrétien* [2. ed.; rev. et corr. Unveränd. Nachdruck der Ausgabe Paris 1930]. Frankfurt/Main: Minerva 1983. 352 pp.

[2017] LOTTER, F.: Severinus

[2207] LUDWIG, E. M.: Concilia, acta conciliorum, canones

328 LUEDEMANN, G. *The successors of pre-70 Jerusalem Christianity. A critical evaluation of the Pella tradition.* In: *Jewish and Christian self-definition, I* (cf. 1981/82, 220) 161–173

[1169] LUISELLI, B.: Cassiodorus

329 MACMULLEN, RAMSAY *Paganism in the Roman Empire.* New Haven, Conn.: Yale University Press 1981. XV, 241 pp.

[1170] MACPHERSON, R. C.: Cassiodorus

[1576] MAIBURG, U.: Irenaeus Lugdunensis

330 MALHERBE, A. J. *Social aspects of early christianity* [2. enlarged ed.]. Philadelphia, Penna.: Fortress Press 1983. XI, 131 pp.

331 MANDOUZE, A. *L'Afrique chrétienne. Aventure originale ou avatar de la romantisation?* In: *Actes du 2e Congrès Intern. . . .* (1983, 74) I, 103–117 [II, 168–170]

332 MANNS, FRÉDÉRIC *Le judéo-christianisme dans la littérature rabbinique* – Ant 58 (1983) 201–217

333 MANNS, F. *Le prime generazioni cristiane della Palestina alla luce degli scavi archeologici e delle fonti letterarie* – Ant 58 (1983) 70–84

334 MARTIN, ANNICK *Aux origines de l'Église copte. L'implantation et le développement du christianisme en Égypte (Ier–IVe siècles)* – REAnc 83 (1981) 35–56

[2385] MAZZA, M.: Vita christiana, monastica

[2249] MIKAT, P.: Ius canonicum, hierarchia, disciplina ecclesiastica

[1431] MITCHELL, K. A.: Gregorius Turonensis

335 MOORHEAD, J. *Italian loyalties during Justinian's Gothic war* – Byzan 53 (1983) 575–596

336 MOORHEAD, J. *The last years of Theoderic* – Historia 32 (1983) 106–120

337 MORE, JOHN B. *Problems in the study of early monasticism* – Diak 17 (1982) 233–242

338 MUDIMBE, V. Y. *L'acculturation dans l'Afrique romaine au IIIe siècle.* In: *Combats pour un christianisme africain. Mélanges en l'honneur du professeur V. Mulago* (cf. 1983, 93) 89–126

339 NEGEV, A. *Christen und Christentum in der Wüste Negev* – AW 13,2 (1982) 2–33

340 NESTORI, A. *I cristiani antichi nella società del tempo. Testimonianze storico-archeologiche.* In: *Scritti sul mondo antico . . .* (cf. 1981/82, 272) 385–393

341 OBOLENSKY, DIMITRI *The Byzantine Commonwealth. Eastern Europe 500–1453.* Crestwood, N. Y.: St Vladimir's Seminary Press 1983. 560 pp.

342 OLAJOS, T. *Ein Beitrag zur Frage der nachjustinianischen politischen Propaganda. Anthol. Gr. XVI,72, Iohannes Ephesinus und Corippus* – Oikumene 4 (1983) 259–267

343 OLIVAR, ALEXANDRE *Els predicadors antics i llurs auditoris* – RCatT 8 (1983) 45–80

344 OPITZ, HELMUT *Die alte Kirche. Ein Leitfaden durch die ersten fünf Jahrhunderte* [Leitfaden der Kirchengeschichte 1]. Berlin: Evangel. Verl.-Anst. 1983. 201 pp.

345 ORTEGA, ALFONSO *Cristianismo y cultura en tiempos de la Patrología* – Confer 22 (1983) 9–19

346 PAGANO, N. *La diocesi di Nicotera (dalle origini al VI secolo).* San Calogero (Catanzaro): Arti graf. Vasta 1983. 40 pp.

347 PALOL, P. DE *La conversion de l'aristocratie de la péninsule ibérique au IVe siècle.* In: *Miscellanea historiae ecclesiasticae VI,1* (cf. 1983, 137) 47–69

348 PANI ERMINI, L. *Gli insediamenti monastici nel ducato di Spoleto fino al secolo IX.* In: *IX Congr. intern. di studi sull'alto medioevo.* Spoleto (1983) 541–577

349 PAPANIKOLAOU, ATHANASIOS D. *Church and State relations in Byzantium* – ThAthen 54 (1983) 351–387

[741] PASCHOUD, F.: Ambrosius Mediolanensis

350 PAUL, K. *Von Nero bis Konstantin dem Großen. Polit. und soziale Aspekte einer kirchengeschichtlichen Wende.* Frankfurt/M.: Univ., Fachbereich Ev. Theologie [Diss.] 1983. XVII, 363 pp.

[1558] PEACHIN, M.: Iohannes Malalas

351 PELIKAN, J. *The two sees of Peter. Reflections on the pace of normative self-definition East and West.* In: *Jewish and Christian self-definition, I* (cf. 1981/82, 220) 57–73

352 PENCO, G. *Storia del monachesimo in Italia. Dalle origini alla fine del medioevo. Compl. alla Storia della Chiesa dir. da H. Jedin.* Milano: Jaca Book 1983. 538 pp.

353 PEREZ VIVÓ, ALBERTO *El Imperio Romano en el siglo IV: la nueva situación histórica* – AnAlic 2 (1983) 249–264

354 PHILLIPS, CHARLES ROBERT *Religious fraud in the Roman Empire: Alexander and others* – SBLSemPap 22 (1983) 333–335

355 PIESZCZOCH, S. *Kulturotwórcza inspiracja i wpływ chrześcijaństwa na rozwój antyku, cz. I [= L'inspiration et l'influence culturelle du christianisme sur l'antiquité Greco-Romaine]* – StGnes 7 (1982–83) 105–128

[940] PIETRI, C.: Augustinus

[1324] PIETRI, C.: Eusebius Caesariensis

356 PIETRI, CHARLES *De la Tora aux Décrétales. Évangile et culture classique* – QuatFleuv 18 (1983) 5–19

357 PIETRI, CH. *Les pauvres et la pauvreté dans l'Italie de l'Empire chrétien (IVe siècle).* In: *Miscellanea historiae ecclesiasticae VI,1* (cf. 1983, 137) 267–300

[2071] PIETRI, C.: Liturgica
[2072] PIETRI, C.: Liturgica
[2073] PIETRI, C.: Liturgica
  358 PIETRI, LUCE *La ville de Tours du IVᵉ au VIᵉ siècle. Naissance d'une cité chrétienne* [Collection de l'École Française de Rome 69]. Rome: École Française 1983. XXXVII, 853 pp.
  359 PIETRI, L. *Les abbés de basilique dans la Gaule du VIᵉ* – RHEF 69, 182 (1983) 5–28
[1434] PIETRI, L. ET C.: Gregorius Turonensis
  360 PINYOL I RIBAS, JOAN *La reacción pagana del s. IV*. In: *Paganismo y cristianismo* (cf. 1983, 146) 165–171
[1808] PIZZICA, M.: Possidius
[1906] POTTS, I. D.: Tertullianus
  361 PRIETO, A. *Ideología de las religiones romanas no oficiales. Notas sobre la función ideológica de la religión romana*. In: *Paganismo y cristianismo* (cf. 1983, 146) 7–18
  362 *Quellenbuch zur Geschichte der orthodoxen Kirche*. Zsgest. u. eingeleitet von NIKOLAUS THON. Mit einem Vorwort des russ.-orthodoxen Bischofs LONGIN [Sophia 23]. Trier: Paulinus 1983. 627 pp.
  363 QUISPEL, G. *African Christianity before Minucius Felix and Tertullian*. In: *Actus. Studies in Honour of H. L. W. Nelson* (cf. 1981/82, 153) 257–335
  364 RAPP, F. *Le diocèse de Strasbourg* [Histoire des diocèses de France 14]. Paris: Beauchesne 1982. 352 pp.
[1361] RECCHIA, V.: Gregorius Magnus
[2397] RIGGI, C.: Vita christiana, monastica
  365 RIVERS, J. T. *Pattern and process in early Christian pilgrimage* [Diss.]. Durham, N.C.: Duke Univ. 1983. 391 pp. [microfilm]
  366 RODRÍGUEZ HERRERA, I. *Antigüedad clásica y cristianismo*. In: *Antigüedad clásica y cristianismo* (cf. 1983, 160) 13–37
  367 ROEY, A. VAN *Les chrétiens dans l'empire sassanide au IVᵉ siècle*. In: *Miscellanea historiae ecclesiasticae VI,1* (cf. 1983, 137) 349–350
  368 ROGET, FRANÇOIS *Van Nicea tot Bonifatius*. Kampen: J. H. Kok 1981. 233 pp.
  369 ROQUES, D. *Synésios de Cyrène et les migrations berbères vers l'Orient (398-413)* – CRAI (1983) 660–677
[958] ROUGÉ, J.: Augustinus
  370 ROUSSELLE, A. *Quelques aspects politiques de l'affaire priscillianiste* – REAnc 83 (1981) 85–96
  371 RUBIN, ZEEV *Christianity in Byzantine Palestine – missionary activity and religious coercion*. In: *The Jerusalem Cathedra*, 3, ed. L. LEVINE. Wayne State Univ. Pr. (1983) 97–113
  372 SAGE, MICHAEL M. *The Persecution of Valerian and the Peace of Galienus* – WSt 17 (1983) 137–159
  373 SAHAS, DANIEL J. *The formation of later Islamic doctrines as a response*

to *Byzantine polemics: the miracles of Muhammad* — GrOrthThR 27 (1982) 307–324

374 SÁNCHEZ-ARCILLA BERNAL, JOSE *Temas de Historia de la Administración, I. Hispania romana y visigoda.* Madrid: Facultad de Derecho de la Universidad Complutense 1983. 366 pp.

375 SANDERS, G. *Sterven als vorheen, maar anders. Het christendom verovert Rome-stad. De stem der stenen* — Didactica class. Gandensia (Gent) 20–21 (1980/81) 309–404

376 SANSTERRE, J. M. *Les moines grecs et orientaux à Rome aux époques byzantine et carolingienne (milieu du VIe s. fin du IXe s.), I: Texte; II: Bibliographie* [Acad. roy. de Belgique Mém. de la Classe de Let. Coll. in-8o 2e Sér. 66,1]. Bruxelles: 1983. 225; 262 pp.

377 SANTOS YANGUAS, NARCISO *Máximo el Tracio y los cristianos* — ECl 25 (1981–1983) 257–275

378 SAULNIER, CHR. *La vie monastique en Terre Sainte auprès des lieux de pèlerinage (IVe siècle).* In: *Miscellanea historiae ecclesiasticae VI,1* (cf. 1983, 137) 223–248

379 SCEVOLA, M. L. *Rilievi sulla religiosità di Costantino* — MIL 37 (1981–1983) 209–279

380 SCHÄFERDIEK, KNUT *Gab es eine gotisch-arianische Mission im süddeutschen Raum?* — Zeitschrift für bayer. Landesgesch. (München) 45 (1982) 239–257

[1834] SCHÄFERDIEK, K.: Remigius Episcopus Remensis

[2253] SCHEIBELREITER, G.: Ius canonicum, hierarchia, disciplina ecclesiastica

381 SCHINDLER, ALFRED *Die Kirche und ihr Geld* — KRS 139 (1983) 111–112; 146–147

382 SCHLEICH, T. *Missionsgeschichte und Sozialstruktur des vorkonstantinischen Christentums. Die These von der Unterschichtreligion* — GWU 33 (1982) 269–296

383 SCHMUCH, ENID L. *Exploring the Mediterranean background of early Christianity* — BibArch 46 (1983) 43–48

[1909] SCHOLER, D. M.: Tertullianus

384 SEAVER, J. *Julian the Apostate and the attempted rebuilding of the Tempel of Jerusalem* — ResPL 1 (1978) 273–284

385 SEGALLA, GIUSEPPE *Storiografia dei tempi del Nuovo Testamento e della Chiesa primitiva* — TeologiaB 8 (1983) 281–322

[1224] SHEA, G. W.: Corippus

386 SIMONETTI, M. *L'incidenza dell'arianesimo nel rapporto fra romani e barbari.* In: *Convegno internazionale Passagio del mondo antico al medio evo . . .* (cf. 1981/82, 188) 367–379

387 SINISCALCO, PAOLO *Il cammino di Cristo nell'Impero romano* [Storica]. Roma; Bari: Laterza 1983. 331 pp.

[1264] SORDI, M.: Dionysius Alexandrinus

388 SOTOMAYOR, M. *Cristianismo primitivo y paganismo romano en Hispania.* In: *Paganismo y cristianismo* (cf. 1983, 146) 173–185

389 STOCKMEIER, PETER *Krisen der frühen Kirche als Problem der Kirchengeschichte.* In: *Glaube und Kultur* (cf. 1983, 172) 277–297

390 STOCKMEIER, PETER *Konstantinische Wende und kirchengeschichtliche Kontinuität.* In: *Glaube und Kultur* (cf. 1983, 172) 254–276

391 STOCKMEIER, PETER *Die sogenannte Konstantinische Wende im Licht antiker Religiosität.* In: *Glaube und Kultur* (cf. 1983, 172) 236–253

392 *Storia monastica ligure e pavese. Studi e documenti* [Italia benedettina 5]. Cesena: Badia di Santa Maria del Monte 1982. 448 pp.

393 STRANGE, JAMES F. *Diversity in early Palestinian Christianity, some archaeological evidences* [bibliog.] – AnglThR 65 (1983) 14–24

394 STRAUB, JOHANNES *Convertirea lui Constantin cel Mare, în lumina «Apologeticii» lui Tertulian* (= *La conversion de Constantin le Grand à la lumière de l'«Apologeticum» de Tertullien*). Conférence donnée à l'Inst. théologique de Bucarest par le Prof. JOHANNES STRAUB de l'Univ. de Bonne, traduction par le Prof. Dr. EM. POPESCU – StBuc 35 (1983) 596–600

395 STUDER, B. *Eine neue Papstgeschichte des vierten und fünften Jahrhunderts* – AugR 21 (1981) 399–413

396 TAFI, A. *Fu Cortona sede vescovile paleocristiana? Nuovo esame di una vessata questione* – Annuario dell' Accademia etrusca di Cortona (Cortona) 18 (1979) 489–521

397 TEITLER, H. C. *Notarii en Exceptores. Een onderzoek naar rol en betekenis van notarii en exceptores in dienst van overheid en Kerk in de Romeinse keizertijd (tot circa 450 A. D.).* Utrecht: HES Publishers 1983. IX, 380 pp.

[1798] TIBILETTI, C.: Paulinus Nolanus

398 TUILIER, A. *Les évangélistes et les docteurs de la primitive église et les origines de l'École (διδασκαλεῖον) d'Alexandrie.* In: *Studia Patristica 17* (cf. 1981/82, 283b) II, 738–749

399 UNNIK, W. C. VAN *Christianity and Nationalism in the First Centuries of the History of the Church.* In: *Sparsa Collecta* (cf. 1983, 192) 77–94

[1435] VIEILLARD-TROIEKOUROFF, M.: Gregorius Turonensis

[1436] VIEILLARD-TROIEKOUROFF, M.: Gregorius Turonensis

400 VIVES, J. *Movimientos proféticos en la Iglesia primitiva* – MAb 75 (1982) 234–239

401 VRAMMING, Y. *Anathema. En vändpunkt i den manikeisk-kristna troskonfrontationen.* Lund: Univ. [Diss.] 1983. 161 pp.

[1560] WADA, H.: Iohannes Malalas

402 WALKER, JAMES EDWARD *Art as propaganda in the reign of Constantine* [Ph. d. Diss.]. The Florida State University 1983. 176 pp.

403 WANKENNE, A. *Aux origines de l'Occident. L'empire romain, de la République cicéronienne à la Cité de Dieu.* Namur: Presses Universitaires 1983. 112 pp.

404 WATSON, JOHN *Martyria* – CopticChurchR 4 (1983) 9–13
[1438] WEIDEMANN, M.: Gregorius Turonensis
405 WELTEN, P. *Bethlehem und die Klage um Adonis* – ZDPV 99 (1983) 189–203
[1922] WHITBY, M.: Theophylactus Symocatta
406 WILKEN, R. L. *The Christians as the Romans (and Greeks) saw them.* In: *Jewish and Christian self-definition, I* (cf. 1981/82, 220) 100–125
407 WILKEN, R. L. *Diversity and unity in early christianity* – SecCent 1 (1981) 101–110
[1540] WILKEN, R. L.: Iohannes Chrysostomus
408 WIPSZYCKA, E. *La Chiesa nell'Egitto de IV secolo. Le strutture ecclesiastiche.* In: *Miscellanea historiae ecclesiasticae VI,1* (cf. 1983, 137) 182–201
409 *Women of spirit. Female leadership in the Jewish and Christian traditions.* Ed. by R. RUETHER; E. McLAUGHLIN. New York: Simon and Schuster 1979. 400 pp.
410 ZIMMERMANN, H. *Das Papsttum im Mittelalter. Eine Papstgeschichte im Spiegel der Historiographie. Mit einem Verzeichnis der Päpste vom 4. bis zum 15. Jahrhundert.* Stuttgart: Ulmer 1981. 254 pp.
411 ZINZI, E. *Per una ricerca sulla scultura fra tardoantico ed altomedioevo in Calabria, I: Un primo gruppo di frammenti di decorazione architettonica dall'area di Scolacium (Catanzaro)* – Klearchos 21 (1979) 109–167
412 ZIÓŁKOWSKI, ADAM *Wizja Konstantyna. Reinterpretacja (= The vision of Constantine reconsidered)* [with a summary in Engl.] – VoxP 4 (1983) 200–215

9. Philosophica

[2422] ABRAMOWSKI, L.: Gnostica
[2423] ABRAMOWSKI, L.: Gnostica
413 ARMSTRONG, A. H. *The self-definition of Christianity in relation to later Platonism.* In: *Jewish and Christian self-definition, I* (cf. 1981/82, 220) 74–99
414 ARMSTRONG, A. H. *Greek philosophy and Christianity.* In: *The legacy of Greece* (cf. 1983, 121) 347–375
415 ARMSTRONG, A. H. *Two Views of Freedom: a Christian Objection in Plotinus, Enneads VI,8 [39] 7, 11–15?* In: *Studia Patristica 17* (cf. 1981/82, 283b) I, 397–406
[798] AVILÉS, M.: Augustinus
[1111] BARNES, J.: Boethius
416 BARROIS, G. A. *Vertu, épectase, perfection. Les métamorphoses d'un thème philosophique, de Socrate à saint Grégoire de Nysse, et au-delà* – Diotima 11 (1983) 30–39

417 BARTELINK, G. J. M. *Le thème du monde vieilli* — Orpheus 4 (1983) 342–354

[1112] BATSCHELET-MASSINI, W.: Boethius

418 BAUMEISTER, TH. *«Anytos und Meletos können mich zwar töten, schaden jedoch können sie mir nicht.» Platon, Apologie des Sokrates 30c/d bei Plutarch, Epiktet, Justin Martyr und Clemens Alexandrinus.* In: *Platonismus und Christentum* (cf. 1983, 153) 58–63

419 BENAKIS, L. *The problem of general concepts in Neoplatonism and Byzantine thought.* In: *Neoplatonism and Christian thought* (cf. 1983, 141) 75–86

[802] BESCHIN, G.: Augustinus

420 BLUMENTHAL, H. *John Philoponus and Stephanus of Alexandria. Two Neoplatonic Christian commentators on Aristotle?* In: *Neoplatonism and Christian thought* (cf. 1983, 141) 54–63

[1714] BONGRANI FANFONI, L.: Origenes

[1564] BOOTH, E. G. T.: Iohannes Philoponus

[815] BUBACZ, B.: Augustinus

[823] CAPÁNAGA, V.: Augustinus

[824] CAPÁNAGA, V.: Augustinus

[1565] CHRISTENSEN DE GROOT, J.: Iohannes Philoponus

[1663] CLARK, M. T.: Marius Victorinus

421 *The concept of place in late Neoplatonism.* Texts with transl., introd. and notes by S. SAMBURSKY. Jerusalem: Israel Acad. of sciences and human. 1982. 181 pp.

[1316] CROKE, B.: Eusebius Caesariensis

422 DILLON, J. *Plotinus, Philo and Origen on the grades of virtue.* In: *Platonismus und Christentum* (cf. 1983, 153) 92–105

[1723] DILLON, J.: Origenes

[8] DOCKRILL, D. W.: Historia patrologiae

[851] DOIGNON, J.: Augustinus

[852] DOIGNON, J.: Augustinus

[854] DOIGNON, J.: Augustinus

423 DUMONT, L. *A modified view of our origins. The Christian beginnings of modern individualism* — Religion 12 (1982) 1–27

[1163] DUTTON, P. E.: Calcidius

[1594] FAES DE MOTTONI, B.: Isidorus Hispalensis

[1898] FASCIANO, D.: Tertullianus

[868] FERWERDA, R.: Augustinus

424 FITZGERALD, JOHN T.; WHITE, L. MICHAEL *The Tabula of Cebes.* Chico, California: Scholars Press 1983.

[870] FLASCH, K.: Augustinus

[1124] FOSCA, N.: Boethius

[679] GAMA, J.; PINHEIRO, A. S.: Auctores

[1884] GARZYA, A.: Synesius Cyrenensis

[1728] GRANT, R. M.: Origenes

425 *Grundprobleme der großen Philosophen – Philosophie des Altertums und des Mittelalters. Sokrates, Platon, Aristoteles, Augustinus, Thomas von Aquin, Nikolaus von Kues.* Hrsg. von JOSEF SPECK. 3. Aufl. Stuttgart: UTB 1983. 263 pp.

[886] HOUSE, D.: Augustinus

[887] HOUSE, D. K.: Augustinus

[2448] JACKSON, H. M.: Gnostica

[689] JUDGE, E. A.: Auctores

[1703] KELLY, D. F.: Novatianus

[890] KIRWAN, CH.: Augustinus

[891] KOBUSCH, TH.: Augustinus

[2380] KÖTTING, B.: Vita christiana, monastica

[893] KOOI, J. F. VAN DER: Augustinus

[895] KUNTZ, P. G.: Augustinus

[904] LETIZIA, F.: Augustinus

[1885] LIZZI, R.: Synesius Cyrenensis

[907] LORENZ, W.: Augustinus

[1601] LOZANO SEBASTIÁN, F. J.: Isidorus Hispalensis

[1136] LUTZ-BACHMANN, M.: Boethius

426 MAINBERGER, G. K. *Typologie der Nihilisten* — ASSPh 42 (1983) 125–146

427 MAJERCIK, RUTH DOROTHY *Chaldean oracles: text, translation, commentary.* [Ph. d. Diss.]. Santa Barbara, Calif.: Univ. of California 1982. 472 pp.

428 MANSFELD, J. *Resurrection added. The interpretatio christiana of a Stoic doctrine* — VigChr 37 (1983) 218–233

[1490] MANSFELD, J.: Hippolytus Romanus

429 MARENBON, JOHN *Early medieval philosophy (480-1150): an introduction.* Boston, Mass.: Routledge and Kegan Paul 1983. IX, 190 pp.

430 MARTÍ ALANÍS, ANTONIO *Platonismo agustiniano en el Persiles* — EMerced 39 (1983) 379–387

431 MARTIN, JOSÉ PABLO *Los primeros Apologistas cristianos, entre la historia del dogma y la historia de la filosofía.* In: *Theologie und Leben. Festgabe für Georg Söll zum 70. Geburtstag* (cf. 1983, 187) 73–84

432 MASTANDREA, P. *Aristoteleus mos in Cicerone e in Sant'Agostino.* In: *Omaggio Treves* (cf. 1983, 144) 227–235

[1389] MATHIEU, J. M.: Gregorius Nazianzenus

[1391] MATHIEU, J. M.: Gregorius Nazianzenus

[1194] MAY, G.: Clemens Alexandrinus

[1142] MCTIGHE, T. P.: Boethius

[1418] MEREDITH, A.: Gregorius Nyssenus

[2301] MILLER, D. L.: Trinitas

[136] *Mimesis. From mirror to method, Augustine to Descartes:* Collectanea et miscellanea

433 MOORHEAD, J. *The Greeks, pupils of the Hebrews* – Prudentia 15 (1983) 3–12

[1198] MOURAVIEV, S. N.: Clemens Alexandrinus

434 *Neoplatonism and Indian thought,* ed. R. B. HARRIS [Studies in Neoplatonism: ancient and modern, 2]. Norfolk, Va.: International Society for Neoplatonic Studies 1982. XIII, 353 pp.

435 NESTEROVA, O. J. *Plotin et Augustin sur la corrélation du temps et de l'éternité* [en russe]. In: *Problèmes de l'Être* ... (cf. 1983, 155) 11–19

[919] NICOLOSI, S.: Augustinus

[1287] NOUJAÏM, G.: Ephraem Syrus

[1146] OBERTELLO, C.: Boethius

[926] O'MEARA, J. J.: Augustinus

[1580] ORBE, A.: Irenaeus Lugdunensis

[927] OROZ RETA, J.: Augustinus

[1494] OSBORNE, C.: Hippolytus Romanus

[2465] PEARSON, B. A.: Gnostica

[1270] PLACES, E. DES: Pseudo-Dionysius Areopagita

436 *Plotinus and Neoplatonism* ed. by A. H. ARMSTRONG – Dionysius 6 (1982) 4–165

[947] PROCOPÉ, J. F.: Augustinus

[949] RAMÍREZ, E.: Augustinus

[954] REGEN, F.: Augustinus

[2470] REMUS, H. E.: Gnostica

[1057] RIST, J. M.: Basilius Caesariensis

[1746] RIST, J. M.: Origenes

[1273] ROREM, P. E.: Pseudo-Dionysius Areopagita

[1568] ROŽANSKIJ, I. D.: Iohannes Philoponus

437 SAMEK LODOVICI, E. *Filosofia della natura e caso. Attualità di una polemica plotiniana* – RFN 74 (1982) 27–46

[702] SAXER, V.: Auctores

438 SCHEFFCZYK, L. *Tendenzen und Brennpunkte der neueren Problematik um die Hellenisierung des Christentums* [SAM 1982,3]. München: Beck 1982. 31 pp.

[1688] SHARPLES, R. W.: Nemesius Emesenus

439 STOCKMEIER, PETER *Glaube und Paideia. Zur Begegnung von Christentum und Antike.* In: *Glaube und Kultur* (cf. 1983, 172) 120–137

440 STUNKEL, KENNETH R. *Relations of Indian, Greek, and Christian Thought in Antiquity.* Washington, D.C.: University Press of America 1979. VII, 168 pp.

[976] TESKE, R. J.: Augustinus

[1263] TIBILETTI, C.: Ad Diognetum

[1913] TIBILETTI, C.: Tertullianus

[1751] TRIGG, J. W.: Origenes

[1205] UNNIK, W. C. VAN: Clemens Romanus

[2296] VERBEKE, G.: Creatio, providentia
[987] VIRCILLO, D.: Augustinus
[988] WATSON, G.: Augustinus
[1628] WINDEN, J. C. M. VAN: Iustinus Martyr
441 WINGLER, H. *Der Symbolbegriff des Neuplatonismus und sein Nachle-*
ben in der Hermetik. In: *Beiträge zu Symbol, Symbolbegriff und Symbol-*
forschung (cf. 1983, 85) 207–215
[1204] WYRWA, D.: Clemens Alexandrinus
[2359] YOUNG, F. M.: Anthropologia
[450] ZARANKA, J.: Philologia patristica

10. Philologia patristica (lexicalia atque linguistica)

a) Generalia

442 AGUILAR, R. M. *Evolución de las negaciones en la koiné tardía. Juan*
Mosco. In: *Unidad y pluralidad* (cf. 1983, 191) II, 279–286
[1934] BARELLI, U.: Zeno Veronensis
[1456] BARTELINK, G. J. M.: Hieronymus
[205] BAUER, J. B.; FELBER, A.: Subsidia
[716] BEJARANO, V.: Aetheria
[804] BLAIN, J.: Augustinus
[1896] BRAUN, R.: Tertullianus
[1843] BROOKS, E. C.: Rufinus Aquileiensis
[1593] CODOÑER, C.: Isidorus Hispalensis
[206] *Corpus Ambrosiano-Liturgicum, I. Das Sacramentarium Triplex...:*
Subsidia
[207] *Corpus Christianorum. Instrumenta lexicologica Latina:* Subsidia
[861] EICHENSEER, C.: Augustinus
[1772] ERA, A. DELL': Pamphilus Berytensis
443 FATOUROS, GEORGIOS *Fehlendes in Lampes «Patristic Lexicon». Zum*
Wortschatz der Studites-Briefe – JÖB 33 (1983) 109–117
444 FROT, Y. *Il vocabolario sacrificale nel canone romano.* In: *Atti della*
Settimana Sangue..., III (cf. 1983, 91) 1444–1448
[214] GINGRICH, F. W.: Subsidia
[1461] GONZÁLEZ-LUIS, J.: Hieronymus
445 HARRAUER, HERMANN; SIJPESTEIJN, PIETER J. *Lexikographische De-*
lenda, Corrigenda et Addenda – WSt 17 (1983) 69–74
[884] HENSELLEK, W.: Augustinus
[1528] HILL, R.: Iohannes Chrysostomus
[1563] *Iohannis Philoponi De vocabulis quae diversum significatum exhibent...:*
Iohannes Philoponus

[1094] KACZMAROWSKI, M.: Benedictus Nursinus

446 KASSER, RODOLPHE *Orthographe (sub)dialectale copte du vocabulaire copto-grec avant le VIIIe siècle de notre ère* — MH 40 (1983) 207–215

[1381] KERTSCH, M.: Gregorius Nazianzenus

[221] *Lexicon errorum interpretum Latinorum:* Subsidia

[2062] MARTIMORT, A. G.: Liturgica

[511] MARTIN, A.: Palaeographica atque manuscripta

[1337] MORRONE, C.: Evagrius Ponticus

447 MUSSIES, GERARD *Greek as the Vehicle of Early Christianity* — NTS 29 (1983) 356–369

[1147] PALMER, N. F.: Boethius

[946] PRINCIPE, W. H.: Augustinus

[1536] RIGOLOT, F. I.: Iohannes Chrysostomus

448 RODRÍGUEZ HERRERA, I. *Filología y dogmática.* In: *Antigüedad clásica y cristianismo* (cf. 1983, 160) 39–58

[1608] RODRÍGUEZ PANTOJA, M.: Isidorus Hispalensis

[1308] SCHMEJA, H.: Eugippius

[1611] SOTO POSADA, G.: Isidorus Hispalensis

449 WASZINK, J. H. *Het stijlbesef in de laat-antieke en middeleeuwse latiniteit.* In: *Verzamelde opstellen* (cf. 1983, 194) 134–146

450 ZARANKA, J. *Tres apuntes sobre el signo lingüístico* — Forma y función (Bogotá) 1 (1981) 85–94

b) Voces

ἀδελφός

[2241] GUERRA GÓMEZ, M.: Ius canonicum, hierarchia, disciplina ecclesiastica

ἅιρεσις

[1039] GIRARDI, M.: Basilius Caesariensis

[1299] YOUNG, F. M.: Epiphanius

ἀναδοχή, ἀνάδοχος

451 BARRINGER, ROBERT J. *Penance and Byzantine Hagiography: Le répondant du péché.* In: *Studia Patristica 17* (cf. 1981/82, 283b) II, 552–557

ἀνάμνησις

452 UNNIK, W. C. VAN *Notes on a New Interpretation of the Anamnesis Words.* In: *Sparsa Collecta* (cf. 1983, 192) 318–325

ἀσύγχυτος

[467] ABRAMOWSKI, L.: συνάφεια

βασιλεία

453 FERGUSON, E. *The Terminology of Kingdom in the Second Century.* In: *Studia Patristica 17* (cf. 1981/82, 283b) II, 669–676

βάσκανος

454 BARTELINK, G. J. M. *ΒΑΣΚΑΝΟΣ désignation de Satan et des démons chez les auteurs chrétiens* — OrChrP 49 (1983) 390–406

διάκρισις

455 LIENHARD, JOSEPH T. *'Discernment of Spirits' in the Early Church.* In: *Studia Patristica 17* (cf. 1981/82, 283b) II, 519–522

διασπείρω, διασπορά

456 UNNIK, W. C. VAN *"Diaspora" and "Church" in the First Centuries of Christian History.* In: *Sparsa Collecta* (cf. 1983, 192) 95–105

διδάσκαλος

[300] GRYSON, R.: Opera ad historiam

εἴδωλον

[1880] AUJOULAT, N.: Synesius Cyrenensis

ἐκλαμβάνω

457 SCHALL, A. *Syroaram. 'qlybn und seine griechische Vorlage. Zu einer verkannten Stelle im Geschichtswerk des Johannes von Ephesus.* In: *20. Deutscher Orientalistentag* (cf. 1983, 145) 300–303

ἑλληνίζω

[1373] DOSTÁLOVÁ, R.: Gregorius Nazianzenus

ἐντολή

458 DU RAND, J. A. *ENTOLE in die Johannesevangelie en -briewe.* Pretoria: Nuwe Testamentiese Werkgemeenskap van Suid Afrika 1981. XV, 500 pp.

ἕνωσις

[467] ABRAMOWSKI, L.: συνάφεια

ἔξαρχος

[2241] GUERRA GÓMEZ, M.: Ius canonicum, hierarchia, disciplina ecclesiastica

ἐξιλάσκομαι

459 ARCO, G. D. *Ἱλάσκεσθαι, ἐξιλάσκεσθαι e derivati nelle versioni latine della Bibbia*. In: *Atti della Settimana Sangue . . ., I* (cf. 1983, 89) 349–364

ἐπισκοπή, ἐπίσκοπος

[2257] ZIZIOULAS, J. D.: Ius canonicum, hierarchia, disciplina ecclesiastica

ἔσχατος

[1584] UNNIK, W. C. VAN: Irenaeus Lugdunensis

εὐλογέω

460 LÉGASSE, S. *Εὐλογεῖν et εὐχαριστεῖν*. In: *Mens concordet voci* (cf. 1983, 134) 431–435

εὐταξία

461 JUFRESA, M. *Εὐταξία, una virtù del buon re di Filodemo* – BCPE 13 (1983) 113–115

εὐχαριστέω

[460] LÉGASSE, S.: εὐλογέω

εὐχαριστία

462 LAPORTE, JEAN *Eucharistia in Philo* [Studies in the bible and early Christianity 3]. Lewiston, N.Y.: The Edwin Mellon Press 1983. VI, 261 pp.

ἱλάσκομαι

[459] ARCO, G. D': ἐξιλάσκομαι

καιρός

[1584] UNNIK, W. C. VAN: Irenaeus Lugdunensis

μουζίκιον

463 DUFFY, J.; VIKAN, G. *A small box in John Moschus* — GrRoBySt 24
(1983) 93–99

παντοκράτωρ

464 HOMMEL, H. *Pantokrator.* In: *Sebasmata* (cf. 1983, 117) 131–137

παρασυναγογή

[1039] GIRARDI, M.: Basilius Caesariensis

παρρησία

[1920] UNNIK, W. C. VAN: Theodorus Mopsuestenus

περιχώρησις

465 MARRION, MALACHY *Perichoresis in the Prolog of the Regula Benedicti* —
StMon 25 (1983) 11–29

πνεῦμα

[1880] AUJOULAT, N.: Synesius Cyrenensis

σοφία

466 MATSUMOTO, M. *Sophia and philosophia. Are they the same* — Diotima
11 (1983) 119–129

συνάφεια

467 ABRAMOWSKI, L. *Συνάφεια und ἀσύγχυτος ἔνωσις als Bezeichnungen
für trinitarische und christologische Einheit.* In: *Drei christologische Untersuchungen* (cf. 1981/82, 150) 63–109

σχίσμα

[1039] GIRARDI, M.: Basilius Caesariensis

ταπεινόω

[1779] UNNIK, W. C. VAN: Patres Apostolici

τοποτηρητής

[2241] GUERRA GÓMEZ, M.: Ius canonicum, hierarchia, disciplina ecclesiastica

φαντασία

[1880] AUJOULAT, N.: Synesius Cyrenensis

ψυχή

[1779] UNNIK, W. C. VAN: Patres Apostolici

meturo

 [453] FERGUSON, E.: βασιλεία

Ablabius

 [514] MERKELBACH, R.: Palaeographica atque manuscripta

adsumere

[1479] ORAZZO, A.: Hilarius Pictaviensis

Aelafius

 [514] MERKELBACH, R.: Palaeographica atque manuscripta

aevum

[1908] ROCA MELIÁ, I.: Tertullianus

auctoritas

 [844] DASSMANN, E.: Augustinus

caro

[1479] ORAZZO, A.: Hilarius Pictaviensis

codicillum

[1604] METRO, A.: Isidorus Hispalensis

condĭtio

[1905] PIZZICA, M.: Tertullianus

consensus

[1233] OSAWA, T.: Cyprianus Carthaginiensis

essentia

[1137] LUTZ-BACHMANN, M.: Boethius
 [931] PEGUEROLES, J.: Augustinus

ethnicus

[1891] BALFOUR, I. L. S.: Tertullianus

gens, gentilis

[1891] BALFOUR, I. L. S.: Tertullianus

humilitas

468 MOLINA PRIETO, ANDRÉS *Significado de la «Humilitas» en la espiritua-
lidad benedictina* — Cistercium 35 (1983) 81–117

iudicium

[1233] OSAWA, T.: Cyprianus Carthaginiensis

litterae unciales

[1465] MAYVAERT, P.: Hieronymus

meritum

[1902] HALLONSTEN, G.: Tertullianus

mixtus

469 POLARA, G. *Ancora un esempio dell'uso di mixtus per il dio cristiano* —
Orpheus 4 (1983) 113–115

modus

470 DOEPP, S. *Kann modus «personales Vorbild» bedeuten? Zu Quint. inst.
12,10,21, Cic. dom. 65 und Filastrius 132,2* — Glotta 61 (1983) 228–233

mundus

[417] BARTELINK, G. J. M.: Philosophica

natio

[1891] BALFOUR, I. L. S.: Tertullianus

natura

[1137] LUTZ-BACHMANN, M.: Boethius

ordo

[904] LETIZIA, F.: Augustinus

persona

[1137] LUTZ-BACHMANN, M.: Boethius

praedicatio

471 HAMMAN, A. G.; FROT, Y. *Note sur les mots praestructio et praedicatio chez Tertullien et chez Hilaire de Poitiers* – AugR 23 (1983) 531–533

praestructio

[471] HAMMAN, A. G.; FROT, Y.: praedicatio

quietus

472 CAMPOS, JULIO *«Quietus» y su tradición lingüística en la Hispania latina.* In: *Corollas Philologicas* (cf. 1983, 95) 103–107

regnum

[453] FERGUSON, E.: βασιλεία

senesco

[417] BARTELINK, G. J. M.: Philosophica

spes

[262] CLARK, M. E.: Opera ad historiam
[263] CLARK, M. E.: Opera ad historiam

subsistentia

[1137] LUTZ-BACHMANN, M.: Boethius

substantia

[1137] LUTZ-BACHMANN, M.: Boethius

suffragium

[1233] OSAWA, T.: Cyprianus Carthaginiensis

Symphosius

[514] MERKELBACH, R.: Palaeographica atque manuscripta

Symposius

[514] MERKELBACH, R.: Palaeographica atque manuscripta

testimonium

[1233] OSAWA, T.: Cyprianus Carthaginiensis

torcular

473 KOTULA, T. *Torcular, pressoir pour la fabrication de l'huile dans les Enarrationes in Psalmos de saint Augustin* [en polon., rés. en russe et en franç.] — Archeologia 31 (1980) 61–67

universitas, universus

[1479] ORAZZO, A.: Hilarius Pictaviensis

veritas

[931] PEGUEROLES, J.: Augustinus

vicarius

[2241] GUERRA GÓMEZ, M.: Ius canonicum, hierarchia, disciplina ecclesiastica

vindicare

[901] LAWLESS, G. P.: Augustinus

vox

474 KARPP, H. *Viva vox.* In: *Vom Umgang der Kirche* ... (cf. 1983, 118) 190–198

11. Palaeographica atque manuscripta

475 AUBINEAU, M. *Membra disiecta d'un codex en majuscule du IXe siècle (Le Caire, Leipzig, Washington). Théophile d'Alexandrie, In mysticam cenam* — JÖB 33 (1983) 25–35

[1522] AUBINEAU, M.: Iohannes Chrysostomus

476 AUBINEAU, M.; LEROY, J. *Le codex Leningrad B. P. 96, la seconde partie retrouvée du Sinaiticus Gr. 504* — AB 101 (1983) 19–24

[1875] AUGELLO, G.: Sulpicius Severus

[1166] BAILEY, R. N.; HANDLEY, R.: Cassiodorus

477 BALASCH, MANUEL *Publicacions papirològiques del Dr. Ramon Roca i Puig* — RCatT 8 (1983) 479–490

[1543] BANNING, J. VAN: Pseudo-Iohannes Crysostomus

478 BAUER, J. B. *Wiener liturgische Papyri.* In: *Festschrift zum 100jährigen Bestehen . . .* (cf. 1983, 102) 280–288

[1113] BEAUMONT, J.: Boethius

479 BELLAVISTA, JOAN *Fragments de manuscrits litúrgics del Monestir de Sant Pere de les Puelles, de Barcelona* — RCatT 8 (1983) 397–402

[1188] BENEDETTO, F. D.: Clemens Alexandrinus

480 BERNARDINI, R. *Vicende della lettera q nei Catholica di M. Valerio Probo* — QILL 2–3 (1980/81) [1983] 5–9

481 BIEDENKOPF-ZIEHNER, A. *Untersuchungen zum koptischen Briefformular unter Berücksichtigung ägyptischer und griechischer Parallelen* [KoSt 1]. Würzburg: Zauzich 1983. VIII, 182 pp.

482 BIONDI, ALESSANDRO *Gli accenti della Bibbia greca alla luce dei papiri* — StPap 22 (1983) 145–156

483 BIONDI, A. *Gli accenti nei papiri greci biblici* [PapyCast Studia et Textus 9]. Roma: Tip. Pontif. Univ. Gregor. 1983. XII, 84 pp.

484 BOLTON, D. *Illustrations in manuscripts of Boethius' Works.* In: *Boethius* (cf. 1981/82, 172) 428–437

[1973] BOUVIER, B.; WEHRLI, C.: Cosmas et Damianus

[1485] BROCK, S.: Hippolytus Romanus

485 BROWNE, G. M. *Griffith's Old Nubian lectionary* [Studia et Textus 8]. Roma: Papyrol. Castroctaviana 1982. 100 pp.

486 BROWNE, GERALD M. *Griffith's Stauros-Text* — StPap 22 (1983) 75–119

487 BRUNSCH, WOLFGANG *Griechische und koptische Graffiti aus Medinet Habu* — WZKM 75 (1983) 19–34

488 BURNS, YVONNE *A Newly Discovered Family 13 Manuscript and the Ferrar Lection System.* In: *Studia Patristica 17* (cf. 1981/82, 283b) I, 278–289

489 CANTO, A. M. *Et fruitur superis aeterna in luce Fabatus. Atribución pagana de una inscripción supuestamente cristiana* — ArEArq 55 (1982) 107–118

490 CARLETTI, C. *Lucera paleocristiana; la documentazione epigrafica* — VetChr 20 (1983) 427–441

[1441] CARLINI, A.: Hermae Pastor

[1442] CARLINI, A.: Hermae Pastor

[1857] CARLINI, A.: Sexti Sententiae

491 COCKLE, W. E. H. *Restoring and Conserving Papyri* — BICS 30 (1983) 147–165

[1524] *Codices Chrysostomici Graeci. V:* Iohannes Chrysostomus

[2035] *Codici liturgici dei benedettini . . .:* Liturgica

[1411] COQUIN, R. G.; LUCCHESI, E.: Gregorius Nyssenus

[1882] COTTONE, M. T.: Synesius Cyrenensis

492 DANIEL, R. W. *A christian amulet on papyrus* – VigChr 37 (1983) 400–404

[717] DEVOS, P.: Aetheria

493 DÍAZ Y DÍAZ, MANUEL C. *Códices visigóticos en la monarquía leonesa* [Fuentes y estudios de historia leonesa 31]. Leon: Centro de Estudios e Investigaciones «San Isidoro» 1983. 564 pp. 68 lams.

494 DOTTI, GOFFREDO *I Codici Agostiniani della Biblioteca statale di Cremona* – Augustiniana 33 (1983) 260–282

[1525] DUMORTIER, J. B.: Iohannes Chrysostomus

[1460] DUVAL, Y. M.: Hieronymus

495 ERA, A. DELL' *L'uso dell'accento nella tradizione del De adulteratione librorum Origenis di Rufino* – Vichiana 11 (1982) 88–94

[1772] ERA, A. DELL': Pamphilus Berytensis

[862] ÉTAIX, R.: Augustinus

496 FALCONI, ETTORE *Il codice visigotico 3118 dalla raccolta Czartoryski di Cracovia* – AEM 13 (1983) 47–81

497 FEISSEL, D. *Recueil des inscriptions chrétiennes de Macédoine du IIIe au VIe siècle* [BulHel 8]. Athènes: École Française; Paris: Boccard 1983. X, 290 pp.

498 FERRUA, A.; S. I. *Iscrizioni paleocristiane in una raccolta privata* – RiAC 59 (1983) 321–334

[1936] GALLI, A.: Zeno Veronensis

[1375] GERTZ, N.; SICHERL, M.: Gregorius Nazianzenus

[878] GORMAN, M. M.: Augustinus

[879] GORMAN, M. M.: Augustinus

[880] GORMAN, M. M.: Augustinus

499 GOSTOLI, ANTONIETTA *Una nuova ipotesi interpretativa della sigla cristiana XMΓ* – StPap 22 (1983) 9–14

[1376] GRAND'HENRY, J.: Gregorius Nazianzenus

[1377] GRAND'HENRY, J.: Gregorius Nazianzenus

500 GREEN, J.; TAFRIR, Y. *Greek inscriptions from Hammat Gader* – IsExJ 32 (1982) 77–96

[2048] GROS, M.: Liturgica

501 GRYSON, R. *Les palimpsestes ariens latins de Bobbio. Contribution à la méthodologie de l'étude des palimpsestes* [Armarium cadic. insign. 2]. Turnhout: Brepols 1983. 10 pp.

502 GUIDA, A. *Frammenti inediti del Contro i Galilei e della replica di Teodoro di Mopsuestia* – Prometheus 9 (1983) 139–163

[2151] HAGEDORN, D.: Hymni

503 HALKIN, F. *Catalogue des manuscrits hagiographiques de la Bibliothèque*

nationale d'Athènes [SHG 66]. Bruxelles: Soc. des Bollandistes 1983. 206 pp.

[1380] HELLY-FREMY, C.: Gregorius Nazianzenus

[1551] HOLLAND, M.: Iohannes Damascenus

504 HORSLEY, G. H. R. *New Documents Illustrating Early Christianity, vol. 2. A Review of the Greek Inscriptions and Papyri published in 1977.* North Ryde, Australia: Macquarie Univ., The Ancient History Documentary Research Centre 1982. 224 pp.

505 HORSLEY, G. H. R. *New Documents Illustrating Early Christianity, vol. 3. A Review of the Greek Inscriptions and Papyri published in 1978.* North Ryde, Australia: Macquarie Univ., The Ancient History Documentary Research Centre 1983. 190 pp.

506 JANSSENS, J. *Il cristiano denominato «spiritus sanctus» negli antichi epitaffi di Roma* — StMiss 31 (1982) 61–70

507 KUHN, K. H. *Two Shenoute Texts (P. Vindob. 9178; Paris 130⁵, 28–29r).* In: *Festschrift zum 100jährigen Bestehen...* (cf. 1983, 102) 187–193

[1384] LAFONTAINE, G.: Gregorius Nazianzenus

[1385] LAFONTAINE, G.; COULIE, B.: Gregorius Nazianzenus

508 LENAERTS, J. *Fragments littéraires inédits de la collection de Vienne.* In: *Festschrift zum 100jährigen Bestehen...* (cf. 1983, 102) 275–280

[1260] MacKAY, T. W.; GRIGGS, C. W.: Didymus Alexandrinus

509 MALTOMINI, F. *P. Vindob. G. 36100 testo cristiano* — Par 38 (1983) 38–43

[1101] MANNING, E.: Benedictus Nursinus

[1238] MARIN, M.: Pseudo-Cyprianus Carthaginiensis

510 MARRONE, G. CRESCI *Per la datazione dell'iscrizione paleocristiana di Revello* — RiAC 59 (1983) 313–320

[2106] MARTIMORT, A. G.: Missa, sacramenta, sacramentalia

511 MARTIN, ALAIN *P. Vindob. L91, un fragment du Pater latin* — Latomus 42 (1983) 412–418

512 MAXWELL, KATHLEEN *Another lectionary of the "atelier" of the Palaiologina, Vat.gr.352* — DumPap 37 (1983) 47–54

513 MAYERSON, PHILIP *Codex Sinaiticus: an historical observation* [plate; bibliog.] — BibArch 46 (1983) 54–56

[25] MAZUR, Cz.: Historia patrologiae

514 MERKELBACH, R. *Zwei Gespensternamen, Aelafius und Symphosius* — ZPE 51 (1983) 228–229

515 MERKELBACH, R. *Christliches Epigramm aus Hadrianoi in Mysien* — EpAn 2 (1983) 142–143

[1143] MILANESE, G.: Boethius

516 MILLARES CARLO, AGUSTIN; RUIZ ASENCIO, JOSE MANUEL *Tratado de Paleografía española.* 3ª. edición. 3 vols. Madrid: Espasa Calpe 1983

[637] MORARD, F.: Apocrypha
[1323] MOSSAY, J.: Eusebius Caesariensis
[1393] MOSSAY, J.: Gregorius Nazianzenus
517 MUNDÓ, ANSCARI M. *Notas para la historia de la escritura visigótica en su periodo primitivo.* In: *Bivium* (cf. 1983, 87) 175–196
518 NALDINI, M. *In margine alle «Lettere cristiane» nei papiri* — JJur 19 (1983) 163–168
[740] NAZZARO, A. V.; SANTORELLI, P.: Ambrosius Mediolanensis
519 NORDENFALK, C. *Canon tables on papyrus* — DumPap 36 (1982) 29–38
520 O'CALLAGHAN, JOSE *La «dalmática» en los papiros griegos* — AST 55–56 (1982/83) 285–291
521 ORLANDI, TITO *L'inventario dei manoscritti copti letterari della Papyrussammlung di Vienna.* In: *Festschrift zum 100jährigen Bestehen* . . . (cf. 1983, 102) 90–93
[1915] OUTTIER, B.: Theodoretus Cyrensis
[1148] PARKES, M. B.: Boethius
[2068] PASSARELLI, G.: Liturgica
[938] PETITMENGIN, P.: Augustinus
[1235] PETITMENGIN, P.: Cyprianus Carthaginiensis
[1149] PINGREE, D.: Boethius
[1445] PINTAUDI, R.: Hermae Pastor
[1701] PONTANI, F. M.: Nonnus Panopolitanus
[1003] PRETE, S.: Ausonius
522 QUECKE, HANS *Zwei Blätter aus koptischen Hermeneia-Typika in der Papyrussammlung der Österreichischen Nationalbibliothek.* In: *Festschrift zum 100jährigen Bestehen* . . . (cf. 1983, 102) 194–206
523 RABY, JULIAN *Mehmed the conqueror's Greek scriptorium* — DumPap 37 (1983) 15–34
524 RANDI, E. *Baconthorpe politico. Il commento a De civitate Dei XIX dal ms. Parigino Lat. 9540* — Acme 35 (1982) 127–152
525 REHBERGER, K. *Die Handschriften der Vita S. Severini.* In: *Severin* . . . (cf. 1981/82, 2827) 21–39
526 ROBERTS, COLIN H.; SKEAT, T. C. *The Birth of the Codex* [Published for The British Academy]. Oxford: University Press 1983. IX, 78 pp.
[956] RODRÍGUEZ, L.: Augustinus
[1609] RODRÍGUEZ PANTOJA, M.: Isidorus Hispalensis
[1921] ROEY, A. VAN: Theodosius Alexandrinus
[1059] RUDBERG, S. Y.: Basilius Caesariensis
[1537] SACHOT, M.: Iohannes Chrysostomus
[1395] SAUGET, J. M.: Gregorius Nazianzenus
527 SCHREINER, P. *Johannes Chortasmenos als Restaurator des Vat. Gr. 2126* — ScrCiv 7 (1982) 193–199
528 SIJPESTEIJN, P. J. *Ein Vorschlag zu PGM II 18* — ZPE 52 (1983) 246
[204] SMULDERS, P.: Methodologica

529 SOTIROUDIS, PANAGIOTIS *Unedierte Verse aus dem Codex Vat. gr. 96* — JÖB 33 (1983) 249–254

[1961] STRAETEN, J. VAN DER: Hagiographica

530 SZÁDECZKY-KARDOSS, S. *Pannonien und das Evangeliarium S. Corbiniani dictum* — AcAl 19 (1983) 123–128

531 TACHIAOS, ANTONY-EMIL N. *The Slavonic Manuscripts of Saint Panteleimon Monastery (Rossikon) on Mount Athos.* Thessaloniki: Hellenic Association for Slavic Studies; Los Angeles: Univ. of California, Center for Russian and East European Studies 1981. 198 pp.

[1643] TAGLIENTE, M. C.: Lactantius

532 TREECE, ANNA *An ancient plan for modern selfsufficiency: St Gall* [diags; il] — Epiphany 3 (1983) 80–87

533 *Trenta testi greci da papiri letterari e documentari.* Ed. in occasione del XVII Congresso internazionale di papirologia, Napoli 19–26 maggio 1983, a cura di M. MANFREDI. Firenze: Ist. papirol. G. Vitelli 1983. 132 pp.

534 TREU, K. *Christlicher Ich-Bericht mit Liebesthema.* In: *Festschrift zum 100jährigen Bestehen* . . . (cf. 1983, 102) 292

535 TREU, K. *Joseph und seine Brüder.* In: *Festschrift zum 100jährigen Bestehen* . . . (cf. 1983, 102) 289-290

536 TREU, K. *Christliche Papyri, 9* — ArPap 29 (1983) 107–110

[2079] TREU, K.: Liturgica

[2154] TREU, K.: Hymni

[2165] TREU, K.: Cultus

[2166] TREU, K.: Cultus

[2167] TREU, K.: Cultus

537 TURYN, ALEXANDER *Dated Greek manuscripts of the thirteenth and fourteenth centuries in the libraries of Great Britain* [Dumbarton Oaks Studies, 17]. Washington, D.C.: Dumbarton Oaks Center for Byzantine Studies 1980. XXXIII, 173 pp.

[1072] ULUHOGIAN, G.: Basilius Caesariensis

538 UTHEMANN, K. H. *Der Codex Vaticanus Gr. 1409. Eine Beschreibung der Handschrift* — Byzan 53 (1983) 639–653

539 VAZ, A. L. *Inéditos da História Litúrgica Medieval de Braga* — BracAug 37 (1983) 229–292

[776] VIAN, G. M.: Athanasius Alexandrinus

540 VOICU, SEVER J. *Papiri cristiani greci. Nuove identificazioni* — StPap 22 (1983) 135–136

[1073] VOICU, S. J.: Basilius Caesariensis

541 WAHL, OTTO *Der Codex Rupefucaldinus - ein bedeutsamer Textzeuge des Ijobstextes der Sacra Parallela.* In: *Theologie und Leben. Festgabe für Georg Söll zum 70. Geburtstag* (cf. 1983, 187) 13–24

542 WIELAND, GERNOT RUDOLF *The Latin glosses on Arator and Prudentius in Cambridge University Library, MS Gg.5.35* [STPIMS 61]. Toronto: Pontifical Inst. of Medieval Studies 1983. X, 286 pp.

543 WINTER, P. M. DE *Manuscrits à peintures produits pour le mécénat lillois sous les règnes de Jean sans Peur et de Philippe le Bon.* In: *Actes du 101e Congrès nat. des Soc. savantes, Lille, 1976, Archéol. et hist. de l'art.* Paris: Bibl. Nat. (1978) 233–256

544 WIPSZYCKA, E. *Un lecteur qui ne sait pas écrire ou un chrétien qui ne veut pas se souiller (P. Oxy. XXXIII, 2673)* – ZPE 50 (1983) 117–121

[1923] ZANETTO, G.: Theophylactus Symocatta

[745] ZELZER, M.: Ambrosius Mediolanensis

[746] ZELZER, M.: Ambrosius Mediolanensis

II. NOVUM TESTAMENTUM ATQUE APOCRYPHA

1. Novum Testamentum

a) Editiones textus Novi Testamenti aut partium eius

aa) Editiones textus graeci

545 *The Greek New Testament*. Ed. by K. ALAND e.a., 3rd ed. Stuttgart: Württemb. Bibelanst. 1983. XXII, 926 pp.

546 *A synopsis of the four Gospels in Greek. Arranged according to the two-Gospel hypothesis*. Ed. by J. B. ORCHARD. Edinburgh: Clark 1983. XXXIV, 342 pp.

bb) Editiones versionum antiquarum

547 *The Aramaic New Testament. Estrangelo script. Based on the Peshitta and Harklean versions*. New Knoxville, O.: American Christian Pr., The Way International 1983. XXI, 524 pp.

548 BROWNE, G. M. *An Old Nubian Version of Mark 11.6–11* — ZPE 44 (1981) 155–180

549 PERNIGOTTI, SERGIO *Frammenti del Nuovo Testamento nella Papyrussammlung di Vienna (P. Vindob. K 2627 und 2817)*. In: *Festschrift zum 100jährigen Bestehen . . .* (cf. 1983, 102) 185–187

550 *Vetus Latina XXV, Pars 2: Epistulae ad Thessalonicenses, Timotheum, Titum, Philemonem, Hebraeos*. Hrsg. von J. FREDE. Lief. 1–2: *Tt. 1,1 bis Schluß. Phlm mit Vorbemerkungen*. 1983. p. 847–996

b) Quaestiones et dissertationes ad textum eiusque traditionem pertinentes

551 ALAND, K. *Der neue Standard-Text des N. T. in seinem Verhältnis zu den frühen Papyri und Majuskeln*. In: *New Testament textual criticism* (cf. 1981/82, 241) 257–275

552 BAARDA, T. *Early transmission of words of Jesus. Thomas, Tatian and the text of the New Testament*. A collection of studies sel. and ed. by J. HELDERMAN and S. J. NOORDA. Amsterdam: VU Boekhandel/Uitg. 1983. 333 pp.

553 BARTSCH, HANS-WERNER *Über den Umgang der frühen Christenheit mit dem Text der Evangelien. Das Beispiel des Codex Bezae Cantabrigiensis* — NTS 29 (1983) 167–182

554 BAUER, JOHANNES B. *Aspekte des Kanonproblems.* In: *Meqor Ḥajjim. Festschrift für Georg Molin zu seinem 75. Geburtstag.* Graz: Akademische Druck- und Verlagsanstalt (1983) 25–42

[482] BIONDI, A.: Palaeographica atque manuscripta

[483] BIONDI, A.: Palaeographica atque manuscripta

555 BIRDSALL, J. N. *Georgian Studies and the New Testament* — NTS 29 (1983) 306–320

556 BIRDSALL, J. N. *Diatessaric readings in the Martyrdom of St. Abo of Tiflis?* In: *New Testament textual criticism* (cf. 1981/82, 241) 313–324

557 BLACK, M. *The Holy Spirit in the Western text of Acts.* In: *New Testament textual criticism* (cf. 1981/82, 241) 159–170

558 BOISMARD, M. E. *The texts of Acts. A problem of literary criticism?* In: *New Testament textual criticism* (cf. 1981/82, 241) 147–157

559 BROCK, S. *The resolution of the Philoxenian-Harclean problem.* In: *New Testament textual criticism* (cf. 1981/82, 241) 325–343

560 BROWNE, GERALD M. *Two Old Nubian Texts Revisited* — ZPE 53 (1983) 259–260

[488] BURNS, Y.: Palaeographica atque manuscripta

561 CLABEAUX, JOHN JAMES *The Pauline corpus which Marcion used: the text of the letters of Paul in the early second century* [Ph.D.Diss.]. Harvard University 1983. 304 pp.

562 CORLEY, GERALD LEE *The textual relationship of the gospel manuscript Gregory 1010* [Ph.d.Diss.]. Southwestern Baptist Theological Seminary 1983

563 CREHAN, J. *New light on 2 Peter from the Bodmer Papyrus.* In: *Studia Evangelica, VII* (cf. 1983, 176) 145–149

564 DELEBECQUE, E. *La révolte des orfèvres à Éphèse et ses deux versions (Actes des Apôtres XIX, 24–40)* — RThom 83 (1983) 605–615

565 DELEBECQUE, E. *Saul et Luc avant le premier voyage missionnaire. Comparaison des deux versions des Actes 11, 26–28* — RSPhTh 66 (1982) 551–559

566 DELEBECQUE, E. *Paul à Thessalonique et à Bérée selon le texte occidental des Actes (XVII, 4–15)* — RThom 82 (1982) 605–615

567 DELEBECQUE, E. *Les deux versions du voyage de saint Paul de Corinthe à Troas (Ac 20,3–6)* — Bibl 64 (1983) 556–564

568 DELEBECQUE, E. *La dernière étape du troisième voyage missionnaire de saint Paul selon les deux versions des Actes des apôtres (21,16–17)* — RThL 14 (1983) 446–455

569 DELEBECQUE, E. *L'embarquement de Paul, captif, à Césarée, pour Rome* — Laval 39 (1983) 295–302

570 DELEBECQUE, E. *Étienne, le premier diacre, et le texte dit occidental des*

Actes (Actes, 6,6 et 10–11). In: *Mélanges Gareau* (cf. 1981/82, 231) 187–190

[1992]　DOLBEAU, F.: Lucius et Montanus

[1283]　EGAN, G. A.: Ephraem Syrus

571　ELLIOTT, J. K. *The citation of manuscripts in recent printed editions of the Greek New Testament* — NovTest 25 (1983) 97–132

572　ELLIOTT, J. K. *The International Project to establish a Critical Apparatus to Luke's Gospel* — NTS 29 (1983) 531–538

573　ELLIOTT, J. K. *An eclectic textual commentary on the Greek text of Mark's Gospel.* In: *New Testament textual criticism* (cf. 1981/82, 241) 47–60

574　ELLIS, E. E. *The silenced wives of Corinth (1 Cor. 14,34–35).* In: *New Testament textual criticism* (cf. 1981/82, 241) 213–220

575　EPP, E. J. *The Ascension in the textual tradition of Luke-Acts.* In: *New Testament textual criticism* (cf. 1981/82, 241) 131–145

576　FARMER, WILLIAM R.; FARKASFALVY, DENIS M. *The formation of the New Testament Canon. An ecumenical approach.* Introd. by ALBERT C. OUTLER. Essays ed. by HAROLD W. ATTRIDGE [Theological inquiries]. New York: Paulist Pr. 1983. IX, 182 pp.

577　FLANAGAN, JAMES LEE *An investigation of twentieth-century reactions to the Greek text and textual theories of Westcott and Hort* [Ph.d.Diss.]. Southwestern Baptist Theological Seminary 1982

578　GLOBE, ALEXANDER *The Dialogue of Timothy and Aquila as Witness to a pre-Caesarean Text of the Gospels* — NTS 29 (1983) 233–246

579　HERRMANN, L. *Correction du κ en α dans une phrase de Jésus* — REAnc 83 (1981) 283

580　HIRUNUMA, T. *Matthew 16,2b–3.* In: *New Testament textual criticism* (cf. 1981/82, 241) 35–45

581　HURTADO, L. W. *Text-critical methodology and the Pre-Caesarean text, codex W in the Gospel of Mark* [Stud. and doc. 43]. Grand Rapids, Mich.: Eerdmans 1981. X, 100 pp.

582　JUNACK, K. *Abschreibpraktiken und Schreibergewohnheiten in ihrer Auswirkung auf die Textüberlieferung.* In: *New Testament textual criticism* (cf. 1981/82, 241) 277–295

583　KLIJN, A.F.J. *Matthew 11,25 – Luke 10,21.* In: *New Testament textual criticism* (cf. 1981/82, 241) 1–14

584　KUBO, S. *Jude 22–23. Two-division form or three?* In: *New Testament textual criticism* (cf. 1981/82, 241) 239–253

[513]　MAYERSON, PH.: Palaeographica atque manuscripta

585　McREYNOLDS, P. R. *John 1,18 in textual variation and translation.* In: *New Testament textual criticism* (cf. 1981/82, 241) 105–118

586　MEES, M. *Realer oder irrealer Konditionalsatz in Joh. 8,39?* In: *New Testament textual criticism* (cf. 1981/82, 241) 119–130

587　MICHAELS, J. R. *Origen and the text of John 1,15.* In: *New Testament textual criticism* (cf. 1981/82, 241) 87–104

588 MOIR, I. A. *The text of Colossians in minuscule manuscripts housed in Great Britain. Some preliminary comments.* In: *Studia Evangelica, VII* (cf. 1983, 176) 355–358

589 MOIR, I. A. *Orthography and theology. The omicron-omega interchange in Romans 5,1 and elsewhere.* In: *New Testament textual criticism* (cf. 1981/82, 241) 179–183

590 NEIRYNCK, F.; SEGBROECK, F. VAN *The Westcott-Hort marginal readings in the Concordance* — EThL 59 (1983) 114–126

591 O'CALLAGHAN, J. *Nota crítica a Mc 8,36* — Bibl 64 (1983) 116–117

592 O'CALLAGHAN, J. *La Biblia y los papiros.* In: *Unidad y pluralidad I* (cf. 1983, 191) 413–434

593 OSBURN, C. D. *The text of 1 Corinthians 10,9.* In: *New Testament textual criticism* (cf. 1981/82, 241) 201–212

[1839] PETERSEN, W. L.: Romanus Melodus

[1840] QUISPEL, G.: Romanus Melodus

594 ROSS, ARTHUR M. *Studies in the Thessalonian Epistles in Syriac* [Diss.]. Chicago: Lutheran School of Theology 1983. 221 pp.

595 ROSS, J. M. *Some unnoticed points in the text of the New Testament* — NovTest 25 (1983) 59–72

596 ROYSE, J. R. *The Treatment of Scribal Leaps in Metzger's "Textual Commentary"* — NTS 29 (1983) 539–551

597 THIERRY, J. J. *Korte geschiedenis van de tekst van het Nieuwe Testament.* Kampen: Kok 1982. 132 pp.

598 THRALL, M. E. *Putting on or stripping off in 2 Corinthians 5,3?* In: *New Testament textual criticism* (cf. 1981/82, 241) 221–237

599 VATEISHVILI, DZHUANSHER *The first Georgian printed Bible: on the history of its appearance* — EBib 41 (1983) 205–240

600 WARREN, WILLIAM FRAMPTON *The Textual Relationships of P4, P45, and P75 in the Gospel of Luke.* Ann Arbor, Mich.: Univ. Microfilms Int. 1983. 183 pp. [New Orleans Baptist Theological Seminary, Diss.]

2. Apocrypha

a) Editiones textus originalis

601 *Acta Iohannis.* Cura ERIC JUNOD; JEAN-DANIEL KAESTLI. Vol. 1: Praefatio. Textus. Vol. 2: Textus alii. Commentarius. Indices [CChr Ser. Apocryphorum 1 et 2]. Turnhout: Brepols 1983. XXI, 949 pp.

602 *The Letter of Peter to Philip.* Text, transl. and comm. by M. W. MEYER [SBLDS 53]. Chico: Cal. Scholars Pr. 1981. XIV, 220 pp.

b) Versiones modernae

603   *Les actes apocryphes de Jean et de Thomas.* Trad. française et notes critiques par ANDRÉ-JEAN FESTUGIÈRE [COr 6]. Genève: Cramer 1983. 121 pp.

604   BESKOW, PER *Strange Tales about Jesus: a survey of unfamiliar gospels.* Philadelphia: Fortress 1983. 135 pp.

605   *Il canto della perla, Acta Thomae 108-113.* Introd., testo, trad. e note a cura di C. ANGELINO. In: Σύγκρισις α' (cf. 1983, 181a) 5–40

606   DENKER, J. *El segundo apocalipsis de Santiago* – RaBi 45 (1983) 95–107

607   *Évangiles apocryphes.* Réunis et prés. Par F. QUÉRÉ [Coll. Points Sér. Sagesse 34]. Paris: Éd. du Seuil 1983. 188 pp.

608   LELOIR, L. *L'apocalypse de Paul selon sa teneur arménienne* – REArm 14 (1980) 217–285

[602]   *The letter of Peter to Philipp:* Editiones textus originalis

609   *The Odes of Solomon.* Ed. and trans. by JAMES H. CHARLESWORTH [Reprint of the edition 1973]. Chico, Cal.: Scholars Press 1983

610   ZILLES, U. *Evangelho do pseudo Tomé* – Teoc 13 (1983) 46–55; 147–159

c) Quaestiones et dissertationes

[552]   BAARDA, T.: Novum Testamentum

610a   BAGATTI, B. *Apocrifi adamitici* – AugR 23 (1983) 213–225

610b   BIANCHI, U. *Encratismo, acosmismo, diteismo come criteri di analisi storico-religiosa degli Apocrifi* – AugR 23 (1983) 309–317

611   BLASZCZAK, GERALD ROMAN *A form-critical study of selected odes of Solomon* [Ph.d.Diss.]. Harvard University 1983. 172 pp.

612   BOVON, F. *Vers une nouvelle édition de la littérature apocryphe chrétienne. La Series apocryphorum du Corpus Christianorum* – AugR 23 (1983) 373–378

613   COTHENET, E. *Le Protévangile de Jacques comme premier témoin de la piété mariale populaire.* In: *Liturgie, spiritualité, cultures* (cf. 1983, 127) 63–80

614   DAVIES, STEVAN L. *A cycle of Jesus's parables* [photo] – BibArch 46 (1983) 15–17

615   DAVIES, STEVAN L. *The gospel of Thomas and Christian wisdom.* New York: Seabury Press 1983. 182 pp.

616   DAVIES, STEVAN L. *Thomas: the fourth synoptic gospel* [photos] – BibArch 46 (1983) 6–9; 12–14

[2560]   DOBRZENIECKI, T.: Specialia in Novum Testamentum

[1292]   DUBOIS, J. D.: Epiphanius

[2434]   FAUTH, W.: Gnostica

617   FERGUSON, EVERETT *Psalm-singing at the eucharist: liturgical controversy in the 4th cent.* – AustinSemBul 98 (1983) 52–77

618   FIENSY, DAVID *Lex Talionis in the Apocalypse of Peter* – HThR 76 (1983) 255–258

[2437] FILORAMO, G.: Gnostica
[2439] GIANOTTO, C.: Gnostica
  619 GRIBOMONT, J. *Le plus ancien Transitus marial et l'encratisme* — AugR
        23 (1983) 237–247
  620 HEDRICK, CHARLES W. *Kingdom Sayings and the Parables of Jesus in
        The Apocryphon of James. Tradition and Redaction* — NTS 29 (1983)
        1–24
  621 HOBERMAN, BARRY *How did the gospel of Thomas get its name*
        [photo] — BibArch 46 (1983) 10–11
  622 HUXLEY, GEORGE L. *Geography in the Acts of Thomas*— GrRoBySt 24
        (1983) 71–80
  623 *XI Incontro di studiosi dell'antichità cristiana. Gli Apocrifi cristiani e
        cristianizzati* — AugR 23,1–2 (1983) 5–378
  624 *Isaia, il diletto e la chiesa. Visione ed esegesi profetica cristiano-primitiva
        nell'Ascensione di Isaia. Atti del Convegno di Roma, 9-10 aprile 1981.*
        Ed. a cura di MAURO PESCE [Testi e ricerche di scienze religose 20].
        Brescia: Paideia 1983. 320 pp.
  625 JOSSA, G. *Gli Apocrifi del Nuovo Testamento. Tipologia, origine e primi
        sviluppi* — AugR 23 (1983) 19–40
  626 JUNOD, E. *Apocryphes du Nouveau Testament ou Apocryphes chrétiens
        anciens? Remarques sur la désignation d'un corpus et indications biblio-
        graphiques sur les instruments de travail récents* — EtThR 58 (1983)
        409–421
  627 JUNOD, E. *Créations romanesques et traditions ecclésiastiques dans les
        Actes apocryphes des Apôtres. L'alternative fiction romanesque — vérité
        historique, une impasse* — AugR 23 (1983) 271–285
  628 KAESTLI, J. D. *Le rôle des textes bibliques dans la genèse et le développe-
        ment des légendes apocryphes. Le cas du sort final de l'apôtre Jean* —
        AugR 23 (1983) 319–336
  629 KLIJN, A.F.J. *The apocryphal Acts of the apostles* — VigChr 37 (1983)
        193–199
  630 KOESTER, H. *Three Thomas parables.* In: *The New Testament and
        Gnosis* (cf. 1983, 143) 195–203
  631 LÄPPLE, ALFRED *Außerbiblische Jesusgeschichten. Ein Plädoyer für die
        Apokryphen.* München: Don-Bosco 1983. 128 pp.
[608] LELOIR, L.: Versiones modernae
  632 LIBSCOMB, WILLIAM LOWNDES *The Armenian Apocryphal Adam Li-
        terature.* Ann Arbor, Mich.: Univ. Microfilms Int. 1983. 290 pp.
        [Columbia University, Ph.Diss.]
  633 LUPIERI, E. *Poena aeterna nelle più antiche apocalissi cristiane apocrifi
        non gnostiche* — AugR 23 (1983) 361–372
  634 MANNS, F. *La fuite en Égypte dans l'Évangile apocryphe du Pseudo-
        Matthieu* — AugR 23 (1983) 227–235
  635 MCNEIL, BRIAN *The Odes of Solomon and the Scriptures* — OrChr 67
        (1983) 104–122

636 MEES, M. *Herrenworte und Erzählstoff in den judenchristlichen Evange-lien und ihre Bedeutung* — AugR 23 (1983) 187–212

637 MORARD, F. *Les recueils coptes d'Actes apocryphes des apôtres. Un exemple, le codex R* — AugR 23 (1983) 73–82

638 ORBE, A. *Gli Apocrifi cristiani a Nag Hammadi* — AugR 23 (1983) 83–109

639 ORLANDI, T. *Gli apocrifi copti* — AugR 23 (1983) 57–71

640 PASQUATO, O. *Predicazione missionaria in Asia Minore nel II secolo. In margine agli Atti di Paolo* — AugR 23 (1983) 337–348

641 PATTE, DANIEL *Entering the kingdom like children: structural exegesis* [figs] — SBLSemPap 21 (1982) 371–396

642 PRETE, S. *Gli Atti apocrifi di S. Bartolomeo ed alcune imitazioni della Passio S. Emigdii* — AugR 23 (1983) 349–360

[2551] ROBERT, R.: Specialia in Novum Testamentum

643 SCHÄFERDIEK, KNUT *Herkunft und Interesse der alten Johannesakten* — ZNW 74 (1983) 247–267

644 SEGELBERG, E. *The gospel of Philip and the New Testament.* In: *The New Testament and Gnosis* (cf. 1983, 143) 204–212

645 SELL, J. *The knowledge of the truth - two doctrines. The book of Thomas the Contender (CG II,7) and the false teachers in the Pastoral Epistles.* Bern: Lang 1983. 108 pp.

646 SFAMENI GASPARRO, G. *Gli Atti apocrifi degli Apostoli e la tradizione dell'ἐγκράτεια. Discussione di una recente formula interpretativa* — AugR 23 (1983) 287–307

647 STAROWIEYSKI, M. *Les problèmes de systématisation et d'interprétation des évangiles apocryphes.* In: *Studia Patristica 17* (cf. 1981/82, 283b) II, 731–737

648 STAROWIEYSKI, M. *Les apocryphes chez les écrivains du IVᵉ siècle.* In: *Miscellanea historiae ecclesiasticae, VI,1* (cf. 1983, 137) 132–141

649 STOOPS, ROBERT FRANKLIN, JR. *Miracle-stories and vision reports in the Acts of Peter* [Ph.d.Diss.]. Harvard University 1983. 339 pp.

650 TESTA, E. *L'origine e lo sviluppo della Dormitio Mariae* — AugR 23 (1983) 249–262

651 TRIPP, D. H. *The 'Sacramental System' of the Gospel of Philip.* In: *Studia Patristica 17* (cf. 1981/82, 283b) I, 251–260

652 UNNIK, W. C. VAN *A Note on Ode of Solomon XXXIV 4.* In: *Sparsa Collecta* (cf. 1983, 192) 3–6

653 UNNIK, W. C. VAN *A Note on the Dance of Jesus in the Acts of John.* In: *Sparsa Collecta* (cf. 1983, 192) 144–147

654 UNNIK, W. C. VAN *Three Notes on the Gospel of Philip.* In: *Sparsa Collecta* (cf. 1983, 192) 238–243

655 VATTIONI, F. *Il sangue negli Apocrifi.* In: *Atti della Settimana San-gue...*, *I* (cf. 1983, 89) 601–627

656 VERRANDO, G. N. *Osservazioni sulla collocazione cronologica degli apocrifi Atti di Pietro dello Pseudo-Lino* — VetChr 20 (1983) 391–426

657 Vogler, Werner *Judas Iskarioth. Unters. zu Tradition und Redaktion von Texten des Neuen Testamentes und außerkanonischen Schriften* [ThA 42]. Berlin: Evangelische Verlagsanstalt 1983. 224 pp.

[2496] Williams, J. A.: Gnostica.

[2337] Winling, R.: Soteriologia

III. AUCTORES
(editiones, quaestiones, dissertationes, commentarii)

1. Generalia

660 *La Filocalia di Nicodimo Aghiorita e Macario di Corinto.* Trad., introd.
e note a cura di B. ARTIOLI; F. LOVATO. Torino: Gribaudi 1982–1983.
488; 468 pp.

661 *Hésychius de Batos, Chapitres sur la vigilance; Jean Carpathios, Chapitres d'exhortation et Discours ascétique.* Introd. et trad. par J. TOU-
RAILLE [Philocalie 3]. Bellefontaine: Abbaye de Bellefontaine Bégrolles-
en-Mauge (Maine-et-Loire) 1981. 147 pp.

662 *Origène. Grégoire d'Elvire. Saint Bernard: Le Cantique des Cantiques.*
Homélies trad. par RAYMOND WINLING et par les Carmélites de
Mazille. Introd. par R. WINLING et A.-G. HAMMAN. Indications
doctrinales par A.-G. HAMMAN. Paris: Desclée de Brouwer 1983. 201
pp.

663 *Regels van de Heilige Pachomius.* Uit het Latijn vertaald, ingeleid, van
voetnoten en reg. vorziehn door CHR. WAGENAAR. *Het Boek van
Orsiesius.* Uit het Latijn vertaald door PIETER JACOB BERKHOUT,
ingeleid door CHR. WAGENAAR [Monastieke cahiers 22]. Bonheiden:
Abdij Bethlehem 1983. 106 pp.

664 *Das Glaubenszeugnis der frühen Kirche. Texte der Christenheit aus den
ersten 3 Jahrhunderten.* Ausgew. und eingel. von F. P. SONNTAG.
Leipzig: St.-Benno-Verl. 1982. 136 pp.

665 ANASSIAN, HAGOP S. *Einige Quellen des «Radix Fidei», Jakobos von
Serugh, Zenobius von Edessa, Dahela von Edessa; Coelestinus Romanus
und Bar Sauma von Antiochien* [in armenischer Sprache] – HA 97
(1983) 83–92; 258–304

666 ANTÈS, S. *Témoignages précarolingiens sur Martianus Capella. Cassiodore, le pseudo-Cassiodore et Grégoire de Tours.* In: *Hommages à Jean
Cousin* (1983, 115) 289–297

667 ARICÒ, G. *Per il Fortleben di Stazio* – Vichiana 12 (1983) 36–43

668 BALACEV, A. *Service pastoral et enseignement des trois hiérarques saints*
[en bulgare] – DuchKult 3 (1983) 13–22

669 BALDWIN, B. *The Church Fathers and Lucian.* In: *Studia Patristica* 17
(cf. 1981/82, 283b) II, 626–630

670 BAMBECK, M. *Fischer und Bauern gegen Philosophen und sonstige Gross-kopfeten; ein christlicher Topos in Antike und Mittelalter* — MLatJB 18 (1983) 29–50

671 BENIN, S. D. *Sacrifice as education in Augustine and Chrysostom* — ChH 52 (1983) 7–20

672 BIEDERMANN, H. M. *Die Bedeutung der drei Kappadokier und des Johannes Chrysostomos als Fundament der byzantinischen Geisteshaltung* — OstkiSt 32 (1983) 281–293

673 COLETTI, M. L. *Il pellicano nella tradizione letteraria e nell'esegesi patristica (Sal 101,7).* In: *Atti della Settimana Sangue . . ., III* (cf. 1983, 91) 449–480

674 CONSOLINO, F. E. *Da Osidio Geta ad Ausonio e Proba. Le molte possibilità del centone* — AteRo 28 (1983) 133–151

675 COX, P. *Biography in late antiquity. A quest for the holy man* [The Transformation of the Classical Heritage 5]. Berkeley, Calif.: Univ. of Calif. Pr. 1983. XVI, 166 pp.

676 DRABINA, J. *Chrześcijaństwo starożytne /do roku 313/. Wybór tekstów źródłowych (= Das antike Christentum bis 313. Ausgewählte Texte)* [Skrypty uczelniane 460]. Kraków: Uniwersytet Jagielloński 1983. 123 pp.

677 DULAEY, M. *Le chandelier à sept branches dans le christianisme ancien* — REA 29 (1983) 3–26

678 FORLIN PATRUCCO, M. *Il miracolo del sangue nella tarda antichità. Tipologia e valenze politicho-teologiche.* In: *Atti della Settimana Sangue . . ., II* (cf. 1983, 90) 693–712

679 GAMA, J.; PINHEIRO, A. S. *Tertuliano, S. Agostinho, S. Anselmo, S. Tomás de Aquino. Opúsculos selectos de Filosofia Medieval.* Braga: Faculdade de Filosofia 1982. 158 pp.

680 GIANNARELLI, E. *La tipologia femminile nella biografia e nell'autobiografia cristiana del IV° secolo* [Ist. stor. ital. per il medio evo, Studi stor. 127]. Roma: Borromini 1980. 102 pp.

681 GRUSZKA, P. *Die Ansichten über das Sklaventum in den Schriften der kappadozischen Kirchenväter* — An 10, AUW 598 (1983) 107–118

682 HAGENDAHL, H. *Von Tertullian zu Cassiodor. Die profane literarische Tradition in dem lateinischen christlichen Schrifttum* [Studia Graeca et Lat. Gothoburg. 44 AUG]. Göteborg: 1983. 163 pp.

683 HANSSLER, B. *Glauben aus der Kraft des Geistes: unkonventionelle Wege der Wiederbegegnung mit Augustinus, Benedikt von Nursia, Franziskus von Assisi* [Herderbücherei 912]. Freiburg: Herder 1981. 141 pp.

684 HOFFMANN, R. J. Μεμέρισται ὁ Χριστός; *Anti-enthusiast polemic from Paul to Augustine* — StTh 33 (1979) 149–164

685 HOLZMAN, K. *Starożytne i bizantyńskie opinie o Lukianie - pisarzu i człowieku (= Quid scriptores antiqui atque Byzantii de Luciani acumine, ridiculis . . . sermone dicendique ratione iudicaverint)* — Meander 38 (1983) 29–44

686   HÜBNER, W. *Zodiacus Christianus. Jüd.-christl. Adaptationen d. Tierkreises von der Antike bis zur Gegenwart* [BKP 144]. Königstein: Hain 1983. 238 pp.

687   IANNIELLO, V. *Il sangue dell'uva.* In: *Atti della Settimana Sangue . . ., II* (cf. 1983, 90) 241–269

688   IRWIN, E. *The songs of Orpheus and the new song of Christ.* In: *Orpheus. The metamorphosis of a myth.* Ed. by J. WARDEN. Toronto: Toronto University Press (1982) 51–62

689   JUDGE, E. A. *Christian innovation and its contemporary observers.* In: *History and historians in late antiquity* (cf. 1983, 113) 13–29

690   KLESCZEWSKI, R. *Wandlungen des Lucretia-Bildes im lateinischen Mittelalter und in der italienischen Literatur der Renaissance.* In: *Livius. Festschrift E. Burck* (cf. 1983, 128) 313–335

691   LATHAM, J. E. *The Religious Symbolism of Salt* [ThH 64]. Paris: Beauchesne 1982. 256 pp.

692   LEFF, M. C. *The topics of argumentative invention in Latin rhetorical theory from Cicero to Boethius* – Rhetorica 1,1 (1983) 23–44

693   LÓPEZ-ILLANA, F. *Il sangue nell'interpretazione biblica secondo la scuola dopo Leandro e Isidoro.* In: *Atti della Settimana Sangue . . ., III* (cf. 1983, 91) 1433–1442

694   LÜDEMANN, G. *Paulus, der Heidenapostel, II. Antipaulinismus im frühen Christentum* [FRLANT 130]. Göttingen: Vandenhoeck und Ruprecht 1983. 322 pp.

695   MACDONALD, D. *The Vision of Constantine as literary Motif.* In: *Studies in Honor of T. B. Jones* (cf. 1981/82, 287) 289–296

696   MAŁUNOWICZÓWNA, L. *La tradition littéraire païenne dans la consolation grecque chrétienne du IV siècle.* In: *Miscellanea Historiae Ecclesiasticae, VI,1* (cf. 1983, 137) 312–324

[1955]   MECKING, B.: Hagiographica

697   MIAZEK, J. *Czytania patrystyczne i hagiograficzne (= Lecture de textes patristiques et hagiographiques)* – AtKap 101, 75 (1983) 61–76

698   QUAQUARELLI, A. *Cristo e il sangue nella poesia tardo-antica.* In: *Atti della Settimana Sangue . . ., III* (cf. 1983, 91) 1353–1374

699   REMUS, HAROLD *Pagan-Christian conflict over miracles in the second century* [Patristic monograph series 10]. Cambridge, Mass.: Philadelphia Patristic Foundation 1983. XIII, 371 pp.

700   ROUSE, M. A.; ROUSE, R. H. *Florilegia of patristic texts.* In: *Les genres littéraires dans les sources théologiques et philosophiques médiévales.* Louvain-la-Neuve: Institut d'études médiévales (1982) 165–180

701   SÁENZ, A. *Vigencia de los Padres de la Iglesia* – Mikael 32 (1983) 33–51

702   SAXER, V. *Le juste crucifié de Platon à Théodoret* – RSLR 19 (1983) 189–215

703   SCHNEIDER, T. *Wesen und Bedeutung des Symbols in der Patristik.* In: *Beiträge zu Symbol, Symbolbegriff und Symbolforschung* (cf. 1983, 85) 153–161

704 SCHOENDORF, K. *Von der augusteischen zur christlichen Romideologie –* Anregung (München) 28 (1982) 305–311

705 SMITH, GAIL *Jewish, Christian, and pagan views of miracle under the Flavian emperors –* SBLSemPap 20 (1981) 341–348

706 SPINELLI, M. *Dagli «Apophtegmata Patrum» alla «Philocalia» greca –* Benedictina 30 (1983) 195–202

707 STOCKMEIER, PETER *«Alt» und «Neu» als Prinzipien der frühchristlichen Theologie.* In: *Glaube und Kultur* (cf. 1983, 172) 227–235

708 STOCKMEIER, PETER *Das Skandalon des Kreuzes und seine Bewältigung im frühen Christentum.* In: *Glaube und Kultur* (cf. 1983, 172) 39–59

709 SUERBAUM, WERNER *Vom antiken zum frühmittelalterlichen Staatsbegriff.* 3., erweiterte Auflage mit einem Bericht: *Römisches Staatsdenken in der neueren Forschung (1960-1975).* Münster: Aschendorff 1977. 452 pp.

710 VIDAL, J. L. *La technique de composition du centon virgilien Versus ad gratiam Domini siue Tityrus (Anth. Lat. 719a Riese) –* REA 29 (1983) 233–256

711 VIDAL, J. L. *Sobre reminiscencias de Virgilio en la literatura de la época claudia.* In: *Unidad y pluralidad en el mundo antiguo, II* (cf. 1983, 191) 237–243

712 WALLACE-HADRILL, D. S. *Christian Antioch. A study of early Christian thought in the East.* Cambridge: University Press 1982. VIII, 218 pp.

713 WLOSOK, A. *Zwei Beispiele frühchristlicher Vergilrezeption. Polemik (Lact., div. inst. 5,10) und Usurpation (Or. Const. 19-21).* In: *2000 Jahre Vergil* (cf. 1983, 196) 63–86

714 YOUNG, FRANCES MARGARET *From Nicaea to Chalcedon. A guide to literature and its background.* Philadelphia: Fortress Press 1983. VIII, 406 pp.

2. Auctores Singuli
(in ordine alphabetico auctorum)

Abercius

715 WISCHMEYER, W. K. *Die Aberkiosinschrift als Grabepigramm.* In: *Studia Patristica 17* (cf. 1981/82, 283b) II, 777–781

Aetheria (Egeria)

716 BEJARANO, VIRGILIO *Las proposiciones completivas en la «Peregrinatio Egeriae».* In: *Corollas Philologicas* (cf. 1983, 95) 91–101

717 DEVOS, P. *Une nouvelle Égérie* — AB 101 (1983) 43–70
[1926] NATALUCCI, N.: Valerius Bergidensis
718 SMIRAGLIA, P. *Due note sul testo di Egeria* — Vichiana 11 (1982)
283–294

Agapetus Diaconus

719 *Byzantinische Fürstenspiegel.* Übers. von W. BLUM [BGL 14]. Stuttgart:
Hiersemann 1981. 205 pp.

Agathangelus

720 BYZANCE, NORAYR DE *Agathangelos und die Übersetzungen aus dem
Syrischen* — HA 97 (1983) 315–358
721 PRÓCHNIAK, DANIEL *«Historia Armenii» Agathangelosa jako źródło do
poznania chrześcijańskich dziejów Armenii (= Agathangelos's "History
of Armenia" - a literary Source concerning the earliest period of the
Christian history of Armenia)* [with a summary in Engl.] — VoxP 4
(1983) 160–175
722 WINKLER, G. *Our present knowledge of the History of Agat'angelos and
its Oriental versions* — REArm 14 (1980) 125–141

Ambrosius Mediolanensis

723 *[Ambrosius] Sant'Ambrogio. Isacco o l'anima. Il bene della morte.* Introd., trad., note e indici di CLAUDIO MORESCHINI. *Giacobbe e la vita
beata. Giuseppe.* Introd., trad., note e indici di ROBERTO PALLA
[Opere Esegetiche 3]. Milano: Biblioteca Ambrosiana; Roma: Città
Nuova 1982. 466pp.
[670] BAMBECK, M.: Auctores
724 BERNT, G. *Ambrosius von Mailand: «Hic est dies verus Dei». Ein
patristischer Paschahymnus.* In: *Liturgie und Dichtung, I* (cf. 1983, 125)
509–546
725 BURNS, J. P. *The Function of Christ in Ambrose of Milan's Interpretation
of the Command Given to Adam.* In: *Studia Patristica 17* (cf. 1981/82,
283b) I, 274–277
726 CAPITANI, F. DE *Studi su Sant'Ambrogio e i Manichei. II: Spunti
antimanichei nell'Exameron ambrosiano* — RFN 75 (1983) 3–29
727 CAPPONI, F. *Osservazioni ed esperienze ambrosiane* — Vichiana 11
(1982) 58–69
[2179] CHRESTOU, P. K.:Concilia, acta conciliorum, canones
728 DOIGNON, J. *La tradition latine (Cicéron, Sénèque) de l'épisode des
Sirènes entre les mains d'Ambroise de Milan.* In: *Hommages à Jean
Cousin* (cf. 1983, 115) 271–278
729 FAUST, ULRICH *Christo servire libertas est. Zum Freiheitsbegriff des*

Ambrosius von Mailand [Salzburger Patristische Studien 3]. Salzburg; München: Pustet 1983. 175 pp.

730 GRANADO BELLIDO, CARMELO *El Espíritu y el Bautista en San Ambrosio de Milán* – Communio 16 (1983) 183–199

731 GROSSO, G. *La Lettera alle vergini. Atanasio e Ambrogio* – AugR 33 (1983) 421–452

732 HABYARIMANA, S. *La dottrina pneumatologica nel De Spiritu Sancto di S. Ambrogio.* In: *Spirito Santo e catechesi patristica* (cf. 1983, 171) 47–58

733 IACOANGELI, R. *Sacramentum incarnationis e sacramentum sanguinis in Sant' Ambrogio.* In: *Atti della Settimana Sangue . . ., III* (cf. 1983, 91) 1231–1265

734 KRAMER, G. H. *Ambrosius van Milaan en de geschiedenis.* Amsterdam: Vuijten en Schipperheijn 1983. IX, 249 pp.

735 LAMIRANDE, EMILIEN *Âges de l'homme et âges spirituels selon saint Ambroise: le commentaire du psaume 35* – ScEs 35 (1983) 211–222

736 LAMIRANDE, EMILIEN *Enfance et développement spirituel: le commentaire de saint Ambroise sur saint Luc* – ScEs 35 (1983) 103–116

737 LAMIRANDE, E. *Le thème de la Jérusalem céleste chez saint Ambroise* – REA 29 (1983) 209–232

738 LENOX-CONYNGHAM, A. *The Judgement of Ambrose the Bishop on Ambrose the Roman Governor.* In: *Studia Patristica 17* (cf. 1981/82, 283b) I, 62–65

[1466] NAUTIN, P.: Hieronymus

739 NAWROCKA, A. *Teoantropocentryzm etyki Ambrożego (= Der Theoanthropozentrismus in der Ethik des hl. Ambrosius)* – SPC 19,2 (1983) 186–202

740 NAZZARO, A. V.; SANTORELLI, P. *Quae orthographica in codicibus ad tres S. Ambrosii sermones edendos adhibitis reperta sint* – VetChr 20 (1983) 241–303

741 PASCHOUD, F. *Le rôle du providentialisme dans le conflit de 384 sur l'autel de la Victoire* – MH 40 (1983) 197–206

742 PELLEGRINO, M. *Cristo e il martire nel pensiero di S. Ambrogio.* In: *Bivium* (cf. 1983, 87) 211–216

[2516] ROSSI, M. T.: Specialia in Vetus Testamentum

743 ΘΕΟΔΩΡΟΥ, ΕΥΑΓΓΕΛΟΣ Δ. *Λειτουργικὰ στοιχεῖα ἐν τοῖς ἔργοις τοῦ ἅγιου Ἀμβροσίου* – ThAthen 54 (1983) 236–249

744 VERHEUL, A.; OSB. *La spiritualité du chant liturgique chez Saint Paul et Saint Ambroise* – QLP 64 (1983) 165–178

745 ZELZER, MICHAELA *Die Bedeutung Mailands für die Überlieferung der Ambrosiusbriefe.* In: *Studia Patristica 17* (cf. 1981/82, 283b) I, 388–393

746 ZELZER, M. *Mittelalterliche Editionen der Korrespondenz des Ambrosius als Schlüssel zur Überlieferung der Briefbücher* – WSt 17 (1983) 160–180

Pseudo-Ambrosius Mediolanensis

[2540] ADKIN, N.: Specialia in Vetus Testamentum

747 POLLASTRI, A. *Il sangue testimone del beneficio divino nel commento dell'Ambrosiaster a 1 Cor 11,26.* In: *Atti della Settimana Sangue . . ., II* (cf. 1983, 90) 199–215

748 SPELLER, LYDIA *Ambrosiaster and the Jews.* In: *Studia Patristica 17* (cf. 1981/82, 283b) I, 72–78

[1804] SPELLER, L.: Photinus Sirmiensis

Pseudo-Amphilochius Iconiensis

749 WORTLEY, J. *The pseudo-Amphilochian Vita Basilii. An apocryphal life of Saint Basil the Great* – Florilegium 2 (1980) 217–239

Anastasius Sinaita

750 *[Anastasius Sinaita] The Life of our Holy Father, Maximus the Confessor: based on the life by his disciple Anastasius, the Apocrisiarios of Rome.* Boston, Mass.: Holy Transfiguration Monastery 1982

[538] UTHEMANN, K. H.: Palaeographica atque manuscripta

Andreas Caesariensis

[2558] MONACI CASTAGNO, A.: Specialia in Novum Testamentum

Anonymus

751 MUSSO, L. *Il praefectus del Carmen contra paganos. Tra vecchie e nuove interpretazioni* – ArchClass 31 (1979) 185–240

Pseudo-Anthimus Nicomedensis

752 HANSON, R. P. C. *The date and authorship of Pseudo-Anthimus De sancta ecclesia* – ProcIrAc 83 (1983) 251C–254C

Aphraates

[242] BARNES, T. D.: Opera ad historiam

[2269] BEGGIANI, S. J.: Doctrina auctorum

[2133] BOUWHORST, G. A. M.: Annus liturgicus

753 OWENS, ROBERT J. *The Genesis and Exodus Citations of Aphrahat the Persian Sage* [Monographs of the Peshiṭta Institute 3]. Leiden: Brill 1983. XIX, 277 pp.

Apollinaris Hierapolitanus

754 Laiti, G. *Acqua e sangue nel frammento pasquale di Apollinare di Gerapoli.* In: *Atti della Settimana Sangue . . ., III* (cf. 1983, 91) 931–937

Apollinarius Laodicensis

755 Cattaneo, E. *Il Cristo «Uomo Celeste» secondo Apollinare di Laodicea* – RSLR 19 (1983) 415–419

Apophthegmata Patrum

756 *[Apophthegmata Patrum] Ksiega Starców. Gerontikon [Die lebendigen Väter 5].* Vom Griech. ins Polnische übersetzt von M. Borkowska, eingeleitet von M. Starowieyski. Kraków: Znak 1983. 414 pp.

757 Hamilton, A. C. *Spiritual Direction in the Apophthegmata* – Colloquium 15,2 (1983) 31–38

758 *Lebenshilfe aus der Wüste. Die alten Mönchsväter als Therapeuten.* Ausgew. und eingel. von G. Sartory; T. Sartory. 3. Aufl. Freiburg: Herder 1983. 159 pp.

[706] Spinelli, M.: Auctores

759 Starowieyski, M. *La penitencia en los apotegmas de los padres del desierto.* In: *Reconciliación y penitencia* (cf. 1983, 157) 283–291

Arator

760 Angelucci, P. *Aratore nella critica dell'ultimo secolo* – CuSc 22 (1983) 42–46

[542] Wieland, G. R.: Palaeographica atque manuscripta

Aristides

[2291] Unnik, W. C. van: Doctrina auctorum

Arius

762 Ferrarini, A. *La morte dell'eretico Ario.* In: *Atti della Settimana Sangue . . ., II* (cf. 1983, 90) 583–677

763 Kannengiesser, Charles *Arius and the Arians* – ThSt 44 (1983) 456–476

764 Lorenz, R. *Die Christusseele im Arianischen Streit. Nebst einigen Bemerkungen zur Quellenkritik des Arius und zur Glaubwürdigkeit des Athanasius* – ZKG 94 (1983) 1–51

[2309] Stead, C.: Trinitas

765 Williams, R. D. *The logic of Arianism* – JThS 34 (1983) 56–81

Arnobius Maior

[682] HAGENDAHL, H.: Auctores
766 LAURENTI, R. *Sangue e sacrificio in Arnobio.* In: *Atti della Settimana Sangue . . ., II* (cf. 1983, 90) 455–479

Asterius Ansedunensis

767 GRILLI, A. *Asterius to Rhenatus* — ResPL 1 (1978) 95–99

Athanasius Alexandrinus

768 *[Athanasius Alexandrinus] Atanasio. Lettere a Serapione. Sulla divinità dello Spirito Santo.* Introd., trad. e note di LUIGI IAMMARRONE [Classici dello spirito. Patristica]. Padova: Ed. Messaggero 1983. 219 pp.
[1258] EHRMAN, B. D.: Didymus Alexandrinus
[731] GROSSO, G.: Ambrosius Mediolanensis
769 KANNENGIESSER, CH. *Athanase d'Alexandrie, évêque et écrivain. Une lecture des traités Contre les Ariens* [ThH 70]. Paris: Beauchesne 1983. 416 pp.
770 KANNENGIESSER, CHARLES *Athanasius of Alexandria: Three Orations Against the Arians. A Reappraisal.* In: *Studia Patristica 17* (cf. 1981/82, 283b) III, 981–995
771 KLEIN, R. *Zur Glaubwürdigkeit historischer Aussagen des Bischofs Athanasius von Alexandria über die Religionspolitik des Kaisers Constantius II.* In: *Studia Patristica 17* (cf. 1981/82, 283b) III, 996–1017
772 KOLP, A. L. *Partakers of the Divine Nature. The Use of II Peter 1:4 by Athanasius.* In: *Studia Patristica 17* (cf. 1981/82, 283b) III, 1018–1023
[764] LORENZ, R.: Arius
[1952] LOVEREN, A.E.D. VAN: Hagiographica
773 NORTH, J. L. *Did Athanasius (letter 49, to Dracontius) know and correct Cyprian (letter 5, Hartel)?* In: *Studia Patristica 17* (cf. 1981/82, 283b) III, 1024–1029
774 PETTERSEN, A. *A Reconsideration of the Date of the Contra Gentes – De Incarnatione of Athanasius of Alexandria.* In: *Studia Patristica 17* (cf. 1981/82, 283b) III, 1030–1040
775 ROLDANUS, J. *Die Vita Antonii als Spiegel der Theologie des Athanasius und ihr Weiterwirken bis ins 5. Jahrhundert* — ThPh 58 (1983) 194–216
[2309] STEAD, C.: Trinitas
776 VIAN, G. M. *Il testo delle Expositiones in Psalmos di Atanasio.* In: *Studia Patristica 17* (cf. 1981/82, 283b) III, 1041–1048
777 ΖΑΦΕΙΡΗΣ, ΓΕΡΑΣΙΜΟΣ-ΧΡΥΣΟΣΤΟΜΟΣ Ὁ Λόγος τοῦ Θεοῦ πηγὴ τῆς ζωῆς κατὰ τὸν Μ. Ἀθανάσιον — ThAthen 54 (1983) 425–453; 625–641

Pseudo-Athanasius Alexandrinus

778 *[Pseudo-Athanasius Alexandrinus] Pseudo Atanasio. Dialogo contro i Macedoniani.* Introd., testo crit., trad., comm. e indici a cura di E. CAVALCANTI [Corona Patrum 10]. Torino: Soc. ed. internaz. 1983. 190 pp.

Athenagoras

[428] MANSFELD, J.: Philosophica
779 MARCOVICH, M. *On the Text of Athenagoras, Legatio.* In: *Studia Patristica 17* (cf. 1981/82, 283b) II, 714–718

Aurelius Augustinus

779a *[Augustinus] Confessionum libri XIII.* Post M. SKUTELLA iterum edidit L. VERHEIJEN [CChr Series Latina 27]. Turnhout: Brepols 1981. XCI, 298 pp.

780 *[Augustinus] De vera religione.* Lat.-dt., Übers. und Anm. von W. THIMME, Nachw. von K. FLASCH [Universal-Bibl. Nr. 7971]. Stuttgart: Reclam 1983. 230 pp.

781 *[Augustinus] Augustinus, Confessiones: capita selecta.* Edidit ANDREAS LABHARDT [Editiones Helveticae, Series Latina 19]. Frauenfeld: Huber-Verlag 1983. 126 S.

782 *[Aurelius Augustinus] Augustinus. Über die Psalmen.* Übertragen von HANS URS VON BALTHASAR [ChrM 20]. Einsiedeln: Johannes-Verlag 1983. 368 pp.

783 *[Aurelius Augustinus] The Literal Meaning of Genesis.* Vol. 1, *Books 1–6.* Vol. 2, *Books 7–12.* Trans. and annotated by JOHN HAMMOND TAYLOR [ACW 41, 42]. Ramsey, N.J.: Newman Press 1983. 285; 352 pp.

784 *[Aurelius Augustinus] The confessions of Saint Augustine. A new translation with introductions.* By E. M. BLAIKLOCK. Nashville, Tenn.: T. Nelson 1983. 285 pp.

785 *[Aurelius Augustinus] Augustine on Romans: Propositions from the epistle to the Romans and unfinished commentary on the epistle to the Romans.* Ed. and trans. PAULA F. LANDES. Chico, Calif.: Scholars Press 1983.

786 *[Augustinus] Saint Augustin. Ces frères que tu m'as donnés. Lettres de saint Augustin.* Choisies et prés. par Sœur DOUCELINE [Coll. Fontaine vive]. Paris: Le Centurion 1983. 167 pp.

787 *[Augustinus] De stad van God.* Vert. en ingel. door G. WIJDEVELD. Baarn: Uitg. Ambo; Amsterdam: Polak en Van Gennep 1983. 295 pp.

788 *[Aurelius Augustinus] Augustinus van Hippo. Regel voor de gemeenschap.* Vertaling en comm. van T. J. VAN BAVEL [2. dr.]. Averbode, Apeldoorn: Altiora 1983. 142 pp.

789 *[Aurelius Augustinus] Opere di sant' Agostino. Parte III. Discorsi, II,2:*

86–116. Sul nuovo Testamento. Ed. latino-ital., dir. A. TRAPÈ. Testo lat. dell'ed. maurina e delle ed. postmaurine, trad. e note di L. CAR-ROZZI, indici di F. MONTEVERDE [Nuova Bibl. Agostiniana]. Roma: Città Nuova 1983. 636 pp.

790 *[Aurelius Augustinus] Piccola Biblioteca Agostiniana, III. Mia madre.* Trad. de la Nuova Bibl. Agostiniana. Introd. e note a cura di A. TRAPÈ. Roma: Città Nuova 1983. 126 pp.

791 *[Aurelius Augustinus] Piccola Biblioteca Agostiniana, IV. La riconcilia-zione cristiana. Prassi, ministero, tensione.* Trad. de la Nuova Bibl. Agostiniana. Pagine antolog. a cura di V. GROSSI. Roma: Città Nuova 1983. 234 pp.

792 *[Aurelius Augustinus] Piccola Biblioteca Agostiniana, V. La filosofia antica.* Trad. de la Nuova Bibl. Agostiniana. Pagine antolog. a cura di R. PICCOLOMINI. Roma: Città Nuova 1983. 152 pp.

793 *[Augustinus] Obras Completas de San Agustín, X. Sermones (2º) 51–116. Sobre los Evangelios Sinópticos.* Traducción de L. CILLERUELO; M. M. CAMPELO; C. MORÁN; P. DE LUIS [BAC 441]. Madrid: Editorial Católica 1983. XV, 886 pp.

794 *[Augustinus] Obras Completas de San Agustín, XXIII. Sermones (3º) 117–183. Evangelio de San Juan, Hechos de los Apostolos y Cartas.* Traducción de A. DEL FUEYO; P. DE LUIS. Notas de P. DE LUIS [BAC 443]. Madrid: Editorial Católica 1983. XV, 834 pp.

795 *[Augustinus] Obras Completas de San Agustín, XXIV. Sermones (4º 184–272 B. Sermones sobre los tiempos litúrgicos.* Traducción y notas de PIO DE LUIS [BAC 447]. Madrid: Editorial Católica 1983. XVI, 809 pp.

796 ANDREAU, J. *La lettre 7*, document sur les métiers bancaires.* In: *Les lettres de saint Augustin . . .* (cf. 1983, 122) 165–176

797 ARCHAMBAULT, PAUL J. *Augustine, Memory, and the Development of Autobiography* – AugSt 13 (1982) 23–30

798 AVILÉS, MONTSERRAT *Predicación de san Agustín. La teoría de la retórica agustiniana y la práctica de sus sermones* – Augustinus 28 (1983) 391–417

[2334] BABCOCK, W. S.: Soteriologia
[670] BAMBECK, M.: Auctores

799 BARNES, T. D. *Aspects of the background of the City of God.* In: *L'Afrique romaine* (cf. 1983, 75) 69–85

[671] BENIN, S. D.: Auctores

800 BENITO Y DURÁN, ANGEL *San Agustín en las «Siete Partidas» de Alfonso X el Sabio* – Augustinus 28 (1983) 355–383

801 BERROUARD, M. F. *L'activité littéraire de saint Augustin du 11 septem-bre au 1er décembre 419 d'après la lettre 23*A à Possidius de Calama.* In: *Les lettres de saint Augustin . . .* (cf. 1983, 122) 301–327

[1667] BERTHOLD, H.: Maximus Confessor
[197] BERTHOLD, W.: Methodologica

802 BESCHIN, G. S. *Agostino, il significato dell'amore. Una introduzione al pensiero agostiniano dai Dialoghi alla Città di Dio in un confronto con la filosofia contemporanea* [Idee 64]. Roma: Città Nuova Ed. 1983. 172 pp.

803 BIANCHI, CINZIA *Diavolo e demoni nell'opera di Agostino d'Ippona.* Univ. degli studi di Siena, Fac. di lett. e filos., Tesi di laurea Anno accad. 1981–1982. 246 pp.

804 BLAIN, J. *The theory of language and discourse in the Confessions of St. Augustine* [Diss.]. McGill University, Fac. of arts, Depts. of Classics 1982. VIII, 200 pp.

805 BOBER, ANDRZEJ; SJ *Wujek jako tłumacz św. Augustyna (= De S. Augustini sermonum a Jacobo Wujek SJ in linguam Polonam translatione)* [cum arg. in ling. Lat.] – VoxP 5 (1983) 409–417

806 BOFF, CLODOVIS *San Agustín de Hipona y la pastoral de la liberación.* Edición de la Organización de Agustinos de Latino-américa. Iquitos, Perú: Centro de Estudios Teológicos de la Amazona 1983. 39 pp.

807 BOFF, CLODOVIS M. *Santo Agostinho de Hipona e a Pastoral da Libertação* – REBras 43 (1983) 292–318

808 BONNER, G. *Some remarks on Letters 4* and 6*.* In: *Les lettres de saint Augustin . . .* (cf. 1983, 122) 155–164

809 BORI, C. *The Church's attitude towards the Jews. An analysis of Augustine's Adversus Iudaeos.* In: *Miscellanea historiae ecclesiasticae, VI, 1* (cf. 1983, 137) 301–311

810 BOUHOT, J. P. *Une lettre d'Augustin d'Hippone à Cyrille d'Alexandrie (Epist. 4*).* In: *Les lettres de saint Augustin . . .* (cf. 1983, 122) 147–154

811 BRAUN, R. *Observations textuelles sur l'édition des nouvelles lettres.* In: *Les lettres de saint Augustin . . .* (cf. 1983, 122) 33–35

812 BRINTON, A. *St. Augustine and the problem of deception in religious persuasion* – RelStud 19 (1983) 437–450

813 BRIQUEL, D. *Le pilon de Pilumnus, la hache d'Intercidona, le balai de Deverra* – Latomus 42 (1983) 265–276

[2350] BROWN, P.: Anthropologia

814 BRUMM, URSULA *"Tuning" the song of praise: observations on the use of numbers in Edward Taylor's Preparatory meditations* – EarlyAmLit 17 (1982) 103–118

815 BUBACZ, B. *Augustine's Structural Theory of Perception.* In: *Studia Patristica 17* (cf. 1981/82, 283b) III, 1216–1220

816 *Bulletin augustinien pour 1982 et compléments d'années antérieures* – REA 29 (1983) 332–407

817 BURKE, KENNETH *Variations on «providence»* – NotreDameEngJ 13 (1981) 155–183

818 BURNS, JAMES PATOUT, S.J. *Variations on a dualist theme: Augustine on the body and the soul* – ProCTS 29 (1983) 13–26

819 CAMPELO, M. *Agustín de Tagaste, un hombre en camino.* Valladolid: Estudio Agustiniano 1983. 382 pp.

820 CANCIK, H. *Augustin als constantinischer Theologe.* In: *Religionstheorie und politische Theologie, I* (cf. 1983, 158) 136–152

821 CANNING, R. *Love of neighbour in St. Augustine. A preparation for or the essential moment of love for God?* — Augustiniana 33 (1983) 5–57

822 CANNING, RAYMOND *The Augstinian uti/frui Distinction in the Relation between Love for Neighbour and Love for God* — Augustiniana 33 (1983) 165–231

823 CAPÁNAGA, VICTORINO *Buscando a Dios con san Agustín* — Augustinus 28 (1983) 9–184

824 CAPÁNAGA, VICTORINO *Buscando a Dios con San Agustín. Enquiridion ascético.* Madrid: Augustinus 1983. 343 pp.

825 CAPÁNAGA, VICTORINO *La teología agustiniana del martirio y los beatos Francisco de Jesús y Vicente de San Antonio* — Recollectio 6 (1983) 19–30

826 CAPPONI, F. *Nota ad Aug. Enarr. in Psalm 91,3* — Latomus 42 (1983) 887–892

827 CAPPONI, F. *Nota ad Aug., Op. imperf. IV, 122 = P. L. XLV 1418* — KoinNapoli 7 (1983) 67–74

828 CAPPS, DONALD *Parabolic Events in Augustine's Autobiography* — ThT 40 (1983) 260–272

829 CHADWICK, H. *New letters of St. Augustine* — JThS 34 (1983) 425–452

830 CHIDESTER, D. *The symbolism of learning in St. Augustine* — HThR 76 (1983) 73–90

831 CHIDESTER, D. S. *Word and light. Perception and symbolic forms in the Augustinian tradition* [Diss.]. Santa Barbara, Calif.: Univ. of California Santa Barbara 1981. 430 pp.

832 CHIVERS, FRANCES J. *Wordsworth's Prelude in the tradition of Augustine's Confessions* — AugSt 13 (1982) 31–42

833 CHIVERS, FRANCES J. *Wordsworth's "Real Language of Men" and Augustine's theory of language* — AugSt 14 (1983) 11–24

834 CIARLANTINI, PRIMO *Mediator: Paganismo y cristianismo en «De Civitate Dei», VIII, 12 - XI, 2 de San Agustín* — RAgEsp 24 (1983) 9–62; (II)

835 CILLERUELO, LOPE *El cristocentrismo de San Agustín. El período antidonatista* — EAg 18 (1983) 313–342

836 CILLERUELO, LOPE *Sobre el principio y fundamento* — EAg 18 (1983) 67–79

837 CIORDIA, JOSE A. *«Contemplata aliis tradere». Leyendo a San Agustín* — Mayéutica 9 (1983) 235–245

838 CLASBY, E. *Chaucer and Augustine: Human love and the doctrine of "use"* — AugSt 13 (1982) 81–86

839 COLLINGE, WILLIAM *Augustine and theological falsification* — AugSt 13 (1982) 43–53

840 COLLINGE, WILLIAM *The role of Christian community life in Augustine's apologetics* — AugSt 14 (1983) 63–73

841 CONLEY, JAMES W.; McCARTNEY, JAMES J. *Petrarch and Augustine: the Canzoniere and the Confessions* — AugSt 14 (1983) 35–44

[207] *Corpus Christianorum. Instrumenta lexicologica Latina:* Subsidia

842 COUGHLAN, M. J. *«Si fallor, sum» revisited* — AugSt 13 (1982) 145–149

843 COYLE, J. KEVIN *In praise of Monica: a note on the Ostia experience of Confessions 9* — AugSt 13 (1982) 87–96

844 DASSMANN, ERNST *Glaubenseinsicht – Glaubensgehorsam. Augustinus über Wert und Grenzen der «auctoritas».* In: *Theologie – Grund und Grenzen* (cf. 1983, 186) 255–271

845 DELMAIRE, R. *Contribution des nouvelles lettres de saint Augustin à la prosopographie du basempire romain (PRE).* In: *Les lettres de saint Augustin . . .* (cf. 1983, 122) 83–86

846 DELMAIRE, R.; LEPELLEY, C. *Du nouveau sur Carthage. Le témoignage des lettres de saint Augustin découvertes par Johannes Divjak* — Opus 2 (1983) 473–487

847 DESANGES, J.; LANCEL, S. *L'apport des nouvelles Lettres à la géographie historique de l'Afrique antique et de l'Église d'Afrique.* In: *Les lettres de saint Augustin . . .* (cf. 1983, 122) 87–99

[2314] DEWART, J. M.: Christologia

848 DILORENZO, RAYMOND D. *Non pie quaerunt: rhetoric, dialectic, and the discovery of the true in Augustine's Confession* — AugSt 14 (1983) 117–127

849 DILORENZO, RAYMOND D. *Ciceronianism and Augustine's conception of philosophy* — AugSt 13 (1982) 171–176

850 DIVJAK, J. *Zur Struktur augustinischer Briefkorpora.* In: *Les lettres de saint Augustin . . .* (cf. 1983, 122) 13–27

851 DOIGNON, J. *La raison et l'usage. Une synkrisis d'inspiration cicéronienne dans le De libero arbitrio de Saint Augustin* — WSt 17 (1983) 181–188

852 DOIGNON, J. *Une hésitation dans la tradition du texte de la Cité de Dieu d'Augustin entre deux images d'un développement sur l'origine de la vie inspiré de Sénèque.* In: *Hommages Schilling* (cf. 1983, 116) 277–285

853 DOIGNON, J. *La relation fides – sacramentum dans le De bono coniugali de saint Augustin. Un schéma de gradatio hérité de Tertullien* — EThL 59 (1983) 91–98

854 DOIGNON, J. *La première exégèse augustinienne de Rm 8, 28 et l'unité formulée more tulliano des quatre vertus de l'amour* — CrSt 4 (1983) 285–291

855 DOS SANTOS FERREIRA, JOSÉ MANUEL *Pneumatologia de Santo Agostinho* — Didaskalia 13, 1–2 (1983) 27–104

[494] DOTTI, G.: Palaeographica atque manuscripta

856 DUTOIT, E. *Remarques philologiques et critiques.* In: *Les lettres de saint Augustin . . .* (cf. 1983, 122) 37–38

857 EARL, JAMES *The typology of spiritual growth in Augustine's Confessions* — NotreDameEngJ 13 (1981) 13–28

858 EBOROWICZ, W. *Le fond psychologique de la critique du manichéisme dans les Confessions de saint Augustin.* In: *Miscellanea historiae ecclesiasticae, VI,1* (cf. 1983, 137) 111–115

859 ECKMANN, AUGUSTYN *Problemy biblijne i społeczno-polityczne w Liście św. Augustyna do Marcelina (= Quo modo Sanctus Augustinus difficultates, quae in Sacra Scriptura occurrunt, et quaestiones, quae ad societatem et rempublicam pertinent, in epistula ad Marcellinum solverit)* [cum arg. in ling. Lat.] — VoxP 4 (1983) 88–104

860 ECKMANN, A. *Dialog listowny św. Augustyna z Woluzjanem [Le dialogue épistolaire de saint Augustin avec Volusien]* — RoczH 31 (1983) f.3, 63–89

861 EICHENSEER, C. *Augustinianae locutiones cottidianae* — VoxLat 19 (1983) 427–431

862 ÉTAIX, R. *Les manuscrits patristiques provenant de l'abbaye de Saint-Cyran.* In: *Les lettres de saint Augustin . . .* (cf. 1983, 122) 29–32

863 ETCHEGARAY CRUZ, A. *L'ennaratio Augustinienne sur le Ps. 50 et O Deus miseri de Gottschalk d'Orbais.* In: *Studia Patristica 17* (cf. 1981/82, 283b) III, 1245–1250

864 EVANS, G. R. *Augustine on Evil.* New York: Cambridge University Press 1983. XIV, 198 pp.

865 FERLISI, G. *Il cammino agostiniano della conversione* [Quad. di spiritualità agostin. 9]. Roma: Segretario per la formazione e spiritualità dei PP. Agostiniani Scalzi 1983. 187 pp.

866 FERRARI, LEO C. *Saint Augustine on the road to Damascus* — AugSt 13 (1982) 151–170

867 FERRARI, L. C. *Ecce audio vocem de vicina domo (Conf. 8,12,29)* [in Engl.] — Augustiniana 33 (1983) 232–245

868 FERWERDA, R. *Two souls. Origen's and Augustine's attitude toward the two souls doctrine. Its place in Greek and christian philosophy* — VigChr 37 (1983) 360–378

869 FÉVRIER, P. A. *Discours d'église et réalité historique dans les nouvelles lettres d'Augustin.* In: *Les lettres de saint Augustin . . .* (cf. 1983, 122) 101–115

870 FLASCH, K. *Agostino d'Ippona. Introduzione all'opera filosofica.* Trad. di C. TUGNOLI [Testi e Studi]. Bologna: Il Mulino 1983. 422 pp.

871 FOLGADO FLÓREZ, SEGUNDO *La conformación de María, Virgen y Madre, por el Espíritu Santo, según S. Agustín* — ScrMar 6 (1983) 39–55

872 FOLLIET, G. *Le dossier de l'affaire Classicianus (Epist. 250 et 1*).* In: *Les lettres de saint Augustin . . .* (cf. 1983, 122) 129–146

873 FREND, W.H.C. *The Divjak letters. New light on St. Augustine's problems, 416-428* — JEcclH 34 (1983) 497–512

874 FREND, W.H.C. *Fussala, Augustine's crisis of credibility (Epist. 20*).* In: *Les lettres de saint Augustin . . .* (cf. 1983, 122) 251–265

875 FRISCH, P. *Über die lydisch-phrygischen Sühneinschriften und die Confessiones des Augustinus* — EpAn 2 (1983) 41–46

876 GABILLON, A. *Quelques corrections au texte des nouvelles lettres*. In: *Les lettres de saint Augustin . . .* (cf. 1983, 122) 39–42

[679] GAMA, J.; PINHEIRO, A. S.: Auctores

877 GERSTNER, JOHN H. *Augustine on irresistible grace.* In: *Life is religion,* ed. H. GOOT. St. Catherines, Ont.: Paideia Press (1981) 135–158

[2553] GORDAY, P.: Specialia in Novum Testamentum

878 GORMAN, M. M. *Eugippius and the origins of the manuscript tradition of saint Augustine's De Genesi ad litteram* – RBen 93 (1983) 7–30

879 GORMAN, M. M. *The early manuscript tradition of St. Augustine's Confessions* – JThS 34 (1983) 114–145

880 GORMAN, M. M. *A Carolingian Epitome of St Augustine's De Genesi ad litteram* – REA 29 (1983) 137–144

881 GROSSI, V. *Il tema del sangue sparso nel commento di S. Agostino al Vangelo di Giovanni.* In: *Atti della Settimana Sangue . . .,* II (cf. 1983, 90) 481–493

[425] *Grundprobleme der großen Philosophen:* Philosophica

882 GUNN, JANET VERNER *The religious hermeneutic of autobiography: Augustine's Confessions and the credo ut intelligam* [bibliog] – JAAR Thematic Studies 49 (1983) 61–70

883 HAMMAN, A. G. *Le sermon 350 de Saint Augustin: «De charitate».* In: *Bivium* (cf. 1983, 87) 125–131

[683] HANSSLER, B.: Auctores

884 HENSELLEK, W. *Sprachliche Notabilien in Augustins De ordine* – AOAW 120 (1983) 75–111

[684] HOFFMANN, R. J.: Auctores

885 HOJNOWSKI, J. *Zagadnienie nieszczęść narodowych w świetle De Civitate Dei św. Augustyna (= Das Problem der nationalen Missgeschicke im Licht des De Civitate Dei des Hl. Augustinus)* – RoczTK 29 (1982) 2, 37–49

886 HOUSE, D. *St. Augustine's account of the relation of Platonism to Christianity in the De civitate dei* – Dionysius 6 (1983) 43–48

887 HOUSE, D. K. *A Note on Book III of St. Augustine's Contra Academicos.* In: *Studia Patristica 17* (cf. 1981/82, 283b) III, 1258–1263

888 HUMBERT, M. *Enfants à louer ou à vendre. Augustin et l'autorité parentale (Epist. 10* et 24*).* In: *Les lettres de saint Augustin . . .* (cf. 1983, 122) 189–204

[1342] ISOLA, A.: Fulgentius Ruspensis

889 JIMÉNEZ, JOSE L. *Prueba existencial de Dios en «De libero arbitrio» de S. Agustín* – Mayeútica 9 (1983) 183–213; 309–348

890 KIRWAN, CHRISTOPHER *Augustine against the skeptics.* In: *The skeptical tradition,* ed. M. B. BURNYEAT. Berkeley, Calif.: Univ. of California Pr. (1983) 205–223

[690] KLESCZEWSKI, R.: Auctores

891 KOBUSCH, TH. *Das Christentum als die Religion der Wahrheit. Überlegungen zu Augustins Begriff des Kultus* – REA 29 (1983) 97–128

892 KONDOLEON, THEODORE *Augustine's argument for God's existence; De libero arbitrio 2* — AugSt 14 (1983) 105–115

893 KOOI, J. F. VAN DER *Patientia als Element in Augustins Geschichtsauffassung. Mit einem Seitenblick auf G. E. Lessing.* In: *Studia Patristica 17* (cf. 1981/82, 283b) III, 1343–1348

[473] KOTULA, B.: torcular

894 KOWALCZYK, STANISŁAW *Poznanie religijno-mistyczne Boga w pismach św. Augustyna* (= *Cognition religious-mystical of God according to St. Augustin*) [with a summary in Engl.] — VoxP 4 (1983) 105–124

895 KUNTZ, PAUL G. *St. Augustine's quest for truth: the adequacy of a Christian philosophy* — AugSt 13 (1982) 1–21

896 LA BONNARDIÈRE, A. M. *La date des sermons 151 à 156 de saint Augustin* — REA 29 (1983) 129–136

[1217] LA BONNARDIÈRE, A. M.: Consentius Balearicus

897 LADNER, GERHART B. *Eine karolingische Modifizierung der psychologischen Trinitätsanalogien des hl. Augustinus.* In: *Aus Kirche und Reich. Studien zu Theologie, Politik und Recht im Mittelalter. Festschrift für Friedrich Kempf*... (cf. 1983, 119) 45–54

898 LANCEL, S. *L'affaire d'Antoninus de Fussala. Pays, choses et gens de la Numidie d'Hippone saisis dans la durée d'une procédure d'enquête épiscopale (Ep. 20*).* In: *Les lettres de saint Augustin*... (cf. 1983, 122) 267–285

[2515] LANDMAN, CHR.: Specialia in Vetus Testamentum

[2514] LANGA, P.: Specialia in Vetus Testamentum

899 LAVERE, GEORGE J. *The problem of the common good in saint Augustine's civitas terrena* — AugSt 14 (1983)

900 LAWLESS, G. P. *The monastery as model of the Church. Augustine's Commentary on psalm 132* — Ang 60 (1983) 258–274

901 LAWLESS, GEORGE P. *Ordo Monasterii: A Double or Single Hand?* In: *Studia Patristica 17* (cf. 1981/82, 283b) II, 511–518

902 LEPELLEY, C. *Liberté, colonat et esclavage d'après la lettre 24* (d'Augustin). La juridiction épiscopale de liberali causa.* In: *Les lettres de saint Augustin*... (cf. 1983, 122) 329–342

903 LEPELLEY, C. *Témoignage et attitude de saint Augustin devant la vie et la société rurales dans l'Afrique de son temps.* In: *Miscellanea historiae ecclesiasticae, VI,1* (cf. 1983, 137) 73–83

904 LETIZIA, FRANCISCO *«Ordo dux ad Deum». La idea de orden en la ontología y ética agustinianas* — Augustinus 28 (1983) 385–390

905 *Lettera ad Anebo sulla teurgia.* A cura di G. FAGGIN. Trad. ital. a fronte [segue: *La lettera ad Anebo nella testimonianza di S. Agostino*] [Collana Studi pagani]. Genova: Il Basilisco 1982. 76 pp.

[122] *Les lettres de saint Augustin découvertes par Johannes Divjak*...: Collectanea et miscellanea

[21] LONGOSZ, S.: Historia patrologiae

906 LORENZ, B. *Überlegungen zum Bild des Weges in den Confessiones des Augustinus.* In: *Studia Patristica 17* (cf. 1981/82, 283b) III, 1264–1268

907 LORENZ, W. *Zum Verhältnis von Neuplatonismus und Christentum. Eine Studie zu Augustins Schrift De vera religione und seinen Confessiones* [Diss.]. Leipzig: 1983. 190, XVI pp.

908 LUIS VIZCAÍNO, PÍO DE *Los hechos de Jesús en la predicación de San Agustín. La retórica clásica al servicio de la exégesis patrística.* Valladolid: Estudio Agustiniano 1983. 292 pp.

909 MADEC, GOULVEN *Le dossier augustinien du Periphyseon de Jean Scot (livres III-IV)* – RechAug 18 (1983) 183–223

[426] MAINBERGER, G. K.: Philosophica

910 MARAFIOTI, D. *L'uomo tra legge e grazia. Analisi teologica del De spiritu et littera de S. Agostino* [Coll. Aloisiana 18]. Brescia: Morcelliana 1983. 249 pp.

[2505] MARGERIE, B. DE: Patrum exegesis

911 MARKUS, R. A. *Saint Augustine's views on the "Just War"* – SCH 20 (1983) 1–14

[1759] MARTELLI, F.: Orosius

[1218] MARTI, H.: Consentius Balearicus

[430] MARTÍ ALANÍS, A.: Philosophica

[432] MASTANDREA, P.: Philosophica

912 ΜΑΤΣΟΥΚΑΣ, ΝΙΚΟΛΑΣ *Θρησκευτικό βίωμα καί θεολογία στίς Ἐξομολογήσεις τοῦ Αὐγουστίνου* – EpThThes 25 (1980) 189–220

[2335] McGRATH, A. E.: Soteriologia

[2107] McHENRY, ST. P.: Missa, sacramenta, sacramentalia

913 MEIS WOERMER, ANNELIESE *La libertad como gracia en «De Spiritu et Littera» de San Agustín* – AnSan 33 (1982) 77–95

914 MEIS WOERMER, ANNELIESE *La «Impeccantia» como posibilidad humana según «De Spiritu et Littera» de San Agustín* – TyV 24 (1983) 53–68

915 MENA, JESUS M. *El Padrenuestro, cifra de fe y oración en San Agustín. El Padrenuestro en la reflexión agustiniana* – Mayeútica 9 (1983) 215–226

916 MILES, M. *Vision. The eye of the body and the eye of the mind in Saint Augustine's De trinitate and Confessions* – JR 63 (1983) 125–142

[1219] MOREAU, M.: Consentius Balearicus

917 MUNIER, CH. *La question des appels à Rome d'après la lettre 20** *d'Augustin.* In: *Les lettres de saint Augustin . . .* (cf. 1983, 122) 287–299

918 NAGORE YÁRNOZ, JAVIER *De la concepción cristiana del mundo en San Agustín a la doctrina de «las potestades» del Papa Gelasio I* – Verbo 22 (1983) 953–983

[435] NESTEROVA, O. J.: Philosophica

919 NICOLOSI, S. *La filosofia dell'amore in Sant'Agostino. Dalla comunicazione alla comunità* – Orpheus 4 (1983) 42–66

920 NOORDMANS, O. *Verzamelde Werken, III: Ontmoetingen. De actualiteit der historie.* Kampen: Kok 1981. 703 pp.

921 O'CONNELL, ROBERT J. *Isaiah's mothering God in St. Augustine's Confessions* — Thought 58 (1983) 188–206

922 O'CONNOR, WILLIAM RIORDAN *The uti/frui distinction in Augustine's ethics* — AugSt 14 (1983) 45–62

923 O'CONNOR, WILLIAM RIORDAN *The concept of the person in St. Augustine's De trinitate* — AugSt 13 (1982) 133–143

924 O'DALY, G.J.P. *Augustine on the origin of souls.* In: *Platonismus und Christentum* (cf. 1983, 153) 184–191

[1852] O'DONNELL, J. J.: Salvianus Massiliensis

925 O'LEARY, J. S. *En lisant le De utilitate credendi de saint Augustin.* In: *La croyance* (cf. 1983, 98) 29–49

926 O'MEARA, J. J. *The Neoplatonism of Saint Augustine.* In: *Neoplatonism and Christian Thought* (cf. 1983, 141) 34–41

927 OROZ RETA, JOSÉ *Une polémique augustinienne contre Cicéron. Du fatalisme à la préscience divine.* In: *Studia Patristica 17* (cf. 1981/82, 283b) III, 1269–1290

928 PANI, GIANCARLO *La relación entre Lutero y Agustín en la «Römerbriefvorlesung»* — RAgEsp 24 (1983) 535–553

929 PARONETTO, V. *Agostino. Messaggio di una vita* [Nuova Universale Studium 40]. Roma: Ed. Studium 1981. 281 pp.

[31] PASQUATO, O.: Historia patrologiae

930 PEABODY, DAVID *Augustine and the Augustinian hypothesis: a reexamination of Augustine's thought in De consensu evangelistarum.* In: *New synoptic studies,* ed. W. FARMER. Macon, Georgia: Mercer Univ. Pr. (1983) 37–64

931 PEGUEROLES, JUAN *Veritas y essentia, nombres de Dios en San Agustín* — Espíritu 32 (1983) 135–139

932 PEGUEROLES, JUAN *El bien, el amor y la ley, en la moral de San Agustín* — Espíritu 32 (1983) 31–39

933 PEGUEROLES, JUAN *Libertad y necesidad, libertad y amor en San Agustín* — Espíritu 32 (1983) 109–114

934 PENASKOVIC, RICHARD *Two classical western theologians: Augustine and Newman* — AugSt 13 (1982) 67–79

935 PENASKOVIC, RICHARD *The Influence of Saint Augustine on J. H. Newman* — LSt 9 (1983) 353–362

[1642] PERRIN, M.: Lactantius

936 PETERSEN, E. *Augustinus redivivus. Nogle bemaerkninger om Bekendelsernes Augustin og Augustins Bekendelser i Petrarcas latinske forfatterskab* — MT 40–43 (1980) 629–649

937 PETERSEN, RODNEY L. *To behold and inhabit the blessed country: revelation, inspiration, scripture and infallibility; guide to reflections upon Augustine, 1945-1980* — TrinityJ 4 (1983) 28–81

938 PETITMENGIN, P. *Que signifie la souscription contuli?* In: *Les lettres de saint Augustin . . .* (1983, 122) 365–374

939 PFLIGERSDÖRFFER, G. *Eine weniger beachtete Partie in Augustins Confessiones (4, 4,7 – 12,19) in interpretierender Darstellung.* In: *Festschrift R. Muth* (cf. 1983, 104) 323–345

940 PIETRI, C. *Les lettres nouvelles et leurs témoignages sur l'histoire de l'Église romaine et de ses relations avec l'Afrique.* In: *Les lettres de saint Augustin* . . . (cf. 1983, 122) 343–354

941 PINTARIĆ, D. *Sprache und Trinität. Semantische Probleme in der Trinitätslehre des hl. Augustinus* [Salzburger Studien zur Philosophie 15]. München: Pustet 1983. 162 pp.

942 POQUE, S. *Lucerna et candelabrum. La référence au luminaire liturgique dans la prédication d'Augustin d'Hippone.* In: *Mens concordet voci* (cf. 1983, 134) 458–464

943 PREUS, MARY CATHERINE *Eloquence and ignorance in Augustine's De natura et origine animae* [Ph. d. Diss.]. University of Minnesota 1983. 244 pp.

944 PRIDGEON, CHERYL JEAN EVANS *The Influence of St. Augustine on the Works of Flannery O'Connor.* Ann Arbor, Mich.: Univ. Microfilms Int. 1983. 284 pp. [The Florida State University, Ph. Diss.]

945 PRIMMER, A. *Nachlese zur Textgestaltung der neugefundenen Augustinusbriefe.* In: *Les lettres de saint Augustin* . . . (cf. 1983, 122) 43–82

946 PRINCIPE, WALTER H. *The Dynamics of Augustine's Terms for Describing the Highest Trinitarian Image in the Human Person.* In: *Studia Patristica 17* (cf. 1981/82, 283b) III, 1291–1299

947 PROCOPÉ, J. F. *Augustine, Plotinus and Saint John's Three 'Concupiscences'.* In: *Studia Patristica 17* (cf. 1981/82, 283b) III, 1300–1305

948 PRUFER, T. *Notes for reading Augustine, Confessions, Book 10* — Interpretation 10 (1982) 197–200

949 RAMÍREZ, E. *Introducción a la filosofía de la interioridad de San Agustín.* México: 1983. 131 pp.

950 RAMIREZ, J. ROLAND *The priority of reason over faith in Augustine* — AugSt 13 (1982) 123–131

[524] RANDI, E.: Palaeographica atque manuscripta

951 RAVEAUX, TH. *Augustinus über den Sabbat (Schluß)* — Augustiniana 33 (1983) 58–85

952 REDL, K. *La naissance de la personnalité. (Les Confessions de saint Augustin, phénoménologie de l'esprit chrétien)* — AUB (Sectio philosophica et sociologica) 16 (1982) 191–206

953 REGAN, A. *The perennial Value of Augustine's Theology of the Goods of Marriage* — StMor 21 (1983) 351–384

954 REGEN, F. *Zu Augustins Darstellung des Platonismus am Anfang des 8. Buches der Civitas Dei.* In: *Platonismus und Christentum* (cf. 1983, 153) 208–227

955 REYMOND, ANTOINE *Saint Augustin et la conversion* — AugSt 13 (1982) 97–109

956 RODRÍGUEZ, LEANDRO *Manuscritos de las obras de San Agustín* — EAg
      18 (1983) 267–269

957 ROUGÉ, J. *Saint Augustin et la mer. Rhétorique et réalité* — CaHist 27
      (1982) 45–56

958 ROUGÉ, J. *Escroquerie et brigandage en Afrique romaine au temps de
      saint Augustin (Epist. 8* et 10*)*. In: *Les lettres de saint Augustin* . . .
      (cf. 1983, 122) 177–188

959 RUBIO, LUCIANO *El ideal monástico de S. Agustín y otras cuestiones
      anejas* — CD 196 (1983) 3–56

960 RUBIO, P. *A modo de refranero agustiniano*. Valladolid: Estudio Agus-
      tiniano 1983. 54 pp.

961 SÁNCHEZ, ELENA *San Agustín: Visión educativa*. Santiago de Chile:
      Ed. Agustinianas 1983. 44 pp.

962 SANGUINETTI MONTERO, ALBERTO *Gratuidad y respuesta del hombre
      a Dios. Estudio en las «Enarrationes in Psalmos» de San Agustín*.
      Montevideo: Inst. Teológico del Uruguay, Monseñor Mariano Soler
      1983. XX, 239 pp.

963 SAUSER, EKKART *Priesterliche Freundschaft bei Augustinus* — TTZ 92
      (1983) 177–183

964 SCHÄUBLIN, C. *Marginalien zu CSEL 88*. In: *Les lettres de saint Augu-
      stin* . . . (cf. 1983, 122) 355–364

965 SCHINDLER, A. *Vermitteln die neuentdeckten Augustin-Briefe auch
      neue Erkenntnisse über den Donatismus?* In: *Les lettres de saint Augustin*
      . . . (cf. 1983, 122) 117–121

966 SCHMITT, E. *Le mariage chrétien dans l'œuvre de saint Augustin. Une
      théologie baptismale de la vie conjugale*. Paris: Études Augustiniennes
      1983. 318 pp.

967 SIDOROV, A. I. *Manichaeism as portrayed by Augustine (De haeres. 46)*
      [en russe, rés. en angl.] — VDI 164 (1983) 145–161

968 SOTO POSADA, GONZALO *El hombre en la reflexión agustiniana* —
      CTM 10 (1983) 68–80

969 STARK, JUDITH CHELIUS *The problem of evil: Augustine and Ricoeur* —
      AugSt 13 (1982) 111–121

970 STEIDLE, W. *Gedanken zur Komposition von Augustins Confessionen*.
      In: *Struktur und Gehalt* (cf. 1983, 173) 86–101

971 STRAUB, J. *Die geschichtliche Stunde des Heiligen Augustinus*. In: *Spät-
      antike und frühes Christentum* (cf. 1983, 170) 75–81

972 STRAW, CAROLE E. *Augustine as pastoral theologian: the exegesis of the
      parables of the field and threshing floor* — AugSt 14 (1983) 129–151

973 STUDER, BASIL *Jésus-Christ, notre justice, selon Saint Augustin*. In:
      Studia Patristica 17 (cf. 1981/82, 283b) III, 1316–1342

[709] SUERBAUM, W.: Auctores

[1761] TANZ, S.: Orosius

974 TAYLOR, J. H. *Sancti Aureli Augustini. De genesi ad litteram. Liber*

duodecimus. Ed. with introd., trans., and commentary. St. Louis: St. Louis Univ. Libraries 1983. [Mikrofilm]

975 TESKE, ROLAND JOHN, S.J. *St. Augustine on the incorporeality of the soul in letter 166* — ModS 60 (1983) 170–188

976 TESKE, ROLAND J. *The world-soul and time in St. Augustine* — AugSt 14 (1983) 75–92

977 THUNDY, ZACHARIUS P. *Love: Augustine and Chaucer* — AugSt 14 (1983) 93–103

978 TORIO, A. *Un camino de oración.* Buenos Aires: Ediciones Paulinas 1983. 145 pp.

979 TORTI, G. *Il suo regno non avra mai fine* — PILLParma 7 (1983) 49–83

980 TRAPÈ, A. *S. Agostino. L'uomo, il pastore, il mistico* (4. ed.) [Maestri di spiritualità. Cristianesimo primitivo]. Fossano: Ed. Esperienze 1983. 128 pp.

981 TRAPÈ, A. *S. Agostino ai neofiti sullo Spirito Santo.* In: *Spirito Santo* (cf. 1983, 171) 15–21

982 UMANSKAJA, T. A. *Le problème de la foi dans les Confessions d'Augustin* [en russe]. In: *Problèmes de l'Être* (cf. 1983, 155) 19–27

983 VARNA, V. V. *Les antinomies éthiques de la doctrine religieuse d'Augustin (le problème de l'humanisme dans un système d'opinions religieuses)* [en russe] — VMUfilos No 4 (1983) 60–68

984 VELÁSQUEZ, O. *Lo celestial en el «de Civitate Dei» de San Agustín* — RaAcSant 2 (1982) 133–140

985 VERHEIJEN, L. *Les lettres nouvelles et la vie monastique autour de saint Augustin.* In: *Les lettres de saint Augustin . . .* (cf. 1983, 122) 123–127

986 VERHEIJEN, L.M.J. *Éléments d'un commentaire de la Règle de saint Augustin. XIX. Comme des amants de la beauté spirituelle. B. Dans les œuvres du jeune Augustin* — Augustiniana 33 (1983) 86–111

987 VIRCILLO, D. *Sant' Agostino, I: Itinerario filosofico; II: Cristianesimo e filosofia.* Soveria Mannelli: Ed. Rubbettino 1982. 921 pp. in 2 vol.

[403] WANKENNE, A.: Opera ad historiam

[1220] WANKENNE, A.: Consentius Balearicus

988 WATSON, G. *Crime and punishment in Augustine and the philosophical tradition* — MayR 8 (1983) 32–43

[2552] WEAVER, D.: Specialia in Novum Testamentum

989 WILLVONSEDER, R. *XXV annorum operae* [dt.] — ZSavR 100 (1983) 533–541

[543] WINTER, P. M. DE: Palaeographica atque manuscripta

990 YACOBUCCI, G. J. *Matrimonio y moral conyugal en el pensamiento de San Agustín* — Mikael 32 (1983) 51–70

[450] ZARANKA, J.: Philologia patristica

Pseudo-Aurelius Augustinus

991 ZOCCA, E. *Sulla non-autenticità del Serm. 394 attribuito ad Agostino* — SMSR 49 = StSR 7 (1983) 361–367

Ausonius

992 ADAMS, J. N. *An epigram of Ausonius (87, P. 344 Peiper)* — Latomus 42 (1983) 95–109

993 *Ausone. Bibliographie objective et subjective.* Ed. par CH. M. TERNES — BALux 14 (1983) 126 pp.

994 BRACCIALI MAGNINI, M. L. *Nota ad Ausonio (epigr. 45)* — Anazetesis 6–7 (1982) 100–104

995 COLTON, R. E. *Some echoes of Propertius in Ausonius* — CB 59 (1983) 62–65

[674] CONSOLINO, F. E.: Auctores

996 EGGER, C. *De Decimi Magni Ausonii prosa oratione* — Latinitas 31 (1983) 165–171

997 FISHER, G. J. *Studies in fourth and fifth century latin literature with particular reference to Ausonius.* Southampton: University 1981. 232 pp.

998 GREEN, R.P.H. *The text of Ausonius. Fifty emendations and twelve suggestions* — RhM 125 (1982) 343–361

999 GREEN, R.P.H. *The eminence grise of Ausonius' Moselle* — ResPL 1 (1978) 89–94

1000 GRILLI, A. *Ausonio, il mondo dell'impero e della corte* — AnAl 22 (1982) 139–150

1001 KOSTER, S. *Der Hexameter des Ausonius.* In: *Tessera* (cf. 1983, 120) 69–71

1002 PATE, PAULINE JESSIE *A Critical Text of the "Epigrammata" of D. Marcus Ausonius* [Diss.]. Chicago: Loyola University 1976. 466 pp.

1003 PRETE, S. *Manuscripts of Ausonius' Caesares* — ResPL 1 (1978) 255–262

1004 PRICOCO, SALVATORE *Sepositus μοναχῷ ἐνὶ rure (Auson. epist. 6,23 Prete)* — Orpheus 4 (1983) 400–412

[1879] RODA, S.: Symmachus Orator

1005 SIMMS, D. L. *Water-driven saws, Ausonius and the authenticity of the Mosella* — Technology and Culture (Chicago) 24 (1983) 635–643

1006 STRAMONDO, G. *Nota al testo dell' epigramma XXXIV,2 di Ausonio* — QC 5,9 (1983) 41–56

[1618] STRATI, R.: Iulianus Toletanus

1007 TEITLER, H. C. *Ausonius and his mother's brother* — JIES 7 (1979) 133–139

1008 TERNES, CH. M. *Études ausoniennes 1–10. Ausone historien 1–7.* Luxembourg: Centre A. Wiltheim 1983. 55 pp.

1009 TERNES, CH. M. *La notion de verus limes dans la Mosella d'Ausone. La civitas des Trévires comme exemple d'une réussite provinciale.* In: *La patrie gauloise . . .* (cf. 1983, 150) 355–372

1010 Ternes, Ch. M. *La théorie des âges et l'autopsie de l'histoire romaine par Ovide* – Caesarodunum 17 (1982) 65–78

Avitus Viennensis

1011 Isetta, S. *Rassegna di studi avitani (1857-1982)* – BStudLat 13 (1983) 59–73
1012 Nodes, D. J. *Avitus of Vienne's Spiritual history. Its theme and doctrinal implications* [Diss.]. Toronto: Univ. of Toronto 1982. [microfilm]

Barnabae Epistula

1013 Johnson, A. E. *Interpretative Hierarchies in Barnabas I–XVII.* In: *Studia Patristica 17* (cf. 1981/82, 283b) II, 702–706
1014 Richardson, P.; Shukster, M. B. *Barnabas, Nerva, and the Yavnean rabbis* – JThS 34 (1983) 31–55
1015 Scorza Barcellona, F. *Sangue e aspersione del sangue nell'Epistola di Barnaba.* In: *Atti della Settimana Sangue . . ., III* (cf. 1983, 91) 903–912

Barsanuphius

1016 Angelis-Noah, P. de *La méditation de Barsanuphe sur la lettre ἦτα* – Byzan 53 (1983) 494–506

Barsumas Archimandrita

[665] Anassian, H. S.: Auctores

Basilides Gnosticus

1017 Sidorov, A. I. *Gnosticisme et philosophie (la doctrine de Basilide d'après Hippolyte)* [en russe]. In: *Les religions du monde. Histoire et actualité.* Moskau: Nauka (1982) 159–183

Basilius Ancyranus

1018 *[Basilius Ancyranus] Basile d'Ancyre. De la véritable intégrité dans la virginité.* Trad. par C. Coudreau, introd. et notes par P. Miquel. Saint-Benoît: Abbaye Sainte-Croix

Basilius Magnus Caesariensis

1019 *[Basilius Caesariensis] Basile de Césarée. Contre Eunome, II. Livres II et III.* Introd., texte, trad. et notes de B. Sesboué, avec la collab. de G. M. de Durand et L. Doutreleau [SC 305]. Paris: Éd. du Cerf 1983. 368 pp.
1020 *[Basilius Caesariensis] Basilius van Caesarea. Over de Heilige Geest.* Uit

het Grieks vertaald en ingel. door G. Tilleman [Kerkvader teksten met commentaar 5]. Bonheiden: Abdij Bethlehem 1983. 187 pp.

1021   *[Basilius Caesariensis] De heilige Basilius de Grote.* Met teksten ingeleid en uit het grieks vertaald door de Benedictinessen van Bonheiden [Kerkvaders 12]. Bonheiden: Abdij Bethlehem 1983. 186 pp.

1022   *[Basilius Caesariensis] S. Basilio di Casarea. Le lettere I.* Introd., testo criticamente rived., trad., comm. a cura di M. Forlin Patrucco [CP 11]. Torino: Soc. ed. internaz. 1983. 456 pp.

1023   *[Basilius Caesariensis] As Regras Monasticas.* Petropolis: Editora Vozes 1983. 297 pp.

1024   Alexe, S. C. *Saint Basile le Grand et le christianisme roumain au IVᵉ siècle.* In: *Studia Patristica 17* (cf. 1981/82, 283b) III, 1049–1059

[82]   *Atti del Congresso internazionale su Basilio di Cesarea . . .:* Collectanea et miscellanea

1025   Aubineau, M. *Recherches sur divers textes inédits attribués à Basile de Césarée. Publication d'une homélie In S. Pascha (CPG 2938).* In: *Atti del Congresso internazionale su Basilio di Cesarea . . ., I* (cf. 1983, 82) 267–284

[668]   Balacev, A.: Auctores

1026   Bellini, E. *La cristologia di S. Basilio Magno.* In: *La cristologia nei Padri I* (cf. 1981/82, 3232) 125–138

[672]   Biedermann, H. M.: Auctores

[2365]   Brändle, R.: Vita christiana, monastica

1027   Cataudella, Q. *Sugli epigrammi dedicati a Basilio nell'VIII libro dell'Antologia Palatina e sulla posizione nella controversia trinitaria.* In: *Atti del Congresso internazionale su Basilio di Cesarea . . ., I* (cf. 1983, 82) 653–657

[2297]   Cavalcanti, E.: Trinitas

1028   Ceresa Gastaldo, A. *Struttura e stile delle Omelie sui Salmi di Basilio.* In: *Atti del Congresso internazionale su Basilio di Cesarea . . ., I* (cf. 1983, 82) 503–510

[2298]   Chang, D.: Trinitas

1029   Chortatos, A.T.K. Ἡ ὑπακοὴ ὡς μοναχικὴ ἀρετή κατὰ τὰ ᾽Ασκητικὰ συγγράμματα τοῦ Μ. Βασιλείου — EPh 65 (1983) 62–74

1030   Cignelli, L. *Studi Basiliani sul rapporto Padre-Figlio* [StBibFA 15]. Jerusalem: Franciscan Printing Pr. 1982. 128 pp.

1031   Clapsis, Emmanuel *St. Basil's cosmology* — Diak 17 (1982) 215–223

1032   Cracco Ruggini, L. *I vescovi e il dinamismo sociale nel mondo cittadino di Basilio di Cesarea.* In: *Atti del Congresso internazionale su Basilio di Cesarea . . ., I* (cf. 1983, 82) 97–124

[2531]   Curti, C.: Specialia in Vetus Testamentum

1033   Decret, F. *Basile le Grand et la polémique antimanichéenne en Asie Mineure au IVᵉ siècle.* In: *Studia Patristica 17* (cf. 1981/82, 283b) III, 1060–1064

1034 DONOVAN, MARY ANN *The Spirit, Place of the Sanctified. Basil's De Spiritu Sancto and Messalianism.* In: *Studia Patristica 17* (cf. 1981/82, 283b) III, 1073–1083

1035 DRAGAS, G. D. *La doctrine de la création d'après l'Hexaéméron de saint Basile le Grand* — Istina 28 (1983) 282–308

1036 FEDWICK, P. J. *Basil of Caesarea on education.* In: *Atti del Congresso internazionale su Basilio di Cesarea...*, *I* (cf. 1983, 82) 579–600

[54] FEDWICK, P. J.: Bibliographica

1037 FORLIN PATRUCCO, M. *Basilio προστάτης e ἔξαρχος della communità cittadina.* In: *Atti del Congresso internazionale su Basilio di Cesarea...*, *I* (cf. 1983, 82) 125–136

1038 FORLIN PATRUCCO, MARCELLA *Social Patronage and Political Mediation in the Activity of Basil of Caesarea.* In: *Studia Patristica 17* (cf. 1981/82, 283b) III, 1102–1107

[1332] GARSOÏAN, N. G.: Eustathius Sebastiensis

1039 GIRARDI, M. *La terminologia di eresia, scisma e parasinagoga in Basilio di Cesarea.* In: *Atti del Congresso internazionale su Basilio di Cesarea...*, *I* (cf. 1983, 82) 533–565

1040 GRIBOMONT, J. *L'état actuel de la recherche basilienne.* In: *Atti del Congresso internazionale su Basilio di Cesarea...*, *I* (cf. 1983, 82) 21–51

1041 GRIBOMONT, J. *Il prezioso sangue in S. Basilio.* In: *Atti della Settimana Sangue...*, *II* (cf. 1983, 90) 413–431

1042 GRIBOMONT, J. *La place de Paul dans le Canon. Les choix de S. Basile.* In: *Il pensiero di Paolo...* (cf. 1983, 152) 9–27

[681] GRUSZKA, P.: Auctores

1043 HAYES, WALTER M. *Didymus the Blind is the Author of Adversus Eunomium IV/V.* In: *Studia Patristica 17* (cf. 1981/82, 283b) III, 1108–1114

[2279] IONITA, V.: Doctrina auctorum

1044 IPPOLITO, G. D' *Basilio di Cesarea e la poesia greca.* In: *Atti del Congresso internazionale su Basilio di Cesarea...*, *I* (cf. 1983, 82) 309–379

1045 KIROV, D. *Božijat obraz v čoveka spozed sveti Vassilij Veliki (= Das Bild Gottes im Menschen nach dem hl. Basilius dem Großen)* — DuchKult 1 (1983) 4–13

1046 ΚΡΙΚΩΝΗΣ, Χ. Θ. *Παράδοσις τῆς ἐκκλησίας κατὰ τὸν Μέγαν Βασίλειον* — Kleronomia 13 (1981) 157–171

[2243] LARENTZAKIS, G.: Ius canonicum, hierarchia, disciplina ecclesiastica

1047 LO CICERO, C. *La struttura delle omelie sulla richezza di Basilio.* In: *Atti del Congresso internazionale su Basilio di Cesarea...*, *I* (cf. 1983, 82) 425–487

[2340] MATEO SECO, L. F.: Ecclesiologia

[2385] MAZZA, M.: Vita christiana, monastica

1048 MEHENDINTU, SANDI *Importanţa catechetică a Liturghiei Sfîntului Va-*

sile cel Mare (= Die katechetische Bedeutung der Liturgie des heiligen
Basilius des Großen) – StBuc 35 (1983) 43–51

[2302] MORESCHINI, C.: Trinitas

1049 MUELLER, LAWRENCE EDWIN Aelfric's Translation of St. Basil's Admonitio ad Filium Spiritualem. An Edition [Diss.]. University of Washington 1974. 143 pp.

1050 NALDINI, M. La posizione culturale di Basilio Magno. In: Atti del Congresso internazionale su Basilio di Cesarea . . ., I (cf. 1983, 82) 199–216

1051 NAZZARO, A. V. Exordia e perorationes delle omelie esameronali di Basilio Magno. In: Atti del Congresso internazionale su Basilio di Cesarea . . ., I (cf. 1983, 82) 393–424

1052 PASTORINO, A. Il discorso Ai giovani di Basilio e il De audiendis poetis di Plutarco. In: Atti del Congresso internazionale su Basilio di Cesarea . . ., I (cf. 1983, 82) 217–257

1053 PETRA, B. Provvidenza e vita morale nel pensiero di Basilio il grande [Pars dissert. ad doctor.]. Roma: Pontif. Univ. Lateranensis Acad. Alfonsiana Inst. sup. theol. moralis 1983. 132 pp.

1054 PETRA, B. L'uguaglianza dei peccati secondo Basilio il Grande – StMor 21 (1983) 239–258

1055 QUACQUARELLI, A. Sull'omelia di Basilio Attende tibi ipsi. In: Atti del Congresso internazionale su Basilio di Cesarea . . ., I (cf. 1983, 82) 489–501

1056 RIGGI, C. Il comportamento pastorale di S. Basilio e di S. Epifanio. In: Atti del Congresso su Basilio di Cesarea . . ., I (cf. 1983, 82) 155–166

1057 RIST, J. M. Basil's neoplatonism. Its background and nature. In: Basil of Caesarea (cf. 1981/82, 169) 137–220

1058 RITTER, A. M. Statt einer Zusammenfassung. Die Theologie des Basileios im Kontext der Reichskirche am Beispiel seines Charismaverständnisses. In: Basil of Caesarea (cf. 1981/82, 169) 411–436

1059 RUDBERG, S. Y. Manuscripts and editions of the works of Basil of Caesarea. In: Basil of Caesarea (cf. 1981/82, 169) 49–65

1060 RUDBERG, S. Y. Les homélies sur l'Hexaéméron. Quelques aspects sur leur contenu. In: Atti del Congresso internazionale su Basilio di Cesarea . . ., I (cf. 1983, 82) 381–391

1061 SALVO, L. DE Basilio di Cesarea e Modesto. Un vescovo di fronte al poter statale. In: Atti del Congresso internazionale su Basilio di Cesarea . . ., I (cf. 1983, 82) 137–153

1062 SCARCELLE, A. M. Lavoro e lavoratori nelle omelie di S. Basilio (PG 31, coll. 164-184, 197-481, 489-564, 589-617). In: Atti del Congresso internazionale su Basilio di Cesarea . . ., I (cf. 1983, 82) 285–308

[2357] SFAMENI GASPARRO, G.: Anthropologia

1063 SIMONETTI, M. Genesi e sviluppo della dottrina trinitaria di Basilio di Cesarea. In: Atti del Congresso internazionale su Basilio di Cesarea . . ., I (cf. 1983, 82) 169–197

1064 ŠPIDLÍK, T. Lo Spirito Santo nella catechesi di S. Basilio. La docilità allo Spirito Santo. In: Spirito Santo (cf. 1983, 171) 33–45

1065 ŠPIDLÍK, T. *Sentirsi chiesa nella catechesi di Basilio Magno.* In: *Ecclesiologia e catechesi patristica* (cf. 1981/82, 196) 113–122

1066 ŠPIDLÍK, T. *L'idéal du monachisme basilien.* In: *Basil of Caesarea* (cf. 1981/82, 169) 361–379

[2358] STEAD, G. CH.: Anthropologia

[2343] SYKES, D. A.: Ecclesiologia

1067 TEJA, R. *San Basilio y la esclavitud. Teoría y praxis.* In: *Basil of Caesarea* (cf. 1981/82, 169) 393–403

1068 TREUCKER, B. *A note on Basil's letters of recommendation.* In: *Basil of Caesarea* (cf. 1981/82, 169) 405–410

1069 TROIANO, M. S. *La polemica sull'origine dei nomi nell'Adversus Eunomium di Basilio. L'epinoia.* In: *Atti del Congresso internazionale su Basilio di Cesarea . . ., I* (cf. 1983, 82) 523–531

1070 TSIRPANLIS, C. N. *Some reflections on St. Basil's pneumatology; the economy of silence* – Kleronomia 13 (1981) 173–182

1071 UGENTI, V. *Basilio e Solone.* In: *Basilio di Cesarea. La sua età e il Basilianesimo in Sicilia.* Messina: Centro di Studi Umanistici (1983) 259–265

1072 ULUHOGIAN, G. *Repertorio dei manoscritti della versione armena di S. Basilio di Cesarea.* In: *Basil of Caesarea* (1981/82, 169) 571–588

[1080] VOGÜÉ, A. DE: Pseudo-Basilius

1073 VOICU, S. J. *P. Antin. 111. Un testimone ignorato delle Erotapokriseis breuius tractatae di Basilio.* In: *Basil of Caesarea* (1981/82, 169) 565–570

[1546] VOICU, S. J.: Pseudo-Iohannes Chrysostomus

1074 WINDEN, J. C. M. VAN *An appropriate beginning. The opening passage of Saint Basil's In Hexaemeron.* In: *Platonismus und Christentum* (cf. 1983, 153) 307–311

1075 WRIGHT, D. F. *Basil the Great in the Protestant Reformers.* In: *Studia Patristica 17* (cf. 1981/82, 283b) III, 1149–1155

1076 YANGUAS, JOSE MARIA *Pneumatología de San Basilio. La divinidad del Espíritu Santo y su consustancialidad con el Padre y el Hijo* [Colección Teológica 37]. Pamplona: Eunsa 1983. 296 pp.

1077 ZELZER, K. *La tradizione latina della cosiddetta Regola di S. Basilio nel monachesimo occidentale.* In: *Atti del Congresso internazionale su Basilio di Cesarea . . ., I* (cf. 1983, 82) 669–681

1078 ZISSIS, TH. N. *Τὸ σημαντικώτερον γνώρισμα τοῦ Βασιλείου ὡς πνευματικοῦ πατρὸς τῶν μοναχῶν* – Kleronomia 13 (1981) 57–61

Pseudo-Basilius Caesariensis

1079 ESCRIBANO-ALBERCA, I. *Der Prophetie-Begriff von In proph. Isaiam (P.G. 30, 117-668).* In: *Studia Patristica 17* (cf. 1981/82, 283b) III, 1095–1101

[1806] TREU, U.: Physiologus

1080 VOGÜÉ, A. DE *Entre Basile et Benoît. L'Admonitio ad filium du Pseudo-Basile* — RBS 10–11 (1981/82) 19–34

Benedictus Nursinus

1081 *[Benedictus Nursinus] Regula Benedicti de codice 914 in bibliotheca monasterii S. Galli servato [fol. 1r–86v 85v = pp. 1–172; saec. IX] quam simillime expressa.* Add. descriptione et paginis et versibus congruente GERMAIN MORIN; AMBROGIO AMELLI necnon praef. palaeogr. BERNHARD BISCHOFF auctore. Ed. BENEDIKT PROBST. St. Ottilien: EOS 1983. XX, 172 pp.

[45]   *A Benedictine Bibliography:* Bibliographica

1082 BORIAS, ANDRÉ *Der Cellerar und seine Kommunität nach der Regel Benedikts* — EA 59 (1983) 353–370

1083 CAWLEY, MARTIN *Christ in the Rule of St. Benedict* — WSp 5 (1983) 117–142

[1353] DEKKERS, E.: Gregorius Magnus

1084 DELATTE, P.; GÓMEZ, I.; NARRO, A. *Comentario a la Regla de san Benito [c. XXI–XXV]* — NetV 8 (1983) 225–248

1085 DUMONT, C. *Une phénoménologie de l'humilité, le chapitre VIIᵉ de la Règle de saint Benoît* — ColCist 45 (1983) 265–285

1086 FREI, J. *Ne jamais désespérer de la miséricorde de Dieu (RB 4,74)* — ColCist 45 (1983) 19–26

1087 GARRIDO BONAÑO, MANUEL *El comentario a la Regla de san Benito por Fray Pedro Blanco* — NetV 8 (1983) 7–26

1088 GOBERNA, REGINA *Our father Saint Benedict* [Transl. of: El Pare Sant Benet]. Text by REGINA GOBERNA. Illustrations by LOURDES VINAS. New York: New City Press 1983. 126 pp., ill.

1089 GORSUCH, EDWIN N. *The cultural psychology of the Benedictine rule* — AmBenR 34 (1983) 149–165

[683] HANSSLER, B.: Auctores

1090 HEUFELDER, EMMANUEL MARIA *The way to God according to the Rule of Saint Benedict.* Transl. by LUKE EBERLE. With a transl. of the Rule of Saint Benedict by OSWALD HUNTER BLAIR [CSC 49]. Kalamazoo, Mich.: Cistercian Publ. 1983. 302 pp.

1091 *Internationale Bibliographie zur Regula Benedicti* (Forts.) — RBS 10–11 (1981/82) 195*A–353*

1092 JASPERT, B. *Bibliographie der Regula Benedicti: 1930–1980; Ausgaben und Übersetzungen* [RBS Suppl.-Band 5]. Hildesheim: Gerstenberg 1983. 207 pp.

1093 JUST, C. M.; COLOMBAS, G. M. *Regla de san Benito con glosas para una lectura actual de la misma.* Traducción de las glosas por E. OZAETA. Zamora: Ediciones Monte Casino 1983. 295 pp.

1094 KACZMAROWSKI, M. *Język i styl św. Benedykta (= Sprache und Stil des Hl. Benedikt)* — RoczTK 29,4 (1982) 149–165

1095 KARDONG, TH. *La povertà monastica nei capitoli 33 e 34 della RB* — Benedictina 30 (1983) 317–340

1096 LA SERNA GONZÁLEZ, CLEMENTE *«Honore invicem praevenientes». La importancia del orden y las relaciones fraternas en la vida cenobítica según RB.* In: *XIX Semana de Estudios Monásticos* (cf. 1983, 166) 131–159

1097 LATTEUR, EMMANUEL *Les douze degrés de la Règle de S. Benoît restent-ils actuels?* — ColCist 45 (1983) 247–264

1098 LINAGE CONDE, ANTONIO *La obra de S. Francisco y la herencia monástica benedictina* — VyV 41 (1983) 301–316

1099 LINAGE CONDE, ANTONIO *El individuo y la comunidad en la Regla de san Benito.* In: *XIX Semana de Estudios Monásticos* (cf. 1983, 166) 101-116

1100 LUNARDI, G. *S. Benedetto e l'Europa.* In: *I Santi Benedetto e Scolastica* (cf. 1981/82, 2767) 31–44

1101 MANNING, E. *À propos de la tradition manuscrite de la Règle Bénédictine* — RBS 10–11 (1981/82) 47–49

[465] MARRION, M.: περιχώρησις

[468] MOLINA PRIETO, A.: humilitas

[2393] QUACQUARELLI, A.: Vita christiana, monastica

1102 ROLLIN, BERTRAND *Vivre aujourd'hui la Règle de Saint Benoît. Un commentaire de la Règle* [Spiritualité orientale et vie monastique. Vie monastique 16]. Bégrolles-en-Mauges: Abbaye de Bellefontaine 1983. 330 pp.

1103 *Il sepolcro di san Benedetto, II* [Miscell. Cassinese 45]. Montecassino: 1982. 314 pp.

1104 SIPE, A. W. RICHARD *The psychological dimensions of the Rule of St. Benedict* — AmBenR 34 (1983) 424–435

1105 SOLER, JOSEP M. *La vida común como alegría de encontrarse y de actuar con el hermano. El tema de la comunión en la Regla de san Benito.* In: *XIX Semana de Estudios Monásticos* (cf. 1983, 166) 117–129

1106 VERONESI, BENITO *La culpa y su corrección en la Regula Benedicti* — Cistercium 35 (1983) 39–79

1107 VOGÜÉ, ADALBERT DE *Die Regula Benedicti. Theologisch-spiritueller Kommentar.* Ins Dt. übers. von EMMANUELA MEILWES [RBS, Suppl. 16]. Hildesheim: Gerstenberg 1983. XVI, 462 pp.

1108 VOGÜÉ, ADALBERT DE *The Rule of Saint Benedict. A doctrinal and spiritual commentary.* Transl. by JOHN BAPTIST HASBROUCK [CSC 54]. Kalamazoo, Mich.: Cistercian Publications 1983. VI, 403 pp.

[1080] VOGÜÉ, A. DE: Pseudo-Basilius

[1765] VOGÜÉ, A. DE: Pachomius Monachus

1109 WORRINGER, U. *La formación en la regla benedictina* — CuadMon 18 (1983) 23–32

Boethius

1110 *[Boethius] Boezio. La consolazione della filosofia.* Trad. di V. BANFI [Due in uno 2]. Reggio Emilia: Città Armoniosa 1981. 165 pp.

1111 BARNES, J. *Boethius and the study of logic.* In: *Boethius* (cf. 1981/82, 1671) 73–89

1112 BATSCHELET-MASSINI, W. *Zur kosmologischen Arithmetik des Boethius.* In: *Arithmos-Arrythmos. Skizzen aus der Wissenschaftsgeschichte. Festschrift für J. O. Fleckenstein.* München: Minerva (1979) 9–28

1113 BEAUMONT, J. *The Latin tradition of the De consolatione philosophiae.* In: *Boethius* (cf. 1981/82, 1671) 278–305

1114 BEIERWALTES, W. *Trost im Begriff. Zu Boethius' Hymnus O qui perpetua mundum ratione gubernas.* In: *Communicatio fidei. Festschrift für Eugen Biser.* Regensburg: Pustet (1983) 241–251

1115 *Boethius and the liberal arts. A collection of essays.* Ed. by M. MASI [Utah Stud. in Lit. and Ling. 18]. Berne: Lang 1981. 218 pp.

1116 *Boethius, Poslední Říman (= Boethius, der letzte Römer).* Přel V. BAHNÍK, předm. naps. A. VIDMANOVÁ. Praha: Vyšehrad 1981. 191 pp.

[484] BOLTON, D.: Palaeographica atque manuscripta

1117 CALDWELL, J. *The De institutione arithmetica and the De institutione musica.* In: *Boethius* (cf. 1981/82, 1671) 135–154

1118 CRABBE, A. *Literary design in the De consolatione philosophiae.* In: *Boethius* (cf. 1981/82, 1671) 237–274

1119 CROUSE, R. *The Doctrine of Creation in Boethius: the De hebdomadibus and the Consolatio.* In: *Studia Patristica 17* (cf. 1981/82, 283b) I, 417–421

[494] DOTTI, G.: Palaeographica atque manuscripta

1120 DUMMER, J. *Boethius und seine Kenntnisse des kirchlichen Schrifttums —* Informationsbulletin Aus dem philos. Leben der DDR (Berlin: Zentralstelle für die philos. Information und Dokumentation) 17,3 (1981) 17–22

1121 ELIA, FRANCESCO D' *Il commento di Giovanni Murmellius al carme boeziano «O qui perpetua mundum ratione gubernas»* — MF 83 (1983) 450–454

1122 EVANS, G. R. *Fractions and fraction-symbols in Boethius' Musica —* Centaurus 26 (1982) 215–217

1123 EVANS, GILLIAN R. *Thierry of Chartres and the Unity of Boethius' Thought.* In: *Studia Patristica 17* (cf. 1981/82, 283b) I, 440–445

1124 FOSCA, N. *Le basi della sillogistica ipotetica boeziana.* Pescara: Libr. dell'Univ. 1981. 120 pp.

1125 FRAKES, J. C. *Fortuna in the Consolatio. Boethius, Alfred and Notker* [Diss. Univ. of Minnesota]. Minneapolis: 1982. 303 pp. [microfilm]

1126 GIARDINA, G. C. *Echi tardo-antichi e medievali di Properzio —* Mus Crit 18 (1983) 241

1127 GIBSON, M. *Boethius in the Carolingian schools* – TRHS 32 (1982) 43–56

1128 GODDEN, M. *King Alfred's Boethius.* In: *Boethius* (cf. 1981/82, 1671) 419–424

1129 GRAFTON, A. *Epilogue; Boethius in the Renaissance.* In: *Boethius* (cf. 1981/82, 1671) 410–415

1130 IRMSCHER, J. *Boethius in Byzanz* – Informationsbulletin Aus dem philos. Leben der DDR (Berlin: Zentralstelle für die philos. Information und Dokumentation) 17,3 (1981) 12–17

1131 JUERSS, F. *Boethius und die römische Wissenschaftstradition* – Informationsbulletin Aus dem philos. Leben der DDR (Berlin: Zentralstelle für die philos. Information und Dokumentation) 17,3 (1981) 6–12

1132 KIRK, E. *Boethius, Lucian, and Menippean satire* – Helios 9,2 (1982) 59–71

1133 KIRKBY, H. *The scholar and his public.* In: *Boethius* (cf. 1981/82, 1671) 44–69

1134 KOPANOS, B. A. Συμβολὴ στὴν ἀποκατάσαη καὶ ἑρμηνεία τοῦ ἔργου τοῦ Βοηϑίου De consolatione philosophiae [EpThThes Παράρτημα 27]. Thessaloniki: 1980. 196 pp.

[692] LEFF, M. C.: Auctores

1135 LUETTRINGHAUS, P. B. *Gott, Freiheit und Notwendigkeit in der Consolatio philosophiae des Boethius.* In: *Studien zur mittelalterlichen Geistesgeschichte* (cf. 1983, 179) 53–101

1136 LUTZ-BACHMANN, MATTHIAS *Das Verhältnis von Philosophie und Theologie in den «Opuscula Sacra» des A.M.S. Boethius. Eine Studie zur Entwicklung der nachchalkedonensischen Theologie* [Diss.]. Münster, Westf.: Univ., Fachbereich Kath. Theol. 1983. 169 pp.

1137 LUTZ-BACHMANN, M. *Natur und Person in den Opuscula Sacra des A.M.S. Boethius* – ThPh 58 (1983) 48–70

1138 MAIR, J. *The text of the Opuscula sacra.* In: *Boethius* (cf. 1981/82, 1671) 206–212

1139 MARENBON, J. *Making Sense of the De Trinitate: Boethius and some of His medieval Interpreters.* In: *Studia Patristica 17* (cf. 1981/82, 283b) I, 446–452

1140 MASI, M. *Boethian number theory. A translation of the De Institutione arithmetica* [Stud. in Class. Antiquity 6]. Amsterdam: Rodopi 1983. 197 pp.

1141 MATTHEWS, J. *Anicius Manlius Severinus Boethius.* In: *Boethius* (cf. 1981/82, 1671) 15–43

1142 McTIGHE, T. P. *Eternity and time in Boethius.* In: *History of philosophy in the making* (cf. 1983, 114) 35–62

1143 MILANESE, G. *Saggio di inventario dei manoscritti del De topicis differentiis di Boezio* – AALig 38 (1981) 480–504

1144 MILANESE, G. *Il De rerum natura, i Topica e Boezio. Due note alla Consolatio Philosophiae* – Maia 35 (1983) 137–156

1145 MINNIS, A. *Aspects of the medieval French and English traditions of the De consolatione philosophiae.* In: *Boethius* (cf. 1981/82, 1671) 312–361

[336] MOORHEAD, J.: Opera ad historiam

[1662] MORTON, C.: Marius Aventicensis

1146 OBERTELLO, C. *Boezio e il neoplatonismo cristiano. Gli orientamenti attuali della critica* – CuSc 22 (1983) 95–103

1147 PALMER, N. F. *Latin and vernacular in the northern European tradition of the De consolatione philosophiae.* In: *Boethius* (cf. 1981/82, 1671) 362–409

1148 PARKES, M. B. *A note on MS Vatican, Bibl. Apost., Lat. 3363.* In: *Boethius* (cf. 1981/82, 1671) 425–427

1149 PINGREE, D. *Boethius' geometry and astronomy.* In: *Boethius* (cf. 1981/82, 1671) 155–161

1150 QUACQUARELLI, A. *La cristologia di Boezio.* In: *Cristologia nei Padri II* (cf. 1983, 97) 5–24

1151 RANNEFT, DANIELLE MARIA *Structures in Boethius' Consolation of Philosophy* [Ph. d. Diss.]. Cornell University 1983. 167 pp.

1152 REGALI, R. *Intenti programmatici nel De institutione arithmetica di Boezio* – SCO 33 (1983) 193–204

1153 REISS, E. *Boethius* [TWAS 672]. Boston: Twayne 1982. VII, 203 pp.

1154 SCHRIJVERS, P. H. *Justus Lipsius. Over standvastigheid bij algemene rampspoed* [rés. en angl.] – Lampas 16 (1983) 107–128

1155 SHANZER, D. R. *«Me Quoque Excellentior». Boethius, De Consolatione 4.6.38* [in engl.] – CQ 33 (1983) 277–283

1156 STUMP, E. *Hamartia in Christian belief. Boethius on the Trinity.* In: *Hamartia* (cf. 1983, 111) 131–148

1157 TRONCARELLI, F. *Philosophia: vitam monasticam agere. L'interpretazione cristiana della Consolatio philosophiae di Boezio dal IX al XII secolo* – QM 15 (1983) 6–25

1158 UKOLOVA, V. *Boèce et la culture médiévale* [en russe] – ViVrem 43 (1982) 286–288

Braulio

1159 BOBER, A. *Braulio, Biskup Saragossy +651 (= De Braulione Caesaraugustae Episcopo +651)* – RoczTK 29 (1982) 4, 129–148

Caelestinus Papa

[665] ANASSIAN, H. S.: Auctores

Caesarius Arelatensis

1160 AUDIN, P. *Césaire d'Arles et le maintien de pratiques païennes dans la Provence du VIe siècle.* In: *La patrie gauloise* (cf. 1983, 150) 327–338

1161 VOGÜE, A. DE *Une interpolation inspirée de Cassien dans un texte monastique de Césaire d'Arles* – StMon 25 (1983) 217–221

Pseudo-Caesarius Nazianzenus

1162 KERTSCH, M. *Pseudo-Kaisarios als indirekter Textzeuge für Gregor von Nazianz* – JÖB 33 (1983) 17–24

Calcidius

1163 DUTTON, P. E. *Illustre civitatis et populi exemplum. Plato's Timaeus and the transmission from Calcidius to the end of the twelfth century of a tripartite scheme of society* – MS 45 (1983) 79–119

Canon Muratorianus

1164 FERGUSON, E. *Canon Muratori. Date and Provenance*. In: *Studia Patristica 17* (cf. 1981/82, 283b) II, 677–683

Cassiodorus

[666] ANTÈS, S.: Auctores
[667] ARICO, G.: Auctores
1165 BAILEY, R. N. *Bede's text of Cassiodorus' commentary on the Psalms* – JThS 34 (1983) 189–193
1166 BAILEY, R. N.; HANDLEY, R. *Early English manuscripts of Cassiodorus' Expositio psalmorum* – ClPh 78 (1983) 51–55
[670] BAMBECK, M.: Auctores
1167 CODISPOTI, L. *L'anima secondo Cassiodoro illustre figlio di Squillace nel XIV centenario della sua morte 583-1983*. Squillace: Grafica Silipo-Lucia 1983. 150 pp.
[271] DEMOUGEOT, E.: Opera ad historiam
[682] HAGENDAHL, H.: Auctores
[1133] KIRKBY, H.: Boethius
1168 KRAUTSCHICK, S. *Cassiodor und die Politik seiner Zeit* [Habelts Diss. – Dr. R. Alte Gesch. 17]. Bonn: Habelt 1983. VII, 202 pp.
1169 LUISELLI, B. *Cassiodoro e la storia dei Goti* – Atti dei Convegni Lincei (Roma) 45 (1980) 225–253
1170 MACPHERSON, R. C. *Late Roman government and its public. The variae of Cassiodorus in their literary and historical setting*. Oxford: University 1981. 526 pp.
1171 MARTINO, P. *Gothorum laus est civilitas custodita (Cassiod. Var. 9, 14, 18)* [in ital.] – Sileno 8 (1982) 31–45
1172 MINICUCCI, A. *De Vergilio apud Cassiodorum* – ResPL 6 (1983) 223–229
[709] SUERBAUM, W.: Auctores

1173 VISCIDO, L. *Studi cassiodorei.* Soveria Mannelli: Rubbettino 1983. 65 pp.

1174 WAGNER, N. *Sunhivado (Dat.). Zur Bewertung der Graphie h* – BN 18 (1983) 85–92

[411] ZINZI, E.: Opera ad historiam

Catena Trium Patrum

1175 *Anonymus in Ecclesiastem Commentarius qui dicitur Catena Trium Patrum.* Cuius ed. principem cur. S. LUCÀ [CChr Ser. Graeca 11]. Turnhout: Brepols; Leuven: University Pr. 1983. LVI, 140 pp.

Celsus Philosophus

[1728] GRANT, R. M.: Origenes

[689] JUDGE, E. A.: Auctores

1176 POTOK, T. *De Celsi opere quod Λόγος ἀληϑὴς inscribitur commentationis pars ultima* [en polon., rés. en lat.] – Meander 38 (1983) 55–69

Choricius Gazaeus

1177 SIDERAS, A. *Zwei unbekannte Monodien von Chorikios?* – JÖB 33 (1983) 57–73

Chromatius Aquileiensis

1178 *[Chromatius Aquileiensis] Cromazio. Sermoni liturgici.* Introd., trad. e note a cura di M. TODDE. Roma: Ed. Paoline 1982. 280 pp.

[670] BAMBECK, M.: Auctores

[1799] GARCIA-ALLEN, C. A.: Pelagius Monachus

1179 LEMARIÉ, J. *Note cromaziane* – AN 53 (1982) 301–304

1180 TRETTEL, G. *L'esperienza dello Spirito Santo nella vita della chiesa e dei cristiani in Cromazio d'Aquileia.* In: *Spirito Santo* (cf. 1983, 171) 93–132

1181 TRETTEL, G. *Sangue e antropologia biblica in Cromazio di Aquileia.* In: *Atti della Settimana Sangue . . ., III* (cf. 1983, 91) 1301–1319

Claudius Claudianus

1182 ANGELIS, M. DE *Dal verso alla prosa poetica. Il Rapimento di Proserpina di Claudiano.* In: *Tradurre poesia* (cf. 1983, 189) 174–182

[667] ARICO, G.: Auctores

1183 FO, A. *Studi sulla tecnica poetica di Claudiano.* Catania: Carmelo Lo Stringale Ed. 1982. 279 pp.

1184 GNILKA, C. *Mixta duplex aetas. Zu Claudian. In Eutr. 1, 469-70* – RFC 110 (1982) 435–441

1185 GONZÁLEZ SENMARTÍ, A. *La Gigantomaquia griega de Claudiano.* In: *Unidad y pluralidad* (cf. 1983, 191) II, 91-97

1186 RICCI, M. L. *Osservazioni su fonti e modelli nei Carm. Min. 9 e 49 (Birt) di Claudiano* – InvLuc 3-4 (1981/82) 197–214

[369] ROQUES, D.: Opera ad historiam

Clemens Alexandrinus

1187 *[Clemens Alexandrinus] Klemens von Alexandrien. Welcher Reiche wird gerettet werden?* Dt. Übers. von OTTO STÄHLIN. Bearb. von MANFRED WACHT [Schriften der Kirchenväter 1]. München: Kösel 1983. 96 pp.

[418] BAUMEISTER, TH.: Philosophica

1188 BENEDETTO, F. D. *Uno nuovo frammento delle Ipotiposi di Clemente Alessandrino* – Sileno 9 (1983) 75–82

1189 DAVISON, JAMES E. *Structural similarities and dissimilarities in the thought of Clement of Alexandria and the Valentinians* – SecCent 3 (1983) 201–217

[2433] DEHANDSCHUTTER, B.: Gnostica

1190 DRĄCZKOWSKI, FRANCISZEK *Kościół – Agape według Klemensa Alexandryjskiego (= Die Kirche als Agape nach Klemens von Alexandria)* [mit dt. Zus.-fass.]. Lublin: Katolicki Uniwersytet Lubelski 1983. 202 pp.

1191 DRĄCZKOWSKI, FRANCISZEK *Idee pedagogiczne Klemensa Aleksandryjskiego (= Idées pédagogiques de Clément d'Aleksandrie)* [avec un rés. en franç.] – VoxP 4 (1983) 64–80

[1728] GRANT, R. M.: Origenes

1192 HALTON, THOMAS *Clement's lyre. A broken string, a new song* – SecCent 3 (1983) 177–199

[688] IRWIN, E.: Auctores

1193 KARPP, H. *Die Bußlehre des Klemens von Alexandrien.* In: *Vom Umgang der Kirche . . .* (cf. 1983, 118) 39–62

[2502] LE BOULLUEC, A.: Patrum exegesis

[428] MANSFELD, J.: Philosophica

1194 MAY, G. *Platon und die Auseinandersetzung mit den Häresien bei Klemens von Alexandrien.* In: *Platonismus und Christentum* (cf. 1983, 153) 123–132

1195 MAY, G. *Der Christushymnus des Clemens von Alexandrien.* In: *Liturgie und Dichtung, I* (cf. 1983, 125) 257–273

1196 MEDAGLIA, A. M. *Citazioni in Clemente Alexandrino.* In: *Note di esegesi archilochea* (cf. 1983, 133) 99–112

1197 MESSANA, V. *Comunità ecclesiale e vita cristiana in Clemente Alessandrino* – Parr 12 (1983) 23–46

1198 MOURAVIEV, S. N. *Heraclitus ap. Clem. Strom. I, 70,3. A neglected fragment?* In: *Atti del Symposium Heracliteum 1981; I: Studi.* A cura di L. ROSSETTI. Roma: Ed. dell'Ateneo (1983) 17–36

1199 NARDI, C. *Nota a Clemente Alessandrino, Quis diues saluetur 19,3* —
      Prometheus 9 (1983) 105–110

1200 OSBORN, ERIC *Clement of Alexandria. A review of research, 1958-1982*
      — SecCent 3 (1983) 219–244

1201 PLISZCZYNSKA, J. *Présentation et analyse des principaux thèmes doctri-
      naux des Tapis (Stromates) de Clément d'Alexandrie* — RoczH 31 (1983)
      f.3, 55–62

[702] SAXER, V.: Auctores

1202 TIBILETTI, C. *Clemente Alessandrino e Tertulliano, A: Clemente.* In:
      Verginità e matrimonio (cf. 1983, 188) 49–71

1203 UNNIK, W. C. VAN *Notes on the Nature of Clemens Alexandrinus'
      Canon Ecclesiasticus.* In: *Sparsa Collecta* (cf. 1983, 192) 40–51

1204 WYRWA, DIETMAR *Die christliche Platonaneignung in den Stromateis
      des Clemens von Alexandrien* [Arbeiten zur Kirchengeschichte 53].
      Berlin/New York: de Gruyter 1983. X, 364 pp.

Clemens Romanus

[2433] DEHANDSCHUTTER, B.: Gnostica
[1778] HINSON, E. G.: Patres Apostolici

1205 UNNIK, W. C. VAN *Is 1 Clement 20 purely Stoic?* In: *Sparsa Collecta* (cf.
      1983, 192) 52–58

1206 UNNIK, W. C. VAN *La nombre des élus dans la première épître de
      Clément.* In: *Sparsa Collecta* (cf. 1983, 192) 124–133

1207 UNNIK, W. C. VAN *1 Clement 34 and the «Sanctus».* In: *Sparsa Collecta*
      (cf. 1983, 192) 326–361

1208 WENGST, K. *«Der Gott des Friedens...».* Zum Thema *«Friede»* bei
      Klemens von Rom, Paulus und Jesus. In: *Christen und Marxisten in
      unserer Gesellschaft heute.* Walter Kreck zum 75. Geburtstag. Festschrift
      hrsg. von HANNELOTTE REIFFEN. Köln: Pahl-Rugenstein (1983)
      252–268

Pseudo-Clemens Romanus

1209 DION, PAUL E. *Le «pain des forts» (Ps 78:25a) dans un dérivé de la
      littérature hénochienne* — ScEs 35 (1983) 223–226

1210 FUHRMANN, HORST *Kritischer Sinn und unkritische Haltung. Vorgra-
      tianische Einwände zu Pseudo-Clemens-Briefen.* In: *Aus Kirche und
      Reich. Studien zu Theologie, Politik und Recht im Mittelalter. Festschrift
      für Friedrich Kempf...* (cf. 1983, 119) 81–96

[694] LÜDEMANN, G.: Auctores

1211 OEFFNER, E. *Der zweite Klemensbrief. Moralerziehung und Moralismus
      in der ältesten christlichen Moralpredigt* [Diss.]. Erlangen: 1976 [1982].
      272; 154 pp.

1212 STRECKER, G. *Konkordanz zu den Pseudoklementinen.* Göttingen:
      1982 [maschinenschriftl. Ms.]

1213 WEHNERT, J. *Literaturkritik und Sprachanalyse. Kritische Anmerkungen zum gegenwärtigen Stand der Pseudoklementinen-Forschung* – ZNW 74 (1983) 268–301
1214 WILHELM-HOOIJBERGH, ANN E. *Rome or Alexandria, which was Clemens Romanus' Birthplace?* In: *Studia Patristica 17* (cf. 1981/82, 283b) II, 756–759

Commodianus

1215 GROPPO, G. *Commodiano e la comunità cristiana. Spunti di catechesi ecclesiologica.* In: *Ecclesiologia e catechesi patristica* (cf. 1981/82, 196) 187–212
1216 GUENTHER, J. *Geschichtskonzeptionelles und soziales Denken des christlich-lateinischen Schriftstellers Kommodian. Spätantikes Christentum im Spannungsfeld von sozialer Utopie und historisch Möglichem* [Diss. A]. Leipzig: 1983. VI, 256 pp.

Consentius Balearicus

1217 LA BONNARDIÈRE, A. M. *Du nouveau sur le priscillianisme (Epist. 11*).* In: *Les lettres de saint Augustin* . . . (cf. 1983, 122) 205–214
1218 MARTI, H. *Citations de Térence. Problèmes et signification des exemples de la lettre 12* de Consentius à Augustin.* In: *Les lettres de saint Augustin* . . . (cf. 1983, 122) 243–249
1219 MOREAU, M. *Lecture de la lettre 11* de Consentius à Augustin. Un pastiche hagiographique?* In: *Les lettres de saint Augustin* . . . (cf. 1983, 122) 215–223
1220 WANKENNE, A. *La correspondance de Consentius avec saint Augustin* In: *Les lettres de saint Augustin* . . . (cf. 1983, 122) 225–242

Constantinus Imperator

[713] WLOSOK, A.: Auctores

Constitutiones Apostolorum

1221 CABIÉ, R. *Les prières eucharistiques des Constitutions apostoliques sont-elles des témoins de la liturgie du IVᵉ siècle?* – BLE 84 (1983) 83–99
1222 FIENSY, DAVID *Redaction history and the Apostolic Constitutions* – JQR (1982) 293–302
1223 METZGER, M. *La théologie des Constitutions apostoliques par Clément* – ReSR 57 (1983) 29–49; 112–122; 169–194

Corippus

[342] OLAJOS, T.: Opera ad historiam
1224 SHEA, GEORGE W. *Justinian's North African strategy in the Johannia of Corippus* — BSEB 10 (1983) 29–38
[1618] STRATI, R.: Iulianus Toletanus

Cyprianus Carthaginiensis

1225 [Cyprianus Carthaginiensis] *The Lord's prayer: a commentary by St. Cyprian of Carthage.* Trans. EDMOND BONIN. Westminster, Maryland: Christian Classics 1983. 128 pp.
1226 AMIDON, PH. R. *The procedure of St. Cyprian's synods* — VigChr 37 (1983) 328–339
[1992] DOLBEAU, F.: Lucius et Montanus
[2236] ECK, W.: Ius canonicum, hierarchia, disciplina ecclesiastica
1227 FERNÁNDEZ UBIÑA, JOSE *Comportamientos y alternativas cristianas en una época de crisis: el testimonio de Cipriano.* In: *Paganismo y cristianismo* (cf. 1983, 146) 213–226
[2190] FISCHER, J. A.: Concilia, acta conciliorum, canones
[2192] FISCHER, J. A.: Concilia, acta conciliorum, canones
1228 GALLICET, E. *Cipriano e l'Apocalisse* — CCC 4 (1983) 69–85
1229 GUERRA GÓMEZ, MANUEL *El sacerdocio, obra de la »dignatio divina« y del Espíritu Santo según san Cipriano.* In: *Teología del Sacerdocio, 17* (cf. 1983, 185) 7–40
[1874] HALL, S. G.: Stephanus I Papa
1230 LAURANCE, JOHN D. *»Priest« as type of Christ, the leader of the eucharist in salvation history according to Cyprian of Carthage.* New York: Peter Lang 1983. XX, 256 pp.
1231 LAURANCE, JOHN D.; S. J. *Eucharistic Leader according to Cyprian of Carthage. A new Study* — StLit 15 (1982/83) 66–75
1232 LAURANCE, J. D. *Le président de l'Eucharistie selon Cyprien de Carthage. Un nouvel examen* — MaisonDieu 154 (1983) 151–165
[773] NORTH, J. L.: Athanasius Alexandrinus
1233 OSAWA, T. *Das Bischofseinsetzungsverfahren bei Cyprian. Historische Untersuchungen zu den Begriffen iudicium, suffragium, testimonium, consensus* [Europ. Hochschulschr. 23 R. Theol. 178]. Bern: Lang 1983. 210 pp.
1234 PADOVESE, L. *Speranza cristiana e valori ultraterreni nel pensiero di Cipriano di Cartagine* — Lau 24 (1983) 158–174
1235 PETITMENGIN, P. *La diffusion monastique des œuvres de saint Cyprien.* In: *Sous la Règle de saint Benoît. Structures monastiques et sociétés en France du moyen age à l'époque moderne* [École pratique des Hautes Études IVe Sect. Sciences hist. et philol. Études médiev. et modernes 47]. Genève: Droz (1982) 403–415

1236 RUKAMBA, P. *Il sangue dei martiri in Cipriani di Cartagine.* In: *Atti della Settimana Sangue . . ., III* (cf. 1983, 91) 1083–1089

Pseudo-Cyprianus Carthaginiensis

1237 *[Pseudo-Cyprianus Carthaginiensis] Przeciw kosterom (= Adversus aleatores).* Trad. ANDRZEJ BOBER – VoxP 4 (1983) 230–243

1238 MARIN, M. *Problemi di ecdotica ciprianea. Per un'edizione critica dello pseudo-ciprianeo De aleatoribus –* VetChr 20 (1983) 141–239

Cyrillus Alexandrinus

1239 *[Cyrillus Alexandrinus] Commentary on the gospel of Saint Luke by St. Cyril, patriarch of Alexandria.* Trans. R. PAYNE SMITH. Astoria, New York: Studion Publishers 1983. 640 pp.

1240 *[Cyrillus Alexandrinus] Cyril of Alexandria. Select letters.* Ed and transl. by L. R. WICKHAM [OECT]. Oxford: Clarendon Pr. 1983. LV, 226 pp.

1241 BARTELINK, G. J. M. *Homer in den Werken des Kyrillos von Alexandrien –* WSt N.F. 17 (1983) 62–68

[810] BOUHOT, J. P.: Augustinus

1242 CATTANEO, E. *Formule di fede nelle Lettere pasquali di Cirillo d'Alessandria –* KoinNapoli 7 (1983) 31–55

1243 DALY, ANTHONY; S. J. *The fathers in the office of readings: St. Cyril of Alexandria –* RRel 42 (1983) 738–747

[1689] DALY, A. C.: Nestorius

1244 DATEMA, C. *Classical Quotations in the Works of Cyril of Alexandria.* In: *Studia Patristica 17* (cf. 1981/82, 283b) I, 422–425

1245 HARDY, E. R. *The Further Education of Cyril of Alexandria (412–444): Questions and Problems.* In: *Studia Patristica 17* (cf. 1981/82, 283b) I, 116–122

1246 ROSSI, M. A. *Osservazioni sul Commento ai Salmi di Cirillo edito da Angelo Mai –* Orpheus 4 (1983) 116–124

Cyrillus Hierosolymitanus

1247 GRANADO, CARMELO *Pneumatología de San Cirilo de Jerusalén –* EE 58 (1983) 421–490

Cyrillus Scythopolitanus

1248 FLUSIN, B. *Miracle et histoire dans l'œuvre de Cyrille de Scythopolis.* Paris: Études Augustiniennes 1983. 263 pp.

Damasus Papa

1249 JANSSENS, J. *Il sangue dei martiri nei carmi damasiani e in altre iscrizioni romane.* In: *Atti della Settimana Sangue . . ., III* (cf. 1983, 91) 1505–1518
[2003] MACCARRONE, M.: Petrus et Paulus Apostoli
[1466] NAUTIN, P.: Hieronymus

Daniel Edessenus

[665] ANASSIAN, H. S.: Auctores

David Armenius

1250 BENAKIS, L. G. *Δαβίδ ὁ Ἀρμένιος καὶ ἡ παρουσία του στά ἔργα τῶν Βυζαντινῶν σχολιαστῶν τοῦ Ἀριστοτέλους.* In: Ἀρετῆς μνήμη (cf. 1983, 79) 279–290

Diadochus Photicensis

1251 *[Diadochus Photicensis] Els cent conseils espirituals del pare Diàdoc.* Traduïts i presentats per JOSEP VIVES, s.j. [Col. Leccio Horitzons 3]. Barcelona: Editorial Claret 1981. 104 pp.
1252 FRICKE, K. J. *Das Böse bei Diadochos von Photike.* In: *Makarios-Symposion* (cf. 1983, 130) 123–149
1253 MESSANA, V. *La nudité d'Adam et Ève chez Diadoque.* In: *Studia Patristica* 17 (cf. 1981/82, 283b) I, 325–332

Didache

1254 BURINI, C. *Il ringraziamento «anzitutto per il calice», Didachè 9,1-2a.* In: *Atti della Settimana Sangue . . ., II* (cf. 1983, 90) 331–352
[2239] FERREIRA DE ARAÚJO, M.: Ius canonicum, hierarchia, disciplina ecclesiastica
1255 LEWIS, JACK P. *Baptismal practices of the 2d and 3d century church* — RestQ 26 (1983) 1–17
1256 MONTAGNINI, F. *Echi del discorso del monte nella Didaché* — BibbOr 25 (1983) 137–145

Didascalia Apostolorum

1257 UNNIK, W. C. VAN *The Significance of Moses' Law for the Church of Christ according to the Syriac Didascalia.* In: *Sparsa Collecta* (cf. 1983, 192) 7–39

Didymus Alexandrinus

1258 EHRMAN, B. D. *The New Testament canon of Didymus the Blind* – VigChr 37 (1983) 1–21

[1043] HAYES, W. M.: Basilius Caesariensis

1259 LEANZA, SANDRO *Sul Commentario all'Ecclesiaste di Didimo Alessandrino.* In: *Studia Patristica 17* (cf. 1981/82, 283b) I, 300–316

1260 MACKAY, T. W.; GRIGGS, C. W. *The recently discovered papyrus leaves of Didymus the Blind* – BASP 20 (1983) 59–60

[1467] NAUTIN, P.: Hieronymus

1261 SIMONETTI, M. *Lettera e allegoria nell'esegesi veterotestamentaria di Didimo* – VetChr 20 (1983) 341–389

Ad Diognetum

1262 CARASSAI, P. *Il problema dell'autenticià dell'Ad Diognetum cc. XI–XII. Proposte per una soluzione* – AFLM 16 (1983) 99–132

1263 TIBILETTI, C. *Azione cosmica dei Cristiani in A Diogneto 6,7* – Orpheus 4 (1983) 32–41

Dionysius Alexandrinus

1264 SORDI, M. *Aspetti della cristianità alessandrina nel III secolo d.C. La lettera di Dionigi a Domizio e a Didimo e la persecuzione di Valeriano.* In: *Alessandria e il mondo ellenisticoromano, I* (cf. 1983, 76) 38–42

Pseudo-Dionysius Areopagita

1265 *[Pseudo-Dionysius Areopagita] Dionigi Areopagita. Il Dio nascosto.* Introd. e trad. di U. GAMBA [Classici dello spirito]. Padova: Ed. Messagero 1983. 239 pp.

1266 *[Pseudo-Dionysius Areopagita] Pseudo-Dionigi l'Areopagita. Gerarchie celesti.* Introd., trad. e note di G. BURRINI. Teramo: Tilopa 1981. 102 pp.

1267 BARBOSA, J. M. *O legado do «Corpus Areopagyticum» no Ocidente. A »expositio in Librum de Mystica Theologia« de Pedro Hispano* – CultLisb 1 (1982) 25–44

1268 GARCÍA ÁLVAREZ, EMILIO *Influencias pseudo-dionisianas en la teología sacramental de Santo Tomás* – CT 110 (1983) 113–131

1269 GOLTZ, H. *Notizen zur Traditionsgeschichte des Corpus Areopagiticum Slavicum.* In: *Byzanz in der europäischen Staatenwelt* (cf. 1983, 88) 133–148

1270 PLACES, EDOUARD DES *La théologie négative de Pseudo-Denys, ses antécédents Platoniciens et son influence au seuil du Moyen Age.* In: *Studia Patristica 17* (cf. 1981/82, 283b) I, 81–92

1271 *Le Recueil aréopagitique. Denys l'Aréopagite et Pierre l'Ibère dans la littérature géorgienne ancienne* [en géorg., rés. en russe]. Éd. par I. A. LALASVILI. Tbilisi: 1983. 200 pp.

1272 ROQUES, R. *L'univers dionysien. Structure hiérarchique du monde selon le Pseudo-Denys* [Coll. Patrimoine-Christianisme]. Paris: Éd. du Cerf 1983. 382 pp.

1273 ROREM, P. E. *Iamblichus and the Anagogical Method in Pseudo-Dionysian Liturgical Theology.* In: *Studia Patristica 17* (cf. 1981/82, 283b) I, 453–460

Doctrina Addaei

1274 DESREUMAUX, A. *La Doctrine d'Addaï. Essai de classement des témoins syriaques et grecs* — AugR 23 (1983) 181–186

Dorotheus Gazensis

1275 BONDI, ROBERTA C. *Humility: a meditation on an ancient virtue for modern Christians* — QR (Methodist) 3 (1983) 27–41

Dracontius Poeta

1276 BOUQUET, J. *L'imitation d'Ovide chez Dracontius* — Caesarodunum 17 (1982) 177–187

1277 BROŻEK, M. *Hexameron w De laudibus Dei Drakoncjusza (= De Hexaemeron in opere De laudibus dei Dracontii)* — Meander 38 (1983) 101–109

1278 MOUSSY, C. *Problèmes textuels du De laudibus dei de Dracontius* — RPh 56 (1982) 199–214

Ephraem Syrus

1279 *[Ephraem Syrus] The harp of the Spirit. Eighteen poems of saint Ephrem.* Introd. and transl. by S. BROCK. 2nd enlarged ed. [Stud. suppl. to Sob 4]. Fellowship of St. Alban and St. Sergius 1983. 90 pp.

1280 BECK, E. *Ephräms des Syrers Psychologie und Erkenntnislehre* [CSCO 419 Subs. 58]. Leuven: Peeters 1980. V, 185 pp.

1281 BECK, EDMUND *Der syrische Diatessaronkommentar zu Jo. 1,1–5* — OrChr 67 (1983) 1–31

1282 BECK, E. *Ephräms des Syrers Hymnik.* In: *Liturgie und Dichtung, I* (cf. 1983, 125) 345–379

[2269] BEGGIANI, S. J.: Doctrina auctorum

1283 EGAN, G. A. *An analysis of the biblical quotations of Ephrem in "An exposition of the Gospel"* [CSCO 443]. Louvain: Peeters 1983. XII, 55 pp.

[2353] EL-KHOURY, N.: Anthropologia

1284 ESBROECK, M. VAN *Une homélie inédite éphrémienne sur le bon larron en grec, géorgien et arabe* — AB 101 (1983) 327–362

1285 HALLEUX, A. DE *Saint Éphrem le Syrien* – RThL 14 (1983) 328–355
1286 MARTIKAINEN, J. *Das Böse in den Schriften des Syrers Ephraem, im Stufenbuch und im Corpus Macarianum.* In: *Makarios-Symposium* (cf. 1983, 130) 36–46
1287 NOUJAÏM, G. *Essai sur quelques aspects de la philosophie d'Éphrem de Nisibe* – ParOr 9 (1979/80) 27–50
1288 ORTIZ DE URBINA, I. S. *Efrem e il sangue redentore.* In: *Atti della Settimana Sangue . . ., II* (cf. 1983, 90) 575–580
1289 VERHELST, DANIËL *Scarpsum de dictis sancti Efrem prope fine mundi.* In: *Pascua mediaevalia* (cf. 1983, 149) 518–528
1290 YOUSIF, PIERRE *Histoire et temps dans la pensée de saint Ephrem de Nisibe* – ParOr 10 (1981/82) 3–36

Epiphanius Episcopus Salaminae

1291 CALLU, J. P. *Une constante arithmétique dans la métrologie du bas empire* – Revue du Groupe européen d'études pour les techniques physiques, chimiques et mathématiques appliquées à l'archéologie (Strasbourg) 5 (1981) 131–137
1292 DUBOIS, J. D. *Hypothèse sur l'origine de l'apocryphe Γέννα Μαρίας* – AugR 23 (1983) 263–270
1293 NAUTIN, P. *Divorce et remariage chez saint Épiphane* – VigChr 37 (1983) 157–173
1294 RIGGI, C. *Questioni cristologiche in Epifanio di Salamina.* In: *La Cristologia nei Padri . . . 2* (cf. 1983, 97) 63–70
1295 RIGGI, C. *Catechesi sullo Spirito Santo in Epifanio di Salamina.* In: *Spirito Santo* (cf. 1983, 171) 59–73
1296 RIGGI, C. *Sangue e antropologia biblica in Epifanio di Salamina.* In: *Atti della Settimana Sangue . . ., II* (cf. 1983, 90) 389–411
1297 RIGGI, C. *La catéchèse adaptée aux temps chez Épiphane.* In: *Studia Patristica 17* (cf. 1981/82, 283b) I, 160–168
[1056] RIGGI, C.: Basilius Caesariensis
1298 RODRÍGUEZ HERRERA, I. *La muerte y la asunción de la Santísima Virgen en San Epifanio.* In: *Antigüedad clásica y cristianismo* (cf. 1983, 160) 435–443
1299 YOUNG, FRANCES M. *Did Epiphanius Know What He Meant by 'Heresy'?* In: *Studia Patristica 17* (cf. 1981/82, 283b) I, 199–205

Eudocia

1300 *[Eudocia] Eudocia. De Sancto Cypriano.* A cura di E. SALVANESCHI. In: *Σύγκρισις α'* (cf. 1983, 181a) 11–80
1301 BEVEGNI, C. *Due note testuali ad Eudocia, De sancto Cypriano I 275 e II 43* – Sandalion 5 (1982) 277–282
[500] GREEN, J.; TAFRIR, Y.: Palaeographica atque manuscripta

1302 LERZA, P. *Dio e anti-Dio. Il demonedemiurgo nel S. Cipriano di Eudocia.* In: Σύγκρισις α' (cf. 1983, 181a) 81–99

1303 ΜΕΙΜΑΡΗΣ, ΙΩΑΝΝΟΣ Δύο έπιγραφές τῆς Αὐγούστης Εὐδοκίας (423–
460 μ.Χ.) − ThAthen 54 (1983) 388–398

1304 SALVANESCHI, E. *Un Faust redento.* In: Σύγκρισις ά (cf. 1983, 181a)
1–10

Eugenius Toletanus

1305 CODOÑER, CARMEN *El poema 41 de Eugenio de Toledo.* In: *Bivium* (cf.
1983, 87) 49–54

Eugippius

1306 *[Eugippius] Eugipiusz. Żywot świętego Seweryna. Fragmenty (=
Vita Sancti Severini. Fragmenta).* Trad. ANDRZEJ BOBER SJ − VoxP 4
(1983) 217–229

[247] BRATOŽ, R.: Opera ad historiam

[2011] BRATOŽ, R.: Severinus

[878] GORMAN, M. M.: Augustinus

[2017] LOTTER, F.: Severinus

1307 MARKUS, R. A. *The end of the Roman Empire. A note on Eugippius,
Vita Sancti Severini, 20* − NMS 26 (1982) 1–7

[525] REHBERGER, K.: Palaeographica atque manuscripta

1308 SCHMEJA, H. *Zur Latinität der Vita Sancti Severini des Eugippius.* In:
Festschrift R. Muth (cf. 1983, 104) 425–436

1309 STOCKMEIER, P. *Severin von Noricum. Ein Rückblick auf das 1500.
Gedächtnisjahr* − ZKG 94 (1983) 357–364

[2019] WOLFF, H.: Severinus

Eunomius Cyzicenus

1310 VAGGIONE, R. P. Οὐχ ὡς ἕν τῶν γεννημάτων. *Some Aspects of
Arian Dogmatic Formulae.* In: *Studia Patristica 17* (cf. 1981/82, 283b) I,
181–187

Eusebius Caesariensis

1311 *[Eusebius Caesariensis] Eusebius Werke, VIII: Die Praeparatio evange-
lica, 1: Einleitung; Die Bücher I bis X; 2: Die Bücher XI bis XV; Register.*
Hrsg. von K. MRAS; 2. bearb. Aufl. hrsg. von E. DES PLACES [GCS].
Berlin: Akademie-Verlag 1982/83. LX, 623; 596 pp.

1312 *[Eusebius Caesariensis] Eusèbe de Césarée. La préparation évangélique,
livres XII–XIII.* Introd., texte, trad. et annot. par E. DES PLACES
[SC 307]. Paris: Éd. du Cerf 1983. 511 pp.

[231] ANDERSON, J. C.: Opera ad historiam

1313 BOUNOURE, G. *Eusèbe citateur de Diodore* – REG 95 (1982) 433–439

1314 CAMERON, AVERIL *Eusebius of Caesarea and the rethinking of history.* In: *Tria corda* (cf. 1983, 190) 71–88

[1844] CHRISTENSEN, T.: Rufinus Aquileiensis

1315 CHRISTENSEN, T. *The so-called Appendix to Eusebius' Historia Ecclesiastica VIII* – CM 34 (1983) 177–209

[675] COX, P.: Auctores

1316 CROKE, B. *Porphyry's anti-Christian chronology* – JThS 34 (1983) 168–185

1317 CROKE, B. *The origins of the Christian world chronicle.* In: *History and historians in late antiquity* (cf. 1983, 113) 116–131

[2531] CURTI, C.: Specialia in Vetus Testamentum

[1274] DESREUMAUX, A.: Doctrina Addaei

1318 FARINA, R. *Sangue di Cristo e antropologia biblica in Eusebio di Cesarea.* In: *Atti della Settimana Sangue . . ., II* (cf. 1983, 90) 377–387

1319 FEDALTO, G. *La difesa cristologica in Eusebio di Cesarea.* In: *La cristologia nei padri della Chiesa* (cf. 1981/82, 3232) 67–83

1320 FEDALTO, G. *Il toponimo di 1 Petr. 5,13 nella esegesi di Eusebio di Cesarea* – VetChr 20 (1983) 461–466

[1439] HALTON, T.: Hegesippus Hierosolymitanus

[688] IRWIN, E.: Auctores

[689] JUDGE, E. A.: Auctores

[314] KELLERMANN, D.: Opera ad historiam

[317] KERESZTES, P.: Opera ad historiam

1321 LANDMAN, C. *The implimention of non-christian literary sources in Eusebius of Caesaria's Historia ecclesiastica* [en africaans] [M.A.-thesis Univ. of South Africa]. Pretoria: 1982

[508] LENAERTS, J.: Palaeographica atque manuscripta

1322 MAZZUCCO, CLEMENTINA *Eusèbe de Césarée et l'Apocalypse de Jean.* In: *Studia Patristica 17* (cf. 1981/82, 283b) I, 317–324

1323 MOSSAY, J. *Eusèbe, Hist. Eccl., III, 30–38, dans le ms. Princeton. Mus. Art. Gr. Acc. 41.26* – Mu 94 (1981) 217–229

[519] NORDENFALK, C.: Palaeographica atque manuscripta

1324 PIETRI, C. *Constantin en 324. Propagande et théologie impériales d' après les documents de la Vita Constantini.* In: *Crise et redressement . . .* (cf. 1983, 96) 63–90

1325 PLACES, E. DES *La Préparation évangelique d'Eusèbe de Césarée a-t-elle eu deux éditions? Rédactions longues et rédactions courtes* – Orpheus 4 (1983) 108–112

1326 PUMMER, R.; ROUSSEL, M. *A note on Theodotus and Homer* – JStJ 13 (1982) 177–182

1327 SIMONETTI, M. *Esegesi e ideologia nel Commento a Isaia di Eusebio* – RSLR 19 (1983) 3–44

1328 SINISCALCO, P. *Il credo dei martiri nella lettera delle chiese di Lione e di*

Vienna (ap. Eusebio di Cesarea, Historia ecclesiastica 5,1,3 ss.). In: *Ecclesiologia e catechesi patristica* (cf. 1981/82, 196) 81–100

[1761] TANZ, S.: Orosius

1329 TROMPF, G. W. *The logic of retribution in Eusebius of Caesarea.* In: *History and historians in late antiquity* (cf. 1983, 113) 132–146

[412] ZIÓŁKOWSKI, A.: Opera ad historiam

Pseudo-Eusebius Caesariensis

1330 HALPERIN, DAVID J. *The Book of Remedies, the canonization of the Solomonic writings, and the riddle of pseudo-Eusebius* – JQR 72 (1982) 269–292

Eustathius Monachus

1331 ALLEN, P. *Greek citations from Severus of Antioch in Eustathius Monachus* – OLP 12 (1981) 261–264

Eustathius Sebastiensis

[2365] BRÄNDLE, R.: Vita christiana, monastica

1332 GARSOÏAN, N. G. *Nersēs le Grand, Basile de Césarée et Eustathe de Sébaste* – REArm 17 (1983) 145–169

Euthalius

1333 KEUSSEYAN, H. H. *Handschriftliche Relikte aus Euthalius' Werken* – HA 97 (1983) 1–26

Eutropius Presbyter

1334 SAVON, H. *Béatitudes virgiliennes et pensée apocalyptique à la fin du quatrième siècle* – Latomus 42 (1983) 850–862

Eutropius Valentinensis

1335 LINAGE CONDE, A. *Eutropio de Valencia y el monacato.* In: *Primer Congreso de hist. del país valenciano 2.* Valencia: Universidad (1981) 365–376

Evagrius Ponticus

1336 BUNGE, G. *Évagre le Pontique et les deux Macaire* – Irénikon 56 (1983) 215–226; 323–360

1337 MORRONE, C. *La lingua delle Sentenze ai monaci di Evagrio Pontico.* In: *Studi bizantini e neogreci* (cf. 1983, 174) 397–402

Evagrius Scholasticus

[1555] ALLEN, P.: Iohannes Ephesinus
1338 CAIRES, V. A. *Evagrius Scholasticus; a literary analysis* – ByFo 8 (1982) 29–50

Faustus Reiensis

1339 CARLE, P. L. *L'homélie de Pâques Magnitudo (in CCSL, t. 101, p. 192–208) de saint Faust de Riez (ou de Lérins) (fin du Vᵉ siècle). Aux sources patristiques lointaines de la transsubstantiation* – Divinitas 27 (1983) 123–154

Filastrius Brixiensis

[470] DOEPP, S.: modus

Fulgentius Ruspensis

1341 *[Fulgentius Ruspensis] Fulgenzio di Ruspe. Salmo contro i Vandali ariani.* Introd., testo crit., trad., comm., glossario e indica a cura di A. ISOLA [CP 9]. Torino: Soc. ed. internaz. 1983. 167 pp.
1342 ISOLA, A. *Sulla struttura dei Sermones di Fulgenzio di Ruspe* – QILL 2–3 (1980/81) [1983] 37–47

Gelasius Papa

[490] CARLETTI, C.: Palaeographica atque manuscripta
[918] NAGORE YÁRNOZ, J.: Augustinus

Georgius Alexandrinus

1343 LECLERQ, P. *La technique de l'emprunt chez Georges d'Alexandrie dans sa Vie de S. Jean Chrysostome.* In: *Studia Patristica 17* (cf. 1981/82, 283b) III, 1169–1175

Georgius Pisida

1344 ROMANO, R. *Pisidiana* – Vichiana 10 (1981) 196–201

Gildas Sapiens

1345 KERLOUEGAN, F. *Gildas, le dernier romain de l'île de Bretagne.* In: *Hommages Cousin* (cf. 1983, 115) 279–288

Gregorius Illiberitanus

[662] *Origéne. Grégoire d'Elvire. Saint Bernard: Le Cantique des Cantiques:*
Auctores

1346 MOLINA PRIETO, ANDRES *Textos mariológicos de Gregorio de Elvira* —
ScrMar 6 (1983) 57–103

Gregorius Magnus

1347 *[Gregorius Magnus] Gregor der Große. Homilien zu Ezechiel.* Übertragen von GEORG BÜRKE SJ [ChrM 21]. Einsiedeln: Johannes-Verlag
1983. 464 pp.

1348 BARTELINK, G. J. M. *De ascetische levenshouding volgens Gregorius de
Grote* — BT 44 (1983) 140–149

1349 BOGLIONI, P. *Spoleto nelle opere di Gregorio Magno.* In: *IX Congr.
intern. di studi sull'alto medioevo* (Spoleto 1983) 267–318

1350 BREARLY, D. G. *A membrum disiectum of Gregory the Great. Moralia
in Iob VIII, XXXII, 52–58.* In: *Mélanges Gareau* (cf. 1981/82, 231)
235–239

1351 CUSACK, PEARSE A. *The Story of the Awkward Goth in the Second
Dialogue of St. Gregory I.* In: *Studia Patristica 17* (cf. 1981/82, 283b) II,
472–476

1352 DAGENS, C. *La prédication de la pénitence chez S. Grégoire le Grand.*
In: *Mens concordet voci* (cf. 1983, 134) 471–483

1353 DEKKERS, ELIGIUS *«Discretione praecipuam». Het getuigenis van Paus
Gregorius over de Regel van Benedictus.* In: *Pascua mediaevalia* (cf.
1983, 149) 184–190

1354 DOUCET, MARC *La Vierge Mère de Dieu dans la théologie de saint
Grégoire le Grand* — BLE 84 (1983) 163–177

1355 FONTAINE, JACQUES *Un fondateur de l'Europe: Gregoire le Grand
(590–604).* In: *Corollas Philologicas* (cf. 1983, 95) 171–189

1356 HERNANDO PÉREZ, JOSÉ *La Pneumatología en la ordenación y predicación según el papa san Gregorio Magno.* In: *Teología del Sacerdocio, 17*
(cf. 1983, 185) 153–190

1357 LEONARDI, CLAUDIO *Epitomi biographiche: Gregorio Magno.* In: *Bivium* (cf. 1983, 87) 143–153

1358 MANSELLI, R. *Gregor V (Gregor der Grosse)* — RAC 12 (1983) 930–951

1359 MANSELLI, R. *Gregorio Magno nelle sue opere.* In: *Convegno internazionale Passaggio dal mondo antico al medio evo* (cf. 1981/82, 188)
559–568

1360 MAZZARINO, S. *L'era costantiniana e la prospettiva storica di Gregorio
Magno* In: *La società del basso impero* (cf. 1983, 168) 115–137

[348] PANI ERMINI, L.: Opera ad historiam

1361 RECCHIA, V. *San Benedetto e la politica religiosa dell'Occidente nella
prima metà del secolo VI dai Dialogi di Gregorio Magno* — RomBarb 7
(1982/83) 201–252

1362 RECCHIA, V. *Gregorio Magno; lo Spirito Santo nella vita della chiesa e delle singole anime.* In: *Spirito Santo* (cf. 1983, 171) 155–194

1363 RICHARDS, JEFFREY *Gregor der Große. Sein Leben – seine Zeit.* Ins Deutsche übertragen von GREGOR KIRSTEIN. Graz; Wien; Köln: Styria 1983. 315 pp.

1364 VERBEKE, WERNER *Gregorius de Grote in de «Spiegel Historiael» van Jacob van Maerlant.* In: *Pascua mediaevalia* (cf. 1983, 149) 369–382

[411] ZINZI, E.: Opera ad historiam

Gregorius Nazianzenus

1365 *[Gregorius Nazianzenus] Grégoire de Nazianze. Discours 4–5 Contre Julien.* Introd., texte crit., trad. et notes par J. BERNARDI [SC 309]. Paris: Éd. du Cerf 1983. 403 pp.

1366 *[Gregorius Nazianzenus] Gregor von Nazianz. Reden. Über den Frieden. Über die Liebe zu den Armen.* Dt. Übers. von PHILIPP HAEUSER. Bearb. von MANFRED KERTSCH [Schriften der Kirchenväter 5]. München: Kösel 1983. 117 pp.

1367 *[Gregorius Nazianzenus] Gregorio Nazianzeno. Omelia sulla natività. Discorsi 38–40.* Trad., introd. e note a cura di CLAUDIO MORESCHINI [CTP 39]. Roma: Città Nuova 1983. 164 pp.

[668] BALACEV, A.: Auctores

[672] BIEDERMANN, H. M.: Auctores

1368 BOTTINO, A. *Sangue e antropologia biblica in S. Gregorio Nazianzeno.* In: *Atti della Settimana Sangue . . ., III* (cf. 1983, 91) 1207–1229

1369 CALVET-SEBASTI, M. A. *Un avatar de Gorgonie, Grégoire de Nazianze et Bossuet.* In: *2. Symposium Nazianzenum* (cf. 1983, 182) 47–52

[2298] CHANG, D.: Trinitas

1370 COULIE, B. *Méthode d'amplification par citation d'auteurs dans les discours IV et V de Grégoire de Nazianze.* In: *2. Symposium Nazianzenum* (cf. 1983, 182) 41–46

1371 DEVOS, P. *Grégoire de Nazianze témoin du mariage de Grégoire de Nysse.* In: *2. Symposium Nazianzenum* (cf. 1983, 182) 269–281

1372 DONZEL, E. VAN *Les «versions» éthiopiennes des Discours de Grégoire de Nazianze.* In: *2. Symposium Nazianzenum* (cf. 1983, 182) 127–133

1373 DOSTÁLOVÁ, R. *Christentum und Hellenismus. Zur Herausbildung einer neuen kulturellen Identität im 4. Jahrhundert* – Byslav 44 (1982) 1–12

1374 FREISE, R. *Zur Metaphorik der Seefahrt in den Gedichten Gregors von Nazianz.* In: *2. Symposium Nazianzenum* (cf. 1983, 182) 159–163

1375 GERTZ, N.; SICHERL, M. *Der Palatinus Graecus 90 und die Editio princeps der Gedichte Gregors von Nazianz.* In: *2. Symposium Nazianzenum* (cf. 1983, 182) 141–143

1376 GRAND'HENRY, J. *Le Discours de saint Grégoire de Nazianze dans le manuscrit arabe du Sinaï 274* – Mu 94 (1981) 153–176

1377 GRAND'HENRY, J. *La tradition manuscrite de la version arabe des Discours de Grégoire de Nazianze.* In: *2. Symposium Nazianzenum* (cf. 1983, 182) 113–118

[681] GRUSZKA, P.: Auctores

1378 HALLEUX, A. DE *La version syriaque des discours de Grégoire de Nazianze.* In: *2. Symposium Nazianzenum* (cf. 1983, 182) 75–111

1379 HANRIOT-COUSTET, ANNIE *Grégoire de Nazianze et un agraphon attribué à Barnabé* — RHPhR 63 (1983) 289–292

1380 HELLY-FREMY, C. *Un manuscrit de discours de Grégoire de Nazianze au monastère de Tatarna (en Grèce, département d'Eurytanie).* In: *2. Symposium Nazianzenum* (cf. 1983, 182) 23–29

[2279] IONITA, V.: Doctrina auctorum

[1162] KERTSCH, M.: Pseudo-Caesarius Nazianzenus

1381 KERTSCH, M. *Stilistische und literarische Untersuchungsergebnisse aus Gregor von Nazianz' Carmen de virtute II.* In: *2. Symposium Nazianzenum* (cf. 1983, 182) 165–178

1382 LAFONTAINE, G. *La version copte sahidique du discours Sur la Pâque de Grégoire de Nazianze* — Mu 93 (1980) 37–52

1383 LAFONTAINE, G. *La version copte bohaïrique du discours Sur l'amour des pauvres de Grégoire de Nazianze* — Mu 93 (1980) 199–263

1384 LAFONTAINE, G. *La version copte des Discours de Grégoire de Nazianze* — Mu 94 (1981) 37–45

1385 LAFONTAINE, G.; COULIE, B. *La version arménienne des Discours de Grégoire de Nazianze. Tradition manuscrite et histoire du texte* [CSCO 446, Subsidia 67]. Louvain: Peeters 1983. XX, 154 pp.

1386 LAFONTAINE, G.; METREVELI, H. *Les versions copte, arménienne et géorgienne de Saint Grégoire le Théologien. État des recherches.* In: *2. Symposium Nazianzenum* (cf. 1983, 182) 63–73

1387 LATTEUR, D. *Les scholies arméniennes au Discours 24 sont-elles du Pseudo-Nonnos?* In: *2. Symposium Nazianzenum* (cf. 1983, 182) 253–257

1388 LEROY-MOLINGHEN, A. *Théodoret de Cyr et Grégoire de Nazianze.* In: *2. Symposium Nazianzenum* (cf. 1983, 182) 181–186

[2340] MATEO SECO, L. F.: Ecclesiologia

1389 MATHIEU, J. M. *Sur une correction inutile (Or. 28,8, ligne 8–9 Gallay) et sur la critique néoplatonicienne de la κρᾶσις δι' ὅλου chez Grégoire de Nazianze.* In: *2. Symposium Nazianzenum* (cf. 1983, 182) 53–59

1390 MATHIEU, J. M. *Authenticité de l'Exhortatio ad virgines (Carm. I, ii, 3).* In: *2. Symposium Nazianzenum* (cf. 1983, 182) 145–158

1391 MATHIEU, J. M. *Remarques sur l'anthroplogie philosophique de Grégoire de Nazianze (Poemata dogmatica VIII, 22–32, 78–96) et Porphyre.* In: *Studia Patristica 17* (cf. 1981/82, 283b) III, 1115–1119

[2302] MORESCHINI, C.: Trinitas

1392 MOSSAY, J. *Grégoire de Nazianze. Éditions grecque et orientale par l'Université Catholique de Louvain à Louvain-la-Neuve* — Mu 93 (1980) 173–174

1393 Mossay, J. *La collection des Discours «non-lus-à-date-fixe» dans le Ms. de New York Gordan Goodhart Gr. 44.* In: *2. Symposium Nazianzenum* (cf. 1983, 182) 15–21

1394 Noret, J. *Grégoire de Nazianze, l'auteur le plus cité, après la Bible, dans la littérature ecclésiastique byzantine.* In: *2. Symposium Nazianzenum* (cf. 1983, 182) 259–266

1395 Sauget, J. M. *Trois recueils de Discours de Grégoire de Nazianze en traduction arabe. Simples réflexions sur leur structure* – AugR 23 (1983) 487–515

[384] Seaver, J.: Opera ad historiam

1396 Sicherl, M. *Bericht über die Arbeit an den Gedichten Gregors von Nazianz.* In: *2. Symposium Nazianzenum* (cf. 1983, 182) 137–140

[2358] Stead, G. Ch.: Anthropologia

1397 Sykes, D. A. *The Bible and Greek Classics in Gregory Nazianzen's Verses.* In: *Studia Patristica 17* (cf. 1981/82, 283b) III, 1127–1130

[2343] Sykes, D. A.: Ecclesiologia

[182] *2. Symposium Nazianzenum . . . .:* Collectanea et miscellanea

1398 Tandoi, V. *Greg. Naz. Or. 4, 73* – AteRo 28 (1983) 152–155

1399 Thomson, F. *The works of St. Gregory of Nazianzus in Slavonic.* In: *2. Symposium Nazianzenum* (cf. 1983, 182) 119–125

1400 Trisoglio, F. *Mentalità ed atteggiamenti degli scoliasti di fronte agli scritti di San Gregorio di Nazianzo.* In: *2. Symposium Nazianzenum* (cf. 1983, 182) 187–251

1401 (Τσιτερ,) Χρυσοστομος (Μητροπολίτης Αὐστρίας) *Ὁ Συντακτήριος Λόγος Γρηγορίου τοῦ Ναζιανζηνοῦ. Δυναμική ἔκκλησις ὑπερ τῆς ἀληθοῦς πίστεως.* In: *Μνήμη Συνόδου. . .* (cf. 1983, 138) 489–504

1402 Weijenborg, Reginald *Some Evidence of Unauthenticity for the 'Discourse XI in honour of Gregory of Nyssa' attributed to Gregory of Nazianzen.* In: *Studia Patristica 17* (cf. 1981/82, 283b) III, 1145–1148

1403 Wyss, B. *Gregor II (Gregor von Nazianz)* – RAC 12 (1983) 793–863

Pseudo-Gregorius Nazianzenus

[1175] *Anonymus in Ecclesiastem Commentarius:* Catena Trium Patrum

1404 Trisoglio, F. *Il volto della divinità nella tragedia classica greca e nel Christus patiens* – ScCat 109 (1981) 1–73

Gregorius Nyssenus

1405 *[Gregorius Nyssenus] Grégoire de Nysse. La prière du Seigneur. Homélies sur le Notre Père.* Textes choisis, prés. et trad. par M. Péden-Godefroi [Coll. Quand vous prierez]. Paris: Desclée de Brouwer 1983. 175 pp.

1406 *[Gregorius Nyssenus] Gregorio di Nissa. La grande catechesi.* Trad., introd. e note a cura di M. Naldini [CTP 34]. Roma: Città Nuova Ed. 1982. 160 pp.

[1175] *Anonymus in Ecclesiastem Commentarius:* Catena Trium Patrum

1407 ADRIANA, B. *Sangue e antropologia biblica in S. Gregorio Nisseno.* In: *Atti della Settimana Sangue. . ., II* (cf. 1983, 90) 433–453

1408 ALEXANDRE, M. *Protologie et eschatologie chez Grégoire de Nysse.* In: *Arché e Telos* (cf. 1981/82, 158a) 122–169

[416] BARROIS, G. A.: Philosophica

[672] BIEDERMANN, H. M.: Auctores

1409 CANÉVET, M. *Grégoire de Nysse et l'herméneutique biblique. Étude des rapports entre le langage et la connaissance de Dieu.* Paris: Études Augustiniennes 1983. 414 pp.

1410 CASIMIR, BROTHER *When (the Father) will subject all things to (the Son): a treatise on 1 Corinthians 15:28 by Saint Gregory of Nyssa* [text, pp. 12–25] – GrOrthThR 28 (1983) 1–25

[2298] CHANG, D.: Trinitas

1411 COQUIN, R. G.; LUCCHESI, E. *Une version copte du De anima et resurrectione (Macrinia) de Grégoire de Nysse* – OLP 12 (1981) 161–201

1412 CORSINI, E. *La polemica contro Eunomio e la formazione della dottrina sulla creazione in Gregorio di Nissa.* In: *Arché e Telos* (cf. 1981/82, 158a) 197–216

1413 DENNIS, T. J. *The Relationship of Gregory of Nyssa's Attack on Slavery in his Fourth Homily on Ecclesiastes and his Treatise De Hominis Opificio.* In: *Studia Patristica 17* (cf. 1981/82, 283b) III, 1065–1072

[1371] DEVOS, P.: Gregorius Nazianzenus

1414 DOERRIE, H. *Gregor III (Gregor von Nyssa)* – RAC 12 (1983) 864–895

1415 DROBNER, H. *Die Beredsamkeit Gregors von Nyssa im Urteil der Neuzeit.* In: *Studia Patristica 17* (cf. 1981/82, 283b) III, 1084–1094

1416 GESSEL, W. M. *Gregor von Nyssa und seine Psalmenhomilie 'Ὡς γλυκύς. Überlegungen zur sog. Himmelfahrtspredigt des Nysseners.* In: *Liturgie und Dichtung, II* (cf. 1983, 125) 669–690

[681] GRUSZKA, P.: Auctores

[2380] KÖTTING, B.: Vita christiana, monastica

[1952] LOVEREN, A. E. D. VAN: Hagiographica

1417 MATEO SECO, L. F. *La procesión del Espíritu Santo en la »Refutatio Confessionis Eunomii«.* In: *Atti del Congresso Teologico Internazionale di Pneumatología,* I Città del Vaticano: 1983. 181–187

[2340] MATEO SECO, L. F.: Ecclesiologia

1418 MEREDITH, ANTHONY *Gregory of Nyssa and Plotinus.* In: *Studia Patristica 17* (cf. 1981/82, 283b) III, 1120–1126

1419 ΜΟΥΤΣΟΥΛΑΣ, ΕΛΙΑΣ Δ. *Ε'Διεθνὲς Συνέδριον περὶ τοῦ ἁγίου Γρηγορίου Νύσσης* – ThAthen 54 (1983) 184–208

1420 O'CONNELL, PATRICK F. *The double journey in saint Gregory of Nyssa: The Life of Moses* – GrOrthThR 28 (1983) 301–324

1421 QUACQUARELLI, A. *L'antropologia del martire nel panegirico del Nisseno a san Teodoro di Amasea.* In: *Arché e Telos* (cf. 1981/82, 158a) 217–230

1422 RĂDUCĂ, VASILE *Voinţa şi libertatea în gîndirea Sfintului Grigore de Nisa (= Wille und Freiheit im Denken des heiligen Gregor von Nyssa)* – StBuc 35 (1983) 51–64

1423 ROBBINS, GREGORY A. *Exegetical restraint in Gregory of Nyssa's De vita Moysis* – SBLSemPap 21 (1982) 401–406

1424 ROEY, A. VAN *Le De anima et resurrectione de saint Grégoire de Nysse dans la littérature syriaque* – OLP 12 (1981) 203–213

1425 SCUIRY, DANIEL E. *The anthropology of St. Gregory of Nyssa* – Diak 18 (1983) 31–42

[2357] SFAMENI GASPARRO, G.: Anthropologia

[2358] STEAD, G. CH.: Anthropologia

[2343] SYKES, D. A.: Ecclesiologia

1426 TSIRPANLIS, C. N. *The Concept of Universal Salvation in Saint Gregory of Nyssa*. In: *Studia Patristica 17* (cf. 1981/82, 283b) III, 1131–1144

[538] UTHEMANN, K. H.: Palaeographica atque manuscripta

1427 ΒΑΚΑΡΟΣ, ΔΗΜΗΤΡΙΟΣ *Μυστήριον καὶ ᾽Αποκάλυψις τοῦ Θεοῦ κατὰ τὸν ἅγιον Γρηγόριον Νύσσης* – ThAthen 54 (1983) 303–318

[2359] YOUNG, F. M.: Anthropologia

Gregorius Thaumaturgus

1428 *[Gregorius Thaumaturgus] Gregorio il Taumaturgo. Discorso a Origene. Una pagina di pedagogia cristiana*. Trad., introd. e note a cura di EUGENIO MAROTTA [CTP 40]. Roma: Città Nuova Ed. 1983. 116 pp.

1429 CROUZEL, H.; BRAKMANN, H. *Gregor I (Gregor der Wundertäter)* – RAC 12 (1983) 779–793

Gregorius Turonensis

1430 *[Gregorius Turonensis] Gregorio di Tours. La storia dei Franchi*. A cura di M. OLDONI [Fond. Lorenzo Valla Scritt. greci e lat.]. Milano: Mondadori 1981. LXXXI, 596; 688 pp.

[666] ANTÈS, S.: Auctores

1431 MITCHELL, KATHLEEN ANNE *History and Christian society in sixth-century Gaul: an historiographical analysis of Gregory of Tours' decem libri historiarum* [Ph.d. Diss.]. Michigan State University 1983. 245 pp.

1432 MONACI CASTAGNO, A. *Il sangue del miracolo e i miracoli del sangue in Gregorio di Tours*. In: *Atti della Settimana Sangue . . ., II* (cf. 1983, 90) 677–691

1433 NEWBOLD, R. F. *Patterns of communication and movement in Ammianus and Gregory of Tours*. In: *History and historians* (cf. 1983, 113) 66–81

1434 PIETRI, L. et C. *L'image du vicus christianorum chez Grégoire de Tours* – Caesarodunum 18 (1983) 107–115

1435 VIEILLARD-TROIEKOUROFF, M. *La topographie religieuse des cités épi-scopales d'après les œuvres de Grégoire de Tours*. In: *Actes du 100ᵉ Congrès national des Sociétés savantes, Paris, 1975, Archéologie et histoire de l'art*. Paris: Bibliothèque Nationale (1978) 129–137

1436 VIEILLARD-TROIEKOUROFF, M. *Les castra de la Gaule mérovingienne d'après les écrits de Grégoire de Tours*. In: *Actes du 101ᵉ Congrès national des Sociétés savantes, Lille, 1976, Archéologie et histoire de l'art*. Paris: Bibliothèque Nationale (1978) 45–51

1437 VOLLMANN, B. K. *Gregor IV (Gregor von Tours)* – RAC 12 (1983) 895–930

1438 WEIDEMANN, M. *Kulturgeschichte der Merowingerzeit nach den Werken Gregors von Tours, I und II* [Monogr. Römisch-German. Zentralmus. 3]. Bonn: Habelt 1982. XIV, 375 pp.; XVI, 410 pp.

Hegesippus Hierosolymitanus

1439 HALTON, T. *Hegesippus in Eusebius*. In: *Studia Patristica 17* (cf. 1981/82, 283b) II, 688–693

Hermae Pastor

1440 ALFONSI, L. *Note al Pastore di Erma in rapporto alla cultura classica coeva* – Vichiana 12 (1983) 3–14

1441 CARLINI, A. *La tradizione manoscritta del Pastor di Hermas e il problema dell'unità di composizione dell'opera*. In: *Festschrift zum 100jährigen Bestehen . . .* (cf. 1983, 102) 97–100

1442 CARLINI, A. *P. Michigan 130 (inv. 44 H) e il problema dell'unicità di redazione del Pastore di Erma* – Par 38 (1983) 29–37

1443 CIRILLO, L. *Erma e il problema dell'apocalittica a Roma* – CrSt 4 (1983) 1–31

[1778] HINSON, E. G.: Patres Apostolici

1444 OSIEK, C. *Rich and poor in the Shepherd of Hermas. An exegetical-social investigation* [CBQ 15]. Washington: The Cathol. Bibl. Assoc. of America 1983. XI, 184 pp.

1444a OSIEK, CAROLYN *Wealth and Poverty in the Shepherd of Hermas*. In: *Studia Patristica 17* (cf. 1981/82, 283b) II, 725–730

1445 PINTAUDI, R. *Propempticon. Nuovi frammenti papiracei del Pastore di Erma* – SCO 33 (1983) 117–118

Hesychius Hierosolymitanus

1446 *[Hesychius Hierosolymitanus] Hésychius de Jérusalem, Homélies sur Job. Version arménienne I–II*. Éd., introd. et notes par CH. RENOUX, trad. par CH. MERCIER; CH. RENOUX [PO 42, 190–191]. Turnhout: Brepols 1983. 612 pp.

1447 AUBINEAU, M. *Textes nouveaux d'Hésychius de Jérusalem: bilan et méthodes.* In: *Studia Patristica 17* (cf. 1981/82, 283b) I, 338–342

1448 GŁADYSZEWSKI, L. *Die Marienhomilien des Hesychius von Jerusalem.* In: *Studia Patristica 17* (cf. 1981/82, 283b) I, 93–96

1449 *Index verborum Homiliarum festalium Hesychii Hierosolymitani.* Éd. MICHEL AUBINEAU [Alpha – Omega. Reihe A: Lexika, Indizes, Konkordanzen zur klassischen Philologie 52]. Hildesheim: Olms 1983. XXX, 370 pp.

Hesychius Sinaita

[661] *Hésychius de Batos, Chapitres sur la vigilance:* Auctores

Hieronymus

1450 *[Hieronymus] Hieronymus. Opera, Pars III: Opera polemica, I: Contra Rufinum (Ad Pammachium et Marcellam pro se contra accusatorem defensio. Epistula adversus Rufinum).* Éd. P. LARDET [CChr Series Latina 79]. Turnhout: Brepols 1982. 604 pp.

1451 *[Hieronymus] Saint Jérôme. Apologie contre Rufin.* Introd., texte crit., trad. et index par P. LARDET [SC 303]. Paris: Éd. du Cerf 1983. 560 pp.

1452 *[Hieronymus] Hieronymus. Briefe. Über die christliche Lebensführung.* Dt. Übersetzung von LUDWIG SCHADE. Bearb. von JOHANNES B. BAUER [SK 2]. München: Kösel 1983. 192 pp.

1453 *[Hieronymus] Christen in der Wüste: drei Hieronymus-Legenden.* Übersetzt und erklärt von M. FUHRMANN. Zürich: Artemis-Verlag 1983. 109 pp.

[2540] ADKIN, N.: Specialia in Vetus Testamentum

1454 ADKIN, N. *On some figurative expressions in Jerome's 22nd letter –* VigChr 37 (1983) 36–40

[1589] ALBERT, B. S.: Isidorus Hispalensis

[231] ANDERSON, J. C.: Opera ad historiam

[670] BAMBECK, M: Auctores

1455 BARR, JANE *The Vulgate Genesis and St. Jerome's Attitude to Women.* In: *Studia Patristica 17* (cf. 1981/82, 283b) I, 268–273

1456 BARTELINK, G. J. M. *Hieronymus, vertaler van oudchristelijke Griekse geschriften.* In: *Ars et ingenium. Studien zum Übersetzen. Festgabe für Frans Stok zum sechzigsten Geburtstag* (cf. 1983, 80) 87–98

1457 BARTELINK, G. J. M. *Le diable et les démons dans les œuvres de Jérôme.* In: *Studia Patristica 17* (cf. 1981/82, 283b) II, 463–471

1458 BROWN, DENNIS *Saint Jerome as a Biblical Exegete –* IBS 5 (1983) 138–155

1459 CAPRIOLI, MARIO *La pneumatología dei testi sacerdotali di san Girolamo.* In: *Teología del Sacerdocio, 17* (cf. 1983, 185) 79–126

1460 DUVAL, Y. M. *Origine et diffusion de la recension de l'In Prophetas minores hiéronymien de Clairvaux –* RHT 11 (1981) 277–302

[496] FALCONI, E.: Palaeographica atque manuscripta

1461 GONZÁLEZ-LUIS, J. *La traducción Vulgata y Símaco* — Tabona 4 (1983) 267–280

1462 GUTTILLA, G. *Tematica cristiana e pagana nell'evoluzione finale della consolatio di San Girolamo* — ALGP 17–18 (1980/81) 87–152

[314] KELLERMANN, D.: Opera ad historiam

1463 LÖFSTEDT, B. *Hieronymus' Kommentare zu den kleinen Propheten* — AClass 25 (1982) 119–126

1464 LÖFSTEDT, B. *Notizen zu Hieronymus' Matthäuskommentar* — Aevum 57 (1983) 123–124

1465 MAYVAERT, P. *Uncial letters. Jerome's meaning of the term* — JThS 34 (1983) 185–188

1466 NAUTIN, P. *Le premier échange épistolaire entre Jérôme et Damase: lettres réelles ou fictives?* — FZPT 30 (1983) 331–334

1467 NAUTIN, P. *L'activité littéraire de Jérôme de 387 à 392* — RThPh 115 (1983) 247–259

[369] ROQUES, D.: Opera ad historiam

1468 SIGNER, M. A. *St. Jerome and Andrew of St. Victor: Some Observations.* In: *Studia Patristica 17* (cf. 1981/82, 283b) I, 333–337

1469 SUGANO, K. *Das Rombild des Hieronymus* [Europäische Hochschulschr. R. 15; Klass. Sprachen und Lit. Bd. 25]. Bern: Lang 1983. 188 pp.

1470 TESTARD, M. *Pour comprendre saint Jérôme* — VL (1983) Nr. 89 14–24

[1878] VAESEN, J.: Sulpicius Severus

[405] WELTEN, P.: Opera ad historiam

Hilarius Arelatensis

1471 JOURJON, M. *À propos du conflit entre le pape Léon et Hilaire, évêque d'Arles.* In: *La patrie gauloise* (cf. 1983, 150) 267–271

Hilarius Pictaviensis

1472 ANYANWU, A. G. S. *The christological anthropology in St. Hilary of Poitiers' Tractates on the Psalms* [Pont. Stud. Univ. Salesiana Fac. Liter. Class. et Christ. Pont. Inst. Altioris Latinitatis Thesis 202]. Roma: Tip. Olimpica 1983. 258 pp.

1473 DOIGNON, JEAN *Deux traditions sur la «vie contemplative» chez Hilaire de Poitiers.* In: *Corollas Philologicas* (cf. 1983, 95) 163–169

1474 DOIGNON, J. *La comparaison de Matth. 23, 37 sicut gallina . . . sub alas suas dans l'exégèse d'Hilaire de Poitiers. Une mise au point à propos de la sollicitude du Christ* — Laval 39 (1983) 21–26

1475 DOIGNON, J. *Cadres rédactionnels classiques dans le livre II du De Trinitate d'Hilaire de Poitiers. En marge d'un commentaire récent* — REA 29 (1983) 83–96

1476 DOIGNON, J. *Vere sub mysterio. Un nœud de notions relatif à la commu-*

nion eucharistique chez Hilaire de Poitiers. In: *Mens concordet voci* (cf. 1983, 134) 465–470

[471] HAMMAN, A. G.; FROT, Y.: praedicatio

1477 IACOANGELI, R. *Sacramentum carnis, sanguinis, gloriae in S. Ilario di Poitiers.* In: *Atti della Settimana Sangue . . .*, II (cf. 1983, 90) 503–527

1478 KOUTROUBAS, D. E. *De Sancti Hilarii Pictaviensis Hymni tertii aliquot quaestionibus* — Athena 77 (1978/79) 277–290

1479 ORAZZO, A. *Ilario di Poitiers e la «universa caro» assunta dal Verbo nei «Tractatus super Psalmos»* — AugR 23 (1983) 399–420

1480 PELLAND, GILLES; S. I. *La «subjectio» du Christ chez saint Hilaire* — Greg 64 (1983) 423–452

1481 PELLAND, G. *Une exégèse de Gn 2,21–24 chez S. Hilaire (tract. myst. 1,5; tr. ps. 52,16)* — ScEs 34 (1982) 85–102

1482 PEÑAMARIA DE LLANO, ANTONIO *Sacerdocio y Espíritu Santo, en san Hilario de Poitiers.* In: *Teología del Sacerdocio, 17* (cf. 1983, 185) 127–151

1483 ROUSSEAU, P. *The exegete as historian. Hilary of Poitiers' commentary on Matthew.* In: *History and historians* (cf. 1983, 113) 107–115

1484 SMULDERS, P. *Hilarius van Poitiers als exegeet van Mattheüs. Bij de kritische uitgave* — BijFTh 44 (1983) 59–82

[2532] SQUIRE, M. A.: Specialia in Vetus Testamentum

Hippolytus Romanus

1485 BROCK, S. *Some new Syriac texts attributed to Hippolytus* — Mu 94 (1981) 177–200

1486 CABIÉ, R. *L'Ordo de l'initiation chrétienne dans la Tradition apostolique d'Hippolyte de Rome.* In: *Mens concordet voci* (cf. 1983, 134) 543–558

1487 DUNBAR, D. G. *The delay of the parousia in Hippolytus* — VigChr 37 (1983) 313–327

1488 DUNBAR, DAVID G. *Hippolytus of Rome and the Eschatological Exegesis of the Early Church* — WestThJ 45 (1983) 322–339

[2447] HOLLAND, D. L.: Gnostica

1489 LUTTIKHUIZEN, G. P. *Hippolytus' Polemic against Bishop Callistus and Alcibiades of Apamea.* In: *Studia Patristica 17* (cf. 1981/82, 283b) II, 808–812

1490 MANSFELD, J. *Heraclitus fr. B 63 D.-K.* — Elenchos 4 (1983) 197–205

[428] MANSFELD, J.: Philosophica

1491 MAZZA, E. *Omelie pasquali e birkat ha-mazon. Fonti dell'anafora di Ippolito?* — EL 97 (1983) 409–481

[2462] MONTSERRAT-TORRENS, J.: Gnostica

1493 MONTSERRAT-TORRENS, J. *La notice d'Hippolyte sur les Naassènes.* In: *Studia Patristica 17* (cf. 1981/82, 283b) I, 231–242

1494 OSBORNE, C. *Archimedes on the dimensions of the cosmos* — Isis 74 (1983) 234–242

[2067] PALLAS, D. I.: Liturgica

1495 PRINZIVALLI, E. *Il simbolismo del sangue in Ippolito.* In: *Atti della Settimana Sangue . . . , II* (cf. 1983, 90) 365–375

[1017] SIDOROV, A. I.: Basilides Gnosticus

1496 SIMONETTI, M. *Prospettive escatologiche della cristologia di Ippolito.* In: *La cristologia nei Padri della Chiesa* (cf. 1981/82, 3232) 85–101

1497 UNNIK, W. C. VAN *Les cheveux défaits des femmes baptisées. Un Rite de Baptême dans l'ordre ecclésiastique d'Hippolyte.* In: *Sparsa Collecta* (cf. 1983, 192) 299–317

Historia Monachorum

1498 *[Historia Monachorum] Inchiesta sui monaci d'Egitto.* Introd., trad. e note di M. PAPAROZZI [Problemi dei crist. 2]. Milano: 1981. 104 pp.

1499 WARD, BENEDICTA *'Signs and Words': Miracles in the Desert Tradition.* In: *Studia Patristica 17* (cf. 1981/82, 283b) II, 539–542

Honorius Papa

1500 CONTE, P. *Nota su una recente appendice sulla questione di Onorio (I)* – RSCI 37 (1983) 173–182

Hydatius Lemicensis

1501 LÓPEZ PEREIRA, J. E. *Gallaecia, algo más que un nombre geográfico para Hidacio.* In: *Primera reunión gallega . . .* (cf. 1983, 154) 243–251

1502 SALGADO, J. F. *Idácio de Chaves, o cronista e a su época* – BracAug 37 (1983) 207–227

Hypatius Ephesinus

1503 THUEMMEL, H. G. *Hypatios von Ephesos und Iulianos von Atramytion zur Bilderfrage* – Byslav 44 (1983) 161–170

Iacobus Sarugensis

1504 *[Iacobus Sarugensis] Jakob von Sarug. Das syrische Alexanderlied. Die drei Rezensionen.* Hrsg. und übersetzt von G. J. REININK [CSCO 454, 455]. Louvain: Peeters 1983.

1505 ALBERT, M. *Lettre 19 de Jacques de Saroug.* In: *Studia Patristica 17* (cf. 1981/82, 283b) III, 1351–1358

[665] ANASSIAN, H. S.: Auctores

[2269] BEGGIANI, S. J.: Doctrina auctorum

Ignatius Antiochenus

1506 BERGAMELLI, F. *Sinfonia della chiesa nelle Lettere di Ignazio di Antiochia.* In: *Ecclesiologia e catechesi patristica* (cf. 1981/82, 196) 21–80
1507 BERGAMELLI, F. *Il sangue di Cristo nelle lettere di Ignazio di Antiochia.* In: *Atti della Settimana Sangue . . ., III* (cf. 1983, 91) 863–902
1508 DUPUY, B. *Aux origines de l'épiscopat. Le corpus des Lettres d'Ignace d'Antioche et le ministère d'unité* – Istina 27 (1982) 269–277
[2239] FERREIRA DE ARAÚJO, M.: Ius canonicum, hierarchia, disciplina ecclesiastica
1509 HANSON, A. T. *The Theology of Suffering in the Pastoral Epistles and Ignatius of Antioch.* In: *Studia Patristica 17* (cf. 1981/82, 283b) II, 694–696
1510 TREVETT, C. *Prophecy and anti-episcopal activity. A third error combatted by Ignatius?* – JEcclH 34 (1983) 1–18
1511 WILES, M. F. *Ignatius and the Church.* In: *Studia Patristica 17* (cf. 1981/82, 283b) II, 750–755

Ildefonsus Toletanus

1512 BENGOECHEA, ISMAEL *Voto del cardenal Belluga sobre la celebración litúrgica de San Ildefonso de Toledo como doctor de la Iglesia universal* – ScrMar 6 (1983) 141–152
1513 HORMAECHE, J. M *La Pastoral de la iniciación cristiana en la España visigoda. Estudio sobre el «De cognitione baptismi» de San Ildefonso de Toledo.* Toledo: Estudio Teológico de San Ildefonso 1983. 150 pp.

Iohannes Antiochenus

[529] SOTIROUDIS, P.: Palaeographica atque manuscripta

Iohannes Carpathius

[661] *Hesychius de Batos . . .:* Auctores

Iohannes Cassianus

[2540] ADKIN, N.: Specialia in Vetus Testamentum
1514 SIRCH, B. *Deus in adiutorium meum intende. Psalmenmeditation und Psalmodie im Zusammenhang mit dem monastischen Ideal des immerwährenden Gebetes (1 Thess 5,17).* In: *Liturgie und Dichtung, I* (cf. 1983, 125) 315–343
[1161] VOGÜÉ, A. DE: Caesarius Arelatensis

Iohannes Chrysostomus

1515   *[Iohannes Chrysostomus] Jean Chrysostome. Commentaire sur Isaïe.* Introd., texte crit. et notes par J. DUMORTIER; trad. de A. LIEFOOGHE [SC 304]. Paris: Éd. du Cerf 1983. 403 pp.

1516   *[Iohannes Chrysostomus] John Chrysostom. On virginity; Against remarriage.* Transl. by SALLY RIEGER SHORE. With an introd. by ELIZABETH A. CLARK [Studies in women and religion 9]. New York; Toronto: Mellen 1983. XLII, 157 pp.

1517   *[Iohannes Chrysostomus] Giovanni Crisostomo. Commento alla Lettera ai Galati.* Trad., introd. e note a cura di S. ZINCONE [CTP 35]. Roma: Città Nuova Ed. 1982. 196 pp.

1518   ALVES DE SOUSA, PIO G. *Fil 2, 6 en los escritos de San Juan Crisóstomo* — ScTh 15 (1983) 83–106

1519   ALVES DE SOUSA, PIO G. *Pneumatología de los textos sacerdotales de San Juan Crisóstomo.* In: *Teología del Sacerdocio, 17* (cf. 1983, 185) 63–78

1520   ASENSIO, FELIX *La ’Απόδειξις crisostomiana «Que Cristo es Dios»* — Burgense 24 (1983) 377–442

1521   ATALI, A. *Église et évegétisme à Antioche à la fin du IVᵉ siècle d’après Jean Chrysostome.* In: *Studia Patristica 17* (cf. 1981/82, 283b) III, 1176–1184

1522   AUBINEAU, M. *Textes de Jean Chrysostome et de Nicolas Cabasilas dans le Sinaiticus Gr. 381* — Dipt 3 (1982/83) 240–242 [sommaire en grec]

[668]   BALACEV, A.: Auctores

[670]   BAMBECK, M.: Auctores

[671]   BENIN, S. D.: Auctores

[672]   BIEDERMANN, H. M.: Auctores

[2365]   BRÄNDLE, R.: Vita christiana, monastica

1523   BYZANCE, NORAYR DE *Die Kommentare von Johannes Chrysostomos zum Matthäusevangelium und zu den Briefen des Apostels Paulus waren Gregor von Narek wohl bekannt* — HA 97 (1983) 375–378

1524   *Codices Chrysostomici Graeci. V: Codicum Italiae partem priorem.* Descr. ROBERT E. CARTER. Paris: Éd. du Centre National de la Recherche Scientifique 1983. 312 pp.

1525   DUMORTIER, J. B. *La Version Arménienne du Commentaire sur Isaïe de Jean Chrysostome.* In: *Studia Patristica 17* (cf. 1981/82, 283b) III, 1159–1162

[2553]   GORDAY, P.: Specialia in Novum Testamentum

1526   GREELEY, DOLORES *St. John Chrysostom - Prophet of Social Justice.* In: *Studia Patristica 17* (cf. 1981/82, 283b) III, 1163–1168

1527   HASSOUN, J. *D’un symptôme nommé exil et d’un impossible de la métonymie* — Patio (Paris) 1 (1983) 140–146

1528   HILL, ROBERT *Chrysostom’s terminology for the inspired Word* — EBib 41 (1983) 367–373

[2279] IONITA, V.: Doctrina auctorum

[2101] KILMARTIN, E. J.: Missa, sacramenta, sacramentalia

[2243] LARENTZAKIS, G.: Ius canonicum, hierarchia, disciplina ecclesiastica

1529 McCORMICK, KELLEY STEVE *John Wesley's Use of John Chrysostom on the Christian Life. Faith Filled with the Energy of Love*. Ann Arbor, Mich.: Univ. Microfilms Int. 1983. 45 pp. [Drew University, Diss.]

1530 MEULENBERG, L. *Johannes Chrysostomus. Handen met eelt* [Cahiers Levensverdieping 42]. Averbode–Apeldoorn: Altiora 1983. 79 pp.

1531 MEULENBERG, LEONARDO *Pastoral dos Ricos. A Posição de S. João Crisóstomo* — REBras 43 (1983) 319–339

1532 PASQUATO, O. *Carne, croce, sangue e condiscendenza divina in San Giovanni Crisostomo*. In: *Atti della Settimana Sangue . . ., III* (cf. 1983, 91) 1267–1300

1533 PASQUATO, O. *Catechesi ecclesiologica nella cura pastorale di Giovanni Crisostomo*. In: *Ecclesiologia e catechesi patristica* (cf. 1981/82, 196) 123–172

1534 PAVERD, F. VAN DE *Anaphoral intercessions, epiclesis and communion-rites in John Chrysostom* — OrChrP 49 (1983) 303–339

1535 PIL, A. *Humanistica cartusiana. Levinus Ammonius als vertaler van Chrysostomus' sermoen De providentia Dei et fato* — SE 26 (1983) 275–310

1536 RIGOLOT, F. I. *Note sull'anafora antiochena di San Giovanni Crisostomo. Schema strutturale, vocabolario sacrificale, rapporto tra spirito e sangue*. In: *Atti della Settimana Sangue . . ., III* (cf. 1983, 91) 1449–1471

1537 SACHOT, M. *Le réemploi de l'homélie 56 in Matthaeum de Jean Chrysostome (BHG⁴ 1984) dans deux homélies byzantines sur la transfiguration (BHG 1980k et ⁴1985)* — RechSR 57 (1983) 123–146

[527] SCHREINER, P.: Palaeographica atque manuscripta

1538 TANNER, R. G. *Chrysostom's Exegesis of Romans*. In: *Studia Patristica 17* (cf. 1981/82, 283b) III, 1185–1197

1539 WAINWRIGHT, GEOFFREY *Preaching as worship* — GrOrthThR 28 (1983) 325–336

1540 WILKEN, R. L. *John Chrysostom and the Jews. Rhetoric and reality in the late 4th cent.* [The transformation of the Class. heritage 4]. Berkeley, Calif.: Univ. of California Pr. 1983. XVII, 190 pp.

1541 ZINCONE, S. *Lo Spirito Santo nelle Catechesi de Giovanni Crisostomo*. In: *Spirito Santo* (cf. 1983, 171) 23–31

1542 ZINCONE, S. *Sangue e anima nell'interpretazione crisostomiana di Gen 9,4-6; Dt 12,23*. In: *Atti della Settimana Sangue . . ., II* (cf. 1983, 90) 13–21

Pseudo-Iohannes Chrysostomus

[1813] AUBINEAU, M.: Proclus Constantinopolitanus

1543 BANNING, JOSEF VAN *The Critical Edition of the Opus Imperfectum in Matthaeum, an Arian Source*. In: *Studia Patristica 17* (cf. 1981/82, 283b) I, 382–387

1544 DATEMA, C. *Another unedited homily of Ps. Chrysostom on the birth of John the Baptist (BHG 847i)* – Byzan 53 (1983) 478–493

1545 VOICU, S. J. *Le corpus pseudo-chrysostomien. Questions préliminaires et état des recherches*. In: *Studia Patristica 17* (cf. 1981/82, 283b) III, 1198–1205

1546 VOICU, S. J. *Basilio e Pseudocrisostomo. Nuovi accostamenti*. In: *Atti del Congresso internazionale su Basilio di Cesarea . . ., I* (cf. 1983, 82) 659–667

Iohannes Climacus

1547 POGGI, V. *Il basileus di Climaco, il rey humano di Ignazio di Loyola e le due Rome*. In: *Roma, Costantinopoli* (cf. 1983, 162) 317–323

Iohannes Damascenus

1548 *[Iohannes Damascenus] Giovanni Damasceno. Difesa delle immagini sacre. Discorsi apologetici contro coloro che calunniano le sante immagini*. Trad., introd. e note a cura di VITTORIO FAZZO [CTP 36]. Roma: Città Nuova Ed. 1983. 211 pp.

1549 FAZZO, V. *Rifiuto delle icone e difesa cristologica nei discorsi di Giovanni Damasceno* – VetChr 20 (1983) 25–46

1550 FORTINO, ELEUTERIO F. *Sanctification and deification* – Diak 17 (1982) 192–200

1551 HOLLAND, M. *Robert Grosseteste's translations of John of Damascus* – BodlR 11 (1983) 138–154

1552 KUKAVA, T. G. *La Dialectique de Jean Damascène et sa traduction en géorgien par Éphrème Mcire* [en russe]. In: *Caucasica-Mediterranea* éd. par R. GORDESIANI et A. URUSCHADSE. Tbilissi: Université (1980) 240–250

1553 SCHÖNBORN, CHRISTOPH VON *La sainteté de l'icône selon S. Jean Damascène*. In: *Studia Patristica 17* (cf. 1981/82, 283b) I, 188–193

1554 ΣΙΑΣΟΣ, ΛΑΜΠΡΟΣ *Τά ὅρια κατηγοριακῆς σημαντικῆς στή θεολογία τοῦ Ἰωάννη τοῦ Δαμασκηνοῦ* – EpThAth 24 (1982) 339–372

[541] WAHL, O.: Palaeographica atque manuscripta

Iohannes Ephesinus

1555 ALLEN, P. *A new date for the last recorded events in John of Ephesus' Historia ecclesiastica* – OLP 10 (1979) 251–254

[342] OLAJOS, T.: Opera ad historiam
[457] SCHALL, A.: ἐκλαμβάνω

Iohannes Malalas

1556 HUXLEY, G. *An Argive dynasty in Malalas* – GrRoBySt 24 (1983) 345–347
1557 LJUBARSKIJ, J. N. *Die Chronographie des Johannes Malalas. Probleme der Komposition* [russisch]. In: *Festschrift für Fairy von Lilienfeld* (cf. 1983, 103) 411–430
1558 PEACHIN, M. *Johannes Malalas and the moneyer's revolt.* In: *Studies in Latin literature III* (cf. 1983, 181) 325–335
1559 ROCHOW, I. *Malalas bei Theophanes* – Klio 65 (1983) 459–474
1560 WADA, H. *Über die Demen bei Malalas, Chronographia, lib. XVI–XVIII* [en japon.] – Orient 23 (1980) 1 145–159

Iohannes Moschus

[442] AGUILAR, R. M.: Philologia patristica
[463] DUFFY, J.; VIKAN, G.: μουζίκιον
1561 MUNITIZ, J. A. *The link between some membra disiecta of John Moschus* – AB 101 (1983) 295–296

Iohannes Niciensis

1562 CARILE, A. *Giovanni di Nikius, cronista bizantino-copto del VII secolo* – FR 121–122 (1981) 103–155

Iohannes Philoponus

1563 *[Iohannes Philoponus] Iohannis Philoponi. De vocabulis quae diversum significatum exhibent secundum differentiam accentus.* Ed. by L. W. DALY. Philadelphia, Penna.: Amer. Philos. Soc. 1983. XXX, 250 pp.
[419] BENAKIS, L.: Philosophica
[420] BLUMENTHAL, H.: Philosophica
1564 BOOTH, EDWARD G. T. *John Philoponos: Christian and Aristotelian Conversion.* In: *Studia Patristica 17* (cf. 1981/82, 283b) I, 407–411
1565 CHRISTENSEN DE GROOT, J. *Philoponus on De anima II.5, Physics III.3, and the propagation of light* – Phronesis 28 (1983) 177–196
[421] *The concept of place . . .:* Philosophica
1566 ROEY, A. VAN *Fragments antiariens de Jean Philopon* – OLP 10 (1979) 237–350
1567 ROEY, A. VAN *Les fragments trithéites de Jean Philopon* – OLP 11 (1980) 135–163
1568 ROŽANSKIJ, I. D. *À cheval sur deux époques. Jean Philopon contre la*

conception aristotélicienne du cosmos [en russe, rés. en angl.] — VopIst (1983) 3, 28–42

[2296] VERBEKE, G.: Creatio, providentia

Irenaeus Lugdunensis

1569 ARDUINI, MARIA LODOVICA *Probabile influenza di Ireneo di Lione in alcuni autori medievali.* In: *Studia Patristica 17* (cf. 1981/82, 283b) II, 615–625

1570 ARRÓNIZ, JOSE MANUEL *Categorías cristológicas en Ireneo de Lyon* — SVict 30 (1983) 196–202

1571 BURINI, C. *Redenzione nel sangue di Cristo. Una lettura dell'Adversus haereses d'Ireneo di Lione.* In: *Atti della Settimana Sangue . . ., I* (cf. 1983, 89) 885–904

1572 CHILTON, B. D. *Irenaeus on Isaac.* In: *Studia Patristica 17* (cf. 1981/82, 283b) II, 643–647

1573 KNUDSEN, JOHANNES *Celtic Christianity* — Dial 22 (1983) 56–59

1574 LAITI, G. *Il sangue in S. Ireneo di Lione (soteriologia, eucaristia, antropologia).* In: *Atti della Settimana Sangue . . ., II* (cf. 1983, 90) 353–364

[2243] LARENTZAKIS, G.: Ius canonicum, hierarchia, disciplina ecclesiastica

[2502] LE BOULLUEC, A.: Patrum exegesis

1575 LÓPEZ SERNA, ALFONSO *Grandes lineas antropológicas en Demonstración de la Predicación Apostólica de san Ireneo* — CTM 10 (1983) 50–67

[2456] MACRAE, G. W.: Gnostica

1576 MAIBURG, U. *Und bis an die Grenzen der Erde . . . Die Ausbreitung des Christentums in den Länderlisten und deren Verwendung in Antike und Christentum* — JAC 26 (1983) 38–53

[1904] MATTEI, P.: Tertullianus

1577 MAZZUCCO, C. *Ireneo, Demonstratio apostolica, capp. 9 e 10 e l'Apocalisse di Giovanni* — CCC 4 (1983) 87–141

1578 McHUGH, J. *A reconsideration of Ephesians 1,10b in light of Irenaeus.* In: *Paul and Paulinism* (cf. 1983, 151) 302–309

1579 MÉHAT, A. *Saint Irénée et les charismes.* In: *Studia Patristica 17* (cf. 1981/82, 283b) II, 719–724

[2462] MONTSERRAT TORRENS, J.: Gnostica

1580 ORBE, ANTONIO; SJ *A proposito de dos citas de Platón en San Ireneo, haer. 5,24,4* — Orpheus 4 (1983) 253–285

1581 ORBE, A. *San Ireneo y el régimen del milenio* — StMiss 32 (1983) 345–372

1582 ORBE, ANTONIO *Visión del Padre e incorruptela según san Ireneo* — Greg 64 (1983) 199–241

1583 TREMBLAY, R. *La fonction salvifique de la passion et de la mort de Jésus-Christ et son rapport à la résurrection selon S. Irénée de Lyon. Esquisse.* In: *La Pâque du Christ* (cf. 1983, 148) 263–280

1584 UNNIK, W. C. VAN *Der Ausdruck «in den letzten Zeiten» bei Irenaeus.*
In: *Sparsa Collecta* (cf. 1983, 192) 114–123
1585 WINLING, R. *Le Christ-Didascale et les didascales gnostiques et chrétiens
d'après l'œuvre d'Irénée* – ReSR 57 (1983) 261–272

Isidorus Hispalensis

1586 *[Isidorus Hispalensis] Etimologías, II (Libros XI–XX).* Texto latino,
versión española, notas e índices por J. OROZ RETA; M. A. MARCOS
CASQUERO [BAC 434]. Madrid: La Editorial Católica 1983. 614 pp.
1587 [Isidorus Hispalensis] *San Isidoro de Sevilla. Apéndices a las Etimologías según la edición de Arévalo.* Traducción, introducción y notas de
M. A. MARCOS CASQUERO; J. OROZ RETA – Perficit 13 (1983) 175 pp.
1588 *[Isidorus Hispalensis] The De Fide Catholica of Saint Isidorus, Bishop.
Book 1 (Latin Text).* Ed. by VERNON PHILIP ZIOLKOWSKI [Diss.].
Saint Louis: University 1982. 225 pp.
1589 ALBERT, B. S. *De fide catholica contra Judaeos d'Isidore de Séville. La
polémique anti-judaïque dans l'Espagne du VIIᵉ siècle* – REJ 141 (1982)
289–316
1590 CAPIZZI, A. *Un apologo di Alcmeone crotoniate?* – QUCC (1983) 42
159–163
1591 CHAPARRO GÓMEZ, C. *El lugar de enterramiento de Santiago el Mayor
en el De ortu et obitu patrum isidoriano.* In: *Unidad y pluralidad, II* (cf.
1983, 191) 355–362
1592 CIPRIANI, G. *I Galli fra stupidità e acume. Spunti di determinismo
geografico in Trogo-Giustino, Servio e Isidoro* – QuadFoggia 2–3 (1982/
83) 131–141
1593 CODOÑER, C. *Los Tria nomina en Isidoro de Sevilla* – SPhS 5 (1980)
93–99
[494] DOTTI, G.: Palaeographica atque manuscripta
1594 FAES DE MOTTONI, B. *Isidoro di Siviglia e gli Accademici.* In: *Lo
scetticismo* (cf. 1983, 164) I 393–414
1595 FONTAINE, J. *Isidore de Séville et la culture classique dans l'Espagne
wisigothique. Vol. 1 et 2:* Seconde édition revue et corrigée. Paris:
Études Augustiniennes 1983. 1013 pp.
1596 FONTAINE, J. *Isidore de Séville et la culture classique dans l'Espagne
wisigothique. Vol. 3: Notes complémentaires et supplément bibliographi-
que.* Paris: Études Augustiniennes 1983. 256 pp.
1597 FONTAINE, JACQUES *Isidorus Varro christianus?* In: *Bivium* (cf. 1983, 87)
89–106
1598 GASPAROTTO, G. *Isidoro e Lucrezio. Le fonti della meteorologia isidoriana.* Pres. di J. FONTAINE. Verona: Libr. Universitaria 1983. 187 pp.
1599 GONZÁLES CUENCA, J. *Las etimologias de San Isidoro Romanceadas. T.
1.2.* [Acta Salamanticensia. Filosofía y letras 139]. Salamanca: Ed.

Univ.; Leon: Consejo Superior de Investigaciones Cientificas, Inst. «Fray Bernardino de Sahagun» 1983. 416; 554 pp.

1600 LÓPEZ-ILLANA, F. *Il sangue e sua interpretazione biblico-patristica in sant'Isidoro di Siviglia.* In: *Atti della Settimana Sangue . . .*, II (cf. 1983, 90) 563–574

[693] LÓPEZ-ILLANA, F.: Auctores

1601 LOZANO SEBASTIÁN, F. J. *S. Isidoro y la filosofía clásica.* León: Isidoriana Ed. 1982. 282 pp.

1602 MAGAZZÙ, C. *L'influsso del De opificio Dei di Lattanzio sul libro XI della Etymologiae di Isidoro* — BStudLat 12 (1982) 247–250

1603 MARTINA, M. *Isidoro De poetis (Orig. 8.7)* — CCC 4 (1983) 299–322

1604 METRO, A. *Ancora su Isid., Etym. 5.24.14.* In: *Studi in onore di Cesare Sanfilippo III* (cf. 1983, 175) 453–460

1605 MORALEJO, J. L. *Sobre Virgilio en el alto medievo hispano.* In: *Actes VIè simposi* (cf. 1983, 169) 31–51

1606 NASCIMENTO, AIRES AUGUSTO *De uma introdução à obra isidoriana, para uma nota sobre o manuscrito preparatório das «Etimologias» por Alvar Gomez de Castro* — Euphrosyne 12 (1983/84) 263–270

1607 RODRÍGUEZ HERRERA, I. *Cántico de San Isidoro a España.* In: *Antigüedad clásica y cristianismo* (cf. 1983, 160) 445–479

1608 RODRÍGUEZ PANTOJA, MIGUEL *Observaciones sobre sintaxis de las Etimologías de Isidoro de Sevilla* — Habis 12 (1981) 107–121

1609 RODRÍGUEZ PANTOJA, M. *Isidoro de Sevilla. Etimologías. Estudio sobre la ortografía de los principales codices* — Tabona 4 (1983) 281–311

1610 RODRÍGUEZ PANTOJA, M. *Procedimientos pedagógicos en las Etimologías de Isidoro de Sevilla.* In: *Unidad y pluralidad, II* (cf. 1983, 191) 381–388

1611 SOTO POSADA, G. *La función de la semejanza en las etimologías de San Isidoro de Sevilla* — CTM (1980) Nº 17–18 1–103

1612 UKOLOVA, V. I. *Le premier encyclopédiste médiéval* [en russe] — VopIst (1983) Nº 6 185–188

1613 VAZQUEZ DE PARGA, LUIS *Por qué la «Dedicatio ad Sisenandum» no puede ser de Isidoro de Sevilla.* In: *Bivium* (cf. 1983, 87) 285–286

Išo 'Yahb II, Katholikos

1614 SAKO, L. R. M. *Lettre christologique du Patriarche syro-oriental Išo 'Yahb II de Gdala (628–646).* Étude, traduction et édition critique. Rome: 1983. 228 pp.

Itinerarium Burdigalense

1615 MILANI, C. *Strutture formulari nell'Itinerarium Burdigalense (a.333)* — Aevum 57 (1983) 99–108

Iulianus Aeclanensis

[2350] BROWN, P.: Anthropologia
[2314] DEWART, J. M.: Christologia
[2335] McGRATH, A. E.: Soteriologia

Iulianus Imperator

[1918] CARRARA, P.: Theodorus Mopsuestenus
 1616 CORSINI, E. *L'imperatore Giuliano tra cristianesimo e neoplatonismo.* In: *Il Giuliano l'Apostata di Augusto Rostagni* (cf. 1983, 108) 45–56
[1373] DOSTÁLOVÁ, R.: Gregorius Nazianzenus
[502] GUIDA, A.: Palaeographica atque manuscripta
[689] JUDGE, E. A.: Auctores
 1617 PENATI, A. *Le seduzioni della «potenza delle tenebre» nella polemica anticristiana di Giuliano* – VetChr 20 (1983) 329–340

Iulianus Toletanus

 1618 STRATI, R. *Venanzio Fortunato (e altre fonti) nell'Ars grammatica di Guiliano di Toledo* – RFC 110 (1982) 442–445

Iustinus Martyr

 1619 *[Iustinus Martyr] Giustino. Le due apologie.* Introd. e note di G. GAN-DOLFO, trad. di A. REGALDO RACCONE [LCO Testi 10]. Roma: Ed. Paoline 1983. 143 pp.
 1620 ABRAMOWSKI, L. *Die «Erinnerungen der Apostel» bei Justin.* In: *Das Evangelium und die Evangelien* (cf. 1983, 101) 341–353
 1621 BAUMEISTER, T. *Das Martyrium in der Sicht Justins des Märtyrers.* In: *Studia Patristica 17* (cf. 1981/82, 283b) II, 631–642
[418] BAUMEISTER, TH.: Philosophica
[1991] BISBEE, G. A.: Iustinus Martyr
 1622 BURINI, C. *Il nutrimento eucaristico «per nostra trasformazione» (Giustino, Apologia I, 66,2).* In: *Atti della Settimana Sangue . . ., III* (cf. 1983, 91) 913–929
 1623 DAVIDS, ADELBERT *Iustinus Philosophus et Martyr. Bibliographie 1923–1973.* Nijmegen: Katholieke Universiteit. Faculteit der Godgeleerdheit 1983. 48 pp.
[2410] GREGORY, J. C.: Novissima
[2518] MARSHALL, J. L.: Specialia in Vetus Testamentum
 1624 MERINO, M. *La conversión cristiana en relación con la fe y el sacramento del Bautismo, según San Justino.* In: *Sacramentalidad de la Iglesia y Sacramentos* (cf. 1983, 163) 683–699
 1625 MERINO, M. *El pecado de injusticia en San Justino.* In: *Reconciliación y penitencia* (cf. 1983, 157) 481–492

1626 OTRANTO, G. *L'incarnazione del logos nel Dialogo con Trifone di Giustino.* In: *La Cristologia nei Padri 2* (cf. 1983, 97) 45–61

[2551] ROBERT, R.: Specialia in Novum Testamentum

1627 SCHNEEMELCHER, WILHELM *Lehre und Offenbarung bei dem Apologeten Justin.* In: *Theologie - Grund und Grenzen* (cf. 1983, 186) 521–532

1628 WINDEN, J. C. M. VAN *Stoa en christendom* [rés. en all.] – Lampas 16 (1983) 98–106

Pseudo-Iustinus Martyr

1629 GRANT, R. M. *Homer, Hesiod, and Heracles in Pseudo-Justin* – VigChr 37 (1983) 105–109

1630 UNNIK, W. C. VAN *The Character of Early Christian Apologetics in the Pseudo-Justinian Oratio ad Graecos.* In: *Sparsa Collecta* (cf. 1983, 192) 59–70

Iuvencus

1631 BORRELL, E. *Virgilio en Juvenco.* In: *Actes VIè simposi* (cf. 1983, 169) 137–145

1632 RODRÍGUEZ HEVIA, V. *Las fórmulas de transición en Juvenco* – SPhS 5 (1980) 255–271

Koriun

1633 MINASSIAN, MARTIROS *Die Bezeichnung «Zwei Jahre» bei Koriun* – HA 97 (1983) 305–314

Lactantius

1634 BENDER, A. *Die natürliche Gotteserkenntnis bei Laktanz und seinen apologetischen Vorgängern* [Europ. Hochschulschr. 15; R. Klass. Sprachen und Lit. 26]. Bern: Lang 1983. II, 228 pp.

1635 BUCHHEIT, V. *Juppiter als Gewalttäter. Laktanz (inst. 5,6,6) und Cicero* – RhM 125 (1982) 338–342

1636 CZĘSZ, B. *Aspekt historiozoficzny w dziełach Laktancjusza* (= *Der historiosophische Aspekt der Werke des Laktanz*) – PST 4 (1983) 75–82

1637 FERRERES, L. *Presència de Virgili a Lactanci.* In: *Actes VIè simposi* (cf. 1983, 169) 147–152

[682] HAGENDAHL, H.: Auctores

[317] KERESZTES, P.: Opera ad historiam

[1602] MAGAZZÙ, C.: Isidorus Hispalensis

1638 McGUCKIN, PAUL *The Christology of Lactantius.* In: *Studia Patristica 17* (cf. 1981/82, 283b) II, 813–820

1639 McGUCKIN, PAUL *Spirit Christology. Lactantius and his Sources* – HeythropJ 24 (1983) 141–148

1640 MONAT, P. *Lactance contre Junon. De la polémique au dialogue avec les païens.* In: *Hommages Cousin* (cf. 1983, 115) 259–269
1641 MONTELEONE, C. *Sul testo dell'ecloga quarta di Virgilio* – QuadFoggia 2–3 (1982/83) 33–74
1642 PERRIN, M. *Du destin à la providence. Quelques réflexions sur les avatars de la notion antique de destin chez Lactance.* In: *Visages du destin* (cf. 1983, 193) 137–151
1643 TAGLIENTE, M. C. *Nota sui codici di Lattanzio* – AFLP 16–17, 1 (1978/79/80) 13–31
1644 TANNER, R. G. *The Aim of Lactantius in the Liber de Mortibus Persecutorum.* In: *Studia Patristica 17* (cf. 1981/82, 283b) II, 836–842
[713] WLOSOK, A.: Auctores
[412] ZIÓŁKOWSKI, A.: Opera ad historiam

Leander Hispalensis

[693] LOPEZ-ILLANA, F.: Auctores

Leo Magnus

1645 *[Leo Magnus] San Leone Magno. Il mistero del Natale.* Introd., trad. e note di A. VALERIANI [LCO Testi 24]. Roma: Ed. Paoline 1983. 235 pp.
1646 HUDON, GERMAIN *L'église dans le pensée de saint Léon* – EgliseTh 14 (1983) 305–336
[1471] JOURJON, M.: Hilarius Arelatensis
1647 LAURAS, ANTOINE *Saint Léon le Grand et les Juifs.* In: *Studia Patristica 17* (cf. 1981/82, 283b) I, 55–61
1648 LORETI, I. *La pneumatologia di S. Leone Magno.* In: *Spirito Santo* (cf. 1983, 171) 133–153
[2003] MACCARRONE, M.: Petrus et Paulus Apostoli
1649 MARIUCCI, T. *Sangue e antropologia biblica in San Leone Magno.* In: *Atti della Settimana Sangue . . ., III* (cf. 1983, 91) 1329–1334
1650 MARTORELL, JOSE *Mysterium Christi (León Magno).* Valencia: 1983. 146 pp.
1651 MCSHANE, PHILIP *Leo the great, guardian of doctrine and discipline* – EgliseTh 14 (1983) 9–24
1652 YELO TEMPLADO, A. *Supervivencia del culto solar en la Roma de Leon Magno.* In: *Paganismo y Cristianismo* (cf. 1983, 146) 243–246

Liber graduum

[1286] MARTIKAINEN, J.: Ephraem Syrus

Libri Pontificales

1653 CORTESI, G. *Andrea Agnello e il Liber pontificalis Ecclesiae Ravennatis* — CCAB 28 (1981) 31–76

Macarius Aegyptius

[1336] BUNGE, G.: Evagrius Ponticus
[130] *Makarios-Symposion über das Böse . . .:* Collectanea et miscellanea
[1286] MARTIKAINEN, J.: Ephraem Syrus
1654 SCHULZE, U. *Die 4. geistliche Homilie des Makarios-Symeon. Gedanken zur Textüberlieferung.* In: *Makarios-Symposion* (cf. 1983, 130) 85–98
1655 STROTHMANN, W. *Die syrische Überlieferung der Schriften des Makarios, I: Syrischer Text; II: Übersetzung* [GöO 1 R. 21]. Wiesbaden: Harrassowitz 1981. XXIII, 359; XLIV, 298 pp.
1656 THURÉN, J. *Makarios-Symeon als Ausleger der Hl. Schrift.* In: *Makarios-Symposion* (cf. 1983, 130) 72–84

Macarius Alexandrinus

[1336] BUNGE, G.: Evagrius Ponticus
1657 STROTHMANN, W. *Die erste Homilie des Alexandriners Makarios.* In: *Makarios-Symposion* (cf. 1983, 130) 99–108

Marcellus Ancyranus

[752] HANSON, R. P. C.: Pseudo-Anthimus Nicomedensis
[2554] LIENHARD, J. T.: Specialia in Novum Testamentum

Marcion

1658 BALAS, D. L. *Marcion revisited. A "post-Harnack" perspective.* In: *Texts and testaments* (cf. 1979/80, 170) 95–108
1659 BOEHLIG, A. *Das Böse in der Lehre des Mani und des Markion.* In: *Makarios-Symposion* (cf. 1983, 130) 18–35
1660 BRUCE, F. F. *Some Thoughts on the Beginning of the New Testament Canon* — BJRL 65,2 (1983) 37–60
[561] CLABEAUX, J. J.: Novum Testamentum

Marcus Eremita

1661 HESSE, O. *Das Böse bei Markos Eremites.* In: *Makarios-Symposion* (cf. 1983, 130) 109–122

Marius Aventicensis

1662 MORTON, C. *Marius of Avenches, the Excerpta Valesiana, and the death of Boethius* — Tr 38 (1982) 107–136

Marius Victorinus

[2422] ABRAMOWSKI, L.: Gnostica
 1663 CLARK, M. T. *A Neoplatonic commentary on the Christian Trinity. Marius Victorinus*. In: *Neoplatonism and Christian Thought* (cf. 1983, 141) 24–33

Martinus Bracarensis

 1664 FERREIRO, A. *St. Martin of Braga's policy toward heretics and pagan practices* – AmBenR 34 (1983) 372–395

Maximus Confessor

 1665 *[Maximus Confessor] Maximus Confessor. Quaestiones et dubia.* Ed. J. H. DECLERCK [CChr Series Graeca 10]. Turnhout: Brepols; Leuven: Univ. Pr. 1982. CCLIV, 256 pp.
 1666 *[Maximus Confessor] Sfîntul Maxim Marturisitorul. Ambigua.* Traducere din grecește, introducere şi note de D. STANILOAE [PărSB 80]. București: Editura Institutului biblic şi de misiune al Bisericii Ortodoxe Română 1983. 372 pp.
[1175] *Anonymus in Ecclesiastem Commentarius:* Catena Trium Patrum
 1667 BERTHOLD, H. *Did Maximus the Confessor Know Augustine?* In: *Studia Patristica 17* (cf. 1981/82, 283b) I, 14–17
 1668 CERESA-GASTALDO, A. *Il motivo del sangue in Massimo Confessore.* In: *Atti della Settimana Sangue . . ., III* (cf. 1983, 91) 1421–1431
 1669 DALMAIS, IRÉNÉE-HENRI *La vie de Saint Maxime le Confesseur reconsidérée?* In: *Studia Patristica 17* (cf. 1981/82, 283b) I, 26–30
 1670 DUTTON, P. E. *Raoul Glaber's De divina quaternitate. An unnoticed reading of Eriugena's translation of the Ambigua of Maximus the Confessor* – MS 42 (1980) 431–453
 1671 NIKOLAOU, TH. *Zur Identität des ΜΑΚΑΡΙΟΣ ΓΕΡΩΝ in der Mystagogia von Maximos dem Bekenner* – OrChrP 49 (1983) 407–418
 1672 PIRET, P. *Le Christ et la Trinité selon Maxime le Confesseur.* Préf. de M.-J. LE GUILLOU [ThH 69]. Paris: Beauchesne 1983. 407 pp.
 1673 SCHWAGER, R. *Das Mysterium der übernatürlichen Natur-Lehre. Zur Erlösungslehre des Maximus Confessor* – ZKTh 105 (1983) 32–57

Maximus Taurinensis

 1674 SÁENZ, ALFREDO *Celebración de los misterios en los sermones de San Máximo de Turín.* Paraná: Mikael 1983. 260 pp.
 1675 SPINELLI, L. M. *Maria nei Sermoni di San Massimo vescovo di Torino* [Coll. Diss. ad lauream in Pontif. Fac. Theol. Marianum 32; Saggi e ric. 8]. Vicenza: Ed. Patrist. 1983. 118 pp.
 1676 SPINELLI, L. M. *Fraternitas Christi e fraternitas sanguinis in Massimo di Torino.* In: *Atti della Settimana Sangue . . ., III* (cf. 1983, 91) 1321–1328

1677 TRELOAR, A. *Spinae vertuntur in rosam* — Her III (1983) 465–471 [in
engl.]

Melito Sardensis

[2519] DAVIES, P. R.: Specialia in Vetus Testamentum
1678 UNNIK, W. C. VAN *An Unusual Formulation of the Redemption in the
Homily on the Passion by Melito of Sardis.* In: *Sparsa Collecta* (cf. 1983,
192) 148–160
1679 WINSLOW, D. F. *The Polemical Christology of Melito of Sardis.* In:
Studia Patristica 17 (cf. 1981/82, 283b) II, 765–776

Methodius Episcopus

[2304] PATTERSON, C. G.: Trinitas
1680 PRINZIVALLI, E. *Il simbolismo del sangue in Metodio di Olimpo.* In: *Atti
della Settimana Sangue . . ., III* (cf. 1983, 91) 1181–1192
1681 TIBILETTI, C. *Metodio d'Olimpo.* In: *Verginità e matrimonio in antichi
scrittori cristiani* (cf. 1983, 188) 134–195
1682 TIBILETTI, C. *L'ambiente culturale cristiano riflesso nel Simposio di
Metodio.* In: *Verginità e matrimonio in antichi scrittori cristiani* (cf. 1983,
188) 99–133

Pseudo-Methodius Episcopus

1683 REININK, G. J. *Der Verfassername Modios der syrischen Schatzhöhle und
die Apokalypse des Pseudo-Methodios* — OrChr 67 (1983) 46–64

Minucius Felix

1684 ALAND, B. *Christentum, Bildung und römische Oberschicht. Zum Octa-
vius des Minucius Felix.* In: *Platonismus und Christentum* (cf. 1983, 153)
11–30
[682] HAGENDAHL, H.: Auctores

Narses

[2269] BEGGIANI, S. J.: Doctrina auctorum

Nemesius Emesenus

1685 *[Nemesius Emesenus] Nemesio. La natura dell'uomo.* Trad. a cura di
M. MORANI [Collana stor. 3]. Salerno: Graf. Moriniello 1982. 142 pp.
1686 LARSEN, B. D. *Nemesius om den psykosomatiske enhed* — MT (1980)
Nr. 40–43 521–539
1687 MORANI, M. *Kritische Bemerkungen zu Nemesius* — RhM 125 (1982)
304–308

1688 SHARPLES, R. W. *Nemesius of Emesa and some theories of divine providence* – VigChr 37 (1983) 141–156
[2359] YOUNG, F. M.: Anthropologia

Nestorius

1689 DALY, ANTHONY CHRISTIAN *Nestorius in the "Bazaar of Heracleides". A Christology Compatible with the Third Letter and Anathemas of Cyril of Alexandria.* Ann Arbor, Mich.: Univ. Microfilms Int. 1983. 268 pp. [Los Angeles: University of California, Diss.]
[2130] WEBB, D.: Missa, sacramenta, sacramentalia

Nilus Ancyranus

1690 *[Nilus Ancyranus] Narratio.* Ed. F. CONCA [Bibl. script. Graec. et Roman. Teubneriana]. Leipzig: BSB Teubner 1983. XXVI, 88 pp.

1691 *[Nilus Ancyranus] Gli scritti siriaci di Nilo il Solitario.* Introd., ed. e trad. a cura di P. BETTIOLO [PublIOL 30]. Leuven: Peeters 1983. XIV, 364 pp.

1692 *[Nilus Ancyranus] Nilo di Ancira. Discorso ascetico.* Trad., introd. e note a cura di CALOGERO RIGGI [CTP 38]. Roma: Città Nuova 1983. 132 pp.

1693 CONCA, F. *Le Narrationes di Nilo e il romanzo greco.* In: *Studi bizantini e neogreci* (cf. 1983, 174) 349–360

1694 GUÉRARD, MARIE-GABRIELLE *Nil d'Ancyre: quelques principes d'herméneutique d'après un passage de son commentaire sur le Cantique des cantiques.* In: *Studia Patristica 17* (cf. 1981/82, 283b) I, 290–299

1695 LUCÀ, S. *Il commentario al Cantico dei Cantici di Nilo di Ancira.* In: *Studi bizantini e neogreci* (cf. 1983, 174) 111–126

Nonnus Panopolitanus

1696 CYBENKO, O. P. *Die Typhonie des Nonnus von Panopolis* [russ.; Zus.-fass. dt.] – InFil 70 [= Pytann'a klasyčnoji filolohiji (= Probleme der klassischen Philologie) (Lwów) 19] (1983) 87–93

1697 CYBENKO, O. P. *The polis in the poetry of Nonnus, a late product of the evolution of the epic city* [en russe, rés. en angl.] – VDI (1983) Nr. 166 45–65

1698 GIGLI PICCARDI, D. *Note critiche ed esegetiche in margine ad uno studio sulle metafore nelle Dionisiache di Nonno* – Prometheus 9 (1983) 164–176

1699 LIND, L. R. *Nonnos and his readers* – ResPL 1 (1978) 159–170

1700 NANNINI, S. *Alcm. fr. 50b P Ἰνὼ σαλασσομέδοισ' ἄν ἀπὸ μασδῶν* [in ital.] – Sileno 8 (1982) 49–51

1701 PONTANI, F. M. *Nonniana* – MusPat 1 (1983) 353–378

1702 VOLPE CACCIATORE, P. *Sulla Parafrasi di Giovanni di Nonno di Panopoli.* In: *Studi bizantini e neogreci* (cf. 1983, 174) 301–311

Pseudo-Nonnus Panopolitanus

[1387] LATTEUR, D.: Gregorius Nazianzenus

Novatianus

[1870] FERRARINI, A.: Socrates Scholasticus

1703 KELLY, D. F. *The beneficial influence of Stoic logic and epistemology on early Christian theology, with particular reference to Novatian of Rome.* In: *Sprache und Erkenntnis im Mittelalter 2.* Berlin: de Gruyter (1981) 817–825

1704 LUPIERI, E. *Novatien et les Testimonia d'Isaïe.* In: *Studia Patristica 17* (cf. 1981/82, 283b) II, 803–807

Oecumenius

[2558] MONACI CASTAGNO, A.: Specialia in Novum Testamentum

Origenes

1705 *[Origenes] Werke, III: Jeremiahomilien. Klageliederkommentar.* Hrsg. von E. KLOSTERMANN; 2. bearb. Aufl. hrsg. von P. NAUTIN [GCS]. Berlin: Akad.-Verlag 1983. XLIX, 368 pp.

1706 *[Origenes] Origenes. Der Kommentar zum Evangelium nach Matthäus.* Eingeleitet, übersetzt und mit Anmerkungen versehen von HERMANN-JOSEF VOGT. *Erster Teil: Einleitung und Übersetzung Buch X-XIII* [BGL 18]. Stuttgart: Hiersemann 1983. X, 346 pp.

1707 *[Origenes] Origène. Philocalie, 1-20: Sur les écritures.* Introd., texte, trad. et notes de M. HARL. *Lettre à Africanus sur l'histoire de Suzanne.* Introd., texte, trad. et notes de N. DE LANGE [SC 302]. Paris: Éd. du Cerf 1983. 608 pp.

[662] *Origène. Grégoire d'Elvire. Saint Bernard: Le Cantique des Cantiques:* Auctores

1708 *[Origenes] Orygenes. Homilie o Księdze Jeremiasza. – Komentarz do Lamentacji Jeremiasza.-Homilie o Księgach Samuela i Księgach Królewskich.* Przekład i opracowanie STANISŁAW KALINKOWSKI. Wstęp EMIL STANULA [PSP 30]. Warszawa: Akademia Teologii Katolickiej 1983. 358 pp.

[2540] ADKIN, N.: Specialia in Vetus Testamentum

[1589] ALBERT, B. S.: Isidorus Hispalensis

1709 ANASEAN, Y. S. *Une leçon symmachienne dans les manuscrits arméniens de la Bible. Pour une histoire du texte des Hexaples d'Origène* – REArm 17 (1983) 201–205

1710 BABCOCK, HAROLD E. *Origen's anti-gnostic polemic and the doctrine of universalism* – UnitUnivChr 38 (1983) 53–59

1711 BASKIN, J. R. *Origen on Balaam; the dilemma of the unworthy prophet* – VigChr 37 (1983) 22–35

1712 BLANC, CÉCILE *L'attitude d'Origène à l'égard du corps et de la chair.* In: *Studia Patristica 17* (cf. 1981/82, 283b) II, 843–858

1713 BLANC, C. *Jésus est Fils de Dieu. L'interprétation d'Origène* – BLE 84 (1983) 5–18

1714 BONGRANI FANFONI, L. *Sacrificio e redenzione in Origene e Plotino.* In: *Atti della Settimana Sangue . . ., III* (cf. 1983, 91) 1175–1179

[2535] BRÉSARD, L.: Specialia in Vetus Testamentum

1715 BUZESCU, N. *Titlurile (denumirile) lui Hristos, Fiul lui Dumnezeu la Origen (= Titel [Bezeichnungen] für Christus den Sohn Gottes bei Origenes)* – MitrOlt (1982) 674–688

1716 COCCHINI, F. *Sangue della circoncisione e sangue della redenzione in Origene. Dall'ombra alla realtà, dal particolare all'universale.* In: *Atti della Settimana Sangue . . ., III* (cf. 1983, 91) 1165–1174

1717 COX, CLAUDE *Origen's Use of Theodotion in the Elihu Speeches* – SecCent 3 (1983) 89–98

1718 CROUZEL, H. *L'anthropologie d'Origène; de l'archê au telos.* In: *Arché e Telos* (cf. 1981/82, 158a) 36–57

1719 CROUZEL, H. *Chronique origénienne* – BLE 84 (1983) 115–124

1720 CROUZEL, H. *Les études sur Origène des douze dernières années* – EtThR 58 (1983) 97–107

1721 CROUZEL, HENRI *Actualité d'Origène. Rapport de la foi et des cultures. Une thélogie en recherche.* In: *Studia Patristica 17* (cf. 1981/82, 283b) II, 859–871

1722 DALY, ROBERT J. *Sacrificial Soteriology in Origen's Homilies on Leviticus.* In: *Studia Patristica 17* (cf. 1981/82, 283b) II, 872–878

1723 DILLON, J. *Origen's doctrine of the Trinity and some later Neoplatonic theories.* In: *Neoplatonism and Christian Thought* (cf. 1983, 141) 19–23

[422] DILLON, J.: Philosophica

1724 FADABINI, S. *Aspetti polemici dell'interpretazione origeniana dell'antico Testamento* – AtPavia 61 (1983) 529–534

1725 FALLA, C. *L'apologie d'Origène par Pierre Halloix < 1648>* [Bibliothèque de la Faculté de Philosophie et Lettres de l'Université de Liège. Fasc. 238]. Paris: «Les Belles Lettres» 1983. XXX, 194 pp.

[868] FERWERDA, R.: Augustinus

1726 FRÜCHTEL, E. *Origenes interpres aut dogmatistes* [deutsch]. In: *Studia Patristica 17* (cf. 1981/82, 283b) II, 879–896

1727 GEYER, C. F. *Zu einigen theologischen Voraussetzungen der Geschichtsphilosophie bei Origenes* – FS 64 (1982) 1–18

[2553] GORDAY, P.: Specialia in Novum Testamentum

1728 GRANT, R. M. *Paul, Galen, and Origen* – JThS 34 (1983) 533–536

1729 GRIBOMONT, J. *Origene e il sangue. Ambivalenza dell'Alessandrino*. In:
       Atti della Settimana Sangue . . ., III (cf. 1983, 91) 1095–1142
1730 HALTON, THOMAS *The New Origen, Peri Pascha* — GrOrthThR 28
       (1983) 73–80
1731 HANSON, R. P. C. *Was Origen Banished From Alexandria?* In: *Studia
       Patristica 17* (cf. 1981/82, 283b) II, 904–906
1732 KALINKOWSKI, S. *Pneumatologia Orygenesa (= Origenes quid de Spi-
       ritu Sancto docuerit)* — CoTh 53,1 (1983) 43–56
[2380] KÖTTING, B.: Vita christiana, monastica
1733 LEDEGANG, F. *Images of the Church in Origen: the girdle (Jeremiah 13,
       1-11)*. In: *Studia Patristica 17* (cf. 1981/82, 283b) II, 907–911
[22] LONGOSZ, S.: Historia patrologiae
1734 LORENZI, L. DE *Lo spirito della carne e del sangue di Cristo nel c. 5 dell'
       homilia in Leviticum 7 di Origene*. In: *Atti della Settimana Sangue . . .,
       III* (cf. 1983, 91) 1143–1164
1735 LORENZI, L. DE *La croce «segno» del cristiano. Note di spiritualità
       origeniana a proposito di Mt 16,24* — Benedictina 30 (1983) 9–30
1736 MEES, M. *Origenes über Jesu Selbstzeugnis nach Joh 5, 19-30* — Latera-
       num 49 (1983) 247–256
[587] MICHAELS, J. R.: Novum Testamentum
1737 MOSS, CARL MICHAEL *Origen's commentary on John, Book 13: a
       translation with annotations* [Ph. d. Diss.]. Louisville, Ky.: The Sou-
       thern Baptist Theological Seminary 1982. 206 pp.
1738 NASIŁOWSKI, K. *De primatus Potestate ex Sententia Origenis explicata* —
       Apollinaris 56 (1983) 191–232
[1467] NAUTIN, P.: Hieronymus
1739 NEAGA, N. *Origen, tîlcuitor al Sfintei Scripturi (= Origenes, Ausleger
       der Heiligen Schrift)* — IBSibiu (1981) 282–284
1740 NEMESHEGYI, P. *Quelques remarques regardant l'établissement du texte
       et de la traduction du Commentaire d'Origène sur S. Jean* — BLE 84
       (1983) 217–221
[2304] PATTERSON, C. G.: Trinitas
1741 PATTERSON, C. G. *Origen. His Place in Early Greek Christian Thought*.
       In: *Studia Patristica 17* (cf. 1981/82, 283b) II, 924–943
1742 PAZZINI, D. *In principio era il Logos. Origene e il prologo del vangelo di
       Giovanni* [Studi Biblici 64]. Brescia: Paideia ed. 1983. 142 pp.
1743 RAASTED, J. *Naerlaesning og filologisk metode. Om Origenes' bibelfor-
       tolkning* — MT (1980) Nr. 40–43 481–494
1744 RAPALLO, U. *Il sangue nel Levitico. La parola e il testo. (Saggio di
       ermeneutica origeniana)*. In: *Atti della Settimana Sangue . . ., III* (cf.
       1983, 91) 327–352
1745 REIJNERS, G. Q. *Das Wort vom Kreuz. Kreuzes- und Erlösungssymbo-
       lik bei Origenes* [BonnBK 13]. Köln: Böhlau 1983. XV, 112 pp.
1746 RIST, J. M. *Beyond Stoic and Platonist. A sample of Origen's treatment of*

philosophy (Contra Celsum: 4.62–70). In: *Platonismus und Christentum* (cf. 1983, 153) 228–238

1747 RIUS CAMPS, J. *La hipótesis origeniana sobre el fin último. Intento de valoración.* In: *Arché e Telos* (cf. 1981/82, 158a) 58–121

[2534] ROSE, A.: Specialia in Vetus Testamentum

1748 SFAMENI GASPARRO, G. *Restaurazione dell'immagine del celeste e abbandono dell'immagine del terrestre nella prospettiva origeniana della doppia creazione.* In: *Arché e Telos* (cf. 1981/82, 158a) 231–273

1749 SFAMENI GASPARRO, GIULIA *La doppia creazione di Adamo e il tema paolino dei due uomini nell' esegesi di Origene.* In: *Studia Patristica 17* (cf. 1981/82, 283b) II, 897–903

[2357] SFAMENI GASPARRO, G.: Anthropologia

[1327] SIMONETTI, M.: Eusebius Caesariensis

[2358] STEAD, G. CH.: Anthropologia

[2521] STROUMSA, G.: Specialia in Vetus Testamentum

1750 STROUMSA, GEDALIAHU *The Incorporeality of God. Context and Implications of Origen's Position* – Religion 13 (1983) 345–358

[2530] TORJESEN, K. J.: Specialia in Vetus Testamentum

1751 TRIGG, JOSEPH WILSON *Origen. The Bible and philosophy in the third-century church.* Atlanta, Ga.: J. Knox 1983. 300 pp.

1752 TRIGG, J. W. *A Fresh Look at Origen's Understanding of Baptism.* In: *Studia Patristica 17* (cf. 1981/82, 283b) II, 959–965

1753 ULLMANN, WOLFGANG *Hermeneutik und Semantik in der Bibeltheologie des Origenes dargestellt anhand von Buch 10 seines Johanneskommentares.* In: *Studia Patristica 17* (cf. 1981/82, 283b) II, 966–977

Pseudo-Origenes

1754 MAHÉ, J. P. *Origène et la baleine. Un fragment pseudo-origénien sur Job et le dragon en traduction arménienne* – REArm 14 (1980) 345–365

Orosius

1755 *[Orosius] Historia contra los paganos. Historiarum adversum paganos libri septem.* Estudio preliminar, versión y notas de ENRIQUE GALLEGO-BLANCO [Biblioteca universitaria Puvill 1. Estudios 4.]. Barcelona: Puvill 1983. 343 pp.

1756 BESSONE, L. *Annibali sulle Alpi nella tradizione liviana* – Numismatica e Antichità classiche. Quaderni Ticinesi (Lugano) 12 (1983) 141–150

1757 CARDOSO, J. *Notulas sobre Paulo Orosio* – BracAug 36 (1982) 285–304

1758 FIRPO, G. *Osservazioni su temi orosiani (a proposito di alcune recenti pubblicazioni)* – Apollinaris 56 (1983) 233–263

1759 MARTELLI, F. *Reazione antiagostiniana nelle Historiae di Orosio?* – RSA 12 (1982) 217–239

1760 SÁNCHEZ SALOR, E. *El significado de la mezcla de géneros y estilos en la*

Historia universal de Orosio. In: *Unidad y pluralidad, II* (cf. 1983, 191) 389–398

[704] SCHOENDORF, K.: Auctores

[709] SUERBAUM, W.: Auctores

1761 TANZ, S. *Orosius im Spannungsfeld zwischen Eusebius von Caesarea und Augustin* — Klio 65 (1983) 337–346

Orsiesius

[663] *Regels van de Heilige Pachomius. Het Boek van Orsiesius:* Auctores

Ossius Cordubiensis

[771] KLEIN, R.: Athanasius Alexandrinus

Pachomius Monachus

[663] *Regels van de Heilige Pachomius:* Auctores

1762 BACHT, H. *Das Vermächtnis des Ursprungs, II: Pachomius, der Mann und sein Werk* [Studien zur Theologie des geistlichen Lebens 8]. Würzburg: Echter 1983. 326 pp.

1763 CRANENBURGH, H. VAN *Het Pachomiaanse monachisme. Zijn kenmerken en zijn spiritualiteit* [Monastieke cahiers 24]. Bonheiden: Abdij Bethlehem 1983. 272 pp.

1764 GOEHRING, J. E. *Pachomius' vision of heresy. The development of a Pachomian tradition* — Mu 95 (1982) 241–262

1765 VOGÜÉ, A. DE *Deux réminiscences scripturaires non encore remarquées dans les Règles de saint Pachôme et de saint Benoît* — StMon 25 (1983) 7–11

Pacianus

1766 ANGLADA, ANGEL *Otra vez «Aqua cum in penitis ignibus ferverit, supplicio nutriente reparabitur» (Paciano, Paen. XI, 5)* — Faventia 5 (1983) 83–90

1767 ANGLADA, ANGEL *Notes per una traducció catalana del «De Paenitentibus» de Pacià de Barcelona* — Faventia 5 (1983) 90–92

1768 ANGLADA, A. *Unes suposades cites de Virgili en Pacia.* In: *Societat espanyola d'estudis clàssics. Actes del VIe simposi* (cf. 1983, 169) 265–268

1769 ANGLADA ANFRUNS, A. *Las obras de Paciano publicadas por V. Noguera y edición crítica del Liber de paenitentibus.* Valencia: Secretariado de Publicaciones de la Universidad 1982. 92 pp.

Palladius Helenopolitanus

1770 MEYER, R. T. *Palladius as Biographer and Autobiographer.* In: *Studia Patristica 17* (cf. 1981/82, 283b) I, 66–71

Pamphilus Berytensis

1771 ERA, A. DELL' *La misura della verità. Panfilo, Apologeticus pro Origene Rufino interprete, PG XVII 545,39–47* – BollClass 4 (1983) 68–71
1772 ERA, A. DELL' *I termini greci nell'Apologeticus Pamphili pro Origene Rufino interprete* – BolClass 4 (1983) 72–76

Papias Hieropolitanus

[2410] GREGORY, J. G.: Novissima
1773 GUETTGEMANNS, E. *In welchem Sinne ist Lukas Historiker? Die Beziehung von Luk 1,1–4 und Papias zur antiken Rhetorik* – LinBibl 54 (1983) 9–26
1774 KÖRTNER, ULRICH H. J. *Papias von Hierapolis. Ein Beitrag zur Geschichte des frühen Christentums* [FRLANT 133]. Göttingen: Vandenhoeck und Ruprecht 1983. 371 pp.
1775 KÜRZINGER, JOSEF *Papias von Hierapolis und die Evangelien des Neuen Testaments. Ges. Aufsätze, Neuausg. u. Übers. d. Fragm., komm. Bibliographie* [Eichstätter Materialien 4]. Regensburg: Pustet 1983. 250 pp.
1776 YARBROUGH, ROBERT W. *The Date of Papias. A Reassessment* – JETS 26 (1983) 181–191

Patres Apostolici

1777 *[Patres Apostolici] Apostolische Vaders 2. Brief van Barnabas. Fragmenten van Papias. Brief aan Diognetus (met fragmenten uit de prediking van Petrus). Apologie van Quadratus. Pastor van Hermas.* Vertaald, ingeleid en toegelicht door A. F. J. KLIJN. Kampen: J. H. Kok 1983. 250 pp.
[1258] EHRMAN, B. D.: Didymus Alexandrinus
1778 HINSON, E. G. *Evidence of Essene Influence in Roman Christianity. An Inquiry.* In: *Studia Patristica 17* (cf. 1981/82, 283b) II, 697–701
1779 UNNIK, W. C. VAN *Zur Bedeutung von ταπεινοῦν τὴν ψυχήν bei den Apostolischen Vätern.* In: *Sparsa Collecta* (cf. 1983, 192) 71–76
[2337] WINLING, R.: Soteriologia

Patricius Hibernorum

1780 BRADLEY, D. R. *The "Rhetorici" in the "Confessio" of Patrick* – JThS 34 (1983) 536–554
1781 HANSON, R. P. C. *The life and writings of the historical Saint Patrick.* New York: Seabury Press 1983. 138 pp.
1782 HANSON, R. P. C. *Witness from St. Patrick to the creed of 381* – AB 101 (1983) 297–299

Paulinus Mediolanensis

1783   BEARZOT, C. *Osservazioni su CIL V, 6435. Per una localizzazione della legenda della fuga di S. Ambrogio (Paul. Vita Ambr. 8,1)* — Aevum 57 (1983) 109–122

1784   LAMIRANDE, ÉMILIEN *Paulin de Milan et la «Vita Ambrosii». Aspects de la religion sous le Bas-Empire* [Recherches. Théologie 30]. Paris; Tournai: Desclée; Montreal: Bellarmin 1983. 206 pp.

Paulinus Nolanus

[83]   *Atti del Convegno XXXI cinquantenario . . .:* Collectanea et miscellanea

1785   COSTANZA, S. *Rapporti letterari tra Paolino e Prudenzio.* In: *Atti del Convegno . . . S. Paolino di Nola* (cf. 1983, 83) 25–65

1786   CROUZEL, H. *L'epitalamio di San Paolino, il suo contenuto dottrinale.* In: *Atti del Convegno . . . S. Paolino di Nola* (cf. 1983, 83) 143–147

[2094]   CROUZEL, H.: Missa, sacramenta, sacramentalia

1787   ERRICHIELLO, M. *Ex abundantia cordis os loquitur nell'Epistolario di Paolino di Nola* — Campania sacra 13–14 (Napoli d'Auria 1982/83) 57–69

[282]   FATAS CABEZA, G.: Opera ad historiam

1788   GELSOMINO, R. *L'epitalamio di Paolino di Nola per Giuliano e Titia (carme 25).* In: *Atti del Convegno . . . S. Paolino di Nola* (cf. 1983, 83) 213–230

1789   KIRSCH, W. *Die Natalicia des Paulinus von Nola als Mittel ideologischer Beeinflussung* — Klio 65 (1983) 331–336

1790   LEANZA, S. *Aspetti esegetichi dell' opera di Paolino di Nola.* In: *Atti del Convegno . . . S. Paolino di Nola* (cf. 1983, 83) 67–91

1791   NAZZARO, A. V. *La parafrasi salmica di Paolino di Nola.* In: *Atti del Convegno . . . S. Paolino di Nola* (cf. 1983, 83) 93–119

1792   PANI ERMINI, L. *Testimonianze monumentali di Paolino a Nola.* In: *Atti del Convegno . . . S. Paolino di Nola* (cf. 1983, 83) 161–181

1793   PRETE, S. *Paolino agiografo. Gli atti di S. Felice di Nola, carm. 15–16.* In: *Atti del Convegno . . . S. Paolino di Nola* (cf. 1983, 83) 149–159

1794   QUACQUARELLI, A. *Una consolatio cristiana, Paul. Nol., Carm. 31.* In: *Atti del Convegno . . . S. Paolino di Nola* (cf. 1983, 83) 121–142

1795   RALLO FRENI, R. *Il testo dei Salmi nell'utilizzazione dell'opera di Paolino di Nola.* In: *Atti del Convegno . . . S. Paolino di Nola* (cf. 1983, 83) 231–252

1796   RUGGERO, A. *Carme 21. Nola crocevia dello spirito.* In: *Atti del Convegno . . . S. Paolino di Nola* (cf. 1983, 83) 183–212

1797   SALVATORE, A. *Immagini bibliche e strutture discorsive. La lettera 11 di Paolino.* In: *Atti del Convegno . . . S. Paolino di Nola* (cf. 1983, 83) 253–280

[1618] STRATI, R.: Iulianus Toletanus
1798 TIBILETTI, C. *Paolino di Nola e famiglie di clerici* — Vichiana 11 (1982) 305–310
[405] WELTEN, P.: Opera ad historiam

Pelagius Monachus

1799 GARCIA-ALLEN, C. A. *Was Pelagius Influenced by Chromatius of Aquileia?* In: *Studia Patristica 17* (cf. 1981/82, 283b) III, 1251–1257

Petrus Chrysologus

1800 SPINELLI, M. *Sangue, martirio e redenzione in Pier Crisologo.* In: *Atti della Settimana Sangue . . ., II* (cf. 1983, 90) 529–546
1801 SPINELLI, M. *La simbologia ecclesiologica di Pier Crisologo.* In: *Atti della Settimana Sangue . . ., II* (cf. 1983, 90) 547–562

Petrus Iberus

[1271] *Le Recueil aréopagitique. Denys l'Aréopagite et Pierre l'Ibère . . .:* Pseudo-Dionysius Areopagita

Philo Carpasianus

1802 CERESA-GASTALDO, A. *Il sangue nel commento al Cantici di Filone di Carpasia.* In: *Atti della Settimana Sangue . . ., II* (cf. 1983, 90) 495–502

Philostorgius

1803 FIACCADORI, G. *Teofilo Indiano, I: Le origini* — SCO 33 (1983) 295–331
[369] ROQUES, D.: Opera ad historiam

Philoxenus Mabbugensis

[2269] BEGGIANI, S. J.: Doctrina auctorum

Photinus Sirmiensis

1804 SPELLER, L. A. *New light on the Photinians. The evidence of Ambrosiaster* — JThS 34 (1983) 99–113

Physiologus

1805 COX, PATRICIA *The Physiologus. A Poïēsis of Nature* — ChH 52 (1983) 433–443
1806 TREU, U. *Vom Löwen bis zum Wildesel. Die dritte, sogenannte pseudobasilianische Redaktion des Physiologus.* In: *Festschrift für Fairy von Lilienfeld zum 65. Geburtstag* (cf. 1983, 103) 446–478

Polycarpi Martyrium

1807 DEHANDSCHUTTER, B. *Le Martyre de Polycarpe et le développement de la conception du martyre au deuxième siècle.* In: *Studia Patristica 17* (cf. 1981/82, 283b) II, 659–668

Possidius

1808 PIZZICA, M. *Possidio e la caduta di Ippona* – RomBarb 7 (1982/83) 181–199

Priscillianus

[245] BIRLEY, A. R.: Opera ad historiam
1809 BLÁZQUEZ MARTÍNEZ, J. M. *Priscillianismo introductor del ascetismo en Gallaecia.* In: *Primera reunión gallega* (cf. 1983, 154) 210–236
1810 GOOSEN, A. B. *Algunas observationes sobre la neumatología de Priscilliano.* In: *Primera reunión gallega* (cf. 1983, 154) 237–242
[370] ROUSSELLE, A.: Opera ad historiam

Proba

1811 CLARK, ELIZABETH A. *The Virgilian Cento of Faltonia Betitia Proba.* In: *Studia Patristica 17* (cf. 1981/82, 283b) I, 412–416
[674] CONSOLINO, F. E.: Auctores

Probus Byzantius

1812 DECLERCK, J. H. *Probus, l'ex-jacobite et ses Ἐπαπορήματα πρὸς Ἰακωβίτας* – Byzan 53 (1983) 213–232

Probus (Valerius)

[480] BERNARDINI, R.: Palaeographica atque manuscripta

Proclus Constantinopolitanus

1813 AUBINEAU, M. *Un inédit fantôme. Proclus, In transfigurationem (BHG 1974s)* – AB 101 (1983) 423–424

Procopius Gazaeus

1814 *[Procopius Gazaeus] Un nuovo testimone della Catena sull'Ecclesiaste di Procopio di Gaza, il Cod. Vindob. Theol. Gr. 147.* Hrsg. SANDRO LEANZA [CChr. Ser. Graeca. 4, Suppl.]. Turnhout: Brepols; Leuven: Univ. Press. 1983. 35 pp.
1815 BALDWIN, B. *An early Byzantine echo of Vergil?* – Her 111 (1983) 127–128

Prosper Aquitanus

1816 MARCOVICH, M. *The text of St. Prosper's De providentia Dei* – IClSt 8 (1983) 108–121

Prudentius

1817 *[Prudentius] Prudencio. Contra Símmac, llibres I–II.* Text rev. per M. P. CUNNINGHAM; trad. de N. REBULL; amb la collab. de M. DOLÇ. Barcelona: Fund. Bernat Metge 1983. 107 pp.

1818 BROSCIUS, M. *De librorum Prudentii Inscriptionibus Graecis* – Eos 70,2 (1983) 191–197

1819 CHARLET, JEAN LOUIS *Prudence et la Bible* – RechAug 18 (1983) 3–149

[1785] COSTANZA, S.: Paulinus Nolanus

1820 EVENEPOEL, W. *La présence d'Ovide dans l'œuvre de Prudence* – Caesarodunum 17 bis (1982) 165–176

1821 EVENEPOEL, W. *Prudentius' hymnus ante cibum (Cath. 3)* – Maia 35 (1983) 125–135

[282] FATAS CABEZA, G.: Opera ad historiam

1822 GNILKA, C. *Exegetische Bemerkungen zu Prudentius' Hamartigenie* – Her 111 (1983) 338–362

1823 HENDERSON, W. J. *Violence in Prudentius' Peristephanon* – Akroterion 28 (1983) 84–92

1824 HENKE, RAINER *Studien zum Romanushymnus des Prudentius* [Europäische Hochschulschriften Reihe 15]. Frankfurt am Main; Bern; New York, N. Y.: Lang 1983. 185 pp.

1825 LIÉBANA PÉREZ, JOSÉ *Las glosas de Isón: notas sobre un comentario carolingio a la obra de Prudencio* – ECl 25 (1981/83) 225/256

1826 PARATORE, E. *Prudenzio fra antico e nuovo.* In: *Convegno internazionale . . . San Gregorio Magno* (cf. 1981/82, 188) 51–86

1827 PASCUAL TORRÓ, JOAQUIN *Función del Espíritu Santo en la Encarnación según Aurelio Prudencio* – AnVal 9 (1983) 347–359

1828 RODRÍGUEZ HERRERA, I. *Antropología prudenciana: C. 3, 186 ss.* In: *Antigüedad clásica y cristianismo* (cf. 1983, 160) 265–271

1829 RODRÍGUEZ HERRERA, I. *Mariología en Prudencio.* In: *Antigüedad clásica y cristianismo* (cf. 1983, 160) 409–420

1830 RODRÍGUEZ HERRERA, I. *Prudencio, poeta de la Hispanidad.* In: *Antigüedad clásica y cristianismo* (cf. 1983, 160) 421–434

[704] SCHOENDORF, K.: Auctores

1831 STAP, T. VAN DER *Prudentius en zijn hymnen* – WLL 4 (1983/84) 27–33

1832 STAP, T. VAN DER *Ales diei nuntius. Enkele opmerkingen over het vertalen van Prudentius' hymnen* – WLL 4 (1983/84) 34–37

[542] WIELAND, G. R.: Palaeographica atque manuscripta

Quodvultdeus

[2540] ADKIN, N.: Specialia in Vetus Testamentum

Regula Magistri

1833 FRANK, K. S. *Zur Anthropologie der Regula Magistri.* In: *Studia Patristica 17* (cf. 1981/82, 283b) II, 477–490

Remigius Episcopus Remensis

1834 SCHÄFERDIEK, K. *Remigius von Reims. Kirchenmann einer Umbruchszeit* − ZKG 94 (1983) 256–278

Romanus Melodus

1835 FOLLIERI, E. *La catechesi ecclesiologica di Romano il Melodo.* In: *Ecclesiologia e catechesi patristica* (cf. 1981/82, 196) 241–253

1836 GROSDIDIER DE MATONS, J. *Aux origines de l'hymnographie byzantine. Romanos le Mélode et le Kontakion.* In: *Liturgie und Dichtung, I* (cf. 1983, 125) 435–463

1837 HUNGER, HERBERT *Romano il Melode – poeta, predicatore, retore – e il suo pubblicio* − RöHM 25 (1983) 305–332

1838 KODER, J. *Kontakion und politischer Vers* − JÖB 33 (1983) 45–56

1839 PETERSEN, WILLIAM L. *Romanos and the Diatesseron. Reading and Method* − NTS 29 (1983) 484–507

1840 QUISPEL, G. *The Diatessaron of Romanos.* In: *New Testament textual criticism* (cf. 1979/80, 241) 305–311

1841 VOICESCU, MIHAIL *Nasterea Domnului in creatia imnografica Roman Melodul (= Die Geburt des Herrn im hymnologischen Schaffen des Heiligen Romanus des Meloden)* − StBuc 35 (1983) 18–27

Rufinus Aquileiensis

1842 *[Rufinus Aquileiensis] Rufinus Aquileiensis. De adulteratione librorum Origenis.* Ed. crit. a cura di A. DELL'ERA [Collana di testi stor. 15]. L'Aquila: Japadre 1983. 99 pp.

1843 BROOKS, E. C. *The Translation Techniques of Rufinus of Aquileia (343–411).* In: *Studia Patristica 17* (cf. 1981/82, 283b) I, 357–364

1844 CHRISTENSEN, T. *Rufinus fra Aquileia og Eusebius Historia ecclesiastica, lib. VIII–IX* − MT (1980) Nos 40–43 495–519

[495] ERA, A. DELL': Palaeographica atque manuscripta

[1771] ERA, A. DELL': Pamphilus Berytensis

[1772] ERA, A. DELL': Pamphilus Berytensis

1845 GŁADYSZEWSKI, L. *Rufinowa katecheza Symbolu (= De Symbolo a Rufino exposito)* − StGnes 6 (1981) 9–64

1846　Thélamon, Françoise *Une œuvre destinée à la communauté chrétienne d'Aquilée. L'Histoire ecclésiastique de Rufin* — AnAl 22 (1982) 255–271

Rufinus Syrus

1847　Dunphy, W. *Rufinus the Syrian's "Books"* — AugR 23 (1983) 523–530

Salvianus Massiliensis

1848　*[Salvianus] Salvianus. An die Kirche. Des Timotheus vier Bücher an die Kirche. Der Brief an den Bischof Salonius.* Dt. Übersetzung von A. Mayer; bearb. von N. Brox [Schriften der Kirchenväter 3]. München: Kösel 1983. 175 pp.

1849　Henss, W. *Die Integrität der Bibelübersetzung im religiösen Denken des 5. Jahrhunderts (Zum geistigen Umfeld von Salvians gub. V,2 § 5 ff.).* In: *The Bible and medieval culture* (cf. 1983, 86) 35–57

1850　Maass, E. *Salvians Sozialkritik – christlich-moralische oder klassenmäßige Gründe? (Resümee).* In: *Historisch-archäologische Quellen und Geschichte* (cf. 1983, 112) 149–154

1851　Nakhov, I. *L'homme et le monde dans l'œuvre de Salvien de Marseille* [en russe] — AUB 8 (1980) 33–46

1852　O'Donnell, James J. *Salvian and Augustine* — AugSt 14 (1983) 25–34

Secundus Tridentinus

1853　Gardiner, K. *Paul the Deacon and Secundus of Trento.* In: *History and historians in late antiquity* (cf. 1983, 113) 147–154

Severianus Gabalensis

1854　Aubineau, Michel *Un traité inédit de christologie de Sévérien de Gabala «In Centurionem et contra Manichaeos et Apollinaristas». Exploitation par Sévère d'Antioche (519) et le Synode du Latran (649).* Genève: P. Cramer 1983. 166 pp.

Severus Antiochenus

[1331]　Allen, P.: Eustathius Monachus
[1854]　Aubineau, M.: Severianus Gabalensis
1855　Brakmann, Heinzgerd *Severos unter den Alexandrinern. Zum liturgischen Diptychon in Boston* — JAC 26 (1983) 54–58

Severus Minoricensis

1856　Demougeot, E. *L'évêque Sévère et les Juifs de Minorque au Vᵉ siècle.* In: *Majorque, Languedoc et Roussillon de l'antiquité à nos jours.* Montpellier: Fédération historique du Languedoc médit. et du Roussillon (1982) 13–34

Sexti Sententiae

[2418] *Les Sentences de Sextus . . .:* Gnostica

1857 CARLINI, A. *Ventun sentenze di Sesto in un papiro inedito di Barcellona (P. Palau Rib. inv. 225ᵛ)* – SCO 33 (1983) 113–116

1858 EVANS, G. R. *The sentences of Sextus in the Middle Ages* – JThS 34 (1983) 554–555

Sidonius Apollinaris

1859 BONJOUR, M. *Personnification, allégorie et prosopopée dans les Panégyriques de Sidoine Apollinaire* – Vichiana 11 (1982) 5–17

1860 BONJOUR, M. *Sidoine Apollinaire et l'empire.* In: *La patrie gauloise* (cf. 1983, 150) 203–217

1861 COLTON, R. E. *Echoes of Juvenal in Sidonius Apollinaris* – ResPL 5,2 (1982) 59–74

1862 CZÚTH, B. *Coniuratio Marcellana oder Marcelli(ni)ana? Sidonius Apollinaris, Ep. I.11,5–6* – AcAl 19 (1983) 113–122

1863 HARRISON, GEOFFREY TODD *The verse panegyrics of Sidonius Apollinaris: poetry and society in late antique Gaul* [Ph.d. Diss.]. Stanford University 1983. 265 pp.

1864 MESTURINI, A. M. *Due asterischi su Sidonio Apollinare* – Sandalion 5 (1982) 263–276

1865 SÁNCHEZ SALOR, E. *La última poesía latino-profana. Su ambiente* – ECl 25 (1981/83) 111–162

1866 VERDIÈRE, R. *Caesarea puella* – Helmántica 34 (1983) 619–624

Simeon bar Sabbaeus

1867 MIAN, FRANCA *Un inno «responsoriale» attribuito a S. Simeone Bar Sabba'e, Catholicòs di Seleucia-Ctesifonte, martire (341 d. C.)* – Ant 58 (1983) 474–478

Sinuthius

1868 COZBY, DIMITRI *Abba Shenute of Atripe: first homily on the patriarchs* – CopticChurchR 4 (1983) 17–20

[507] KUHN, K. H.: Palaeographica atque manuscripta

Socrates Scholasticus

1869 BYZANCE, NORAYR DE *Einige Bemerkungen über die kurze und ausführlichere Kirchengeschichte von Sokrates* – HA 97 (1983) 369–374

1870 FERRARINI, A. *Eresia e storia ecclesiastica. Contributi novaziani alla storiografia di Socrate (Scolastico)* — MusPat 4 (1979) 127–185

1871 ŠIRINJAN, M. S. *La rédaction courte de la traduction arménienne de l'Histoire de l'Église de Socrate le scolastique* [en russe] — ViVrem 43 (1982) 231–240

Sophronius Hierosolymitanus

1872 CAMERON, ALAN *The Epigrams of Sophronius* — CQ 33 (1983) 284–292

Sozomenus

1873 *[Sozomenus] Sozomène. Histoire ecclésiastique, livres I–II.* Texte de l'éd. de J. BIDEZ; introd. par B. GRILLET; G. SABBAH; trad. par A. J. FESTUGIÈRE; annot. par G. SABBAH [SC 306]. Paris: Éd. du Cerf 1983. 388 pp.

Spelunca Thesaurorum

[1683] REININK, G. J.: Pseudo-Methodius Episcopus

Stephanus Alexandrinus

[420] BLUMENTHAL, H.: Philosophica

Stephanus I Papa

1874 HALL, S. G. *Stephen I of Rome and the One Baptism.* In: *Studia Patristica 17* (cf. 1981/82, 283b) II, 796–798

Sulpicius Severus

1875 AUGELLO, GIUSEPPE *La tradizione manoscritta ed editoriale delle opere martiniane di Sulpicio Severo* — Orpheus 4 (1983) 413–426

1876 GHIZZONI, F. *Sulpicio Severo* [Univ. degli Studi di Parma Ist. di Lingua e Lett. lat. 8]. Roma: Bulzoni 1983. 326 pp.

1877 STANCLIFFE, CLARE *S. Martin and his hagiographer. History and miracle in Sulpicius Severus* [OHM]. Oxford: Clarendon Pr. 1983. XIV, 396 pp.

1878 VAESEN, JOS *Sulpicius Severus en Hieronymus.* In: *Pascua mediaevalia* (cf. 1983, 149) 191–203

Symmachus Orator

1879 RODA, S. *Una nuova lettera di Simmaco ad Ausonio? (a proposito di Symm., Ep. IX,88)* — REAnc 83 (1981) 273–280

Synesius Cyrenensis

1880 AUJOULAT, N. *Les avatars de la φαντασία dans le traité des songes de Synésios de Cyrène* — KoinNapoli 7 (1983) 157–177

1881 CATANI, E. *Nota sinesiana. Epist. CXXII; Katast. III,302 B* — Quaderni di Archeologia della Libia (Roma) 8 (1983) 105–110

1882 COTTONE, M. T. *Frammenti di Sinesio di Cirene nel Cod. Marc. Gr. 452.* In: *Studi bizantini e neogreci* (cf. 1983, 174) 79–86

[1373] DOSTÁLOVÁ, R.: Gregorius Nazianzenus

1883 GALLICET, E. *Su alcuni passi degli Inni di Sinesio* — CCC 4 (1983) 409–418

1884 GARZYA, A. *Ai margini del neoplatonismo. Sinesio di Cirene* — AAP 30 (1981) 153–165

1885 LIZZI, R. *Significato filosofico e politico dell'antibarbarismo sinesiano. Il De regno et il De providentia* — RAAN 56 (1981) [1983] 49–62

1886 MEDAGLIA, S. M. *Citazioni in Ammonio e in Sinesio.* In: *Note di esegesi archilochea* (cf. 1983, 133) 92–98

1887 ROQUES, D. *Synésios, évêque et philosophe* — REG 95 (1982) 461–467

[369] ROQUES, D.: Opera ad historiam

Tatianus Syrus

[552] BAARDA, T.: Novum Testamentum

[556] BIRDSALL, J. N.: Novum Testamentum

[428] MANSFELD, J.: Philosophica

Tertullianus

1888 *[Tertullianus] Tertulliano. La testimonianza dell'anima.* Introd., trad. e note di P. A. GRAMAGLIA [LCO Testi 23]. Roma: Ed. Paoline 1982. 213 pp.

1889 *[Tertullianus] Tertulian. Wybór pism II.* Wstęp: CZESŁAW MAZUR; KASIMIERZ OBRYCKI. Opracowanie: WINCENTY MYSZOR; KASIMIERZ OBRYCKI; EMIL STANULA. Przekład: ANDRZEJ CYRYL GURYN; WINCENTY MYSZOR; KASIMIERZ OBRYCKI; EMIL STANULA [PSP 29]. Warszawa: Akademia Teologii Katolickiej 1983. 256 pp.

[1589] ALBERT, B. S.: Isidorus Hispalensis

1890 AZZALI, G. *Sangue e antropologia biblica in Tertulliano.* In: *Atti della Settimana Sangue . . ., III* (cf. 1983, 91) 1039–1054

1891 BALFOUR, I. L. S. *Tertullian's Description of the Heathen.* In: *Studia Patristica 17* (cf. 1918/82, 283b) II, 785–789

1892 BASTIAENSEN, A. A. R. *Tertullian's Reference to the Passio Perpetuae in De Anima 55,4.* In: *Studia Patristica 17* (cf. 1981/82, 283b) II, 790–795

1894 BAYER, C. M. M. *Tertullian zur Schulbildung der Christen. Welche Art des Unterrichts ist Gegenstand der Erörterungen im 10. Kapitel des Werkes De idolatria?* — RQ 78 (1983) 186–191

1895 BRAUN, R.; FREDOUILLE, J. C.; PETITMENGIN, P. *Chronica Tertullianea* – REA 29 (1983) 312–331

1896 BRAUN, R. *Sacré et profane chez Tertullien*. In: *Hommages Schilling* (cf. 1983, 116) 45–52

1897 CHOI, YEONG-CHEUL ALPHONSUS *La «Resurrectio carnis» secondo Q. S. Fl. Tertulliano*. Teildr. [Collectio Urbaniana 3242]. Rom: Pontificia Universitas Urbaniana 1983 [Diss.]. 122 pp.

[853] DOIGNON, J.: Augustinus

1898 FASCIANO, D. *Deos . . . esse nemo negat* [en franç.]. In: *Mélanges offerts en hommage à Étienne Gareau* (cf. 1981/82, 231) 191–195

1899 FREDOUILLE, J. C. *Tertullien et la culture antique*. In: *Mélanges offerts en hommage à Étienne Gareau* (cf. 1981/82, 231) 197–206

[679] GAMA, J.; PINHEIRO, A. S.: Auctores

1900 GOOCH, JOHN OSBORN *The concept of holiness in Tertullian* [Ph.d. Diss.]. Saint Louis University 1983. 155 pp.

1901 GRAMAGLIA, P. A. *Le semantiche del sangue in Tertulliano*. In: *Atti della Settimana Sangue . . .*, *III* (cf. 1983, 91) 939–1038

[682] HAGENDAHL, H.: Auctores

1902 HALLONSTEN, G. *Some Aspects of the So-called Verdienstbegriff of Tertullian*. In: *Studia Patristica 17* (cf. 1981/82, 283b) II, 799–802

[471] HAMMAN, A. G.; FROT, Y.: praedicatio

1903 ISETTA, S. *La struttura unitaria del De cultu feminarum di Tertulliano* – CCC 4 (1983) 43–68

[690] KLESCZEWSKI, R.: Auctores

1904 MATTEI, P. *Adam posséda-t-il l'Esprit? Remarques sur l'état primitif de l'homme et le progrès de l'histoire selon Tertullien* – REA 29 (1983) 27–38

1905 PIZZICA, M. *Appunti sul lessico tertullianeo. Conditio* – RCCM 23 (1981) 109–123

1906 POTTS, I. D. *Mithraic converts in army service. A group with special privileges* – Proceedings of the African Classical Association (Salisbury) 18 (1983) 114–117

1907 RAEPSAET-CHARLIER, M. T. *Tertullien et la législation des mariages inégaux* – RIDA 29 (1982) 254–263

1908 ROCA MELIÁ, I. *Significado clásico y bíblico de aevum en Tertuliano* – Faventia 2,2 (1980) 19–33

1909 SCHOLER, D. M. *Tertullian on Jewish Persecution of Christians*. In: *Studia Patristica 17* (cf. 1981/82, 283b) II, 821–828

1910 STOCKMEIER, P. *Gottesverständnis und Saturnkult bei Tertullian*. In: *Studia Patristica 17* (cf. 1981/82, 283b) II, 829–835

[394] STRAUB, J.: Opera ad historiam

1911 STRITZKY, M. B. VON *Aspekte geschichtlichen Denkens bei Tertullian*. In: *Platonismus und Christentum* (cf. 1983, 153) 258–266

[709] SUERBAUM, W.: Auctores

1912 TIBILETTI, C. *Clemente Alessandrino e Tertulliano, B: Tertulliano.* In: *Verginità e matrimonio in antichi scrittori cristiani* (cf. 1983, 188) 71–93

1913 TIBILETTI, C. *Natura e salvezza in Tertulliano* – AugR 23 (1983) 383–397

1914 UGLIONE, R. *Corpus sumus (Tert., Apol. 39)* [en ital.]. In: *Ecclesologia e catechesi patristica* ... (cf. 1981/82, 196) 101–111

Theodoretus Cyrensis

[1388] LEROY-MOLINGHEN, A.: Gregorius Nazianzenus

[2554] LIENHARD, J. T.: Specialia in Novum Testamentum

1915 OUTTIER, B. *La version arménienne du commentaire des Psaumes de Théodoret. Nouveaux témoins de la tradition directe* – REArm 17 (1983) 241–248

[702] SAXER, V.: Auctores

1916 STEWARDSON, JERRY L. *Eucharist and Christology in Theodoret of Cyrus* – BSEB 10 (1983) 1–18

Theodorus Mopsuestenus

1917 *[Theodorus Mopsuestenus] Théodore de Mopsueste. Fragments syriaques du Commentaire des Psaumes (Psaume 118 et Psaumes 138–148).* Éd. et trad. par L. VAN ROMPAY [CSCO 435–436; Scriptores Syri 189–190]. Louvain: Peeters 1982. 88; 112 pp.

1918 CARRARA, P. *Tre estratti da un trattato contro Giuliano (di Teodoro di Mopsuestia?)* – Prometheus 9 (1983) 267–284

1919 GREER, R. A. *The analogy of grace in Theodore of Mopsuestia's christology* – JThS 34 (1983) 241–248

[502] GUIDA, A.: Palaeographica atque manuscripta

[2101] KILMARTIN, E. J.: Missa, sacramenta, sacramentalia

1920 UNNIK, W. C. VAN Παρρησία *in the Catechetical Homilies of Theodore of Mopsuestia.* In: *Sparsa Collecta* (cf. 1983, 192) 134–143

Theodosius Alexandrinus

1921 ROEY, A. VAN *Théodose d'Alexandrie dans les manuscrits syriaques de la British Library.* In: *Studia Paulo Naster oblata, II* (cf. 1983, 178) 287–299

Theophilus Alexandrinus

[475] AUBINEAU, M.: Palaeographica atque manuscripta

Theophylactus Symocatta

1922 WHITBY, M. *Theophanes' Chronicle source for the reigns of Justin II, Tiberius and Maurice (A.D. 565–602)* – Byzan 53 (1983) 312–345

1923 ZANETTO, G. *Inventario dei manoscritti delle Epistole di Teofilatto Simocatta* – Acme 35 (1982) 153–166

Tyconius

[2334] BABCOCK, W. S.: Soteriologia

Ulfilas

1924 LONGOSZ, STANISŁAW *Wulfila – propagator kultury chrześcijańskiej w starożytnej Mezji i Tracji (= Wulfila als Propagandist der christlichen Kultur im antiken Mösien und Thrazien)* [mit dt. Zus.-fass.]. – VoxP 4 (1983) 125–159

Valentinus Gnosticus

[1660] BRUCE, F. F.: Marcion
[1189] DAVISON, J. E.: Clemens Alexandrinus
1925 McGUIRE, ANNE MARIE *Valentinus and the "Gnostike Hairesis". An Investigation of Valentinus's Position in the History of Gnosticism.* Ann Arbor, Mich.: Univ. Microfilms Int. 1983. 325 pp. [Yale University, Diss.]
[2327] ROBINSON, J. M.: Christologia

Valerius Bergidensis

1926 NATALUCCI, N. *L'Epistola del monaco Valerio e l'Itinerarium Egeriae* – GiorFil 35 (1983) 3–24

Venantius Fortunatus

[1981] AUPEST-CONDUCHÉ, D.: Felix Nannetensis
1927 BLOMGREN, S. *Bemerkungen zur Gelesuintha-Elegie des Venantius Fortunatus* – Eranos 81 (1983) 131–138
[1618] STRATI, R.: Iulianus Toletanus

Verecundus Iuncensis

1928 ISETTA, S. *Carmen ad Flavium Felicem. Problemi di attribuzione e reminiscenze classiche* – VetChr 20 (1983) 111–140
1929 MAGAZZÙ, C. *Tecnica esegetica nei Commentari super cantica ecclesiastica di Verecondo di Junca.* Messina: Peloritana Ed. 1983. 155 pp.

Victor Tonnenensis

1930 CROKE, BRIAN *Basiliscus the boy emperor* – GrRoBySt 24 (1983) 81–91

Zacharias Rhetor

1931 LIEU, S. N. C. *An early Byzantine formula for the renunciation of Manichaeism. The Capita VII contra Manichaeos of 'Zacharias of Mytilene'. Introduction, text, translation and commentary* – JAC 26 (1983) 152–218

Zeno Veronensis

1932 *[Zeno Veronensis] I sermoni di Zeno De Abraham.* Introd., ed. e trad., con note, da G. BANTERLI – AMAV 6ᵃSer. 32 (1980/81) 241–261
1933 *Annuario storico zenoniano 1983.* Verona: 1983. 75 pp.
1934 BARELLI, U. *L'Arcadio di Zenone. Contributo alla conoscenza del latino di Zenone Veronese* – AMAV 6ᵃSer. 32 (1980/81) [1984] 139–149
1935 BOCCARDI, V. *Quantum spiritaliter intelligi datur. L'esegesi di Zenone di Verona* – AugR 23 (1983) 453–484
1936 GALLI, A. *Zénon de Vérone dans l'Antiphonaire de Bangor* – RBen 93 (1983) 293–301

Zenobius Edessenus

[665] ANASSIAN, H. S.: Auctores

Zosimi Narratio

1937 DERRETT, J. D. M. *Jewish brahmins and the Tale of Zosimus. A theme common to three religions* – CM 34 (1983) 75–90
1937a McNEIL, BRIAN *Asexuality and the Apocalypse of Zosimus* – HeythropJ 22 (1981) 172–173

3. Hagiographica

a) Generalia

[476] AUBINEAU, M.; LEROY, J.: Palaeographica atque manuscripta
[451] BARRINGER, R. J.: ἀναδοχή, ἀνάδοχος
1938 BOESCH, GAJANO S. *La tipologia dei miracoli nell'agiografia altomedievale. Qualche riflessione* – SMed 5 (1983) 303–312
1939 BOOTH, ALAN D. *Quelques dates hagiographiques: Mélanie l'ancienne, saint Martin, Mélanie la jeune* – Phoenix 37 (1983) 144–151
1940 CAMPANALE, M. I. *In margine ad uno studio sulla figura del vescovo in Gallia nei secoli IV-VI. Aspetti letterari* – InvLuc 3–4 (1981/82) 215–241
1941 CENDERELLI, A. *Riflessioni e ipotesi su un passo degli Atti dei Martiri* – SDHI 49 (1983) 358–371

1942 CONSOLINO, F. E. *Usener e l'agiografia. Legenden der Pelagia e Der Heilige Tychon.* In: *Aspetti di Hermann Usener* . . . (cf. 1983, 81) 161–180

1943 COSTANZA, S. *Per una nuova edizione delle Vitae Sanctorum Siculorum* — SMed 5 (1983) 313–325

1944 DELANEY, J. J. *Dictionary of saints.* Tadworth: Kaye and Ward 1982. 647 pp.

1945 *Eudoxia and the Holy Sepulchre. A Constantinian legend in coptic.* Ed. by T. ORLANDI, introd. and transl. by B. A. PEARSON, hist. study by H. A. DRAKE [Testi e docum. per lo studio dell'antichità 67]. Milano: Ed. Cisalpino-La Goliardica 1981. 191 pp.

[212] FICHTINGER, C.: Subsidia

1946 FINK, H. *Die Botschafter Gottes. Eine Kulturgeschichte der Heiligen.* München: List 1983. 335 pp.

[55] GAIFFIER, B. DE: Bibliographica

1947 *Grandi monaci del primo millennio.* Presentazioni biografiche seguite da testi a cura di M. DONADEO. Roma: Ed. Paoline 1983. 316 pp.

1948 GUIDORIZZI, G. *Motivi fiabeschi nell'agiografia bizantina.* In: *Studi bizantini e neogreci* (cf. 1983, 174) 457–467

[217] HALKIN, F.: Subsidia

[503] HALKIN, F.: Palaeographica atque manuscripta

[317] KERESZTES, P.: Opera ad historiam

1949 KNOBLOCH, J. *Sprache und Religion, II,1: St. Nikolaus – Konzilsvater – Wundertäter – Gabenbringer; 2: Johannes der Täufer – Ivan Kupala. Die Entwicklung europäischer Gemeinsamkeiten in Sprache und Brauchtum aus biblischen Quellen.* Heidelberg: Winter 1983. 69 pp.

1950 LACROIX, L. *Pays légendaires et transferts miraculeux dans les traditions de la Grèce ancienne* — BAB 69 (1983) 72–106

1951 LEONARDI, C. *I modelli dell'agiografia latina dall'epoca antica al medioevo.* In: *Convegno internazionale Passaggio dal mondo antico* . . . (cf. 1981/82, 188) 435–476

1952 LOVEREN, A. E. D. VAN *Once Again: 'The Monk and the Martyr'. St. Anthony and St. Macrina.* In: *Studia Patristica 17* (cf. 1981/82, 283b) II, 528–538

1953 MALINOWSKI, A. *Religijna postawa meczenników w procesach antychrześcijańskich (= Attitude religieuse des martyrs dans les procès antichrétiens)* — RoczTK 29,4 (1982) 167–179

1954 MCDONNELL, THOMAS P. *Saints in due season. Essays of the art of Christian aging.* Huntington, Ind.: Our Sunday Visitor 1983. 147 pp.

1955 MECKING, B. *Christliche Biographien. Beobachtungen zur Trivialisierung in der Erbauungsliteratur* [Europ. Hochschulschriften R. 23 Theol. Bd. 197]. Bern: Lang 1983. 292 pp.

[697] MIAZEK, J.: Auctores

1956 MOORHEAD, J. *Thougths on some early medieval miracles.* In: *Byzantine papers* (cf. 1981/82, 173) 1–11

[1219] MOREAU, M.: Consentius Balearicus
[2065] NEUNHEUSER, B.: Liturgica
　1957　PIOBINOS, PH. Ἕλληνες ἁγιογράφοι μέχρι τὸ 1821. Athènes: 1979. 337 pp.
　1958　*Quellen zur Geschichte der Alamannen V: Weitere hagiographische Texte und amtliches Schriftgut.* Übersetzt von C. DIRLMEIER, durchges. und mit Anm. vers. von K. SPRIGADE, Zeittafel ca. 530–750, bearb. von K. SPRIGADE [Heidelberger Akad. der Wiss. Komm. für Alamannische Altertumskunde 8]. Sigmaringen: Thorbecke 1983. 28 pp.
　1959　*Les saints et les stars. Le texte hagiographique dans la culture populaire.* Études prés. à la Soc. d'Ethnologie Française. Éd.: Musée des Arts et Traditions Populaires 1979. Réunis par JEAN-CLAUDE SCHMITT [Bibliothèque Beauchesne 10]. Paris: Beauchesne 1983. 302 pp.
　1960　SAWARD, J. *Perfect fools. Folly for Christ's sake in catholic and orthodox spirituality.* Oxford: Univ. Pr. 1980. XII, 247 pp.
[702] SAXER, V.: Auctores
　1961　STRAETEN, J. VAN DER *Les manuscrits hagiographiques d'Orléans, Tours et Angers, avec plusieurs textes inédits* [SHG 64]. Bruxelles: Soc. des Bollandistes 1982. 308 pp.
　1962　TKACZ, CATHERINE BROWN *The topos of the tormentor tormented in selected works of Old English hagiography* [Ph. d. Diss.]. University of Notre Dame 1983. 388 pp.
1962a　(WARE,) KALLISTOS (Bishop of Diokleia) *What is a Martyr?* – Sob 5 (1983) 7–18

b) Sancti singuli (in ordine alphabetico sanctorum)

Abo

[556] BIRDSALL, J. N.: Novum Testamentum

Achatius

　1963　*Akta męczeńskie św. Akacjusza (= Acta disputationis Sancti Achatii).* Trad. ANDRZEJ MALINOWSKI – VoxP 4 (1983) 248–256

Afra Augustae Vindelicorum

　1964　BERSCHIN, W. *Am Grab der heiligen Afra. Alter, Bedeutung und Wahrheit der Passio S. Afrae* – Jahrbuch des Vereins für Augsburger Bistumsgeschichte (Augsburg) 16 (1982) 108–121

Alexius Vir Dei

　1965　KÜPPER, A. *Der Stellenwert der Alexiusvita innerhalb der Gattungen der byzantinisch-hagiographischen Liturgik* – OstkiSt 32 (1983) 166–196

Ambrosius Centurio

1966 CARAFFA, F. *S. Ambrogio centurione martire di Ferentino.* In: *Il paleocristiano in Ciociaria* (cf. 1983, 147) 27–38

Ambrosius Mediolanensis

[1783] BEARZOT, C.: Paulinus Mediolanensis
[1784] LAMIRANDE, E.: Paulinus Mediolanensis
1967 PASINI, C. *La Vita premetafrastica di sant'Ambrogio di Milano [BHG 68]. Introduzione, edizione critica e traduzione* – AB 101 (1983) 101–150

Antonius Eremita

[1952] LOVEREN, A. E. D. VAN: Hagiographica
[775] ROLDANUS, J.: Athanasius Alexandrinus

Augustinus

[1808] PIZZICA, M.: Possidius

Basilius Caesariensis

[749] WORTLEY, J.: Pseudo-Amphilochius Iconiensis

Benedictus Nursinus

[1351] CUSACK, P. A.: Gregorius Magnus
1968 HALLINGER, K. *Benedikt von Monte Cassino. Sein Aufstieg zur Geschichte, zu Kult und Verehrung* – RBS 10–11 (1981/82) 77–89
[1361] RECCHIA, V.: Gregorius Magnus
1969 VOGÜÉ, ADALBERT DE; O.S.B. *The meeting of Benedict and Scholastica: an interpretation* – CistStud 18 (1983) 167–183

Brictius Turonensis

1970 SCHOENEN, HANS G. *Der Mann mit den glühenden Kohlen. Leben und Verehrung des heiligen Briktius. L'homme aux charbons ardents* [dt. und frz.]. Rommerskirchen: Edition St. Brictius; Köln: Luthe–Druck sine anno. 172 pp.

Callistratus

1971 HALKIN, F. *La Passion ancienne de S. Callistrate* – Byzan 53 (1983) 233–249

Candida Carthaginiensis

1972 GAIFFIER, BAUDOUIN DE *«Sainte Candida de Carthage» (BHL 1537).* In: *Bivium* (cf. 1983, 87) 121–123

Cosmas et Damianus

1973 BOUVIER, BERTRAND; WEHRLI, CLAUDE *Invitation à la fête des saints Côme et Damien* — StPap 22 (1983) 5–8

Cyprianus Antiochenus

[1301] BEVEGNI, C.: Eudocia
1974 CUNHA, A. C. *S. Cipriano, Padroeiro de Bruxos e Feticeiras* — Hum Teol (1983) 251–280
[1302] LERZA, P.: Eudocia
[1304] SALVANESCHI, E.: Eudocia

Dimiana

1975 SCHAROUBIM, GAMAL R. *Saint Dimiana: Coptic martyr under Diocletian* — CopticChurchR 3 (1982) 142–144

Emigdius Asculanus

[642] PRETE, S.: Apocrypha

Erasmus

1976 HALKIN, F. *La légende grecque de saint Érasme* — AB 101 (1983) 5–17

Eugenius, Valerianus, Canidius et Aquilas

1977 MARTIN-HISARD, B. *Trébizonde et le culte de saint Eugène (6ᵉ–11ᵉ s.)* — REArm 14 (1980) 307–343
1978 MARTIN-HISARD, B. *Les textes anonymes grec et arménien de la Passion d'Eugène, Valérien, Canidios et Akylas de Trébizonde* — REArm 15 (1981) 115–185

Facundus et Primitivus

1979 FERNÁNDEZ CATÓN, JOSE MARIA *Datos para la historia del martirio y del culto de las reliquias de los mártires leoneses Facundo y Primitivo.* In: *Bivium* (cf. 1983, 87) 67–79

Felicitas

1980 VOGT, GABRIEL *Felizitas. Martyrium und Verherrlichung der röm. Blutzeugin.* Münsterschwarzach: Vier Türme 1983. 172 pp.

Felix Comensis

[293] GINI, P.: Opera ad historiam

Felix Nannetensis

1981 AUPEST-CONDUCHÉ, D. *Les travaux de saint Félix à Nantes et les communications avec le sud de la Loire. In: Actes du 97ᵉ Congrès nat. des Soc. savantes, Nantes, 1972, Archéol. et hist. de l'art.* Paris: Bibliothèque Nationale (1977) 147–163

Felix Nolanus

[1793] PRETE, S.: Paulinus Nolanus

Florus et Laurus

1982 HALKIN, FRANÇOIS *Une Passion inédite des saints Florus et Laurus. BHG 622z* – JÖB 33 (1983) 37–44

Gaudentius Novariensis

1983 *San Gaudenzio.* Novara: Tip. San Gaudenzio 1982. 190 pp.

Genesius mimus

1984 *Passio Sancti Genesii ex mimo martyris.* Ins Polnische übersetzt und eingeleitet von A. BOBER – VoxP 4 (1983) 244–247

Iacobus Maior

[1591] CHAPARRO GÓMEZ, C.: Isidorus Hispalensis
1985 HALKIN, F. *Une notice byzantine de l'apôtre saint Jacques, frère de saint Jean* – Bibl 64 (1983) 565–570
1986 PLOETZ, R. *Der Apostel Jacobus in Spanien bis zum 9. Jahrhundert* [Zus.-fass, spanisch] In: *Gesammelte Aufsätze zur Kulturgesch. Spaniens 30.* Münster: Aschendorff (1982) 19–145

Iacobus Minor

1987 PAPADOPOULOS, CONST. *The Martyrdom of St. James, the brother of Jesus* – DVM 11 (1982) 41–46

Innocentes Martyres

1988 CRACCO RUGGINI, L. *Bagaudi e Santi Innocenzi. Un'avventura fra demonizzazione e martirio.* In: *Tria corda* (cf. 1983, 190) 121–142

Iohannes Acatius (Acatzes)

1989　HALKIN, F. *Vie et Synaxaire de saint Jean Akatzios ou Akatzès* — AB 101 (1983) 249–279

Iohannes Baptista

[1544]　DATEMA, C.: Pseudo-Iohannes Chrysostomus
[1949]　KNOBLOCH, J.: Hagiographica

Iohannes Chrysostomus

[1343]　LECLERQ, P.: Georgius Alexandrinus

Iohannes Dailamensis

1990　BROCK, SEBASTIAN *A syriac life of John of Dailam* — ParOr 10 (1981/82) 123–189

Iohannes Eleemosynarius

[2365]　BRÄNDLE, R.: Vita christiana, monastica

Iohannes I Papa

[335]　MOORHEAD, J.: Opera ad historiam

Iustinus Martyr

1991　BISBEE, GARY A. *The Acts of Justin Martyr. A Form-Critical Study* — SecCent 3 (1983) 129–157

Lucius et Montanus

1992　DOLBEAU, F. *La Passion des saints Lucius et Montanus. Histoire et édition du texte* — REA 29 (1983) 39–82

Macrina

[1952]　LOVEREN, A. E. D. VAN: Hagiographica

Magnus Tranensis

1993　SIMONETTI, M. *Sulla tradizione agiografica di S. Magno di Trani.* In: *Il paleocristiano in Ciociaria* (cf. 1983, 147) 97–121

Mantius

1994 BAPTISTA, J. C. *São Manças, Evolução biografica* – A cidade de Evora (Evora) 63–64 (1980/81) 88 pp.

1995 FERNÁNDEZ CATÓN, JOSÉ MARIA *San Mancio. Culto, leyenda y reliquias. Ensayo de crítica hagiográfica* [Fuentes y estudios de historia leonesa 30]. Leon: Centro de Estudios e Investigación San Isidoro 1983. 427 pp.

Martinus Episcopus Turonensis

[1875] AUGELLO, G.: Sulpicius Severus

[1939] BOOTH, A. D.: Hagiographica

1996 GILARDI, FRANCIS JOHN *The Sylloge Epigraphica Turonensis de S. Martino* [Diss.]. Washington, D. C.: The Catholic University of America 1983. 337 pp.

[1970] SCHOENEN, H. G.: Brictius Turonensis

[1877] STANCLIFFE, C.: Sulpicius Severus

Mauritius

1997 ZUFFEREY, MAURICE *Le dossier hagiographique de saint Maurice* – ZSKG 77 (1983) 3–46

Maximus Confessor

[750] *The Life of our Holy Father, Maximus the Confessor . . .:* Anastasius Sinaita

Melania iunior

[1939] BOOTH, A. D.: Hagiographica

Melania senior

[1939] BOOTH, A. D.: Hagiographica

Nicolaus Episcopus Myrensis

[1949] KNOBLOCH, J.: Hagiographica

1998 ŠEVČENKO, N. P. *The life of Saint Nicholas in Byzantine Art.* With a pref. by ANDRÉ GUILLOU [Centro Studi Bizantini. Bari. Monografie 1]. Torino: Bottega d'Erasmo 1983. 346 pp.

Parthenope

1999 DEVOS, P. *Sainte Parthénope* – AB 101 (1983) 71–72

Paulus et Iuliana

2000 HALKIN, FR. *Paul et Julienne martyrs à Ptolémaïs de Phénicie* — VetChr 20 (1983) 93–110

Pelagia paenitens

[1942] CONSOLINO, F. E.: Hagiographica

Perpetua et Felicitas

[1892] BASTIAENSEN, A. A. R.: Tertullianus
[2409] CICCARESE, M. P.: Novissima
2001 FERRARINI, A. *Visioni, sangue e battesimo. La Passio Perpetuae.* In: *Atti della Settimana Sangue . . . , III* (cf. 1983, 91) 1055–1081

Pesunthius

2002 ABDEL SAYED, GAWDAT GABRA *Untersuchungen zu den Texten über Pesyntheus, Bischof von Koptos (569-632)* [Habelts Dissertationsdrucke Reihe Ägyptologie 4]. Bonn: Habelt 1983. XI, 383 pp.

Petrus et Paulus Apostoli

2003 MACCARRONE, M. *La concezione di Roma città di Pietro e di Paolo. Da Damaso a Leone I.* In: *Roma, Costantinopoli* (cf. 1983, 162) 63–85

Phileas Thmuitanus

2004 *The acts of Phileas, bishop of Thmuis, including fragments of the Greek psalter. P. Chester Beatty XV, with a new edition of P. Bodmer XX and Halkin's Latin Acta.* Ed. with introd., transl. and comm. by A. PIE-TERSMA [COr 7]. Genève: Cramer 1983. 120 pp.

Porphyrius Gazaeus

2005 EVERT-KAPPESOWA, H. *Porfiriusz, biskup Gazy a poganie (= Porphy-rius, der Bischof von Gaza, und die Heiden)* — AnW 9, AUW 497 (1983) 33–41

Pueri VII dormientes Ephesi

2006 ENGELMANN, H. *Eine Lesart in der Legende der Siebenschläfer von Ephesus* — ZPE 53 (1983) 130
2007 FUHRMANN, M. *Wunder und Wirklichkeit. Zur Siebenschläferlegende und anderen Texten aus christlicher Tradition.* In: *Funktionen des Fikti-ven* (cf. 1983, 106) 209–224
2008 JOURDAN, FRANÇOIS *La tradition des sept dormants. Une rencontre*

entre chrétiens et musulmans [Les jardins secrets de la littérature arabe 2]. Paris: Maisonneuve et Larose 1983. 203 pp.

Quirinus Siscianus

2009 RONCAIOLO, C. S. *Quirino di Siscia e la sua traslazione a Roma. Analisi e critica delle fonti* – QILL 2–3 (1980/81) [1983] 215–249

Remigius Episcopus Remensis

2010 DOLBEAU, F. *Trois sources patristiques de la Vie de S. Remi par Hincmar* – AB 101 (1983) 300

[1834] SCHÄFERDIEK, K.: Remigius Episcopus Remensis

Sabas Gothus

[1024] ALEXE, S. C.: Basilius Caesariensis

Scholastica

[1969] VOGÜÉ, A. DE: Benedictus Nursinus

Severinus

2011 BRATOŽ, R. *Severinus von Noricum und seine Zeit. Geschichtliche Anmerkungen* [ÖAW 165]. Wien: Verl. der Österr. Akad. d. Wissenschaften 1983. 48 pp.

2012 DRĄCZKOWSKI, FRANCISZEK *Święty Seweryn Apostoł Noricum (= De Sancto Severino Norici Apostolo)* [cum arg. in ling. Lat.] – VoxP 4 (1983) 81–87

2013 ENGELMANN, U. *Der Hl. Severin 482–1982* – EA 58 (1982) 133–155

[1306] *Eugipiusz. Żywot świętego Seweryna:* Eugippius

2014 GENSER, K. *Neues zu einigen Wirkungsstätten des hl. Severin* – Mitteilungen der Ges. für Salzburger Landeskunde 122 (1982) 61–70

2015 LEIDL, A. *Das Severinjahr 1982 in Stadt und Bistum Passau* – Ostbairische Grenzmarken (Passau) 24 (1982) 95–116

2015a LEIDL, A. *Beiträge zum Severinsjahr 1982* [Neue Veröffentlichungen des Instituts für Ostbairische Heimatforschung der Universität Passau 42]. Passau: Verlag des Vereins für Ostbairische Heimatforschung 1982. 116 pp.

2016 *List Ojca Świętego Jana Pawła II na 1500-lecie śmierci św. Seweryna (= Epistola Joannis Pauli II ad praesules in finibus antiqui Norici decimo quinto expleto saeculo ab obitu Sancti Severini, eiusdem regionis apostoli).* Trad. ANDRZEJ BOBER SJ – VoxP 4 (1983) 11–14

[20] LONGOSZ, S.: Historia patrologiae

2017 LOTTER, F. *Passau im Zeitalter Severins* – Ostbairische Grenzmarken (Passau) 24 (1982) 1–23

[1307] MARKUS, R. A.: Eugippius
 [525] REHBERGER, K.: Palaeographica atque manuscripta
[1308] SCHMEJA, H.: Eugippius
[1309] STOCKMEIER, P.: Eugippius
 2018 WIDDER, E. *Schutzpatron St. Severin. Ein Beitrag zur Patrozinienkunde und zur Geschichte der Severinverehrung.* In: *Severin zwischen Römerzeit und Völkerwanderung* (cf. 1981/82, 2827) 41–55
 2019 WOLFF, H. *Kritische Bemerkungen zum säkularen Severin* — Ostbairische Grenzmarken (Passau) 24 (1982) 24–51
 2020 ZINNHOBLER, R. *Wer war St. Severin?* In: *Severin zwischen Römerzeit und Völkerwanderung* (cf. 1981/82, 2827) 11–20

Silvester Papa

 2021 POHLKAMP, W. *Tradition und Topographie. Papst Silvester I. (314–335) und der Drache vom Forum Romanum* — RQ 78 (1983) 1–100

Sinuthius Archimandrita

 2022 *Besa: The life of Shenoute* [CSC 73]. Introd., transl., and notes by DAVID N. BELL. Kalamazoo, Mich.: Cistercian Publ. 1983. XV, 122 pp.

Sophia

 2023 GIRARDI, M. *Le fonti scritturistiche delle prime recensiones greche della passio di S. Sofia e loro influsso sulla redazione metafrastica* — VetChr 20 (1983) 47–76

Stephanus Iunior

 2024 IADEVAIA, F. *Ricerche per l'edizione critica della Vita e passione di S. Stefano il Giovane.* In: *Studi bizantini e neogreci* (cf. 1983, 174) 377–379
 2025 ROUAN, M. F. *Une lecture iconoclaste de la Vie d'Étienne le Jeune* — TM 8 (1981) 415–436

Thecla

 2026 KASTER, R. A. *The son(s) of Alypius. Vie et miracles de sainte Thècle II,38* — AB 101 (1983) 301–303

Theodorus Anatolius

 2027 ZANDEE, J. *Vom heiligen Theodorus Anatolius. Ein doppelt überlieferter Text (Koptisches Manuscript Utrecht 5)* — VigChr 37 (1983) 288–305

Theodorus Tiro

[1421] QUACQUARELLI, A.: Gregorius Nyssensus

Tychon

[1942] CONSOLINO, F. E.: Hagiographica

IV. LITURGICA

1. Generalia

2028 BALBONI, DANTE *La «cattedra» liturgica.* In: *Liturgia opera divina e umana . . . Studi Bugnini* (cf. 1983, 124) 363–371

2029 BALDOVIN, JOHN FRANCIS *The urban character of Christian worship in Jerusalem, Rome, and Constantinople from the fourth to the tenth centuries: The origins, development, and meaning of stational liturgy* [Ph.d. Diss.]. Yale University 1982. 574 pp.

[478] BAUER, J. B.: Palaeographica atque manuscripta

2030 BECKER, H. *Poesie – Theologie – Spiritualität. Die benediktinische Komplet als Komposition.* In: *Liturgie und Dichtung, II* (cf. 1983, 125) 857–901

[479] BELLAVISTA, J.: Palaeographica atque manuscripta

2031 BIERITZ, KARL-HEINRICH *Patterns of Proclamation —* StLit 15 (1982/83) 18–33

2032 BRADSHAW, PAUL *Liturgical presidency in the early Church* [Grove liturgical study 36]. Bramcote, Notts.: Grove Books 1983. 28 pp.

2033 BRADSHAW, PAUL F. *Patterns of Ministry —* StLit 15 (1982/83) 49–64

[485] BROWNE, G. M.: Palaeographica atque manuscripta

[488] BURNS, Y.: Palaeographica atque manuscripta

2034 CHAVASSE, A. *Les oraisons pour les dimanches ordinaires. Vers une organisation préétablie. Premières tentatives, premières collections —* RBen 93 (1983) 31–70; 177–244

2035 *Codici liturgici dei benedettini in Toscana.* Firenze: Centro d'incontro della Certosa 1982. 568 pp.

2036 COLLINS, MARY *The baptismal roots of the preaching ministry.* In: *Preaching and the nonordained: an interdisciplinary study,* ed. NADINE FOLEY. Collegeville, Minn.: The Liturgical Pr. 1983. 169 pp.

2037 DALMAIS, I.-H. *Spiritualité ecclésiale et spiritualité monastique dans la liturgie copte.* In: *Liturgie, spiritualité, cultures* (cf. 1983, 127) 81–90

2038 DALMAIS, I. H. *Quelques traits caractéristiques des liturgies syriennes.* In: *La liturgie, son sens, son esprit, sa méthode* (cf. 1983, 126) 57–70

2039 DESCŒUDRES, G. *Die Pastophorien im syro-byzantinischen Osten; eine Untersuchung zu architektur- und liturgiegeschichtlichen Problemen* [Schr. zur Geistesgesch. des östl. Europa 16]. Wiesbaden: Harrassowitz 1983. XXVI, 220 pp.

2040 DURĂ, NICOLAE V. *Mărturii ale tradiţiei liturgico-canonice apostolice despre rugăciune (= Témoignages de la tradition liturgique-canonique apostolique concernant la prière)* — StBuc 35 (1983) 481–490

2041 FABREGAS I BAQUÉ, JAUME; OLIVAR, ALEXANDRE *La veu dels Pares de l' Església en la Liturgia de les Hores. Els autors de les lliçons segones dels oficis de lectura.* Barcelona: Editorial Regina 1981. 228 pp.

2042 FARNÉS SCHERER, P. *Improvisation créative, orale et écrite, dans l'antiquité* — Concilium (Nijmegen) 182 (1983) 49–63

2043 FARNÉS SCHERER, P. *Improvisación creativa en la Antigüedad* — ConciliumM 19/1 (1983) 200–212

2044 FISCHER, B. *Der liturgische Gebrauch der Psalmen im altchristlichen Gottesdienst, dargestellt am ältesten bezeugten Beispiel, Jerusalem, 5. Jahrhundert.* In: *Liturgie und Dichtung, I* (cf. 1983, 125) 303–313

2045 GAMBER, KLAUS *Kult und Liturgieverständnis der frühen, ungeteilten Christenheit* [SPLi Beiheft 11]. Regensburg: Pustet 1983. 78 pp.

2046 GAMBER, K. *Jüdisches Erbe im Gottesdienst der Christen? Geht die Basilika auf die hellenistische Synagoge zurück?* — RQ 78 (1983) 178–185

2047 GERHARDS, A. *Prière adressée à Dieu ou au Christ? Relecture d'une thèse importante de J. A. Jungmann à la lumière de la recherche actuelle.* In: *Liturgie, spiritualité, cultures* (cf. 1983, 127) 101–114

2048 GROS, M. *Observacions sobre l'Oracional hispanic de Verona.* In: *Mens concordet voci* (cf. 1983, 134) 484–488

2049 GROVE, RON *The Interpretation of Scripture in Christian Liturgical texts* — ThAthen 54 (1983) 319–346

2050 GY, P. M. *Bulletin de liturgie* — RSPhTh 67 (1983) 312–320

2051 HAMMAN, ADALBERT *Les nouvelles lectures patristiques de la «Liturgia Horarum». Genèse et incidences d'un renouvellement.* In: *Liturgia opera divina e umana . . . Studi Bugnini* (cf. 1983, 124) 583–601

2052 JASMER, PAUL *A comparison of monastic and cathedral vespers up to the time of St. Benedict* — AmBenR 34 (1983) 337–360

2053 JOERNS, K. P. *Proklamation und Akklamation. Die antiphonische Grundordnung des frühchristlichen Gottesdienstes nach der Johannesoffenbarung.* In: *Liturgie und Dichtung, I* (cf. 1983, 125) 187–208

2054 KACZYNSKI, R. *Die Psalmodie bei der Begräbnisfeier.* In: *Liturgie und Dichtung, II* (cf. 1983, 125) 795–835

2055 KLEINHEYER, BRUNO *Supplicatio litanica.* In: *Liturgia opera divina e umana . . . Studi Bugnini* (cf. 1983, 124) 463–478

[891] KOBUSCH, TH.: Augustinus

2056 LAHAM, LOTFI *La place des Saints Pères dans la Liturgie de l'Église Byzantine.* In: *Studia Patristica 17* (cf. 1981/82, 283b) II, 565–568

2057 LÉCUYER, J. *Et avec ton esprit. Le sens de cette formule chez les Pères de l'école d'Antioche.* In: *Mens concordet voci* (cf. 1983, 134) 447–451

2058 LE GALL, ROBERT *Dictionnaire de liturgie.* Chambray-lès-Tours: C.L.D. 1983. 279 pp.

2059 LENGELING, EMIL J. *Dialog zwischen Gott und Mensch in der «Liturgia Horarum».* In: *Liturgia opera divina e umana . . . Studi Bugnini* (cf. 1983, 124) 533–571

2060 LILIENFELD, F. VON *Psalmengebet und christliche Dichtung in der kirchlichen und monastischen Praxis des Ostens.* In: *Liturgie und Dichtung, I* (cf. 1983, 125) 465–507

[509] MALTOMINI, F.: Palaeographica atque manuscripta

2061 MARTIMORT, A. G. *Fonction de la psalmodie dans la liturgie de la parole.* In: *Liturgie und Dichtung, II* (cf. 1983, 125) 837–856

2062 MARTIMORT, A. G. *Essai historique sur les traductions liturgiques.* In: *Mens concordet voci* (cf. 1983, 134) 72–94

[511] MARTIN, A.: Palaeographica atque manuscripta

2063 MEYER, H. B. *Zur Frage der Inkulturation der Liturgie* — ZKTh 105 (1983) 1–31

2064 MORETON, M. J. Εἰς ἀνατολὰς βλέψατε. *Orientation as a Liturgical Principle.* In: *Studia Patristica 17* (cf. 1981/82, 283b) II, 575–590

2065 NEUNHEUSER, BURKHARD *Das «Commune Sanctorum» und seine Probleme.* In: *Liturgia opera divina e umana . . . Studi Bugnini* (cf. 1983, 124) 693–712

2066 OLIVAR, A. *Les réactions émotionnelles des fidèles pendant la lecture solennelle de l'Écriture, dans l'Église des Pères.* In: *Mens concordet voci* (cf. 1983, 134) 452–457

2067 PALLAS, D. I. *Monuments et textes. Remarques sur la liturgie dans quelques basiliques paléochrétiennes de l'Illyricum oriental* — EHBS 44 (1979/80) [1981] 37–116

2068 PASSARELLI, G. *L'Eucologio Cryptense Γ.β. VII (sec. X)* [AnVlat 36]. Thessaloniki: Πατρ. Ἴδρ. Πατερ. Μελετ. 1982. 237 pp.

2069 PERROT, CHARLES *Worship in the primitive church.* In: *Liturgy; a creative tradition.* Ed. M. COLLINS; D. POWER. New York: The Seabury Press (1983) 3–9

2070 PERROT, C. *Le culte de l'Église primitive* — Concilium (Nijmegen) 182 (1983) 11–20

2071 PIETRI, CHARLES *Liturgy, culture and society: the example of Rome at the end of the ancient world (fourth-fifth centuries).* In: *Liturgy; a creative tradition.* Ed. M. COLLINS; D. POWER. New York: The Seabury Press (1983) 38–46

2072 PIETRI, CH. *Liturgia, cultura y sociedad en la Roma de los siglos IV y V* — ConciliumM 19/1 (1983) 213–224

2073 PIETRI, C. *Liturgie, culture et société. L'exemple de Rome à la fin de l'antiquité (IVe-Ve siècles)* — Concilium (Nijmegen) 182 (1983) 65–77

[942] POQUE, S.: Augustinus

2074 QUASTEN, JOHANNES *Music and worship in pagan and Christian antiquity.* Trans. B. RAMSEY [NPM Studies in church music and liturgy]. Washington, D. C.: National Association of Pastoral Musicians 1983. IX, 243 pp.

[522]   QUECKE, H.: Palaeographica atque manuscripta
2075   RENOUX, CH. *En tes murs, Jérusalem. Histoire et mystère.* In: *La liturgie, son sens, son esprit, sa méthode* (cf. 1983, 126) 241–260
[1674] SÁENZ, A.: Maximus Taurinensis
2076   SCHEFFCZYK, L. *Vox Christi ad Patrem – Vox Ecclesiae ad Christum. Christologische Hintergründe der beiden Grundtypen christlichen Psalmenbetens und ihre spirituellen Konsequenzen.* In: *Liturgie und Dichtung, II* (cf. 1983, 125) 579–614
2077   SCHERER, PEDRO F. *Creative improvisation, oral and written, in the first centuries of the church.* In: *Liturgy: a creative tradition.* Ed. M. COLLINS; D. POWER. New York: The Seabury Press (1983) 29–37
2077a SCHNITKER, THADDÄUS A. *The Liturgy of the Hours and the History of Salvation. Towards the Theological Penetration of 'The Public and Communal Prayer of God'* — StLit 15 (1982/83) 145–157
2078   SCHULZ, F. *«Oratio». Theologische Dichtung und Nachdichtung.* In: *Liturgie und Dichtung, II* (cf. 1983, 125) 691–720
[2544] SEELIGER, R.: Specialia in Vetus Testamentum
[530]   SZÁDECZKY-KARDOSS, S.: Palaeographica atque manuscripta
[743]   ΘΕΟΔΩΡΟΥ, E. A.: Ambrosius Mediolanensis
2079   TREU, K. *Liturgisches Einzelstück. Christus die Weintraube.* In: *Festschrift zum 100jährigen Bestehen . . .* (cf. 1983, 102) 288–289
2080   TRIACCA, A. M. *La perennità dell'assioma: ecclesia facit liturgiam et liturgia facit ecclesiam. Osmosi tra pensiero dei Padri e preghiera liturgica.* In: *Ecclesiologia e catechesi patristica* (cf. 1981/82, 196) 255–294
2081   UNNIK, W. C. VAN *Dominus Vobiscum: the background of a Liturgical Formula.* In: *Sparsa Collecta* (cf. 1983, 192) 326–391
[539]   VAZ, A. L.: Palaeographica atque manuscripta
[744]   VERHEUL, A.: Ambrosius Mediolanensis

2. Missa, sacramenta, sacramentalia

2082   *Liber Missarum de Toledo y Libros Místicos,* II. *Introducción. Libros Místicos* ed. J. JANINI [Series Liturgica. Fuentes IV–VIII]. Toledo: Instituto de Estudios Visigóticos-Mozárabes 1983. 393 pp.
2083   *Preghiere eucaristiche della tradizione cristiana.* A cura di A. FUENTE GONZALES. Padova: EMP 1983. 248 pp.
[2332] ANDRZEJEWSKI, R.: Soteriologia
2084   *Anamnesis. Introduzione storico-teologica alla liturgia, III,2.* MARSILI, S.; NOCENT, A.; AUGÉ, M.; CHUPUNGCÓ, A. J.: *La liturgia, Eucaristia. Teologia e storia della celebrazione.* Casale Monferrato: Marietti 1983. 324 pp.

2085 ARRANZ, M. *Les sacrements dans l'ancien Euchologe constantinopoli-*
tain, II,1: Admission dans l'Église des convertis des hérésies ou d'autres
religions non-chrétiennes; 2: Admission dans l'Église des enfants des
familles chrétiennes − OrChrP 49 (1983) 42−90; 284−302

2086 BADEWIEN, J. *Begründet in der Alten Kirche erst die Taufe Kirchenmit-*
gliedschaft? (3./4. Jahrhundert) − Eine Problemskizze. In: *Studia Patri-*
stica 17 (cf. 1981/83, 283b) II, 545−551

[451] BARRINGER, R. J.: ἀναδοχή, ἀνάδοχος

2087 BOUHOT, JEAN-PAUL *Un florilège sur le symbolisme du baptême de la*
seconde moitié du VIIIe siècle − RechAug 18 (1983) 150−182

[1254] BURINI, C.: Didache

[1622] BURINI, C.: Iustinus Martyr

2088 BURNISH, R. F. G. *The Role of the Godfather in the East in the Fourth*
Century. In: *Studia Patristica 17* (cf. 1981/82, 283b) II, 558−564

[1221] CABIÉ, R.: Constitutiones Apostolorum

[1486] CABIÉ, R.: Hippolytus Romanus

2089 CADRECHA CAPANOS, MIGUEL ANGEL *El bautismo en la Iglesia primi-*
tiva − StOv 11 (1983) 155−165

2090 CALABUIG, IGNAZIO; BARBIERI, ROSELLA *Struttura e fonti dell' «Ordo*
consecrationis virginum». In: *Liturgia opera divina e umana ... Studi*
Bugnini (cf. 1983, 124) 479−530

2091 CARLE, P. L. *Le sacrifice de la nouvelle alliance. Consubstantiel et*
transsubstantiation (De l'incarnation à l'eucharistie). Préf. de J. GUIT-
TON. 2e éd. augm. Bordeaux: Impr. Taffard 1981. 417 pp.

[1339] CARLE, P. L.: Faustus Reiensis

2092 CATTANEO, ENRICO *Il battistero.* In: *Liturgia opera divina e umana...*
Studi Bugnini (cf. 1983, 124) 387−400

2093 *Concordances et tableaux pour l'étude des grands sacramentaires, I:*
Concordances des pièces; II: Tableaux synoptiques; III,1−4: Concordance
verbale (A−Z). Par J. DESHUSSES; B. DARRAGON [Spicileg. Friburg.
Subsidia 9−14]. Fribourg: Éd. Universitaires 1982/83. 303; 350; 562;
481; 544; 502 pp.

[206] *Corpus Ambrosiano-Liturgicum I. Das Sacramentarium Triplex ...:* Subsidia

2094 CROUZEL, H. *Liturgie du mariage chrétien au Ve siècle selon l'épitha-*
lame de S. Paulin de Nole. In: *Mens concordet voci* (cf. 1983, 134)
619−626

[853] DOIGNON, J.: Augustinus

[1476] DOIGNON, J.: Hilarius Pictaviensis

2095 EIJK, A. H. C. VAN *«Intercommunie en ambt». Gezichtspunten vanuit*
de geschiedenis van liturgie en kerkelijke leer − BijFTh 44 (1983) 2−26

[617] FERGUSON, E.: Apocrypha

[2190] FISCHER, J. A.: Concilia, acta conciliorum, canones

[2192] FISCHER, J. A.: Concilia, acta conciliorum, canones

[444] FROT, Y.: Philologia patristica

2096 GAMBER, K. *Sacrificium vespertinum. Lucernarium und eucharistisches Opfer am Abend und ihre Abhängigkeit von den Riten der Juden* [SPLi Beiheft 12]. Regensburg: Pustet 1983. 134 pp.

2098 HADIDIAN, DIKRAN Y. *The Lord's Prayer and the Sacraments of Baptism and of the Lord's Supper in the Early Church* — StLit 15 (1982/1983) 132–144

[1874] HALL, S. G.: Stephanus I Papa

[1513] HORMAECHE, J. M.: Ildefonsus Toletanus

[733] IACOANGELI, R.: Ambrosius Mediolanensis

[1477] IACOANGELI, R.: Hilarius Pictaviensis

2099 KARPP, H. *Bezeugt Plinius ein kirchliches Bußwesen? Textkritisches zu Plinius, Ep. ad Traianum 96,6.* In: *Vom Umgang der Kirche . . .* (cf. 1983, 118) 31–38

2100 KAVANAGH, AIDAN *Liturgy and Ecclesial Consciousness: a Dialectic of Change* — StLit 15 (1982/83) 2–17

2101 KILMARTIN, EDWARD J. *The active role of Christ and the Spirit in the divine liturgy* — Diak 17 (1982) 95–108

2102 KILPATRICK, G. D. *The Eucharist in Bible and liturgy* [The Moorhouse lectures 1975]. Cambridge: Univ. Pr. 1983. VII, 115 pp.

[1574] LAITI, G.: Irenaeus Lugdunensis

[1230] LAURANCE, J. D.: Cyprianus Carthaginiensis

[1231] LAURANCE, J. D.: Cyprianus Carthaginiensis

[1232] LAURANCE, J. D.: Cyprianus Carthaginiensis

2103 LÉCUYER, JOSEPH *Le sacrement de l'ordination. Recherche historique et théologique* [ThH 65]. Paris: Beauchesne 1983. 283 pp.

2104 LÉCUYER, JOSEPH *Remarques sur les prières d'ordination.* In: *Liturgia opera divina e umana . . . Studi Bugnini* (cf. 1983, 124) 453–461

[1255] LEWIS, J. P.: Didache

2105 LUGO, H. *L'Anaphora alexandrine de Saint Marc, selon le codex vatican 1970 (Étude d'histoire comparée de la liturgie. Le dialogue introductif et l'action de grâce)* — FrBogotá 25 (1983) 147–214

[2458] MANTOVANI, G.: Gnostica

2106 MARTIMORT, A. G. *Un gélasien du VIIIe siècle, le sacramentaire de Noyon.* In: *Mens concordet voci* (cf. 1983, 134) 140–157

[1491] MAZZA, E.: Hippolytus Romanus

2107 McHENRY, STEPHEN PATRICK *Three significant moments in the theological development of the sacramental character of orders: its origin, standardization, and new direction in Augustine, Aquinas, and Congar* [Ph. d. Diss.]. Fordham Univ. 1983. 327 pp.

[1048] MEHENDINTU, S.: Basilius Caesariensis

[1624] MERINO, M.: Iustinus Martyr

2108 MORETON, M. B. *Offertory Processions?* In: *Studia Patristica 17* (cf. 1981/82, 283b) II 569–574

2109 NEUNHEUSER, BURKHARD *Taufe und Firmung*. 2. neubearbeitete Auflage [Handbuch der Dogmengeschichte IV,2]. Freiburg: Herder 1983. 149 pp.

2110 PASSARELLI, G. *Stato della ricerca sul formulario dei riti matrimoniali.* In: *Studi bizantini e neogreci* (cf. 1983, 174) 241–248

[1534] PAVERD, F. VAN DE: Iohannes Chrysostomus

2111 *Pratiques de la confession. Des Pères du désert à Vatican II. 15 études d'histoire.* Éd. Groupe de La Bussière [Historique]. Paris: Éd. du Cerf. 1983. 298 pp.

2112 RAMOS LISSÓN, DOMINGO *Algunos aspectos de la «reconciliatio» en la liturgia hispánica.* In: *Reconciliación y penitencia* (cf. 1983, 157) 599–617

[1536] RIGOLOT, F. I.: Iohannes Chrysostomus

2113 ROUET, ALBERT *A missa na história.* Trad. de M. CECILIA DE M. DURANT [Coleção Liturgia e Teologia 3]. São Paulo: Paulinas 1981. 129 pp.

[163] *Sacramentalidad de la Iglesia y Sacramentos . . . :* Collectanea et miscellanea

2114 SÁNCHEZ CARO, JOSE MANUEL *Eucaristía e Historia de la Salvación. Estudio sobre la plegaria eucarística oriental* [BAC 439]. Madrid: La Editorial Católica 1983. 456 pp.

2115 SAXER, V. *L'usage de la Bible et ses procédés dans quelques anaphores grecques anciennes.* In: *Mens concordet voci* (cf. 1983, 134) 595–607

2116 SAXER, V. *Le culte chrétien au IVᵉ siècle. La messe et le probléme de sa réforme.* In: *Miscellanea historiae ecclesiasticae VI,1* (cf. 1983, 136) 202–215

2117 SAXER, V. *Le Saint-Esprit dans les prières eucharistiques des premiers siècles.* In: *Spirito Santo* (cf. 1983, 171) 195–208

2118 SCHATTAUER, T. H. *The koinonicon of the Byzantine liturgy. An historical study* – OrChrP 49 (1983) 91–129

2119 SCHULTZ, JOSEPH *Communion in the early church* – SearchTogether 12 (1983) 7–8

2120 SCHULZ, HANS-JOACHIM *Patterns of Offering and Sacrifice* – StLit 15 (1982/83) 34–48

2121 ŠPIDLÍK, T. *La concezione cristologica del matrimonio nelle liturgie orientali.* In: *Cristologia nei Padri I* (cf. 1981/82, 3232) 139–152

2122 SPINKS, BRYAN D. *Priesthood and Offering in the Kuššāpê of the East Syrian Anaphoras* – StLit 15 (1982/83) 104–117

2123 STEVENSON, KENNETH *Eucharistic Offering. Does Research into Origins make any Difference?* – StLit 15 (1982/83) 87–103

[1916] STEWARDSON, J. L.: Theodoretus Cyrensis

2124 TAFT, R. *Textual problems in the diaconal admonition before the anaphora in the Byzantine tradition* – OrChrP 49 (1983) 340–365

2125 TRIACCA, A. M. *Ex Spiritu Sancto regeneratus. La presenza e l'azione dello Spirito Santo testimoniate nel Missale Gothicum.* In: *Spirito Santo* (cf. 1983, 171) 209–264

2126 TRIACCA, A. M. *La prassi «liturgico» - penitenziale alle soglie del IV secolo. Parola di Dio, pastorale e catechesi patristica* — EL 97 (1983) 283–328

[1752] TRIGG, J. W.: Origenes

[651] TRIPP, D. H.: Apocrypha

[1497] UNNIK, W. C. VAN: Hippolytus Romanus

[452] UNNIK, W. C. VAN: ἀνάμνησις

[1207] UNNIK, W. C. VAN: Clemens Romanus

2127 VIDAL, J. L. *Christiana Vergiliana, I. Vergilius Eucharistiae cantor* [en catal.]. In: *Societat espanyola d'estudis clàssics. Actes del VIè simposi* (cf. 1983, 169) 207–216

2128 VOGEL, CYRILLE *Les rituels de la pénitence tarifée.* In: *Liturgia opera divina e umana . . . Studi Bugnini* (cf. 1983, 124) 419–427

2129 WAINWRIGHT, GEOFFREY *The sermon and the liturgy* — GrOrthThR 28 (1983) 337–349

2130 WEBB, D. *Le sens de l'anaphore de Nestorius.* In: *La liturgie, son sens, son esprit, sa méthode* (cf. 1983, 126) 349–372

3. Annus liturgicus

2131 BEATRICE, P. F. *La lavanda dei piedi. Contributo alla storia delle antiche liturgie cristiane* [Bibl. Ephem. liturg. Subsidia 28]. Roma: Ed. liturg. 1983. XXVI, 250 pp.

2132 BERGAMINI, A. *Cristo, festa della chiesa. Storia-teologia-spiritualita-pastorale dell'anno liturgico* [Parola e liturgia 10]. Roma: Ed. Paoline 1983. 427 pp.

2133 BOUWHORST, G. A. M. *The Date of Easter in the Twelfth Demonstration of Aphraates.* In: *Studia Pastristica 17* (cf. 1981/82, 283b) III, 1374–1380

2134 BUSH, ROGER *The origins of Easter. Fact, fiction and myth.* London: Frederick Muller 1983. 95 pp.

[1416] GESSEL, W. M.: Gregorius Nyssenus

2135 KARNOWKA, G. H. *Die Hochfeste des Herrenjahres im Spiegel der Psalmen. Untersuchungen zu den Zwischengesängen der Messe in den Liturgien des Ostens und Westens.* In: *Liturgie und Dichtung, II* (cf. 1983, 125) 765–793

2136 ROZEMOND, KEETJE *Les origines de la fête de la Transfiguration.* In: *Studia Patristica 17* (cf. 1981/82, 283b) II, 591–593

2137 SCHÄFERDIEK, KNUT *Der irische Osterzyklus des sechsten und siebten Jahrhunderts* — DA 39 (1983) 357–378

2138 TALLEY, T. J. *The Origin of Lent at Alexandria.* In: *Studia Patristica 17* (cf. 1981/82, 283b) II, 594–612

2139 WITZENRATH, H. *Am Abend Weinen – doch am Morgen Jubel. Ps 30, ein alter Osternachtspsalm der Kirche.* In: *Liturgie und Dichtung, II* (cf. 1983, 125) 447–496

2140 YANNEY, RODOLPH *Feast of circumcision of our Lord: a biblical patristic study* – CopticChurchR 3 (1982) 135–141

2141 ZANETTI, U. *Homélies copto-arabes pour la Semaine Sainte* – AugR 23 (1983) 517–522

4. Hymni

2142 ALMEIDA MATOS, ALBINO DE *Algunas piezas litúrgicas y su conexión con el «Te Deum»* – AST 55/56 (1982/83) 293–315

[724] BERNT, G.: Ambrosius Mediolanensis

2143 BRECK, JEAN *Le tropaire «Monogenès» – Symbole de foi orthodoxe* – POrth 3 (1983) 57–81

2144 BROCK, SEBASTIAN *Dialogue Hymns of the Syriac Churches* – Sob 5,2 (1983) 35–45

2145 ΧΑΣΤΟΥΠΗΣ, ΑΘΑΝΑΣΙΟΣ Π. *Εὐχαριστήριοι ὕμνοι* (1 GH) – ThAthen 54 (1983) 454–458

2146 ΧΡΗΣΤΟΥ, Π. Κ. *Θεολογικὰ μελετήματα, IV: Ὑμνογραφικά.* Θεσσαλονίκη: Πατριαρχικόν Ἴδρυμα Πατερικῶν Μελετῶν 1981. 289 σσ.

2147 DALMAIS, I. H. *Tropaire, Kontakion, Kanon. Les éléments constitutifs de l'hymnographie byzantine.* In: *Liturgie und Dichtung, I* (cf. 1983, 125) 421–434

[494] DOTTI, G.: Palaeographica atque manuscripta

2148 EINIG, B. *«Christe, qui lux es et dies». Liturgische Dichtung am Übergang vom Tag zur Nacht.* In: *Liturgie und Dichtung, II* (cf. 1983, 125) 721–763

2149 GAMBER, K. *Die Textgestalt des Gloria.* In: *Liturgie und Dichtung, I* (cf. 1983, 125) 227–256

[1836] GROSDIDIER DE MATONS, J.: Romanus Melodus

2150 HAEUSSLING, A. A. *Ein alter Hymnus und seine neue Frage. Kosmische Einbindung und gesellschaftliche Wirklichkeit im Weihnachtshymnus «Christe redemptor omnium».* In: *Liturgie und Dichtung, II* (cf. 1983, 125) 405–413

2151 HAGEDORN, D. *Zu den christlichen Hymnen in P. Amherst I 9 (a)* – ZPE 52 (1983) 275–278

2152 MARINGER, R. *Der Ambrosianische Lobgesang. Bibeltheologische Aspekte zur Interpretation des Hymnus.* In: *Liturgie und Dichtung, I* (cf. 1983, 125) 275–301

[1867] MIAN, F.: Simeon bar Sabbaeus
2153 SZÖVÉRFFY, J. *Lateinische Hymnik zwischen Spätantike und Humanismus. Kulturgeschichtliche und geschichtliche Bemerkungen* — WSt N.F. 17 (1983) 210–247
2154 TREU, K. *Hymnen auf Mariä Verkündigung und Christi Tod.* In: *Festschrift zum 100jährigen Bestehen . . .* (cf. 1983, 102) 293

5. Cultus (hyper-)duliae, veneratio iconum reliquiarumque

2154a BAUER, JOHANNES B. *Die Marienverehrung in der Bibel und in der frühchristlichen Zeit.* In: *Maria. Verehrung und Gnadenbilder in der Steiermark. Ausstellung 27. April bis 4. September 1983. Diözesan-Museum Graz.* Hrsg. vom Bischöflichen Ordinariat Graz-Seckau. Graz: Styria (1983) 15–19
[1973] BOUVIER, B.; WEHRLI, C.: Cosmas et Damianus
2155 CARDMAN, FRANCINE *The Rhetoric of Holy Places: Palestine in the Fourth Century.* In: *Studia Patristica 17* (cf. 1981/82, 283b) I, 18–25
2156 FASOLA, U. M. *Il culto del sangue dei martiri nella Chiesa primitiva e deviazioni devozionistiche nell'epoca della riscoperta della catacombe.* In: *Atti della Settimana Sangue . . .*, III (cf. 1983, 91) 1473–1489
[1549] FAZZO, V.: Iohannes Damascenus
[1979] FERNÁNDEZ CATÓN, J. M.: Facundus et Primitivus
2157 FONTAINE, J. *Le culte des saints et ses implications sociologiques. Réflexions sur un récent essai de Peter Brown* — AB 100 (1982) 17–41
2158 FREND, W. H. C. *The north African cult of martyrs. From apocalyptic to hero-worship.* In: *Jenseitsvorstellungen in Antike und Christentum* (cf. 1981/82, 219) 154–167
2159 GARRIDO BONAÑO, MANUEL *La primera fiesta litúrgica en honor de la Virgen* — EphMariol 33 (1983) 279–291
2160 HELLER, JOHN H. *Report on the Shroud of Turin.* Boston: Houghton Mifflin 1983. X, 225 pp.
2161 JOUNEL, PIERRE *De heiligenverering in de Katholieke Kerk* — TLit 67 (1983) 399–406
2162 MEER, F. VAN DER *Images d'évêques dans l'antiquité chrétienne.* In: *Episcopale munus: recueil d'études offertes à J. Gijsen* (cf. 1981/82, 198) 439–459
2163 MOELLER, E.; OSB. *Culte des défunts et Culte des martyrs* — QLP 64 (1983) 45–48
2164 RODRIGUEZ HERRERA, I. *Concepto precristiano del templo y su pervivencia en el cristianismo.* In: *Antigüedad clásica y cristianismo* (cf. 1983, 160) 59–84

[2025] ROUAN, M. F.: Stephanus Iunior
 [1553] SCHÖNBORN, CH. VON: Iohannes Damascenus
 [1503] THUEMMEL, H. G.: Hypatius Ephesinus
  2165 TREU, K. *Lobpreis der Theotokos mit Wendung aus Phil. 4,8.* In: *Festschrift zum 100-jährigen Bestehen* . . . (cf. 1983, 102) 294
  2166 TREU, K. *Anrufung an Christus, Maria und alle Heiligen.* In: *Festschrift zum 100-jährigen Bestehen* . . . (cf. 1983, 102) 291
  2167 TREU, K. *Liturgischer Text mit Anrufung der Gottesmutter.* In: *Festschrift zum 100-jährigen Bestehen* . . . (cf. 1983, 102) 289

V. IURIDICA, SYMBOLA

1. Generalia

2. Concilia, acta conciliorum, canones

2169 *Acta conciliorum oecumenicorum, IV,3: Index generalis tomorum I–IV,
pars 2: Index prosopographicus, fasc. 1 et 2.* Cong. R. SCHIEFFER. Berlin:
de Gruyter 1982. XII, 509 pp.

2170 *Actes du concile de Chalcédoine. Sessions III–VI.* Trad. par A. J. FESTU-
GIÈRE, préf. de H. CHADWICK [COr 4]. Genève: Cramer 1983. 100 pp.

2171 ALEXANDER, J. S. *Methodology in the Capitula Gestorum Conlationis
Carthaginiensis.* In: *Studia Patristica 17* (cf. 1981/82, 283b) I, 3–8

[1226] AMIDON, PH. R.: Cyprianus Carthaginiensis

2172 (ΑΡΧΟΝΤΩΝΗΣ,) ΒΑΡΘΟΛΟΜΑΙΟΣ (Μητροπολίτης Φιλαδελφείας) Ὁ 40ς
Κανὼν τῆς Β᾽ Οἰκουμενικῆς Συνόδου. In: Μνήμη Συνόδου ... (cf.
1983, 138) 397–402

2173 ATSMA, H. *Klöster und Mönchtum im Bistum Auxerre bis zum Ende des
6. Jahrhunderts* — Francia 11 (1983) 1–96

[1854] AUBINEAU, M.: Severianus Gabalensis

2174 BARNARD, L. W. *The Site of the Council of Serdica.* In: *Studia Patristica
17* (cf. 1981/82, 283b) I, 9–13

2175 BIANCHI, E. *In tema d'usura. Canoni conciliari e legislazione imperiale
del IV secolo* — AtPavia 61 (1983) 321–342

2176 BRENNECKE, HANNS CHRISTOF *Rom und der dritte Kanon von Serdika
(342)* — ZSavK 100 (1983) 15–45

2177 BREYDY, MICHEL *Abraham Ecchelensis et les canons arabes de Nicée* —
ParOr 10 (1981/82) 223–256

[2297] CAVALCANTI, E.: Trinitas

2178 CHEVALLIER, MAX ALAIN *El Concilio de Constantinopla y el Espíritu Santo* — ETrin 17 (1983) 3–23

2179 CHRESTOU, PANAGIOTES K. *The ecumenical character of the First Synod of Constantinople, 381* — GrOrthThR 27 (1982) 359–374

2180 CHRYSOS, EVANGELOS *Konzilsakten und Konzilsprotokolle vom 4.-7. Jahrhundert* — AHC 15 (1983) 30–40

2181 *La colección canónica hispana, II: Colecciones derivadas.* Por G. MARTÍNEZ DÍEZ. [Monum. Hispaniae sacra Ser. canon. 2]. Madrid: CSIC Ist. Enrique Florez 1976. 2 voll. 715 pp.

2182 *La colección canónica hispana, III: Concilios griegos y africanos.* Por G. MARTÍNEZ DÍEZ; F. RODRÍGUEZ [Monum. Hispaniae sacra Ser. canon. 3]. Madrid: CSIC Ist. Enrique Florez 1982. 454 pp.

2183 CONSTANTELOS, DEMETRIOS J. *Toward the convocation of the Second Ecumenical Synod* — GrOrthThR 27 (1982) 395–405

[1500] CONTE, P.: Honorius Papa

2184 *Das gemeinsame Credo. 1600 Jahre seit dem Konzil von Konstantinopel.* [Pro Oriente 6]. Hrsg. im Auftrag des Stiftungsfonds Pro Oriente, Wien, von THEODOR PIFFL-PERČEVIČ und ALFRED STIRNEMANN. Innsbruck; Wien: Tyrolia 1983. 262 pp.

2185 CUSCITO, GIUSEPPE *Il concilio di Aquileia del 381 e le sue Fonti* — AnAl 22 (1982) 189–253

2186 ΔΑΝΙΗΛΙΔΗΣ, ᾽ΑΠΟΣΤΟΛΟΣ *῾Η ἐν Κωνσταντινοπόλει Β΄ Οἰκουμενική Σύνοδος. Δομή τῆς ᾽Εκκλησίας θεμελιοῦσα τήν ᾽Ορθοδοξίαν καί ᾽Ορθοπραξίαν.* In: *Μνήμη Συνόδου . . .* (cf. 1983, 138) 331–349

[2315] *Does Chalcedon divide or unite?:* Christologia

2187 DOUCET, MARCEL *Est-ce que le monothélisme a fait autant d'illustres victimes: réflexions sur un ouvrage de F.-M. Léthel* — ScEs 35 (1983) 53–83

2188 DUMEIGE, GERVAIS *Une histoire des conciles oecuméniques* — ScEs 35 (1983) 127–130

2189 ETTLINGER, GERARD H. *The holy spirit in the theology of the second ecumenical synod and in the undivided church* — GrOrthThR (1982) 431–440

[282] FATAS CABEZA, G.: Opera ad historiam

2190 FISCHER, J. A. *Das Konzil zu Karthago im Mai 252* — AHC 13 (1981) 1–11

2191 FISCHER, J. A. *Das Konzil zu Karthago im Frühjahr 253* — AHC 13 (1981) 12–26

2192 FISCHER, J. A. *Das Konzil zu Karthago im Jahre 255* — AHC 14 (1982) 227–240

2193 FISCHER, JOSEPH A. *Das Konzil zu Karthago im Frühjahr 256* — AHC 15 (1983) 1–14

2194 ΦΩΤΙΑΔΗΣ, ᾽ΕΜΜΑΝΟΥΗΛ ῾Ο 30ς Κανών τῆς ῾Αγίας Β΄ Οἰκουμενικῆς

Συνόδου καί ή κατ' αὐτοῦ ἀντίδρασις τῶν Ἐκκλησιῶν Ρώμης καί Ἀλεξανδρείας. In: Μνήμη Συνόδου . . . (cf. 1983, 138) 403–441

2195 GANOCZY, A. *Formale und inhaltliche Aspekte der mittelalterlichen Konzilien als Zeichen kirchlichen Ringens um ein universales Glaubensbekenntnis.* In: *Glaubensbekenntnis und Kirchengemeinschaft* (cf. 1981/82, 3053) 49–79

2196 GAZTAMBIDE, J. G.; LUMPE, A. *Bibliographie* — AHC 14 (1982) 249–256; 478–480

2197 GEANAKOPOULOS, DENO J. *The second ecumenical synod of Constantinople (381): proceedings and theology of the Holy Spirit* — GrOrthThR 27 (1982) 407–429

2197a GUARNIERI, C. *Note sulla presenza dei laici ai concili fino al VI secolo* — VetChr 20 (1983) 77–92

2198 HALLEUX, A. DE *The Second Ecumenical Council. A dogmatic and ecclesiological evaluation* — CrSt 3 (1982) 297–328

2199 *On the Holy Spirit and on prayer. In honor of the first Council of Constantinople (381)* — WSp 3 (1982) 177 pp.

2200 HORN, S. O. *Petrou Kathedra. Der Bischof von Rom und die Synoden von Ephesus (449) und Chalcedon* [Konfessionskundl. und Kontroverstheologische Stud. 45]. Paderborn: Bonifatius-Druckerei 1982. 292 pp.

2201 (KARAMBINIS,) MELETIOS (Métropolite de France) *À propos du IIe Concile œcuménique. Quelques approches pneumatologiques de l'Église.* In: Μνήμη Συνόδου . . . (cf. 1983, 138) 369–381

2202 (ΚΩΝΣΤΑΝΤΙΝΙΔΗΣ,) ΧΡΥΣΟΣΤΟΜΟΣ (Μητροπολίτης Μύρων) Αἱ ἱστορικο-δογματικαί προϋποθέσεις τῆς οἰκουμενικότητος τῆς ἁγίας Β΄ Οἰκουμενικῆς Συνόδου. In: Μνήμη Συνόδου . . . (cf. 1983, 138) 103–144

2203 KRIEGBAUM, BERNHARD *Afrikanische Autonomie und römischer Primat. Kanon 8 der römischen Synode von 386 und seine Geltung in Afrika.* In: *Aus Kirche und Reich. Studien zu Theologie, Politik und Recht im Mittelalter. Festschrift für Friedrich Kempf . . .* (cf. 1983, 119) 11–22

2204 LEO, PIETRO DE *Deposizioni vescovili ed ecclesiologia nei sinodi della Gallia premerovingia* — AHC 15 (1983) 15–29

2205 L'HUILLIER, P. *Faits et fiction à propos du deuxième concile oecuménique* — EgliseTh 13 (1982) 135–156

2206 L'HUILLIER, P. *Ecclesiology in the canons of the first Nicene council* — StVlThQ 27 (1983) 119–131

2207 LUDWIG, EUGENE MICHAEL *Neo-chalcedonism and the council of 553* [Th.d. Diss.]. Graduate Theological Union 1983. 174 pp.

2208 LUIBHÉID, C. *The council of Nicaea.* Galway: Univ. Pr. 1982. 146 pp.

2209 LUIBHÉID, C. *The alleged second session of the Council of Nicaea* — JEcclH 34 (1983) 165–174

2210 LUMPE, A. *Bibliographie* – AHC 15 (1983) 246–248

2211 (MENEBIΣOΓΛOY,) ΠAYΛOΣ (Μητροπολίτης Σουηδίας) *Oἱ κανόνες 50ς, 60ς καί 70ς τῆς Β´ Οἰκουμενικῆς Συνόδου*. In: *Μνήμη Συνόδου* . . . (cf. 1983, 138) 443–457

2212 MERCIER, CH. *Les Canons des conciles oecuméniques et locaux en version arménienne* – REArm 15 (1981) 187–262

2213 MONACHINO, V. *Anno 381; il canone 3 del Concilio costantinopolitano I.* In: *Roma, Costantinopoli* (cf. 1983, 162) 253–259

2214 NIKOLAOÚ, THEODOR *Zur «Theologie» des ökumenischen Konzils am Beispiel des Konzils von Konstantinopel (381).* In: *Μνήμη Συνόδου* . . . (cf. 1983, 138) 289–309

[2303] ORTIZ DE URBINA, I.: Trinitas

[2305] PATTERSON, L. G.: Trinitas

2215 PERI, V. *Risonanze storiche e contemporanee del secondo concilio ecumenico* – AHC 14 (1982) 13–57

2216 PERI, V. *Rilevanza del settimo concilio ecumenico* – AHC 14 (1982) 95–110

2217 PERI, V. *Concilium plenum et generale. La prima attestazione dei criteri tradizionali dell'ecumenicità* – AHC 15 (1983) 41–78

2218 RAMOS-LISSÓN, DOMINGO *«Communio» et Synodalité dans les Conciles du Royaume Suève au VIᵉ siècle* – ThBraga 18 (1983) 95–105

2219 RIEDINGER, R. *Papst Martin I. und Papst Leo I. in den Akten der Lateran-Synode von 649* – JÖB 33 (1983) 87–88

2220 (RINNE,) JOHN (Metropolitan of Helsinki) *The Authority of the Ecumenical Synods.* In: *Μνήμη Συνόδου* . . . (cf. 1983, 138) 383–393

2221 ROMPAY, L. VAN *A letter of the Jews to the emperor Marcian concerning the Council of Chalcedon* – OLP 12 (1981) 215–224

2222 ROSESCU, IOAN-GHEORGHE *Principii şi dispoziţii de organizare şi disciplina în canoanele Sinodului VI ecumenic (= Die Prinzipien und die Bestimmungen über Organisation und Disziplin in den Kanones der 6. Ökumenischen Synode)* – StBuc 35 (1983) 64–78

2223 *Second ecumenical synod, Constantinople, A.D. 381* ed. NOMIKOS M. VAPORIS – GrOrthThR 27 (1982) 341–453

2224 SIEBEN, HERMANN-JOSEF *On the relation between council and the pope up to the middle of the fith century.* In: *The ecumenical council.* Ed. P. HUIZING; K. WALF [Concilium 167]. New York: Seabury Pr. (1983) 19–24

2225 SIEBEN, H. J. *Le rapport du concile et du pape jusqu'au milieu du Vᵉ siècle* – Concilium (Nijmegen) 187 (1983) 35–42

2226 SIEBEN, H. J. *Relación entre papa y concilio hasta mediados del siglo V* – ConciliumM 19/3 (1983) 31–39

2227 ŚRUTWA, JAN *Synod Akwilejski 381 - zachodni odpowiednik Soboru Konstantynopolskiego I (= Synode d'Aquilée 381 – équivalent occidental du Concile Constantinople I)* [avec un rés. en franç.] – VoxP 4 (1983) 190–199

2228 Staats, R. *Zur sozialen Bedingtheit des pneumatologischen Dogmas von Constantinopel 381.* In: *Miscellanea historiae ecclesiasticae VI,1* (cf. 1983, 136) 126–131

2229 Σταυριδης, Βασιλειος *'Ο Συνοδικός θεσμός. 'Ονομασία καί αρχαί αὐτοῦ.* In: *Μνήμη Σύνοδου* ... (cf. 1983, 138) 251–266

2230 Trombley, F. R. *A note on the see of Jerusalem and the synodal list of the sixth ecumenical council (680-681)* – Byzan 53 (1983) 632–638

[2311] Wagner, G.: Trinitas

2231 Walhout, Edwin *Chalcedon. Still Valid* – CSR 13 (1983) 48–53

3. Ius canonicum, hierarchia, disciplina ecclesiastica

2232 Μπουμης, Παναγιοτης I. *Περὶ τοῦ γάμου κληρικῶν-μοναχῶν απὸ κανονικῆς πλευρᾶς (συνεχίζεται)* – ThAthen 54 (1983) 711–733

[251] Bucci, O.: Opera ad historiam

2233 Castillo, J. M. *La secularización de obispos y sacerdotes en la Iglesia latina antigua* – RCatT 8 (1983) 81–111

[267] Consolino, F. E.: Opera ad historiam

2234 Demicheli, A. M. *La politica religiosa di Giustiniano in Egitto. Riflessi sulla chiesa egiziana della legislazione ecclesiastica giustinianea* – Aeg 63 (1983) 217–257

[1508] Dupuy, B.: Ignatius Antiochenus

2235 Durliat, J. *Les attributions civiles des évêques byzantins. L'exemple du diocèse d'Afrique (533-709)* – JÖB 32,2 (1982) 73–84

2236 Eck, W. *Handelstätigkeit christlicher Kleriker in der Spätantike* – MHA 4 (1980) 127–137

2237 Eijk, A. H. C. van *Priesterschap van de vrouw: Diskussie gesloten?* – BijFTh 44 (1983) 428–440

2238 Fedalto, G. *Liste vescovili del patriarcato di Gerusalemme. II. Palestina seconda e Palestina terza* – OrChrP 49 (1983) 261–263

2239 Ferreira de Araújo, M. *Diaconado permanente: Da Didaché a Inácio de Antioquia* – Lum 44 (1983) 63–66

2240 Góralski, W. *Pierwotna dyscyplina Kościoła w sprawie małżeństwa (= La primordiale disciplina matrimoniale della Chiesa)* – RoczTK 30 (1983) f. 5, 73–88

[300] Gryson, R.: Opera ad historiam

[301] Gryson, R.: Opera ad historiam

2241 Guerra Gómez, Manuel *Tríptico filológico en torno al Supremo Pontificado.* In: *Teología del Sacerdocio, 17* (cf. 1983, 185) 191–314

2242 Jasonni, M. *Contributi allo studio della ignorantia iuris nel diritto penale canonico.* Milano: Giuffrè 1983. IV, 192 pp.

2243 LARENTZAKIS, G. Ἡ Ἐκκλησία Ῥώμης καὶ ὁ Ἐπίσκοπος αὐτῆς βάσει ἀρχαίων πηγῶν (Εἰρηναῖος, Βασίλειος, Χρυσόστομος). Thessaloniki: Anal. Vlatadon 1983. 151 pp.

2244 LÉCUYER, J. Sacerdozio comune e sacerdozio ministeriale. Unità e specificità — Lateranum 47 (1981) 9–30

[2204] LEO, P. DE: Concilia, acta conciliorum, canones

2245 L'HUILLIER, P. L'économie dans la tradition de l'Église Orthodoxe — Kanon 6 (1983) 19–38

2246 MADEY, JOHANNES Das Bischofsamt nach den Rechtsquellen der syro-antiochenischen Kirche — Cath 37 (1983) 180–203

2247 MARTIMORT, A. G. Les diaconesses, essai historique [Bibl. Ephem. liturg. Subsidia]. Roma: Ed. liturgiche 1982. 277 pp.

2249 MIKAT, P. Doppelbesetzung oder Ehrentitulatur? Zur Stellung des westgotisch-arianischen Episkopates nach der Konversion von 587/589 [Rheinisch-Westfäl. Akad. der Wiss. Vortr. G 268]. Leverkusen: Westdt. Verl. 1983. 37 pp.

2250 MOINGT, J. Authority and ministry. In: Authority in the Church (cf. 1983, 84) 202–225

[1738] NASIŁOWSKI, K.: Origenes

[1233] OSAWA, T.: Cyprianus Carthaginiensis

2251 PRZEKOP, E. Rozwój form małżeńskich w narodowych Kościołach niegrieckiego Wschodu od Soboru Chalcedońskiego do X wieku (= Die Entwicklung der Eheformen in den Kirchen des nicht-griechischen Ostens vom Konzil von Chalzedon bis zum 10. Jahrhundert) — RoczTK 30 (1983) f.5 57–72

2252 SANTSCHI, C. Les premiers évêques du Valais et leur siège épiscopal [rés. en franç. et en all.] — Vallesia 36 (1981) 1–26

2253 SCHEIBELREITER, GEORG Der Bischof in merowingischer Zeit [Veröffentlichungen des Instituts für Österreichische Geschichtsforschung 27]. Wien; Köln; Graz: Böhlau 1983. 312 pp.

[2224] SIEBEN, H. J.: Concilia, acta conciliorum, canones

[2225] SIEBEN, H. J.: Concilia, acta conciliorum, canones

[2226] SIEBEN, H. J.: Concilia, acta conciliorum, canones

2254 SWIDLER, L. Demo-kratia, the rule of the people of God, or consensus fidelium. In: Authority in the Church (cf. 1983, 84) 226–243

2255 TROIANOS, SPYRIDON Die Mischehen in den heiligen Kanones — Kanon 6 (1983) 92–101

[2230] TROMBLEY, F. R.: Concilia, acta conciliorum, canones

2256 VOGT, H. J. Zum Bischofsamt in der frühen Kirche — ThQ 162 (1982) 221–236

2257 ZIZIOULAS, J. D. Ἐπισκοπή et ἐπίσκοπος dans l'Église primitive — Irénikon 56 (1983) 484–502

4. Symbola

2257a ΑΝΑΣΤΑΣΙΟΥ, ᾽ΙΩΑΝΝΗΣ *Ἡ Β΄ Οἰκουμενικὴ Σύνοδος. Τό Σύμβολο τῆς Πίστεως σημεῖο ἑνότητος καί χωρισμοῦ.* In: *Μνήμη Συνόδου* . . . (cf. 1983, 138) 311–330

2258 (ΧΑΡΚΙΑΝΑΚΗΣ,) ΣΤΥΛΙΑΝΟΣ (᾽Αρχιεπίσκοπος Αὐστραλίας) *᾽Αξιωματι- καί προϋποθέσεις καί συνέπειαι τοῦ ἑαυτοῦ Συμβόλου τῆς Πίστεως.* In: *Μνήμη Συνόδου* . . . (cf. 1983, 138) 267–276

2259 *The creeds of Christendom with a history and critical notes* ed. by PHILIPP SCHAFF [6th ed.; revised by DAVID S. SCHAFF]. Grand Rapids, Mich.: Baker 1983.

[2195] GANOCZY, A.: Concilia, acta conciliorum, canones

[1782] HANSON, R. P. C.: Patricius Hibernorum

[2300] HAUSCHILD, W. D.: Trinitas

2260 ΚΑΨΑΝΗΣ, ΓΕΩΡΓΙΟΣ *Τό Τριαδικό Μυστήριο τοῦ Συμβόλου τῆς Πί- στεως ὡς βίωμα στή Μοναχική Πολιτεία.* In: *Μνήμη Συνόδου* . . . (cf. 1983, 138) 535–541

2261 LANNE, EMMANUEL *Le Symbole des Apôtres, expression de la foi aposto- lique, et le Symbole de Nicée* – Irénikon 56 (1983) 467–483

2262 MELIA, ELIE *Pour une évaluation du Symbole de Foi de Nicée-Con- stantinople comme expression de la foi apostolique.* In: *Μνήμη Συνό- δου* . . . (cf. 1983, 138) 277–288

[2327] ROBINSON, J. M.: Christologia

2263 SCHNEIDER, TH. *Der theologische Ort der Kirche in der Perspektive des dritten Glaubensartikels.* In: *Glaubensbekenntnis und Kirchengemein- schaft* (cf. 1981/82, 3053) 100–119

2264 STOCKMEIER, PETER *Das Glaubensbekenntnis. Aspekte zur Ortsbestim- mung der frühen Kirche.* In: *Glaube und Kultur* (cf. 1983, 172) 138–154

2265 TIMIADIS, E. *The Nicene Creed. Our common faith.* Forew. by GER- HARD KRODEL. Philadelphia, Penna: Fortress Pr. 1983. 128 pp.

2266 WINKLER, GABRIELE *A Remarkable Shift in the 4th Century Creeds. An Analysis of the Armenian, Syriac and Greek Evidence.* In: *Studia Patristica 17* (cf. 1981/82, 283b) III, 1396–1401

VI. DOCTRINA AUCTORUM ET HISTORIA DOGMATUM

1. Generalia

2267 ALLARD, GERALD *L'Ars occultandi, partie intégrante de l'art de l'en-seignement* — Laval 39 (1983) 255–268

2268 ATTFIELD, ROBIN *Christian attitudes to nature* — JHI 44 (1983) 369–386

2269 BEGGIANI, SEELY J. *Early Syriac Theology: with special reference to the Maronite tradition.* Lanham, Md.: University Press of America 1983. XVI, 156 pp.

2271 BORI, P. C. *Il vitello d'oro. Le radici della controversia antigiudaica.* Torino: Boringhieri 1983. 139 pp.

2270 BØRRESEN, K. E. *God's image, man's image? Female metaphors descri-bing god in the Christian tradition* — Temenos 19 (1983) 17–32

2272 CHADWICK, HENRY *Freedom and necessity in early Christian thought about God.* In: *Cosmology and theology.* Ed. D. TRACY; N. LASH. New York: Seabury Press (1983) 8–13

2273 CLARK, ELIZABETH A. *Women in the Early Church* [MFCh 13]. Wil-mington, Del.: Michael Glazier, Inc. 1983. 260 pp.

2274 DREHER, M. *Terra de Deus e propiedade privada. Os cristãos e a propiedade privada na Igreja Antiga* — EstT 23 (1983) 79–98

2275 *Die Entwicklung des Traditionsbegriffs in der alten Kirche.* Texte zusam-mengestellt von W. RORDORF; A. SCHNEIDER [TC 5]. Bern: Lang 1983. XXXII, 208 pp.

2276 FREND, W. H. C. *Church and State. Perspective and Problems in the Patristic Era.* In: *Studia Patristica 17* (cf. 1981/82, 283b) I, 38–54

2277 GANDARA FEIJOO, ALFONSO *Literatura Patrística. El pensamiento so-cial en los Padres de la Iglesia* — AnthrVen 4 (1983) 154–164

2278 HAMMAN, A.-G. *Les racines de la foi. La catéchèse des Pères de L'Église. Conferences données à Notre-Dame de Paris 1980-1981.* Paris: O.E.I.L. 1983. 236 pp.

[199] HUSSEY, M. E.: Methodologica

2279 IONITA, VIOREL *Rolul Bisericii în societate dupǎ Sfinţii Trei ierarhi (= Die Rolle der Kirche in der Gesellschaft nach den Heiligen drei Hierar-chen)* — StBuc 35 (1983) 8–18

2280 MITRE, E.; GRANDA, C. *Las grandes herejías de la Europa cristiana* [Fundamentos 82]. Madrid: Ed. Itsmo 1983. 395 pp.

2281 *Le pécheur et la pénitence dans l'Église ancienne.* Éd. par C. VOGEL [Tradition chrétienne 4]. Paris: Éd. du Cerf 1982. 213 pp.

2282 PLACHER, WILLIAM C. *A history of Christian theology. An introduction.* Philadelphia: Westminster Press 1983. 324 pp.

2283 PODSKALSKY, G. *Die griechisch-byzantinische Theologie und ihre Methode. Aspekte und Perspektiven eines ökumenischen Problems* — ThPh 58 (1983) 71–87

2284 SIDER, ROBERT D. *The Gospel and its Proclamation* [MFCh 10]. Wilmington, Del.: Michael Glazier, Inc. 1983. 236 pp.

2285 ŚRUTWA, J. *Praca w starożytnym chrześcijaństwie afrykańskim (= Le travail dans le christianisme de l'Afrique romaine)* [Kanonicznego 64]. Lublin: Towarzystwo Naukowe Katolickiego Uniwersytetu Lubelskiego, Rozprawy Wyadziału Teologiczno 1983. 326 pp.

2286 STOCKMEIER, PETER *Theologie und kirchliche Normen im frühen Christentum.* In: *Glaube und Kultur* (cf. 1983, 172) 205–226

2287 STOCKMEIER, PETER *Christlicher Glaube und antikes Ethos.* In: *Glaube und Kultur* (cf. 1983, 172) 106–119

2288 STOCKMEIER, PETER *Christlicher Glaube und antike Religiosität.* In: *Glaube und Kultur* (cf. 1983, 172) 60–105

2289 STOCKMEIER, PETER *Glauben. Die Herausforderung des Christentums gegenüber antikem Selbstverständnis.* In: *Glaube und Kultur* (cf. 1983, 172) 13–38

2290 STORNI, F. *El trabajo en los Santos Padres* — Cias (1983) 38–43

2291 UNNIK, W. C. VAN *Die Gotteslehre bei Aristides und in gnostischen Schriften.* In: *Sparsa Collecta* (cf. 1983, 192) 106–113

2292 WAINWRIGHT, GEOFFREY *The Holy Spirit in the life of the church* — GrOrthThR 27 (1982) 441–453

2. Singula capita historiae dogmatum

a) Religio, revelatio

2293 FERGUSON, E. *The covenant idea in the second century.* In: *Texts and testaments* (cf. 1979/80, 175) 135–162
[2437] FILORAMO, G.: Gnostica
2294 FINNEY, P. C. *Idols in Second and Third Century Apology.* In: *Studia Patristica 17* (cf. 1981/82, 283b) II, 684–687
[1528] HILL, R.: Iohannes Chrysostomus
[889] JIMÉNEZ, J. L.: Augustinus
[894] KOWALCZYK, ST.: Augustinus
[931] PEGUEROLES, J.: Augustinus
[1627] SCHNEEMELCHER, W.: Iustinus Martyr
[1910] STOCKMEIER, P.: Tertullianus
[1750] STROUMSA, G.: Origenes
[1427] ΒΑΚΑΡΟΣ, Δ.: Gregorius Nyssenus

b) Creatio, providentia

[1408] ALEXANDRE, M.: Gregorius Nyssenus
2295 AMUNDSEN, D. W. *Medicine and faith in early Christianity* – Bulletin of the History of Medicine (Baltimore, Md.) 56 (1982) 326–350
[817] BURKE, K.: Augustinus
[1412] CORSINI, E.: Gregorius Nyssenus
[1119] CROUSE, R.: Boethius
[1035] DRAGAS, G. D.: Basilius Caesariensis
[1919] GREER, R. A.: Theodorus Mopsuestenus
[1135] LUETTRINGHAUS, P. B.: Boethius
[927] OROZ RETA, J.: Augustinus
[741] PASCHOUD, F.: Ambrosius Mediolanensis
[1642] PERRIN, M.: Lactantius
[1053] PETRA, B.: Basilius Caesariensis
[1688] SHARPLES, R. W.: Nemesius Emesenus
[2485] TORRENS, J. M.: Gnostica
2296 VERBEKE, G. *Some later Neoplatonic views on divine creation and the eternity of the world.* In: *Neoplatonism and Christian thought* (cf. 1983, 141) 45–53

c) Trinitas

[467] ABRAMOWSKI, L.: συνάφεια
[2422] ABRAMOWSKI, L.: Gnostica
[1519] ALVES DE SOUSA, P. G.: Iohannes Chrysostomus
[1713] BLANC, C.: Origenes
[1459] CAPRIOLI, M.: Hieronymus
[1027] CATAUDELLA, Q.: Basilius Caesariensis
2297 CAVALCANTI, E. *Lineamenti del dibattito sullo Spirito Santo, da S. Basilio al Concilio di Costantinopoli del 381.* In: *Spirito Santo* (cf. 1983, 171) 75–92

2298 CHANG, DONG-CHAN *The doctrine of the holy spirit in the thought of the Cappadocian fathers* [Ph.d. Diss.]. Drew University 1983. 175 pp.

[2178] CHEVALLIER, M. A.: Concilia, acta conciliorum, canones

[1030] CIGNELLI, L.: Basilius Caesariensis

[1663] CLARK, M. T.: Marius Victorinus

[1723] DILLON, J.: Origenes

[855] DOS SANTOS FERREIRA, J. M.: Augustinus

[2197] GEANOKOPOULOS, D. J.: Concilia, acta conciliorum, canones

[1247] GRANADO, C.: Cyrillus Hierosolymitanus

[730] GRANADO BELLIDO, C.: Ambrosius Mediolanensis

[732] HABYARIMANA, S.: Ambrosius Mediolanensis

2299 HANSON, R. P. C. *The Transformation of Images in the Trinitarian Theology of the Fourth Century.* In: *Studia Patristica 17* (cf. 1981/82, 283b) I, 97–115

2300 HAUSCHILD, W. D. *Das trinitarische Dogma von 381 als Ergebnis verbindlicher Konsensusbildung.* In: *Glaubensbekenntnis und Kirchengemeinschaft* (cf. 1981/82, 3053) 13–48

[1732] KALINKOWSKI, S.: Origenes

[2201] KARAMBINIS, M.: Concilia, acta conciliorum, canones

[18] LONGOSZ, S.: Historia patrologiae

[19] LONGOSZ, S.: Historia patrologiae

[1137] LUTZ-BACHMANN, M.: Boethius

[1417] MATEO SECO, L. F.: Gregorius Nyssenus

[2340] MATEO SECO, L. F.: Ecclesiologia

[1223] METZGER, M.: Constitutiones Apostolorum

[202] MIGUEL, J. M. DE: Methodologica

2301 MILLER, D. L. *Between God and the Gods* – ErJb 49 (1980) 81–148

2302 MORESCHINI, C. *Aspetti della pneumatologia in Gregorio Nazianzeno e Basilio.* In: *Atti del Congresso su Basilio di Cesarea . . ., I* (cf. 1983, 82) 567–578

[923] O'CONNOR, W. R.: Augustinus

[1582] ORBE, A.: Irenaeus Lugdunensis

2303 ORTIZ DE URBINA, IGNACIO *El Espíritu Santo en la teología del siglo IV desde Nicea a Constantinopla.* In: *El Concilio de Constantinopla I y el Espíritu Santo* (cf. 1983, 94) 75–91 = ETrin 17 (1983) 25–41

[1827] PASCUAL TORRÓ, J.: Prudentius

2304 PATTERSON, C. G. *Methodius, Origen and the Arian Dispute.* In: *Studia Patristica 17* (cf. 1981/82, 283b) II, 912–923

2305 PATTERSON, LLOYD G. *Nikaia to Constantinople: the theological issues* – GrOrthThR 27 (1982) 375–393

[1482] PEÑAMARIA DE LLANO, A.: Hilarius Pictaviensis

[941] PINTARIĆ, D.: Augustinus

[1672] PIRET, P.: Maximus Confessor

[469] POLARA, G.: mixtus

[946] PRINCIPE, W. H.: Augustinus

[2117] SAXER, V.: Missa, sacramenta, sacramentalia

2306 SCHOONENBERG, P. *De voortkomst van de Heilige Geest. Gedachten naar aanleiding van het dispuut over het ‹Filioque›* — TTh 23 (1983) 105–124

[386] SIMONETTI, M.: Opera ad historiam

[1063] SIMONETTI, M.: Basilius Caesariensis

2307 SLUSSER, M. *The Scope of Patripassianism.* In: *Studia Patristica 17* (cf. 1981/82, 283b) I, 169–175

2308 SOERRIES, R. *Die Bilder der Orthodoxen im Kampf gegen den Arianismus: eine Apologie der orthodoxen Christologie und Trinitätslehre gegenüber der arianischen Häresie, dargestellt an den ravennatischen Mosaiken und Bildern des VI. Jahrhunderts: zugleich ein Beitrag zum Verständnis des germanischen Homöertums* [Europ. Hochschulschr. R. 23 Theol. Bd. 186]. Bern: Lang 1983. 316 pp.

[1064] ŠPIDLÍK, T.: Basilius Caesariensis

[2228] STAATS, R.: Concilia, acta conciliorum, canones

2309 STEAD, C. *The freedom of the will and the Arian controversy.* In: *Platonismus und Christentum* (cf. 1983, 153) 245–257

[2521] STROUMSA, G.: Specialia in Vetus Testamentum

[1156] STUMP, E.: Boethius

[2125] TRIACCA, A. M.: Missa, sacramenta, sacramentalia

[1070] TSIRPANLIS, C. N.: Basilius Caesariensis

[1310] VAGGIONE, R. P.: Eunomius Cyzicenus

2310 VIRGULIN, STEFANO *La problemática en torno a la procedencia del Espíritu Santo.* In: *El Concilio de Constantinopla I y el Espíritu Santo* (cf. 1983, 94) 93–115 = ETrin 17 (1983) 43–65

2311 (WAGNER,) GEORGES (Archévêque d'Eudociade) *Le dogme pneumatologique du IIe Concile œcuménique et son contexte théologique dans la tradition patristique.* In: *Μνήμη Συνόδου . . .* (cf. 1983, 138) 351–368

[765] WILLIAMS, R. D.: Arius

[1076] YANGUAS, J. M.: Basilius Caesariensis

[1541] ZINCONE, S.: Iohannes Chrysostomus

d) Christologia

[467] ABRAMOWSKI, L.: συνάφεια

[1505] ALBERT, M.: Iacobus Sarugensis

[1331] ALLEN, P.: Eustathius Monachus

[1570] ARRÓNIZ, J. M.: Irenaeus Lugdunensis

[1520] ASENSIO, F.: Iohannes Chrysostomus

[1854] AUBINEAU, M.: Severianus Gabalensis

2312 BARASCH, M. *Das Bild des Unsichtbaren. Zu den frühen Christusbildern* — VR 2 (1983) 1–13

[1026] BELLINI, E.: Basilius Caesariensis
[1713] BLANC, C.: Origenes
[725] BURNS, J. P.: Ambrosius Mediolanensis
[1715] BUZESCU, N.: Origenes
[755] CATTANEO, E.: Apollinarius Laodicensis
[1242] CATTANEO, E.: Cyrillus Alexandrinus
2313 CIGNELLI, L. *Il tema del Cristo-gioia nella Chiesa patristica.* In: *Studia Hierosolymitana, III* (cf. 1983, 177) 169–192
[835] CILLERUELO, L.: Augustinus
[97] *La cristologia nei Padri della Chiesa:* Collectanea et miscellanea
[1689] DALY, A. C.: Nestorius
[2234] DEMICHELI, A. M.: Ius canonicum, hierarchia, disciplina ecclesiastica
2314 DEWART, JOANNE McW.: *The Christology of the Pelagian Controversy.* In: *Studia Patristica 17* (cf. 1981/82, 283b) III, 1221–1244
2315 *Does Chalcedon divide or unite? Towards convergence in Orthodox Christology.* Ed. by PAULOS GREGORIOS; W. H. LAZARETH; N. A. NISSIOTIS. Geneva: World Council of Churches 1981. XII, 156 pp.
[1549] FAZZO, V.: Iohannes Damascenus
[1319] FEDALTO, G.: Eusebius Caesariensis
2316 FICHTNER, G. *Christus als Arzt. Ursprünge und Wirkungen eines Motivs* — FMSt 16 (1982) 1–18
[1919] GREER, R. A.: Theodorus Mopsuestenus
2317 GRILLMEIER, A. *Gesù il Cristo nella fede della Chiesa, I: Dall'età apostolica al Concilio di Calcedonia.* Trad. di E. NORELLI; S. OLIVIERI [Bibl. teol. 18–19]. Brescia: Paideia 1982. 2 voll. 1060 pp.
2318 GUNTON, COLIN *Yesterday and today. A study in christology.* Grand Rapids, Mich.: W. B. Eerdmans Pub. Co. 1983. XI, 228 pp.
2319 HAQQ, AKBAR ABDIYAH ABDUL *Christologies in early Christian thought and in the Quran. Being a critical analysis and comparison of selected Christological views in Christian writings to 785 A.D. and those of the Quran* [Doctoral dissertation series 6200]. Ann Arbor, Mich.: Univ. Microfilms c. 1983 [Evanston, Ill: Northern Univ., Diss. 1953]
2320 KAMP, GERRIT CORNELIS VAN DE *Pneuma-christologie, een oud antwoord op een actuele vraag? Een dogma-historisch onderzoek naar de preniceense pneuma-christologie als mogelijke uitweg in de christologische problematiek bij Harnack, Seeberg en Loofs en in de meer recente literatuur.* Amsterdam: Rodopi 1983. 303 pp.
2321 KARPP, H. *Christus, deus noster. Zur Entwicklungsgeschichte einer christologischen Formel.* In: *Vom Umgang der Kirche . . .* (cf. 1983, 118) 91–104
[764] LORENZ, R.: Arius
[1734] LORENZI, L. DE: Origenes
[2207] LUDWIG, E. M.: Concilia, acta conciliorum, canones
[908] LUIS VIZCAÍNO, P. DE: Augustinus

[1137] LUTZ-BACHMANN, M.: Boethius

2322 MARTINI, G. *Regale sacerdotium* — NRiSt 65 (1981) 73–156

[1650] MARTORELL, J.: Leo Magnus

[1638] McGUCKIN, P.: Lactantius

[1639] McGUCKIN, P.: Lactantius

2323 MÜHLENBERG, E. *The Divinity of Jesus in Early Christian Faith*. In: *Studia Patristica 17* (cf. 1981/82, 283b) I, 136–146

2324 NORRIS, R. A. *The Problems of Human Identity in Patristic Christological Speculation*. In: *Studia Patristica 17* (cf. 1981/82, 283b) I, 147–159

[1479] ORAZZO, A.: Hilarius Pictaviensis

[1626] OTRANTO, G.: Iustinus Martyr

2325 OZOROWSKI, E. *Dzieje chrystologii (= Histoire de la christologie)* — StTBiał 1 (1983) 25–62

2326 PALAZZINI, P. *Cristo, Via Verità e Vita. Introduzione patristica alla cristologia*. In: *La cristologia nei Padri I* (cf. 1983, 3232) 23–41

[1480] PELLAND, G.: Hilarius Pictaviensis

[1672] PIRET, P.: Maximus Confessor

[1150] QUACQUARELLI, A.: Boethius

[1294] RIGGI, C.: Epiphanius

2327 ROBINSON, J. M. *Jesus. From Easter to Valentinus (or to the Apostles' Creed)* — JBL 101 (1982) 5–37

[2221] ROMPAY, L. VAN: Concilia, acta conciliorum, canones

[1614] SAKO, L. R. M.: Išo 'Yahb II, Katholikos

2328 SALGADO, J. M. *La science du Fils de Dieu fait homme. Prises de position des Pères et de pré-scolastique (IIe–XIIe siècle)* — DC 36 (1983) 180–286

[2076] SCHEFFCZYK, L.: Liturgica

2329 SCHWEIZER, E. *Paul's christology and Gnosticism*. In: *Paul and Paulinism* (cf. 1983, 151) 115–123

[1496] SIMONETTI, M.: Hippolytus Romanus

2330 SLUSSER, M. *Docetism. A historical definition* — SecCent 1 (1981) 163–172

[2308] SOERRIES, R.: Trinitas

[1804] SPELLER, L.: Photinus Sirmiensis

[2121] ŠPIDLÍK, T.: Missa, sacramenta, sacramentalia

[1916] STEWARDSON, J. L.: Theodoretus Cyrensis

2331 TOON, PETER *Historical perspectives on the doctrine of Christ's ascension, pt 2: the meaning of the ascension for Christ* — BiblSacr 140 (1983) 291–301

[2079] TREU, K.: Liturgica

[1679] WINSLOW, D. F.: Melito Sardensis

[195] *Word and spirit, vol. 5: christology:* Collectanea et miscellanea

e) Soteriologia

2332 ANDRZEJEWSKI, R. *Zbawczy realizm Eucharystii w nauce Ojców Kościoła (= Réalisme salutaire de l'Eucharistie dans la doctrine des Pères de l'Église)* — AtKap 101, 75 (1983) 179–187

2333 BAAL, J. VAN *A neglected crux in the interpretation of the sacrifice of Christ* — NedThT 37 (1983) 242–246

2334 BABCOCK, W. S. *Augustine and Tyconius. A Study in the Latin Appropriation of Paul.* In: *Studia Patristica 17* (cf. 1981/82, 283b) III, 1209–1215

[1714] BONGRANI FANFONI, L.: Origenes

[1571] BURINI, C.: Irenaeus Lugdunensis

[1722] DALY, R. J.: Origenes

[1318] FARINA, R.: Eusebius Caesariensis

[1550] FORTINO, E. F.: Iohannes Damascenus

[877] GERSTNER, J. H.: Augustinus

[772] KOLP, A. L.: Athanasius Alexandrinus

[1574] LAITI, G.: Irenaeus Lugdunensis

[1230] LAURANCE, J. D.: Cyprianus Carthaginiensis

2335 McGRATH, ALISTER E. *Divine Justice and Divine Equity in the Controversy between Augustine and Julian of Eclanum* — DR 101 (1983) 312–319

[1582] ORBE, A.: Irenaeus Lugdunensis

[1288] ORTIZ DE URBINA, I.: Ephraem Syrus

[1532] PASQUATO, O.: Iohannes Chrysostomus

[1745] REIJNERS, G. Q.: Origenes

[1296] RIGGI, C.: Epiphanius

[2476] SAELID GILHUS, I.: Gnostica

[2114] SÁNCHEZ CARO, J. M.: Missa, sacramenta, sacramentalia

[1673] SCHWAGER, R.: Maximus Confessor

[1748] SFAMENI GASPARRO, G.: Origenes

2336 SLUSSER, MICHAEL *Primitive Christian Soteriological Themes* — ThSt 44 (1983) 555–569

[1800] SPINELLI, M.: Petrus Chrysologus

[973] STUDER, B.: Augustinus

[1583] TREMBLAY, R.: Irenaeus Lugdunensis

[1426] TSIRPANLIS, C. N.: Gregorius Nyssenus

[1678] UNNIK, W. C. VAN: Melito Sardensis

2337 WINLING, R. *Une façon de dire le salut la formule 'Etre avec Dieu – être avec Jésus-Christ' dans les écrits (apocryphes chrétiens compris) de l'ère dite des Pères apostoliques.* In: *Studia Patristica 17* (cf. 1981/82, 283b) II, 760–764

f) Ecclesiologia

[1506] BERGAMELLI, F.: Ignatius Antiochenus
[1190] DRĄCZKOWSKI, F.: Clemens Alexandrinus
  2338 DURĂ, IOAN V. *Imagini, asemănări şi denumiri ale Bisericii la unii părinţi şi scriitori bisericeşti* (= Images, analogies et dénominations de l'Église dans les œuvres de certains docteurs et écrivains de l'Église) — StBuc 35 (1983) 682—686
[2189] ETTLINGER, G. H.: Concilia, acta conciliorum, canones
[1835] FOLLIERI, E.: Romanus Melodus
[1215] GROPPO, G.: Commodianus
[1646] HUDON, G.: Leo Magnus
  2339 JAVIERRE, A. M. *In ecclesia. Avviamento patristico per sentirsi chiesa.* In: *Ecclesiologia e catechesi patristica* (cf. 1981/82, 196) 329—342
[1733] LEDEGANG, F.: Origenes
[2204] LEO, P. DE: Concilia, acta conciliorum, canones
[2206] L'HUILLIER, P.: Concilia, acta conciliorum, canones
  2340 MATEO SECO, L. F. *Sacerdocio ministerial y Espíritu Santo en los tres Grandes Capadocios.* In: *Teología del Sacerdocio,* 17 (cf. 1983, 185) 41—60
[1579] MÉHAT, A.: Irenaeus Lugdunensis
[1197] MESSANA, V.: Clemens Alexandrinus
[1533] PASQUATO, O.: Iohannes Chrysostomus
[1362] RECCHIA, V.: Gregorius Magnus
 [157] *Reconciliación y penitencia:* Collectanea et miscellanea
 [163] *Sacramentalidad de la Iglesia y Sacramentos . . . :* Collectanea et miscellanea
 [965] SCHINDLER, A.: Augustinus
  2341 SCHINDLER, A. *L'histoire du donatisme du point de vue de sa propre théologie.* In: *Miscellanea historiae ecclesiasticae VI, 1* (cf. 1983, 136) 121—125
  2342 SCHINDLER, A. *L'Histoire du Donatisme considérée du point de vue de sa propre théologie.* In: *Studia Patristica 17* (cf. 1981/82, 283b) III, 1306—1315
[2263] SCHNEIDER, TH.: Symbola
[1065] ŠPIDLÍK, T.: Basilius Caesariensis
[1801] SPINELLI, M.: Petrus Chrysologus
  2343 SYKES, DONALD A. *Understandings of the Church in the Cappadocians.* In: *Studies of the church in history. Essays honoring Robert S. Paul on his sixty-fifth birthday* (cf. 1983, 180) 73—84
[1180] TRETTEL, G.: Chromatius Aquileiensis
[2080] TRIACCA, A. M.: Liturgica
 [456] UNNIK, W. C. VAN: διασπείρω, διασπορά
[2493] UNNIK, W. C. VAN: Gnostica
[1511] WILES, M. F.: Ignatius Antiochenus

g) Mariologia

2344 BABUT, GH. *Maica Domnului în Noul Testament si în şcrierile Parinti din primele veacuri creştine (= Die Mutter des Herrn im Neuen Testament und in den ersten christlichen Jahrhunderten)* — IPAlbaIulia 5 (1981) 53–55

[827] CAPPONI, F.: Augustinus

2345 *Corpus Marianum Patristicum*. Ed. S. ALVAREZ CAMPOS (IV,2). Burgos: Ed. Aldecoa. 576 pp.

[613] COTHENET, E.: Apocrypha

[1354] DOUCET, M: Gregorius Magnus

2346 FERNANDEZ, D. *Aktualność i wartość mariologii Ojców Kościoła (= Actualidad y valores de la mariologia des los Santos Padres)* — CStT 11 (1983) 73–91

[871] FOLGADO FLÓREZ, S.: Augustinus

[2159] GARRIDO BONAÑO, M.: Cultus

[1448] GŁADYSZEWSKI, L.: Hesychius Hierosolymitanus

2347 MANSELL, KIRK *Mary, mother of the church in the writings of some early eastern fathers* — Diak 18 (1983) 147–162

[1346] MOLINA PRIETO, A.: Gregorius Illiberitanus

2348 ORTIZ DE URBINA, I. *Maryja w patrystyce syryjskiej (= Maria in patristica siriaca)* — CStT 11 (1983) 95–171

[1298] RODRÍGUEZ HERRERA, I.: Epiphanius

[1829] RODRÍGUEZ HERRERA, I.: Prudentius

[1675] SPINELLI, L. M.: Maximus Taurinensis

[650] TESTA, E.: Apocrypha

h) Anthropologia

[1407] ADRIANA, B.: Gregorius Nyssenus

[1472] ANYANWU, A. G. S.: Hilarius Pictaviensis

[1890] AZZALI, G.: Tertullianus

[1712] BLANC, C.: Origenes

[1368] BOTTINO, A.: Gregorius Nazianzenus

2350 BROWN, P. *Sexuality and society in the fifth century A. D. Augustine and Julian of Eclanum*. In: *Tria corda* (cf. 1983, 190) 49–70

2351 CHADWICK, H. *Libertad y necesidad en el pensamiento cristiano primitivo* — ConciliumM 19/2 (1983) 313–323

[1167] CODISPOTI, L.: Cassiodorus

[1718] CROUZEL, H.: Origenes

2352 DUBARLE, A. M. *Le péché originel. Perspectives théologiques* [Coll. Cogitatio fidei 118]. Paris: Éd. du Cerf 1983. 180 pp.

2353 EL-KHOURY, N. *Anthropological Concepts of the School of Antioch*. In: *Studia Patristica 17* (cf. 1981/82, 283b) III, 1359–1365

[1318] FARINA, R.: Eusebius Caesariensis

[868] FERWERDA, R.: Augustinus

[1833] FRANK, K. S.: Regula Magistri

2354 GROSSI, V. *Lineamenti di antropologia patristica* [Cultura crist. ant. Studi]. Roma: Borla 1983. 152 pp.

[1045] KIROV, D.: Basilius Caesariensis

[1574] LAITI, G.: Irenaeus Lugdunensis

[1686] LARSEN, B. D.: Nemesius Emesenus

[1575] LÓPEZ SERNA, A.: Irenaeus Lugdunensis

2355 LOUTH, A. *Messalianism and Pelagianism*. In: *Studia Patristica 17* (cf. 1981/82, 283b) I, 127–135

[910] MARAFIOTI, D.: Augustinus

[1649] MARIUCCI, T.: Leo Magnus

[1391] MATHIEU, J. M.: Gregorius Nazianzenus

[1904] MATTEI, P.: Tertullianus

[913] MEIS WOERMER, A.: Augustinus

[914] MEIS WOERMER, A.: Augustinus

[924] O'DALY, G. J. P.: Augustinus

[933] PEGUEROLES, J.: Augustinus

[1421] QUACQUARELLI, A.: Gregorius Nyssenus

[1422] RĂDUCĂ, V.: Gregorius Nyssenus

[1296] RIGGI, C.: Epiphanius

[1828] RODRÍGUEZ HERRERA, I.: Prudentius

[2476] SAELID GILHUS, I.: Gnostica

[962] SANGUINETTI MONTERO, A.: Augustinus

2356 SCHEFFCZYK, L. *Urstand, Fall und Erbsünde von der Schrift bis Augustinus* [Handbuch der Dogmengeschichte II,3a,1]. Freiburg: Herder 1981. VI, 239 pp.

[1425] SCUIRY, D. H.: Gregorius Nyssenus

[1748] SFAMENI GASPARRO, G.: Origenes

[1749] SFAMENI GASPARRO, G.: Origenes

2357 SFAMENI GASPARRO, G. *Influssi origeniani ed elementi basiliani nell' antropologia delle omelie Sull'origine dell'uomo*. In: *Atti del Congresso internazionale su Basilio di Cesarea . . .*, *I* (cf. 1983, 82) 601–652

[968] SOTO POSADA, G.: Augustinus

2358 STEAD, G. CHR. *Individual personality in Origen and the Cappadocian Fathers*. In: *Arché e Telos* (cf. 1981/82, 158a) 170–196

[1012] NODES, D. J.: Avitus Viennensis

[1913] TIBILETTI, C.: Tertullianus

[1181] TRETTEL, G.: Chromatius Aquileiensis

2359 YOUNG, F. M. *Adam and anthropos. A study of the interaction of science and the Bible in two anthropological treatises of the fourth century —* VigChr 37 (1983) 110–140

i) Vita christiana, monastica

2360 ADKIN, N. *The teaching of the Fathers concerning footwear and gait* —
      Latomus 42 (1983) 885–886
2361 ADKIN, N. *The attitude of the Fathers to feather-beds* — RhM 126 (1983)
      192
[2173] ATSMA, H.: Concilia, acta conciliorum, canones
2362 AVILA, CH. *Ownership. Early Christian teaching.* Maryknoll, N. Y.:
      Orbis Books; London: Sheed and Ward 1983. XXI, 214 pp.
2363 BALFOUR, DAVID *Extended notions of martyrdom in the Byzantine
      ascetical tradition* — Sob 5,1 (1983) 20–35
[1348] BARTELINK, G. J. M.: Gregorius Magnus
[1621] BAUMEISTER, T.: Iustinus Martyr
[2175] BIANCHI, E.: Concilia, acta conciliorum, canones
[1712] BLANC, C.: Origenes
[1275] BONDI, R. C.: Dorotheus Gazensis
2364 BONNER, GERALD *Martyrdom. Its place in the Church* — Sob 5,2 (1983)
      6–21
2365 BRÄNDLE, RUDOLF *Problemy działalności społecznej w Kościele staro-
      żytnym (= Probleme der sozialen Arbeit in der Alten Kirche)* [mit dt.
      Zus.-fass.] — VoxP 4 (1983) 29–48
[48] *Bulletin de spiritualité monastique, III:* Bibliographica
[49] *Bulletin de spiritualité monastique. Études générales:* Bibliographica
[255] CANTAVELLA, J.: Opera ad historiam
[825] CAPÁNAGA, V.: Augustinus
[2155] CARDMAN, F.: Cultus
[1029] CHORTATOS, A. T. K.: Basilius Caesariensis
[840] COLLINGE, W.: Augustinus
[267] CONSOLINO, F. E.: Opera ad historiam
2366 *The continuing quest for God. Monastic spirituality in tradition and
      transition.* Ed. by W. SKUDLAREK. Collegeville, Minn.: St. John's
      Abbey the liturgical Pr. 1982. VIII, 302 pp.
[1763] CRANENBURGH, H. VAN: Pachomius
2367 CRISTOFORI, M. C. *La concezione del lavoro nel mondo antico* —
      Zetesis 3,1 (1983) 27–37
[1352] DAGENS, C.: Gregorius Magnus
[1807] DEHANDSCHUTTER, B.: Polycarpi Martyrium
[1413] DENNIS, T. J.: Gregorius Nyssenus
2368 DESPREZ, V. *Los antecendentes del monaquismo cristiano - Antiguo
      Testamento y religiones antiguas* — CuadMon 65/66 (1983) 207–215
2369 DOMINGUEZ DEL VAL, URSICINO *La homilía «De monachis perfectis»,
      un tratado de teología sobre la vida monástica.* In: *Bivium* (cf. 1983, 87)
      55–62
[1034] DONOVAN, M. A.: Basilius Caesariensis

[1085] DUMONT, C.: Benedictus Nursinus

2370 FERNÁNDEZ MARCOS, NATALIO *La Biblia y los orígenes del mona-quismo* — MCom 41 (1983) 383–396

2371 FORLIN PATRUCCO, M. *Sangue e martirio nella letteratura del primo monachesimo orientale.* In: *Atti della Settimana Sangue . . ., III* (cf. 1983, 91) 1541–1560

2372 GIAQUINTA, CARMELO *El amor al dinero «idolatría y raíz de todos los males». Lecciones de patrística para los problemas de hoy* — Teologia 19 (1982) 157–178

[1900] GOOCH, J. O.: Tertullianus

[1089] GORSUCH, E. N.: Benedictus Nursinus

[1526] GREELEY, D.: Iohannes Chrysostomus

2373 GRIBOMONT, JEAN *Christ and the primitive monastic ideal* — WSp 5 (1983) 96–116

[619] GRIBOMONT, J.: Apocrypha

[1509] HANSON, A. T.: Ignatius Antiochenus

2374 HENRY, P. *From Apostle to Abbot: the Legitimation of Spiritual Author-ity in the Early Church.* In: *Studia Patristica 17* (cf. 1981/82, 283b) II, 491–505

2375 HEUSSI, KARL *Der Ursprung des Mönchtums* [Reprint der Ausgabe Tübingen 1936]. Aalen: Scientia 1981. 308 pp.

2376 HICKEY, ANNE EWING *Women of the Senatorial Aristocracy of Late Rome as Christian Monastics. A Sociological and Cultural Analysis of Motivation.* Ann Arbor, Mich.: Univ. Microfilms Int. 1983. 290 pp. [Vanderbilt University, Ph. d. Diss.]

2377 HUNT, E. D. *Holy Land Pilgrimages in the later Roman Empire, A. D. 312-460.* Oxford: Clarendon Pr. 1982. X, 269 pp.

2378 KANIA, W. *Pielgrzymki w czasach Ojców Kościoła (= Die Pilgerschaft zur Zeit der Kirchenväter)* — TST 9 (1983) 52–59

[1095] KARDONG, TH.: Benedictus Nursinus

2379 KARPP, H. *Die Stellung der Alten Kirche zu Kriegsdienst und Krieg.* In: *Vom Umgang der Kirche . . .* (cf. 1983, 118) 496–515

[315] KELLY, J. F.: Opera ad historiam

2380 KÖTTING, B. *Beurteilung des privaten Gelübdes bei Platon, Origenes und Gregor von Nyssa.* In: *Platonismus und Christentum* (cf. 1983, 153) 118–122

2381 KUBIŚ, ADAM *Die christliche Martyriumsidee* — AnCra 15 (1983) 155–183

[1096] LA SERNA GONZÁLEZ, C. DE: Benedictus Nursinus

[1097] LATTEUR, E.: Benedictus Nursinus

[455] LIENHARD, J. T.: διάκρισις

[1099] LINAGE CONDE, A.: Benedictus Nursinus

[1335] LINAGE CONDE, A.: Eutropius Valentinensis

2382 LIZZI, R. *Ascetismo e predicazione urbana nell'Egitto del V secolo* — AtVen 141 (1982/83) 127–145

2383 LIZZI, R. *Monaci, mendicanti e donne nella geographia monastica di alcune regioni orientali* — AtVen 140 (1981/82) 341–355

2384 MARCZEWSKI, M. *Rodzina w Kościele starożytnym (= De familia in Ecclesia antiqua)* — VoxP 5 (1983) 489–494

2385 MAZZA, M. *Monachesimo basiliano. Modelli spirituali e tendenze economico-sociali nell'imperio del IV secolo.* In: *Atti del Congresso internazionale su Basilio di Cesarea . . ., I* (cf. 1983, 82) 55–96

2386 McNAMARA, JO ANN *A New Song. Celibate Women in the First Three Christian Centuries.* New York: Haworth Press 1983. 154 pp.

[468] MOLINA PRIETO, A.: humilitas

2387 MONGELLI, G. *Le monache benedettine dalle origini alla fine del secolo XI.* In: *I Santi Benedetto e Scolastica* (cf. 1981/82, 2767) 45–80

[1851] NAKHOV, I.: Salvianus Massiliensis

[739] NAWROCKA, A.: Ambrosius Mediolanensis

2388 OSIEK, CAROLYN *The Widow as Altar. The Rise and Fall of a Symbol* — SecCent 3 (1983) 159–169

[1444] OSIEK, C.: Hermae Pastor

[1444a] OSIEK, C.: Hermae Pastor

2389 PEÑA, I.; CASTELLANA, P.; FERNÁNDEZ, R. *Les cénobites syriens* [StBibFCMin 28]. Jerusalem: Franciscan Pr. Pr. 1983. 274 pp.

2390 PETERSON, R. M. *'The Gift of Discerning the Spirits' in the Vita Antonii.* In: *Studia Patristica 17* (cf. 1981/82, 283b) II, 523–527

[1053] PETRA, B.: Basilius Caesariensis

[1054] PETRA, B.: Basilius Caesariensis

2391 PRETE, B. *Matrimonio e continenza nel cristianesimo delle origini* [Studi biblici 49]. Brescia: Paideia 1979. 288 pp.

2392 QUACQUARELLI, A. *L'influenza spirituale del monachesimo femminile nell'età patristica* — VetChr 20 (1983) 9–23

2393 QUACQUARELLI, A. *Il lavoro nel monachesimo prebenedettino e benedettino.* In: *I Santi Benedetto e Scolastica* (cf. 1981/82, 2767) 19–30

[1907] RAEPSAET-CHARLIER, M. T.: Tertullianus

2394 RAMSEY, B. *Almsgiving in the Latin church. The late fourth and early fifth centuries* — ThSt 43 (1982) 226–259

2395 RAPONI, S. *Cristo tentato e il cristiano. La lezione dei Padri* — StMor 21 (1983) 209–238

[1362] RECCHIA, V.: Gregorius Magnus

[953] REGAN, A.: Augustinus

2396 RICHÉ, PIERRE *La educación en la cristiandad antigua.* Barcelona: Herder 1983. 174 pp.

2397 RIGGI, C. *Catechesi missionaria degli eremiti nella chiesa dal IV al VI secolo.* In: *Ecclesiologia e catechesi patristica* (cf. 1981/82, 196) 213–239

2398 RIGGI, C. *Il sangue nell'ascetica dei Padri.* In: *Atti della Settimana Sangue . . ., III* (cf. 1983, 91) 1335–1352

[1102] ROLLIN, B.: Benedictus Nursinus

2399 ROUSSELLE, A. *Porneia. De la maîtrise du corps à la privation senso-rielle. IIe–IVe siècles de l'ère chrétienne* [Les chemins de l'histoire]. Paris: Presses Universit. de France 1983. 254 pp.

[959] RUBIO, L.: Augustinus

[376] SANSTERRE, J. M.: Opera ad historiam

[1960] SAWARD, J.: Hagiographica

[966] SCHMITT, E.: Augustinus

[166] *XIX Semana de Estudios Monásticos . . .:* Collectanea et miscellanea

[1514] SIRCH, B.: Iohannes Cassianus

[1066] ŠPIDLÍK, T.: Basilius Caesariensis

[2121] ŠPIDLÍK, T.: Missa, sacramenta, sacramentalia

2400 SPINELLI, GIOVANNI *Ascetismo, Monachesimo e Cenobitismo ad Aquilea nel sec. IV* — AnAl 22 (1982) 273–300

2401 STAROWIEYSKI, M. *Początki monastycyzmu zachodniego (= Die Anfänge des westlichen Mönchtums)* — WStT 1 (1983) 258–283

[759] STAROWIEYSKI, M.: Apophthegmata Patrum

2402 *Studies in Celtic Monasticism* [MonStud 14]. Benedictine Priory of Montreal 1983.

2403 SWIFT, LOUIS J. *The Early Fathers on War and Military Service* [MFCh 19]. Wilmington, Del.: Michael Glazier, Inc. 1983. 164 pp.

[188] TIBILETTI, C.: Collectanea et miscellanea

[1202] TIBILETTI, C.: Clemens Alexandrinus

[1681] TIBILETTI, C.: Methodius Episcopus

[1798] TIBILETTI, C.: Paulinus Nolanus

[1912] TIBILETTI, C.: Tertullianus

[1180] TRETTEL, G.: Chromatius Aquileiensis

2404 TSICHLIS, STEPHEN PETER *The spiritual father in the Pachomian tradition* — Diak 18 (1983) 18–30

[983] VARNA, V. V.: Augustinus

[986] VERHEIJEN, L.: Augustinus

[990] YACOBUCCI, G. J.: Augustinus

2405 ŽEKOV, D. *Svetite otci za blagotvoritelnosta (= Die Wohltätigkeit nach den hl. Kirchenvätern)* — DuchKult 2 (1983) 8–11

[1078] ZISSIS, TH. N.: Basilius Caesariensis

k) Angeli et daemones

[454] BARTELINK, G. J. M.: βάσκανος

[1457] BARTELINK, G. J. M.: Hieronymus

[803] BIANCHI, C.: Augustinus

[2428] BOEHLIG, A.: Gnostica

[1302] LERZA, P.: Eudocia

[1956] MOORHEAD, J.: Hagiographica

2406 RUSCONI, C. *Molok nella letteratura patristica dei primi tre secoli.* In: *Atti della Settimana Sangue . . ., II* (cf. 1983, 90) 271–287

2407 STOCKMEIER, PETER *Teufels- und Dämonenglaube in der Geschichte der Kirche.* In: *Glaube und Kultur* (cf. 1983, 172) 155–180
2408 TESTA, E. *L'Angelologia dei Giudeo-Cristiani* — StBibF 33 (1983) 273–302

l) Novissima

[1408] ALEXANDRE, M.: Gregorius Nyssenus
 [417] BARTELINK, G. J. M.: Philosophica
[1897] CHOI, Y. A.: Tertullianus
2409 CICCARESE, M. P. *Le più antiche rappresentazioni del purgatorio dalla Passio Perpetuae alla fine del IX sec.* — RomBarb 7 (1982/83) 33–76
[1487] DUNBAR, D. G.: Hippolytus Romanus
[1488] DUNBAR, D. G.: Hippolytus Romanus
2410 GREGORY, JOEL CLIFF *The chiliastic hermeneutic of Papias of Hierapolis and Justin Martyr compared with later patristic chiliasts* [Ph.d. Diss.]. Baylor University 1983. 360 pp.
2411 HIMMELFARB, MARTHA *Tours of hell. An apocalyptic form in Jewish and Christian literature.* Philadelphia, Penna: Univ. of Pennsylvania Pr. 1983. X, 198 pp.
 [633] LUPIERI, E.: Apocrypha
[2455] MACRAE, G.: Gnostica
[1490] MANSFELD, J.: Hippolytus Romanus
[2463] MOON, B. A.: Gnostica
[1581] ORBE, A.: Irenaeus Lugdunensis
[1747] RIUS CAMPS, J.: Origenes
[1496] SIMONETTI, M.: Hippolytus Romanus
2412 STOCKMEIER, PETER *Patristische Literatur und kirchliche Lehrdokumente als Zeugen der historischen Entwicklung der Lehre von Himmel, Hölle, Fegefeuer und Jüngstem Gericht.* In: *Glaube und Kultur* (cf. 1983, 172) 181–204
[1584] UNNIK, W. C. VAN: Irenaeus Lugdunensis
[2489] UNNIK, W. C. VAN: Gnostica
[2491] UNNIK, W. C. VAN: Gnostica

VII. GNOSTICA

2413 *Le concept de Notre Grande Puissance (CG VI, 4)*. Texte, remarques philol., trad. et notes par P. CHERIX [OBO 47]. Fribourg, Suisse: Éd. Universitaires; Göttingen: Vandenhoeck und Ruprecht 1982. XIV, 95 pp.

2414 *L'Évangile selon Marie*. Texte établi et prés. par ANNE PASQUIER [Bibl. copte de Nag Hammadi Textes 10]. Québec: Les Presses de l'Université Laval 1983. XII, 118 pp.

2415 *L'Exégèse d l'âme (NH II,6)*. Texte établi et prés. par JEAN-MARIE SEVRIN [Bibl. copte de Nag Hammadi Textes 9]. Québec: Les Presses de l'Université Laval 1983. X, 142 pp.

2416 *Hermès en Haute-Égypte*, Tome 2: *Le fragment du discours parfait et les définitions hermétiques arméniennes*. Éd. par JEAN-PIERRE MAHÉ [Bibliothèque Copte de Nag Hammadi Textes 7]. Québec: Les Presses de l'Université Laval 1982. I, 566 pp.

2417 *Les leçons de Silvanos (NH VII,4)*. Texte établi et prés. par Y. JANSSENS [Bibl. copte de Nag Hammadi Textes 13]. Québec: Les Presses de l'Université Laval 1983. XIV, 173 pp.

2418 *Les Sentences de Sextus; Fragments; Fragment de la République de Platon (NH XII,1; XII,3)*. Texte établi et prés. par PAUL-HUBERT POIRIER; LOUIS PAINCHAUD [Bibl. copte de Nag Hammadi Textes 11]. Québec: Les Presses de l'Université Laval 1983. 176 pp.

2419 *Les Trois Stèles de Seth. Hymne gnostique à la Triade (NH VII,5)*. Texte établi et prés. par P. CLAUDE [Bibl. copte de Nag Hammadi Textes 8]. Québec: Les Presses de l'Université Laval 1983. X, 129 pp.

2420 *Le Traité sur la résurrection (NH I,4)*. Texte établi et prés. par J. E. MÉNARD [Bibl. copte de Nag Hammadi Textes 12]. Québec: Les Presses de l'Université Laval 1983. 97 pp.

2421 *Testi gnostici*. A cura di L. MORALDI [CdR]. Torino: UTET 1982. 764 pp.

2422 ABRAMOWSKI, LUISE *Marius Victorinus, Porphyrius und die römischen Gnostiker* – ZNW 74 (1983) 108–128

2423 ABRAMOWSKI, LUISE *Nag Hammadi 8,1 «Zostrianus», das Anonymum Brucianum, Plotin Enn. 2,9 (33)*. In: *Platonismus und Christentum* (cf. 1983, 153) 1–10

[1710] BABCOCK, H. E.: Origenes

2424 BARRETT, C. K. *Gnosis and the Apocalypse of John.* In: *New Testament and Gnosis* (cf. 1983, 143) 125–137

2425 BIANCHI, U. *Some reflections on the Greek origins of gnostic ontology and the Christian origin of the gnostic saviour.* In: *New Testament and Gnosis* (cf. 1983, 143) 38–45

2426 BLACK, M. *An Aramaic etymology for Jaldabaoth?* In: *New Testament and Gnosis* (cf. 1983, 143) 69–72

2427 BOEHLIG, A. *The New Testament and the concept of the Manichean myth.* In: *New Testament and Gnosis* (cf. 1983, 143) 90–104

2428 BOEHLIG, A. *Zur Bezeichnung der Widergötter im Gnostizismus* – Saeculum 34 (1983) 259–266

[1659] BOEHLIG, A.: Marcion

2429 BROEK, R. VAN DEN *The present state of Gnostic studies* – VigChr 37 (1983) 41–71

2430 BROEK, R. VAN DEN *Eugnostus: via scepsis naar gnosis* – NedThT 37 (1983) 104–114

2431 CAMERON, RONALD DEAN *Sayings traditions in the Apocryphon of James.* [Ph. d. Diss.]. Harvard University 1983. 215 pp.

2432 CARLO, F. DI *Letteratura e ideologia dell'ermetismo.* Foggia: Bastogi 1981. 214 pp.

[266] COHN-SHERBOK, D. M.: Opera ad historiam

[614] DAVIES, S. L.: Apocrypha

[615] DAVIES, S. L.: Apocrypha

[616] DAVIES, S. L.: Apocrypha

2433 DEHANDSCHUTTER, B. *L'Apocryphe d'Ézéchiel: source de l'Éxégèse sur l'âme, p. 135, 31–136,4?* – OLP 10 (1979) 227–235

[606] DENKER, J.: Versiones modernae

2434 FAUTH, WOLFGANG *Arbath Jao. Zur mystischen Vierheit in griechischen und koptischen Zaubertexten und in gnostischen oder apokryphen Schriften des christlichen Orients* – OrChr 67 (1983) 65–103

2435 FILORAMO, G. *Le religioni di salvezza del mondo antico, II: L'ermetismo filosofico. Corso di storia delle religioni, 1978-1979.* Torino: Giappichelli 1979. 134 pp.

2436 FILORAMO, G. *L'attesa della fine. Storia della gnosi.* Bari: Laterza 1983. XXIII, 322 pp.

2437 FILORAMO, G. *Apocrifi gnostici; il genere letterario delle apocalissi* – AugR 23 (1983) 123–130

2438 FLAMANT, J. *Sont-ils bons? Sont-ils mauvais?* [rés. en franç. et en angl.] – Pallas 30 (1983) 95–105; 138–139

2439 GIANOTTO, C. *La letteratura apocrifa attribuita a Giacomo a Nag Hammadi (NHC I,2; V,3; V,4)* – AugR 23 (1983) 111–121

2440 GIANOTTO, C. *Le personnage de Melkisedeq dans les documents gnostiques en langue copte.* In: *Studia Patristica 17* (cf. 1981/82, 283b) I, 209–213

2441 *Gnosticisme et monde hellénistique. Actes du Colloque de Louvain-la-Neuve, 11–14 mars 1980.* Éd. par J. RIES; Y. JANSSENS; J. M. SEVRIN [PublIOL 27]. Louvain: Institut Oriental. 1982. XXVI, 502 pp.

2442 GOOD, DEIRDRE JOY *Sophia as mother and consort: Eugnostos the blessed (NHC III,3 and V,1) and the Sophia of Jesus Christ (NHC III,4 and BG 8502,3)* [Th.d. Diss.]. Harvard University 1983. 191 pp.

2443 GRESE WILLIAM C. *The Hermetica and New Testament research* — BibRes 28 (1983) 37–54

2444 GRUENWALD, I. *Manichaeism and Judaism in light of the Cologne Mani Codex* — ZPE 50 (1983) 29–45

[620] HEDRICK, CH. W.: Apocrypha

2445 HOFFMANN, R. JOSEPH *De statu feminarum: the correlation between gnostic theory and social practice* — EgliseTh 14 (1983) 293–304

2446 HOFRICHTER, P. *Die konstitutive Bedeutung von Jo 1,6f. für den gnostischen Auslegungsmythos* — AugR 23 (1983) 131–144

2447 HOLLAND, D. L. *Some Issues in Orthodox-Gnostic Christian Polemics.* In: *Studia Patristica 17* (cf. 1981/82, 283b) I, 214–222

[622] HUXLEY, G. L.: Apocrypha

2448 JACKSON, HOWARD MANNING *The Lion becomes Man. The Gnostic Leontomorphic Creator and the Platonic Tradition.* Ann Arbor, Mich.: Univ. Microfilms Int. 1983. 352 pp. [Claremont Graduate School, Diss.]

2449 JANSSENS, Y. *The trimorphic Protennoia and the fourth gospel.* In: *New Testament and Gnosis* (cf. 1983, 143) 229–244

2450 KIPPENBERG, HANS G. *Gnostiker zweiten Ranges. Zur Institutionalisierung gnostischer Ideen als Anthropolatrie* — Numen 30 (1983) 146–173

2451 KIPPENBERG, H. G. *Ein Vergleich jüdischer, christlicher und gnostischer Apokalyptik.* In: *Apocalypticism in the Mediterranean world and the Near East* (cf. 1983, 78) 751–768

2452 KLOSS, H. *Gnostizismus und Erkenntnispfad; ihre Gemeinsamkeit angesichts des Wortes vom Kreuz; eine religionsphänomenologische Studie* [ZRGG Beih. 26]. Leiden: Brill 1983. XVIII, 361 pp.

[630] KOESTER, H.: Apocrypha

2453 KRAUSE, M. *The christianization of gnostic texts.* In: *New Testament and Gnosis* (cf. 1983, 143) 187–194

2454 KRAUSE, M. *Die literarischen Gattungen der Apokalypsen von Nag Hammadi.* In: *Apocalypticism* (cf. 1983, 78) 621–637

[2502] LE BOULLUEC, A.: Patrum exegesis

2455 MACRAE, G. *Apocalyptic eschatology in Gnosticism.* In: *Apocalypticism* (cf. 1983, 78) 317–325

2456 MACRAE, G. W. *Why the Church rejected Gnosticism.* In: *Jewish and Christian Self-definition, I* (cf. 1981/82, 220) 126–133

[131] *Der Mandäismus:* Collectanea et miscellanea

2458 MANTOVANI, G. *Rituale eucaristico e redenzione nello gnosticismo e nel mandeismo.* In: *Atti della Settimana Sangue* . . ., *II* (cf. 1983, 90) 873–890

2459 MANTOVANI, G. *Il valore del sangue in alcuni testi gnostici di Nag Hammadi.* In: *Atti della Settimana Sangue* . . ., *I* (cf. 1983, 89) 143–149

[466] MATSUMOTO, M.: σοφία

[1925] McGUIRE, A. M.: Valentinus Gnosticus

2460 MÉNARD, J. E. *Normative self-definition in Gnosticism.* In: *Jewish and Christian self-definition, I* (cf. 1981/82, 220) 134–150

2461 MICHELINI TOCCI, F. *La cosmogonia dei Perati e il gregge di Giacobbe (e Dante).* In: *Omaggio Treves* (cf. 1983, 144) 249–255

2462 MONTSERRAT TORRENS, J. *Los Gnósticos, I–II. Introducciones, traducción y notas* [Biblioteca Clásica Gredos, 59–60]. Madrid: Editorial Gredos 1983. 290; 422 pp.

[1493] MONTSERRAT TORRENS, J.: Hippolytus Romanus

2463 MOON, BEVERLY ANN *A gnostic Christian interpretation of the resurrection in exegesis on the soul (Nag Hammadi II,6).* [Ph. d. Diss.]. Columbia University 1983. 272 pp.

[638] ORBE, A.: Apocrypha

2464 PEARSON, B. A. *Jewish elements in Gnosticism and the development of Gnostic self-definition.* In: *Jewish and Christian self-definition, I* (cf. 1981/82, 220) 151–160

2465 PEARSON, B. A. *Philo, gnosis and the New Testament.* In: *New Testament and Gnosis* (cf. 1983, 143) 73–89

2466 POIRIER, P. *Gnosticisme et christianisme ancien. Chronique d'un colloque* — Laval 39 (1983) 221–230

2467 PUECH, HENRI-CHARLES *En torno a la Gnosis, I. La gnosis y el tiempo y otros ensayos.* Versión castellana de F. PÉREZ GUTIÉRREZ. Madrid: Ediciones Taurus 1982. 358 pp.

2468 QUISPEL, G. *Judaism, Judaic christianity and gnosis.* In: *New Testament and Gnosis* (cf. 1983, 143) 46–68

2469 RECZEK, J. *Gnostycy z Nag Hammadi (= De gnosticis e Nag Hammadi)* — RBL 36 (1983) 137–143

2470 REMUS, H. E. *Plotinus and Gnostic thaumaturgy* — Laval 39 (1983) 13–20

2471 ROBINSON, J. M. *The Nag Hammadi library and the study of the New Testament.* In: *New Testament and Gnosis* (cf. 1983, 143) 1–18

[2327] ROBINSON, J. M.: Christologia

2472 RUDOLPH, K. *Die Gnosis. Wesen und Geschichte einer spätantiken Religion* (2. durchges. und erg. Aufl.). Leipzig: Köhler und Amelang 1980. 444 pp.

2473 RUDOLPH, K. *Gnosis. The nature and history of an ancient religion.* Transl. ed. by R. McL. WILSON. Edinburgh: Clark 1983. 411 pp.

2474 RUDOLPH, K. *Gnosis and gnosticism. The problem of their definition and their relation to the writings of the New Testament.* In: *New Testament and Gnosis* (cf. 1983, 143) 21–37

2475 RUDOLPH, K. *Die Faksimile Edition der Nag Hammadi Codices. Ein Rückblick* — ThLZ 108 (1983) 547–557

2476 SAELID GILHUS, I. *Male and female symbolism in the Gnostic Apocryphon of John* — Temenos 19 (1983) 33–43

[437] SAMEK LODOVICI, E.: Philosophica

2477 SCHENKE, HANS-MARTIN *The Problem of Gnosis* — SecCent 3 (1983) 73–87

2478 SCHENKE, H. M. *The Book of Thomas (NHC II 7). A revision of a pseudepigraphical letter of Jacob the Contender.* In: *New Testament and Gnosis* (cf. 1983, 143) 213–228

2479 SCHMITHALS, W. *The Corpus Paulinum and gnosis.* In: *New Testament and Gnosis* (cf. 1983, 143) 107–124

2480 SCHOLER, DAVID M. *Bibliographia Gnostica. Supplementum XII* — NovTest 25 (1983) 356–381

2481 SCHWARTZ, J. *Note sur la Petite Apocalypse de l'Asclepius* — RHPhR 62 (1982) 165–169

[2329] SCHWEIZER, E.: Christologia

[644] SEGELBERG, E.: Apocrypha

[645] SELL, J.: Apocrypha

2482 SHANAHAN, ELLEN *Is there an Hermetic hermeneutic?* — SBLSemPap 21 (1982) 515–519

2483 SIDOROV, A. *Les problèmes du gnosticisme et le syncrétisme de la culture antique de basse époque dans l'historiographie* [en russe]. In: *Problèmes actuels* (cf. 1983, 156) 91–148

[967] SIDOROV, A. I.: Augustinus

[1017] SIDOROV, A. I.: Basilides Gnosticus

2484 STUTZINGER, D. *Der Gnostizismus.* In: *Spätantike und frühes Christentum* (cf. 1983, 170) 82–97

[2291] UNNIK, W. C. VAN: Doctrina auctorum

2486 UNNIK, W. C. VAN *The Recently Discovered Gospel of Truth and the New Testament.* In: *Sparsa Collecta* (cf. 1983, 192) 163–191

2487 UNNIK, W. C. VAN *The Origin of the Recently Discovered Apocryphon Jacobi.* In: *Sparsa Collecta* (cf. 1983, 192) 192–198

2488 UNNIK, W. C. VAN *Die jüdische Komponente in der Entstehung der Gnosis.* In: *Sparsa Collecta* (cf. 1983, 192) 199–213

2489 UNNIK, W. C. VAN *Die «Zahl der Vollkommenen Seelen» in der Pistis Sophia.* In: *Sparsa Collecta* (cf. 1983, 192) 214–223

2490 UNNIK, W. C. VAN *The Relevance of the Study of Gnosticism.* In: *Sparsa Collecta* (cf. 1983, 192) 224–237

2491 UNNIK, W. C. VAN *The Newly Discovered Gnostic Epistle to Rheginos on the Resurrection.* In: *Sparsa Collecta* (cf. 1983, 192) 244–272

2492 UNNIK, W. C. VAN *Die «geöffneten Himmel» in der Offenbarungsvision des Apokryphons des Johannes.* In: *Sparsa Collecta* (cf. 1983, 192) 273–284

2493 UNNIK, W. C. VAN *Les idées des Gnostiques concernant l'Église.* In: *Sparsa Collecta* (cf. 1983, 192) 285–296

2494 VISOTZKY, B. *Rabbinic Randglossen to the Cologne Mani Codex* — ZPE 52 (1983) 295–300

[401] VRAMMING, Y.: Opera ad historiam

2495 WEHR, GERHARD *Auf den Spuren urchristlicher Ketzer. Christliche Gnosis und heutiges Bewußtsein.* Schaffhausen: Novalis 1983. 301 pp.

2496 WILLIAMS, JAQUELINE ANN *The Interpretation of Texts and Traditions in the Gospel of Truth.* Ann Arbor, Mich.: Univ. Microfilms Int. 1983. 552 pp. [Yale University, Diss.]

[441] WINGLER, H.: Philosophica

[1585] WINLING, R.: Irenaeus Lugdunensis

2497 WISSE, F. *Prolegomena to the study of the New Testament and gnosis.* In: *New Testament and Gnosis* (cf. 1983, 143) 138–145

2498 YAMAUCHI, EDWIN, M. *Pre-Christian Gnosticism. A survey of the proposed evidences* [2nd ed.]. Grand Rapids, Mich.: Baker Book House 1983. 278 pp.

[610] ZILLES, U.: Versiones modernae

VIII. PATRUM EXEGESIS VETERIS ET NOVI TESTAMENTI

1. Generalia

2499 BLAIR, H. A. *Allegory, Typology and Archetypes.* In: *Studia Patristica 17* (cf. 1981/82, 283b) I, 263–267

[1935] BOCCARDI, V.: Zeno Veronensis

2500 BROMILEY, GEOFFREY W. *The church fathers and Holy Scripture* In: *Scripture and truth.* Ed D. CARSON; J. WOODBRIDGE. Grand Rapids, Mich.: Zondervan (1983) 199–224

[1458] BROWN, D.: Hieronymus

[1409] CANÉVET, M.: Gregorius Nyssenus

[1819] CHARLET, J. L.: Prudentius

2501 CIGNELLI, L. *Il tema del «Cristo-Pace» nell'esegesi patristica* — StBibF 33 (1983) 227–272

[1488] DUNBAR, D. G.: Hippolytus Romanus

[859] ECKMANN, A.: Augustinus

[1283] EGAN, G. A.: Ephraem Syrus

[2370] FERNÁNDEZ MARCOS, N.: Vita christiana, monastica

[1726] FRÜCHTEL, E.: Origenes

[2023] GIRARDI, M.: Sophia

[2049] GROVE, R.: Liturgica

[1694] GUÉRARD, M.-G.: Nilus Ancyranus

[1013] JOHNSON, A. E.: Barnabae Epistula

[1790] LEANZA, S.: Paulinus Nolanus

2502 LE BOULLUEC, A. *Exégèse et polémique antignostique chez Irénée et Clément d'Alexandrie: l'exemple du centon.* In: *Studia Patristica 17* (cf. 1981/82, 283b) II, 707–713

2503 LYNCH, ELFRIEDE MARIA *The Controversy over Patristic Exegesis: 1865-1975* [M.A.]. Florida Atlantic University 1976. 69 pp.

2504 MARGERIE, B. DE *Introduction à l'histoire de l'exégèse, II: Les premiers grands Exégètes latins. De Tertullien à Jérôme* [Coll. Initiations]. Paris: Éditions du Cerf 1983. 190 pp.

2505 MARGERIE, B. DE *Introduction à l'histoire de l'exégèse, III: Saint Augustin* [Coll. Initiations]. Paris: Éditions du Cerf 1983. 190 pp.

2506 MARGERIE, B. DE *Introduzione alla storia dell'esegesi, I: I Padri greci i orientali.* Roma: Borla 1983. 288 pp.

2507 MESSANA, V. *Saggi di esegesi spirituale nei padri* [Quad. di presenza cult. 8]. Caltanisetta: Ed. del Seminario 1980. 71 pp.
[1739] NEAGA, N.: Origenes
[1743] RAASTED, J.: Origenes
[1745] REIJNERS, G. Q.: Origenes
[2115] SAXER, V.: Missa, sacramenta, sacramentalia
2508 SCHWAGER, R. *Der Zorn Gottes. Zur Problematik der Allegorie* – ZKTh 105 (1983) 406–414
[65] SIEBEN, H. J.: Bibliographica
[1468] SIGNER, M. A.: Hieronymus
[1261] SIMONETTI, M.: Didymus Alexandrinus
[1656] THURÉN, J.: Macarius Aegyptius
[1751] TRIGG, J. W.: Origenes
[1753] ULLMANN, W.: Origenes
2509 WIPSZYCKA, E. *Z problematyki badań nad zasięgiem znajomości pisma w starożytności (= Contribution aux recherches sur l'étendue de la connaissance de l'Écriture dans l'antiquité)* – PHum 74,1 (1983) 1–28

2. Specialia in Vetus Testamentum

2510 BASKIN, JUDITH R. *Pharaoh's counsellors. Job, Jethro and Balaam in Rabbinic and Patristic tradition* [Brown Judaic studies 47]. Chico, Calif.: Scholars Pr. 1983. VIII, 191 pp.
[1461] GONZÁLEZ-LUIS, J.: Hieronymus
2511 KARPP, H. *«Prophet» oder «Dolmetscher»? Die Geltung der Septuaginta in der Alten Kirche.* In: *Vom Umgang der Kirche . . .* (cf. 1983, 118) 128–150
2512 SARACINO, F. *Filologi, Padri e rabbini sul tophet.* In: *Atti della Settimana Sangue . . ., II* (cf. 1983, 90) 289–303
[1257] UNNIK, W. C. VAN: Didascalia Apostolorum

Genesis

[1455] BARR, J.: Hieronymus

Gen 1,1–2,4

2513 BROŻEK, M. *Heksameron w literaturze antycznej (= Scriptores christiani Graeci et Latini de libris Geneseon praesertim Hexameron)* – Meander 38 (1983) 23–28

Gen 1,1–26

[1031] Clapsis, E.: Basilius Caesariensis

Gen 1,26

[1904] Mattei, P.: Tertullianus

Gen 1,27

[1749] Sfameni Gasparro, G.: Origenes

Gen 1,28

2514 Langa, Pedro *Análisis agustiniana de «crescite et multiplicamini» (Gen 1,28)*. Valladolid: Estudio Agustiniano 1983. 66 pp. = EAg 18 (1983) 3–38; 147–176

Gen 2,7

[1749] Sfameni Gasparro, G.: Origenes

Gen 2,21–24

[1481] Pelland, G.: Hilarius Pictaviensis

Gen 2,25

[1253] Messana, V.: Diadochus Photicensis

Gen 3

[725] Burns, J. P.: Ambrosius Mediolanensis

Gen 3,7

[1253] Messana, V.: Diadochus Photicensis

Gen 4,1–5,8

2515 Landman, Chr. *The etymological and allegorical functioning of Cain, Abel and Seth in the exegetical methods of Philo and Augustine* – EPh 65 (1983) 17–26

Gen 4,4b

2516 Rossi, M. T. *Gen 4,4b con particolare riguardo al significato del sacrificio nel De Cain et Abel di Ambrogio*. In: *Atti della Settimana Sangue . . . , III* (cf. 1983, 91) 251–261

Gen 4,10

2517 ROSSI, M. A. *Gen 4,10 nella letteratura cristiana.* In: *Atti della Settimana Sangue . . ., III* (cf. 1983, 91) 263–289

Gen 9,4–6

[1542] ZINCONE, S.: Iohannes Chrysostomus

Gen 14,18–20

[2440] GIANOTTO, C.: Gnostica
2518 MARSHALL, J. L. *Melchizedek in Hebrews, Philo and Justin Martyr.* In: *Studia Evangelica, VII* (cf. 1983, 176) 339–342

Gen 22

[1572] CHILTON, B. D.: Irenaeus Lugdunensis
2519 DAVIES, P. R. *Martyrdom and Redemption: on the Development of Isaac Typology in the Early Church.* In: *Studia Patristica 17* (cf. 1981/82, 283b) II, 652–658

Gen 30,37–42

[2461] MICHELINI TOCCI, F.: Gnostica

Gen 37–50

[535] TREU, K.: Palaeographica atque manuscripta

Exodus

Ex 12,2–11

[1730] HALTON, TH.: Origenes

Ex 12,10.46

2520 VATTIONI, F. *Nec os illius confringetis (Es 12,10.46; Nm 9,12; Gv 19,36)* [in ital.]. In: *Atti della Settimana Sangue . . ., III* (cf. 1983, 91) 315–326

Ex 25,18–22

2521 STROUMSA, G. *Le couple de l'Ange et de l'Esprit; traditions juives et chrétiennes* — RBi 88 (1981) 42–61

Leviticus

Lev 7

[1734] LORENZI, L. DE: Origenes
[1744] RAPALLO, U.: Origenes

Lev 17,10

[1765] VOGÜÉ, A. DE: Pachomius Monachus

Numeri

Num 9,12

[2520] VATTIONI, F.: Specialia in Vetus Testamentum

Num 22–24

[1711] BASKIN, J. R.: Origenes

Deuteronomium

Dt 9,6

[1765] VOGÜÉ, A. DE: Pachomius Monachus

Dt 12,23

[1542] ZINCONE, S.: Iohannes Chrysostomus

Dt 19,15

2522 VLIET, H. VAN *Did Greek-Roman-Hellenistic law know the exclusion of the single witness? The answer of the early christian writings / the law of Deut. 19 : 15 and the early christian writings.* Franeker: T. Wever 1980. 60 pp.

Iosua

Ios 2,17–21

2523 VATTIONI, F. *Il filo scarlatto di Rahab nella Bibbia e nei Padri.* In: *Atti della Settimana Sangue . . .,* II (cf. 1983, 90) 81–117

Liber Regum II (Liber Samuelis II)

II Reg 3,27

2524 ERCOLANO, I. *Vendicarsi del sangue in 2 Sam 3,27.* In: *Atti della Settimana Sangue . . ., III* (cf. 1983, 91) 353–388

Iob

[1754] MAHÉ, J. P.: Pseudo-Origenes

Psalmi

[1165] BAILEY, R. N.: Cassiodorus
[1028] CERESA GASTALDO, A.: Basilius Caesariensis
[2044] FISCHER, B.: Liturgica
[1791] NAZZARO, A. V.: Paulinus Nolanus
  2525 *I Padri commentario il Salterio della tradizione.* A cura di J. C. NESMY.
        Ed. ital. rived. sugli originali di P. PINELLI; L. VOLPI. Torino: Piero
        Gribaudi Ed. 1983. 797 pp.
  2526 *Les Psaumes commentés par les Pères.* Textes trad., notes et tables par B.
        LANDRY, introd. par A. G. HAMMAN [Les Pères dans la foi]. Paris:
        Desclée de Brouwer 1983. 354 pp.
  2527 RONDEAU, M. J. *Les commentaires patristiques du Psautier (IIIe–Ve
        siècles), I: Les travaux des Pères grecs et latins sur le Psautier. Recherches
        et bilan* [OCA 219]. Roma: Pontif. Inst. stud. orient. 1982. 357 pp.
  2528 RONDEAU, M. J. *L'élucidation des interlocuteurs des Psaumes et le
        développement dogmatique (IIIe–Ve siècle).* In: *Liturgie und Dichtung, II*
        (cf. 1983, 125) 509–577
  2529 ROSE, A. *Les montées spirituelles vers Dieu selon la lecture traditionelle
        des Psaumes.* In: *Liturgie, spiritualité, cultures* (cf. 1983, 127) 255–275
  [962] SANGUINETTI MONTERO, A.: Augustinus

Ps 29 (30)

[2139] WITZENRATH, H.: Annus liturgicus

Ps 35 (36)

[735] LAMIRANDE, E.: Ambrosius Mediolanensis

Ps 37 (38)

  2530 TORJESEN, KAREN J. *Origen's Interpretation of the Psalms.* In: *Studia
        Patristica 17* (cf. 1981/82 283b) II, 944–958

Ps 61 (62)

  2531 CURTI, C. *Eusebio e Basilio su Ps. 61.* In: *Atti del Congresso internazio-
        nale su Basilio di Cesarea...*, *I* (cf. 1983, 82) 511–521

Ps 69 (70), 2

[1514] SIRCH, B.: Iohannes Cassianus

Ps 77 (78), 25

[1209] DION, P. E.: Pseudo-Clemens Romanus

Ps 91 (92)

[826] CAPPONI, F.: Augustinus

2532 SQUIRE, M. A. *Adam's Song in a Commentary of Hilary of Poitiers.* In: *Studia Patristica 17* (cf. 1981/82, 283b) I, 338–342

Ps 101 (102), 7

[673] COLETTI, M. L.: Auctores

Ps 109 (110), 3

2533 OTRANTO, G. *Tra esegesi patristica e iconografia, il personaggio maschile in una scena di Priscilla* — VetChr 20 (1983) 305–328

Ps 109 (110), 4

[2440] GIANOTTO, C.: Gnostica
[2518] MARSHALL, J. L.: Specialia in Vetus Testamentum

Ps 118 (119)

2534 ROSE, A. *Quelques orientations de la tradition chrétienne dans la lecture du psaume 118.* In: *Liturgie und Dichtung, I* (cf. 1983, 125) 209–226

Ps 131 (132)

[900] LAWLESS, G. P.: Augustinus

Canticum canticorum

2535 BRÉSARD, L. *Bernard et Origène commentent le Cantique.* Avant-propos de H. CROUZEL. Scourmont, Belg.: Abbaye N. D. de Scourmont 1983. 74 pp.
[1724] FADABINI, S.: Origenes
[1695] LUCÀ, S.: Nilus Ancyranus
[1929] MAGAZZÙ, C.: Verecundus Iuncensis
[662] *Origène. Grégoire d'Elvire. Saint Bernard: Le Cantique des Cantiques:* Auctores

Cant 1,9

[1694] GUÉRARD, M.-G.: Nilus Ancyranus

Ecclesiastes

[1175] *Anonymus in Ecclesiastem Commentarius:* Catena Trium Patrum
[1259] LEANZA, S.: Didymus Alexandrinus

Zacharias

Zach 2, 14s

2537 SERRA, A.; O. S. M. *«Esulta, Figlia di Sion!». Principali riletture di Zc 2, 14–15 e 9,9a–c nel Giudaismo antico e nel Christianesimo del I–II secolo* – Marianum 45 (1983) 9–54

Zach 9,9

[2537] SERRA, A.: Specialia in Vetus Testamentum

Isaias

2538 *Isaïe expliqué par les Pères.* Trad. par J. MILLET; J. LEGÉE et les Carmélites de Magille; introd. par A. G. HAMMAN [Les Pères dans la foi]. Paris: Desclée de Brouwer 1983. 141 pp.
[1704] LUPIERI, E.: Novatianus
[1327] SIMONETTI, M.: Eusebius Caesariensis

Is 6,9–10

2539 EVANS, CRAIG ALAN *Isaiah 6:9–10 in Early Jewish and Christian Interpretation.* Ann Arbor, Mich.: Univ. Microfilms Int. 1983. 263 pp. [Claremont Graduate School, Diss.]

Is 31,9

2540 ADKIN, N. *An unidentified Latin quotation of Scripture related to Is. 31,9* – RBen 93 (1983) 123–125

Is 52,13–53,12

2541 GELIO, R. *Isaia 52,13–53,12 nella patrologia primitiva, I.* In: *Atti della Settimana Sangue . . ., II* (cf. 1983, 90) 119–148
2542 GELIO, R. *Isaia 52,13–53,12 nella patrologia primitiva, II.* In: *Atti della Settimana Sangue . . ., III* (cf. 1983, 91) 425–448

Is 53,9

2543 BUNDY, DAVID D. *The Peshitta of Isaiah 53 :9 and the Syrian Commentators* – OrChr 67 (1983) 32–45

Ieremias

Ier 13,1–11

[1733] LEDEGANG, F.: Origenes

Daniel

Dan 3

2544 SEELIGER, R. Πάλαι μάρτυρες. *Die Drei Jünglinge im Feuerofen als Typos in der spätantiken Kunst, Liturgie und patristischen Literatur. Mit einigen Hinweisen zur Hermeneutik der christlichen Archäologie.* In: *Liturgie und Dichtung, II* (cf. 1983, 125) 257–334

3. Specialia in Novum Testamentum

2545 FARMER, WILLIAM R. *The patristic evidence reexamined: a response to George Kennedy.* In: *New synoptic studies.* Ed. WILLIAM R. FARMER Macon, Georgia: Mercer Univ. Pr. (1983) 3–15

2546 GAMBA, GIUSEPPE G. *A further reexamination of evidence from the early tradition.* In: *New synoptic studies.* Ed. W. R. FARMER. Macon, Georgia: Mercer Univ. Pr. (1983) 17–35.

[737] LAMIRANDE, E.: Ambrosius Mediolanensis

[930] PEABODY, D.: Augustinus

Evangelium secundum Matthaeum

[1483] ROUSSEAU, P.: Hilarius Pictaviensis

[1484] SMULDERS, P.: Hilarius Pictaviensis

Mt 4,1–11

[2395] RAPONI, S.: Vita christiana, monastica

Mt 6,9–13

[915] MENA, J. M.: Augustinus

Mt 12,34

[1787] ERRICHIELLO, M.: Paulinus Nolanus

Mt 16,24

[1735] LORENZI, L. DE: Origenes

Mt 23,37

[1474] DOIGNON, J.: Hilarius Pictaviensis

Evangelium secundum Lucam

[1239] *Commentary on the Gospel of Saint Luke:* Cyrillus Alexandrinus
 [736] LAMIRANDE, E.: Ambrosius Mediolanensis

Lc 4, 1–13

[2395] RAPONI, S.: Vita christiana, monastica

Lc 22,44

 2547 COLETTI, M. L. *Il sudore di sangue nel Getsemani (Lc 22, 44) nella
        letteratura cristiana.* In: *Atti della Settimana Sangue . . ., II* (cf. 1983, 90)
        161–198

Lc 23,40–42

[1284] ESBROECK, M. VAN: Ephraem Syrus

Evangelium secundum Ioannem

[2449] JANSSENS, Y.: Gnostica
[1737] MOSS, C. M.: Origenes
[1702] VOLPE CACCIATORE, P.: Nonnus Panopolitanus

Io 1,1–18

[1742] PAZZINI, D.: Origenes

Io 1,1–5

[1281] BECK, E.: Ephraem Syrus

Io 1,6s

[2446] HOFRICHTER, P.: Gnostica

Io 4,22

 2548 LA POTTERIE, I. DE *Nous adorons nous, ce que nous connaissons, car le
        salut vient des Juifs. Histoire de l'exégèse et interprétation de Jn 4,22* —
        Bibl 64 (1983) 74–115

Io 5,19–30

[1736] MEES, M.: Origenes

Io 13,25

2549 MORENO MARTÍNEZ, JOSE LUIS *Juan 13, 25 en la primitiva literatura cristiana.* In: *Teología del Sacerdocio, 16* (cf. 1983, 184) 33–45

Io 14–16

2550 CASURELLA, A. *The Johannine Paraclete in the Church Fathers; a study in the history of exegesis* [BGBE 25]. Tübingen: Mohr 1983. XIV, 258 pp.

Io 17

[1480] PELLAND, G.: Hilarius Pictaviensis

Io 19,13

2551 ROBERT, R. *Pilate a-t-il fait de Jésus un juge? ἐκάθισεν ἐπὶ βήματος (Jean XIX, 13)* – RThom 83 (1983) 275–287

Io 19,36

[2520] VATTIONI, F.: Specialia in Vetus Testamentum

Pauli Epistulae

[1042] GRIBOMONT, J.: Basilius Caesariensis
[2479] SCHMITHALS, W.: Gnostica

Epistula ad Romanos

[785] *Augustine on Romans:* Augustinus
[1538] TANNER, R. G.: Iohannes Chrysostomus

Rom 5,12

2552 WEAVER, DAVID *From Paul to Augustine – Romans 5,12 in Early Christian Exegesis* – StVlThQ 27 (1983) 187–206

Rom 8,28

[854] DOIGNON, J.: Augustinus

Rom 9–11

2553 GORDAY, PETER *Principles of Patristic exegesis. Romans 9–11 in Origen, John Chrysostom, and Augustine* [Studies in the Bible and early Christianity 4]. New York: E. Mellen Press 1983. XVII, 403 pp.

Epistula ad Corinthios I

I Cor 11,26

[747] POLLASTRI, A.: Pseudo-Ambrosius Mediolanensis

I Cor 15,21–28

[1480] PELLAND, G.: Hilarius Pictaviensis

I Cor 15,24–28

2554 LIENHARD, J. T. *The exegesis of 1 Cor 15,24–28 from Marcellus of Ancyra to Theodoret of Cyrus* – VigChr 37 (1983) 340–359

I Cor 15,28

[1410] CASIMIR: Gregorius Nyssenus

I Cor 15,47–49

[1748] SFAMENI GASPARRO, G.: Origenes
[1749] SFAMENI GASPARRO, G.: Origenes

Epistula ad Corinthios II

II Cor 12,2–4

2555 ΔΙΑΔΙΟΣ, ΔΕΣΠΩΣ Αθ. ῾Η ἑρμηνεία τοῦ χωρίου Β΄Κορ. 12,2–4 κατὰ τὴν παράδοση τῶν Πατέρων – ThAthen 54 (1983) 858–867

Epistula ad Ephesios

Eph 1,10b

[1578] McHUGH, J.: Irenaeus Lugdunensis

Epistula ad Philippenses

Phil 2,6–11

[1480] PELLAND, G.: Hilarius Pictaviensis

Phil 2,6

[1518] ALVES DE SOUSA, P. G.: Iohannes Chrysostomus

Phil 3,21

[1480] PELLAND, G.: Hilarius Pictaviensis

Epistula ad Colossenses
Col 1,15–18

[1480] PELLAND, G.: Hilarius Pictaviensis

Epistula ad Thessalonicenses I
I Thess 5,17

[1514] SIRCH, B.: Iohannes Cassianus

Epistula Petri I
I Petr 5,13

[1320] FEDALTO, G.: Eusebius Caesariensis

Epistula Petri II
II Petr 1,4

[772] KOLP, A. L.: Athanasius Alexandrinus

Epistula Iohannis I
I Io 2,15s

[947] PROCOPÉ, J. F.: Augustinus

I Io 5,7s

2556 GRÉGOIRE, R. *Il «comma Ioanneum» interpretato da alcuni Padri latini.*
In: *Atti della Settimana Sangue . . ., III* (cf. 1983, 91) 847–859

Apocalypsis Ioannis

2557 COWLEY, ROGER W. *The traditional interpretation of the Apocalypse of
John in the Ethiopian Orthodox Church.* Cambridge; New York: Cambridge University Press 1983. XVI, 417 pp.
[1228] GALLICET, E.: Cyprianus Carthaginiensis
[1322] MAZZUCCO, C.: Eusebius Caesariensis
2558 MONACI CASTAGNO, A. *Il problema della datazione dei Commenti*

all'Apocalisse di Ecumenio e di Andrea di Cesarea — AAT 114 (1980) 223–246

Apoc 4–5

[1577] MAZZUCCO, C.: Irenaeus Lugdunensis

Apoc 21,1–22,5

2559 MAZZUCCO, C. *La Gerusalemme celeste dell'Apocalisse nei Padri.* In: *La Gerusalemme celeste* (cf. 1983, 107) 49–75

Apoc 22,16

2560 DOBRZENIECKI, TADEUSZ *Chrystus – «świecącą gwiazdą poranną».* *Ap 22,16 we wczesnochrześcijańskiej literaturze i sztuce (= Le Christ – «etoile radieuse du matin». Ap 22,16 dans la littérature et l'art du christianisme primitif)* [avec un rés. en franç.] — VoxP 4 (1983) 49–63

IX. RECENSIONES

R 1 AALDERS, G. J. D. (1983, 227): KT 34 (1983) 239 = Ru, G. de

R 2 *Abba. Guides to wholeness and holiness East and West* ed. J. R. SOM-
MERFELDT (1983, 73): StMon 25 (1983) 170 = Badía, B.

R 3 ABRAMOWSKI, L. (1981/82, 150): ChH 52 (1983) 407–408 = Kolp –
ThRe 79 (1983) 383 = Bauer

R 4 *Acta conciliorum oecumenicorum, IV,3. Pars 2: Index prosopographicus*
cong. R. SCHIEFFER (1983, 2169): RHE 78 (1983) 882 = de Halleux –
REG 96 (1983) 342 = Nautin – ArGran 46 (1983) 350 = Segovia, A.

R 5 *Les Actes apocryphes des Apôtres* ed. F. BOVON (1981/82, 152): Salmant
30 (1983) 108–110 – ThZ 39 (1983) 183–184 = Brändle, R.

R 6 *Actes du concile de Chalcédoine. Sessions III-VI* ed. A. J. FESTUGIÈRE;
H. CHADWICK (1983, 2170): AB 101 (1983) 210 = Halkin – Byzan 53
(1983) 768–771 = Lucchesi – RechSR 71 (1983) 602 = Sesboüé –
RHPhR 63 (1983) 468 = Maraval

R 7 *The Acts of the Martyrs* ed. IOAN RAMUREANU (1981/82, 2729): RSCI
37 (1983) 249 = Sordi

R 8 ADNÈS, P. (1981/82, 2902): Burgense 24 (1983) 352–353 = López
Martínez, N.

R 9 *Aetheria* ed. A. ARCE (1979/80, 661): RBi 88 (1981) 475–476 = Benoit

R 10 *Aetheria* ed. P. MARAVAL (1981/82, 958): RBi 90 (1983) 311 = Pierre –
RBen 93 (1983) 157 = Verbraken – ACl 52 (1983) 416–417 = Delvoye –
ThLZ 108 (1983) 600 = Haendler – ThPh 58 (1983) 587–588 =
Sieben – EE 58 (1983) 89–90 = Granado, C. – ScTh 15 (1983)
1021–1023 = Ramos Lissón, D. – RHE 78 (1983) 947 = Gryson

R 11 *Aetheria* ed. J. WILKINSON (1981/82, 957): Sob 5,1 (1983) 74–75 =
Price, R.

R 12 ALAND, K. (1979/80, 251): ZRGG 35 (1983) 181–182 = Kantzenbach

R 13 ALAND, K. (1981/82, 346): Salesianum 44 (1982) 781 = Bergamelli

R 14 ALAND, K. und B. (1981/82, 748): BiTransl 34 (1983) 344–345 =
Karavidopoulos, J.

R 15 ALLEN, P. (1981/82, 1930): ThPh 57 (1982) 594–595 = Grillmeier –
JAC 26 (1983) 231–233 = Winkelmann – JÖB 33 (1983) 435 = Lackner –
RHE 77 (1982) 466–468 = Camelot – RSPhTh 66 (1982) 626–628 =
de Durand – ByZ 76 (1983) 336–337 = Maisano – RHR 200 (1983) 439
= Nautin

R 16 *Anastasius Sinaita* ed. K. H. UTHEMANN (1981/82, 1010): RThAM 50
(1983) 268 = Petit − Greg 64 (1983) 592–596 = Pattenden − JThS 34
(1983) 314–315 = Chadwick − NRTh 105 (1983) 286–287 = Martin −
ThRe 79 (1983) 119–120 = Ricken − ZKG 94 (1983) 132 = Podskalsky −
ZKTh 105 (1983) 234 = Schwager − AHC 15 (1983) 465–468 = Riedinger − REG 96 (1983) 343–344 = Irigoin

R 17 ANDRESEN, C.; DENZLER, G. (1981/82, 303): EtThL 58 (1982) 371 =
Boudens − ThLZ 108 (1983) 366–367 = Haendler − ThPh 58 (1983)
300–301 = Schatz − ThQ 163 (1983) 232 = Reinhardt − ZKG 94 (1983)
365–366 = Kantzenbach − GTT 83 (1983) 104–106 = Gäbler, U.

R 18 AONO, T. (1979/80, 2036): ZKG 94 (1983) 116–117 = Brox

R 19 *Apophthegmata Patrum* ed. L. REGNAULT (1981/82, 1029): BLE 84
(1983) 68 = Olphe-Galliard

R 20 *Arché e Telos* ed. U. BIANCHI; H. CROUZEL (1981/82, 158a): RSPhTh
67 (1983) 622–625 = de Durand − Greg 64 (1983) 161 = Orbe − SMed
(1983) Nr. 4 111–114 = Roccaro − ThRe 79 (1983) 293–294 = von
Stritzky

R 21 ARENS, H. (1981/82, 2314): Greg 64 (1983) 723 = Galot − CO 35 (1983)
289 = Aalst, A. J. van der − TTh 23 (1983) 184 = Waldram, J.

R 22 ARGIOLAS, D. (1983, 232): RSCI 36 (1982) 623 = Bovo

R 23 *Arnobius Maior* ed. H. LE BONNIEC (1981/82, 1042): RPh 57 (1983)
173–175 = Reydellet − REL 60 (1982) 362–365 = Fontaine − LEC 51
(1983) 186–187 = Wankenne − ACl 52 (1983) 415–416 = Verdière −
ScTh 15 (1983) 635–636 = Morales, J. − RHPhR 63 (1983) 466 =
Maraval

R 24 *Aspekte frühchristlicher Heiligenverehrung* ed. F. VON LILIENFELD
(1977/78, 108): ThRe 78 (1982) 380–381 = Cramer

R 25 *Athanasius Alexandrinus* ed. J. OZÓG; S. KALINKOWSKI; E. STANULA
(1979/80, 734): ThLZ 108 (1983) 443–446 = Rohde

R 26 AUBINEAU, M. (1983, 1854): AHC 15 (1983) 472–473 = Riedinger

R 27 *Zum Augustin-Gespräch der Gegenwart, II* ed. C. ANDRESEN (1981/82,
168): MH 40 (1983) 269 = Marti, M. − ArchPhilos 46 (1983) 661 =
Solignac − ZKG 94 (1983) 127–129 = Berbig − ThPh 57 (1982) 593 =
Sieben

R 28 *Augustinus* ed. T. J. VAN BAVEL (1981/82, 1098): REA 29 (1983) 340 =
Madec

R 29 *Augustinus* ed. L. BOROS (1981/82, 1088): REA 29 (1983) 339 = Madec

R 30 *Augustinus* ed. A. CACCIARI (1981/82, 1105): AugR 23 (1983) 562 =
Lawless

R 31 *Augustinus* ed. L. CARROZZI (1981/82, 1101): REA 29 (1983) 336–337 =
Madec

R 32 *Augustinus* ed. M. P. CICCARESE (1981/82, 1082): JThS 34 (1983)
641–643 = Wright

R 33 *Augustinus* ed. J. DIVJAK (1981/82, 1079): NRTh 105 (1983) 284 =
Martin − RSPh 66 (1982) 637–638 = de Durand

R 34 *Augustinus* ed. A. Fazenda (1981/82, 1108): HumanitasCoim 33–34 (1981/82) 329–330 = Freire, J. G.

R 35 *Augustinus* ed. A. Fingerle; A. Maxsein; D. Morick; A. Zumkeller (1977/78, 935): ThRe 78 (1982) 381–382 = Gessel

R 36 *Augustinus* ed. P. Frederiksen Landes (1981/82, 1090): REA 29 (1983) 338 = Madec

R 37 *Augustinus* ed. L. de Mondadon; A. Mandouze (1981/82, 1093): REA 29 (1983) 335 = Madec

R 38 *Augustinus* ed. D. L. Mosher (1981/82, 1089): RBen 93 (1983) 158 = Verbraken – REA 29 (1983) 337 = Madec – EThL 59 (1983) 381 = de Halleux – ThSt 44 (1983) 353 = Cunningham – RHE 78 (1983) 936 = Hockey

R 39 *Augustinus* ed. V. Paladini; V. Paronetto (1981/82, 1106): RBen 93 (1983) 158 = Verbraken

R 40 *Augustinus* ed. M. Palmieri; V. Tarulli; N. Cipriani; F. Monteverde (1977/78, 941): ScTh 15 (1983) 299–303 = Basevi, C.

R 41 *Augustinus* ed. J. Pegon (1981/82, 1092): REA 29 (1983) 335 = Amadei

R 42 *Augustinus* ed. C. J. Perl (1981/82, 1083): Gy 90 (1983) 320–321 = Opelt

R 43 *Augustinus* ed. V. Saxer (1981/82, 1094): RiAC 59 (1983) 427–428 = Bisconti

R 44 *Augustinus* ed. J. Sulowski; E. Stanula (1979/80, 775/776): ThLZ 108 (1983) 443–446 = Rohde

R 45 *Augustinus* ed. J. H. Taylor (1981/82, 1091): ThSt 44 (1983) 740–741 = Eno

R 46 *Augustinus* ed. A. Trapè (1981/82, 1103): REA 29 (1983) 338 = Madec

R 47 *Augustinus* ed. A. Trapè (1981/82, 1104): REA 29 (1983) 338 = Madec

R 48 *Augustinus* ed. A. Trapè; I. Volpi; F. Monteverde (1981/82, 1100): REA 29 (1983) 336 = Madec

R 49 *Augustinus* ed. A. Trapè; I. Volpi; F. Monteverde (1981/82, 1102): REA 29 (1983) 336 = Madec – ScTh 15 (1983) 299–303 = Basevi, C.

R 50 *Augustinus* ed. L. Verheijen (1983, 779a): Greg 64 (1983) 737 = Orbe – REL 60 (1982) 376–377 = Fontaine – FZPT 30 (1983) 201–202 = Wermelinger, O. – JThS 34 (1983) 308–310 = Winterbottom – NRTh 105 (1983) 285 = Martin

R 51 *Pseudo-Augustinus* ed. J. E. Chisholm (1979/80, 997): JThS 34 (1983) 312 = Chadwick – Recollectio 4 (1981) 407–408 = Martínez Cuesta, A.

R 52 *Ausonius* ed. W. John (1979/80, 1005): Latomus 42 (1983) 701 = Tordeur

R 53 Badewien, J. (1981/82, 2612): RechSR 71 (1983) 546 = Kannengiesser – REL 60 (1982) 527–528 = Lagarrigue – ChH 52 (1983) 82 = Bell – ThLZ 108 (1983) 279–280 = Haendler – Salmant 30 (1983) 114–116 = Trevijano Etcheverría, R.

R 54 BARNES, T. D. (1981/82, 1895): ClO 60 (1983) 135 = O'Donnell —
ChH 52 (1983) 352 = Ashanin — GR 30 (1983) 98–99 = Paterson —
Phoenix 37 (1983) 75–78 = Rougé — CR 33 (1983) 278–284 = War-
mington — JRS 73 (1983) 184–190 = Cameron — RSPhTh 67 (1983)
613–615 = de Durand — ByZ 76 (1983) 351–354 = Winkelmann

R 55 BARNETT, J. M. (1981/82, 3104): SecCent 3 (1983) 171–173 = Jay, E. G.

R 56 *Barsabas Hierosolymitanus* ed. M. VAN ESBROECK (1981/82, 1441):
RechSR 71 (1983) 555 = Kannengiesser

R 57 *Basil of Caesarea* . . . ed. P. J. FEDWICK (1981/82, 169): RSPhTh 66
(1982) 619–622 = de Durand — RechSR 71 (1983) 558 = Kannengiesser — JThS 34 (1983) 635–636 = Louth — RHR 200 (1983) 109 =
Nautin — BLE 84 (1983) 243–255 = Gain

R 58 *Basilius Caesariensis* ed. K. S. FRANK (1981/82, 1445): ZKTh 105 (1983)
234 = Meyer — TPQS 131 (1983) 189–190 = Zinnhobler, R.

R 59 *Basilius Caesariensis* ed. B. SESBOUÉ; G. M. DE DURAND; L. DOUTRE-
LEAU (1981/82, 1447): VigChr 37 (1983) 204–205 = van Winden —
AugR 23 (1983) 558 = Simonetti — OrChrP 49 (1983) 228–229 =
Schultze — ThLZ 108 (1983) 380 = Haendler — Clergy 68 (1983)
262–263 = Meredith, A. — RSLR 29 (1983) 487–490 = Troiano

R 60 BATHORY, P. D. (1981/82, 1121): History 68 (1983) 132–133 = Wright

R 61 BAUER, J. B.; FELBER, A. (1983, 205): StPap 22 (1983) 163 = O'Callaghan

R 62 BAUMEISTER, TH. (1979/80, 2560): ZKG 93 (1982) 361–364 = Wolter —
CHR 68 (1982) 82–83 = Ramsey — ZKTh 105 (1983) 230 = Oberfor-
cher — ThLZ 108 (1983) 363–365 = Hauschild

R 63 BEATRICE, P. F. (1983, 2131): TLit 67 (1983) 374 = Speeten, J. van der

R 64 BECK, H. G. (1979/80, 265): ZRGG 35 (1983) 183–184 = Willing

R 65 BEIERWALTES, W. (1981/82, 1126): AugR 23 (1983) 561 = Lawless —
REL 60 (1982) 525 = Doignon

R 66 BELLINI, E. (1983, 38): SMed 5 (1983) 472 = Musco

R 67 BENEDETTI, F. (1979/80, 1006): Maia 35 (1983) 160–162 = Contini

R 68 *A Benedictine Bibliography* ed. O. L. KAPSNER (1983, 45): RBS 10–11
(1981/82) 201 = Jaspert — RBen 93 (1983) 161 = Misonne — StMon 25
(1983) 169 = Olivar

R 69 *Benedictus Nursinus* ed. B. BISCHOFF; B. PROBST (1983, 1081): TPQS
131 (1983) 372 = Zinnhobler, R.

R 70 *Benedictus Nursinus* ed. J. CHAMBERLIN (1981/82, 1536): RBen 93
(1983) 151 = Misonne — RHE 78 (1983) 925 = de Vogüé

R 71 BERARDINO, A. DI; HAMMAN, A.; SIMONETTI, M. et alii (1981/82,
77): CT 110 (1983) 190–191 = Celada, G.

R 72 BERNER, U. (1981/82, 2435): ThRe 79 (1983) 463 = Gessel — SPFFBU
28 (1983) 327–330 = Češka — ScTh 15 (1983) 633–635 = Morales, J.

R 73 BERTHOUZOZ, R. (1979/80, 1832): RSPhTh 67 (1983) 603–605 = de
Durand — CrSt 4 (1983) 229–237 = Norelli — TTh 23 (1983) 183 =
Paverd, F. van de

R 74 BETZ, J. (1979/80, 2366): AHC 15 (1983) 464–465 = Stockmeier

R 75 BEYSCHLAG, K. (1981/82, 3159): AugR 23 (1983) 572–580 = Studer – ThLZ 108 (1983) 678–679=Lohse – TTh 23 (1983) 438=Lemmens, J.

R 76 *The Bible and medieval culture* ed. W. LOURDAUX; D. VERHELST (1983, 86): RSPhTh 67 (1983) 295 = Bataillon

R 77 *Biblia patristica, III* (1979/80, 206): NRTh 105 (1983) 434 = Roisel

R 78 *Biblia Patristica. Supplément: Philon d'Alexandrie* (1981/82, 305): RHPhR 63 (1983) 238 = Maraval – RiAC 59 (1983) 241–242 = Peyrramond – NRTh 105 (1983) 434=Roisel – REL 61 (1983) 479=Savon – JStJ 14 (1983) 52 = Hilhorst

R 79 BIENERT, W. A. (1977/78, 1478): ZKG 94 (1983) 122–124 = Stead

R 80 BOCHET, I. (1981/82, 1136): REA 29 (1983) 371–372 = Bouhot

R 81 BOESE, H. (1981/82, 3541): REA 29 (1983) 393 = Bouhot – RHE 78 (1983) 881 = Bogaert – RHPhR 63 (1983) 469 = Doignon

R 82 *Boethius* ed. L. OBERTELLO (1981/82, 1650): RFC 110 (1982) 357–361 = Traina

R 83 *Boethius* ed. E. STUMP (1977/78, 1296): RFN 72 (1980) 557–559 = Obertello

R 84 *Boethius and the liberal arts* ed. M. MASI (1983, 1115): GR 30 (1983) 85–86 = Dowden

R 85 *Boethius. His life, thought and influence* ed. M. GIBSON (1981/82, 1671): RHE 78 (1983) 290 = Hockey – REL 60 (1982) 528–530 = Fontaine

R 86 *Boethius. Poslední Říman* (1983, 1116): ZJKF 24 (1982) 172–174 = Spunar

R 87 BOTTERMANN, M. R. (1981/82, 2845): RSPhTh 67 (1983) 320 = Gy

R 88 BOULEY, A. (1981/82, 2907): OrChrP 49 (1983) 221–224 = Taft

R 89 BOURGEOIS, D. (1981/82, 2280): BLE 84 (1983) 299–300 = Crouzel

R 90 BRADSHAW, P. F. (1981/82, 2847): HeythropJ 24 (1983) 472–473 = Jasper, R.C.D. – OrChrP 49 (1983) 468–472 = Taft – ChH 52 (1983) 351 = Rush

R 91 BRATOŽ, R. (1981/82, 1888): RHE 78 (1983) 1016 = Pillinger

R 92 BRATOŽ, R. (1983, 2011): AB 101 (1983) 432–433 = de Gaiffier – AMSI 31 (1983) 335–336 = de Nicola – ŽA 33 (1983) 234–235 = Margetić

R 93 BREGMAN, J. (1981/82, 2640): REG 95 (1982) 537–539 = Roques – AHR 88 (1983) 396 = Henry

R 94 BRONTESI, A. (1971/72, 1107): RC 29 (1983) 127–128 = Langa, P.

R 95 BROWN, P. (1981/82, 2999): History 67 (1982) 304–305=Cameron – RHE 77 (1982) 304 = Hockey – ChH 52 (1983) 203–204 = Darling – JRS 73 (1983) 191–203 = Murray – Thom 46 (1982) 166–168 = Ramsey – CrSt 4 (1983) 478–480 = Simonetti – HeythropJ 24 (1983) 114–115 = M. J. W. – RHR 200 (1983) 418–421 = Vauchez

R 96 BURGALETA CLEMÓS, J. (1981/82, 1149): Augustinus 28 (1983) 427–428 = Madrid, C.

R 97 BURNS, J. P. (1979/80, 807): ChH 52 (1983) 81–82 = McGinn – CHR 69 (1983) 469 = Eno

R 98 BURNS, P. C. (1981/82, 2092): BLE 84 (1983) 67 = Crouzel – RSPhTh 67 (1983) 612–613 = de Durand – Greg 64 (1983) 159 = Orbe – EE 57 (1982) 225–226 = Ladaria, L. F.

R 99 BYČKOV, V. V. (1981/82, 565): VDI (1983) Nr. 164 170–171 = Svencic-kaja – Naučdnyje doklady vysšej školy, Filos. nauki (Moskva) (1983) Nr. 3 189–190 = Novikova

R 100 *Byzantinische Fürstenspiegel* ed. W. BLUM (1983, 719): AB 101 (1983) 187 = Halkin

R 101 CAMBRONNE, P. (1981/82, 1151): REA 29 (1983) 340–342 = Madec

R 102 CARLE, P. L. (1983, 2091): RSPhTh 66 (1982) 123–124 = Congar – RThAM 50 (1983) 278 = Michiels

R 103 CARLO, F. DI (1983, 2432): Anazetesis 6–7 (1982) 167–168 = Poli

R 104 CASURELLA, A. (1983, 2550): ArGran 46 (1983) 302 = Segovia, A.

R 105 CATTANEO, E. (1981/82, 1023): SecCent 3 (1983) 174–176 = Daly, R. E.

R 106 *Cento anni di bibliografia ambrosiana* (1981/82, 104): RPh 57 (1983) 177–178 = Petitmengin

R 107 *Centro Studi Sanguis Christi, Atti della Settimana Sangue . . . I* (1983, 89): RStudFen 10 (1983) 308–309 = Acquaro

R 108 CERAN, W. (1979/80, 285): Byslav 42 (1981) 214–216 = Češka

R 109 CHADWICK, H. (1981/82, 177): Sob 5,2 (1983) 86 = Brock, S. – JEcclH 34 (1983) 477 = Hanson – ThSt 44 (1983) 713–714 = Kelly – RHE 78 (1983) 970 = Hockey

R 110 CHADWICK, H. (1979/80, 2110): EFil 30 (1981) 370 = Casado, A. M.

R 111 CHADWICK, H. (1981/82, 1658): JEcclH 34 (1983) 109–113 = Southern – Dialogue 22 (1983) 604–607 = Marenbon – JRS 73 (1983) 243–246 = Wormald – CR 33 (1983) 117–119 = Dillon – RHE 78 (1983) 289 = Hockey – AugR 23 (1983) 557–558 = Simonetti – Sp 58 (1983) 742–743 = Allard – HeythropJ 24 (1983) 335–337 = Price, R. M.

R 112 CHARLESWORTH, J. H. (1981/82, 800): StPap 22 (1983) 59–60 = Llorca, B.

R 113 CHARLET, J. L. (1981/82, 2579): Latomus 42 (1983) 667–668 = Tordeur

R 114 CHARLET, J. L. (1981/82, 2580): REL 61 (1983) 484–486 = Poinsotte

R 115 CHESNUT, G. F. (1977/78, 1545): Byzan 53 (1983) 380–382 = Remacle – ThRe 79 (1983) 269–273 = Seeliger, R.

R 116 CHRISTENSEN, A. T.; GRØNBÆK, J. H.; NØRR, E.; STENBÆK, J. (1981/82, 105): ZKG 92 (1982) 336–337 = Schäferdiek, K.

R 117 CHRISTOPHE, P. (1981/82, 391): MSR 39 (1982) 157–158 = Termote

R 118 ΧΡΗΣΤΟΥ, Π. Κ. (1983, 2146): AB 101 (1983) 223 = Halkin – OstkiSt 23 (1983) 199–200 = Plank

R 119 *Chromatius Aquileiensis* ed. M. TODDE (1983, 1178): AN 53 (1982) 304 = Lemarié

R 120 CILLERUELO, L. (1981/82, 1186): REA 29 (1983) 378 = Madec

R 121 CLARK, E. A.; HATCH, D. F. (1981/82, 2570): ChH 52 (1983) 407 = Bell — SecCent 3 (1983) 104–106 = Rowland, R. J.

R 122 *Claudius Claudianus* ed. G. GARUTI (1979/80, 1288): CR 33 (1983) 324–325 = Hall

R 123 *Claudius Claudianus* ed. M. OLECHOWSKA (1977/78, 1343): CR 33 (1983) 203–207 = Hall — REAnc 83 (1981) 173 = Chastagnol

R 124 *Claudius Claudianus* ed. M. L. RICCI (1981/82, 1734): BStudLat 13 (1983) 100–102 = Aricò

R 125 *Clemens Alexandrinus* ed. A. LE BOULLUEC; P. VOULET (1981/82, 1748): RBen 93 (1983) 154 = Verbraken — BLE 84 (1983) 62–63 = Crouzel — ChH 52 (1983) 255–256 = Clark — ThPh 57 (1982) 587–588 = Sieben — OrChrP 49 (1983) 489–490 = Cattaneo — ACl 52 (1983) 404 = Joly — RHR 200 (1983) 219–221 = Savon — NRTh 105 (1983) 278 = Martin — SecCent 3 (1983) 245–246 = Slusser — EFil 32 (1983) 362–364 = Soria, F.

R 126 *Clemens Romanus* ed. Benedictinessen van Bonheiden (1981/82, 1769): BijFTh 44 (1983) 443–444 = Koet, B.-J. — TLit 67 (1983) = Verheul, A.

R 127 COCHINI, CHR. (1981/82, 3109): RHPhR 63 (1983) 471–473 = Faivre — RSCI 37 (1983) 186–190 = Marchetto — Greg 64 (1983) 152–153 = Galot — ChH 52 (1983) 529 = Clark — RHE 78 (1983) 90–93 = Gryson — REDC 39 (1983) 390–391 = Echeverría, L. de — NAKG 63 (1983) 225–227 = Eijk, A. H. C. van — TTh 23 (1983) 438–439 = Paverd, F. van de

R 128 *Codices Chrysostomici Graeci, IV* descr. W. LACKNER (1981/82, 2165 a): AugR 23 (1983) 560 = Voicu — AB 101 (1983) 186 = Halkin — ThPh 58 (1983) 262 = Sieben — JÖB 33 (1983) 346–347 = Gamillscheg, E. — NRTh 105 (1983) 286 = Roisel

R 129 *Codici liturgici dei benedettini in Toscana* (1983, 2035): StMon 25 (1983) 174 = Olivar

R 130 *La colección canonica hispana, III: Concilios griecos y africanos* ed. G. MARTINEZ DIEZ; F. RODRÍGUEZ (1983, 2182): RBen 93 (1983) 362 = Verbraken

R 131 *Collectanea historica. Essays in memory of Stuart Rigold* (1983, 92): AntJ 63 (1983) 143–144 = Jessup

R 132 *Le concept de Notre Grande Puissance (CG VI, 4)* ed. P. CHERIX (1983, 2413): RBi 90 (1983) 474 = Couroyer — RechSR 71 (1983) 552 = Kannengiesser — EThL 59 (1983) 377 = de Halleux

R 133 *Concordances et tableaux pour l'étude des grands sacramentaires, I–III* ed. J. DESHUSSES; B. DARRAGON (1983, 2093): RBen 93 (1983) 370–371 = Nocent — RSPhTh 67 (1983) 315 = Gy — ArGran 46 (1983) 348–349 = Muñoz, A.

R 134 *Concordantia in Ausonium* ed. L. J. BOLCHAZY; J. A. M. SWEENEY (1981/82, 1424): Gn 55 (1983) 749–750 = Prete

R 135 CONSOLINO, F. E. (1983, 267): RSLR 18 (1982) 138 = Forlin Patrucco — Maia 34 (1982) 85–87 = Mesturini — Orpheus 2 (1981) 459–460 = Giordano Russo — REL 59 (1981) 467–468 = Lagarrigue

R 136 *The continuing quest for God* ed. W. SKUDLAREK (1983, 2366): RBen 93 (1983) 376 = Misonne — StMon 25 (1983) 169 = Martínez

R 137 CONZELMANN, H. (1981/82, 902): Greg 64 (1983) 338 = Penna — ThLZ 108 (1983) 425–428 = Wiefel — AAPh 17 (1983) 152–153 = Solin — StPat 30 (1983) 136–139 = Segalla — NRTh 105 (1983) 271 = Jacques — NAKG 63 (1983) 219–221 = Lebram, J. C. H.

R 138 *Corpus Ambrosiano-Liturgicum I. Das Sacramentarium Triplex . . . 2. Wortschatz und Ausdrucksformen . . .* ed. J. FREI (1983, 207): TLit 67 (1983) 372–373 = Speeten, J. van der

R 139 *Corpus Marianum Patristicum* ed. S. ALVAREZ CAMPOS (1983, 2345): AB 101 (1983) 454 = Halkin

R 140 COUNTRYMAN, L. W. (1979/80, 291): JThS 33 (1982) 297–298 = Athanassiadi-Fowden — JBL 101 (1982) 469–470 = Brackett — ThSt 43 (1982) 143–145 = Walsh — VigChr 36 (1982) 63–66 = Pleket — SecCent 3 (1983) 107–109 = Osiek, C. — ChH 52 (1983) 81 = Brackett

R 141 CRAMER, W. (1979/80, 2479): ThLZ 107 (1982) 123–124 = Hauschild — ThRe 77 (1981) 34–35 = van der Aalst — ZKG 92 (1981) 354–358 = Drijvers

R 142 *Cristo nei Padri. Antologia di testi* ed. F. TRISOGLIO (1981/82, 190): SMed 4 (1983) 218–219 = Diquattro

R 143 *Cristologia e catechesi patristica, II* ed. S. FELICI (1981/82, 3231): Salesianum 43 (1981) 635 = Amato — EtThR 57 (1982) 423 = Dubois

R 144 *La cristologia nei Padri della Chiesa* (1981/82, 3232): SMed 4 (1983) 186–187 = Messana

R 145 *La cristologia nei Padri della Chiesa. Le due culture* (1983, 97): SMed 4 (1983) 186–187 = Messana

R 146 CROUZEL, H. (1981/82, 3013): SMed 5 (1983) 484–486 = Lo Cicero — Greg 64 (1983) 185

R 147 CUSCITO, G. (1979/80, 294): AugR 21 (1981) 440–442 = Bisconti — AMSI 29–30 (1981/82) 571–572 = Lettich

R 148 *Cyprianus Carthaginiensis* ed. E. GALLICET (1975/76, 1488): Latomus 42 (1983) 699–700 = Duval

R 149 *Cyprianus Carthaginiensis* ed. J. MOLAGER (1981/82, 1786): JThS 34 (1983) 289–291 = Wright — JEcclH 34 (1983) 448–449 = Bonner — ZKG 94 (1983) 381–382 = Camelot — REL 60 (1982) 378–379 = Fontaine — Orpheus 4 (1983) 483–485 = Curti, C. — RBen 93 (1983) 155 = Verbraken — BLE 84 (1983) 300 = Crouzel — EE 58 (1983) 86 = Granado, C.

R 150 *Cyrillus Alexandrinus* ed. L. R. WICKHAM (1983, 1240): RSPhTh 67 (1983) 627–629 = de Durand — JEcclH 34 (1983) 644–645 = McGuckin — ExpT 95 (1983/84) 92–93 = Hall, S. G.

R 151 DALSGAARD LARSEN, B. (1981/82, 1180): REA 29 (1983) 372 = Madec

R 152 DALY, R. J. (1977/78, 2600): ThLZ 107 (1982) 533–535 = Wiefel —
ThRe 88 (1982) 230–232 = Moll — JThS 33 (1982) 282–283 = Yar-
nold

R 153 DALY, R. J. (1977/78, 2601): BLE 83 (1982) 146 = Crouzel

R 154 DANIÉLOU, J. (1977/78, 317): ArchPhilos 43 (1980) 304–305 = Solignac — EAg 18 (1983) 279–280 = Luis, P. de

R 155 DASSMANN, E. (1979/80, 2742): Ant 58 (1983) 154–156 = Weijenborg —
ThLZ 108 (1983) 450 = Thümmel — ZKG 94 (1983) 117–119 = Linde-
mann

R 156 DATTRINO, L. (1983, 39): RiAC 59 (1983) 445 = Saxer — ScTh 15 (1983)
628–630 = Chacón, A. C.

R 157 DAVIDS, A. (1981/82, 106): EThL 59 (1983) 380 = de Halleux

R 158 DELANEY, J. J. (1983, 1944): RHE 78 (1983) 969 = Tylor

R 159 ΔΕΤΟΡΑΚΗΣ, Θ. (1979/80, 1344): BLE 84 (1983) 143 = Crouzel

R 159a DÍAZ Y DÍAZ, M. C. (1983, 493): AHDE 53 (1983) 617–619 = Martínez
Díez, G.

R 160 *Dictionnaire d'histoire et de géographie ecclésiastiques, XX, fasc. 114*
(1981/82, 314): RHE 78 (1983) 943 = Standaert

R 161 *Dictionnaire de spiritualité ascétique et mystique, X-XI, fasc. 72-75*
(1981/82, 315–316): RHPhR 63 (1983) 457 = Chevallier

R 162 *Dictionnaire de spiritualité ascétique et mystique, XI, fasc. 74-75*
(1981/82, 316): OrChrP 49 (1983) 478–480 = Taft — RechSR 70 (1982)
623 = Kannengiesser

R 163 *Didymus Alexandrinus* ed. G. BINDER; M. GRONEWALD (1979/80,
1403): ArPap 29 (1983) 107–108 = Treu

R 164 *Diodorus Tarsensis* ed. J. M. OLIVIER (1979/80, 1406): ByZ 76 (1983)
42–44 = Petit — JÖB 33 (1983) 357–359 = Lackner, W. — RHR 200
(1983) 225 = Nautin

R 165 *Pseudo-Dionysius Areopagita* ed. G. BURRINI (1983, 1266): SMed 4
(1983) 192 = Licata

R 166 *Pseudo-Dionysius Areopagita* ed. T. L. CAMPBELL (1981/82, 1837):
ChH 52 (1983) 408–409 = Ashanin

R 167 *Dizionario patristico e di antichità cristiane, I* ed. A. DI BERARDINO
(1983, 211): REL 61 (1983) 496–498 = Fontaine — EAg 18 (1983)
461–462 = Luis, P. de — ArGran 46 (1983) 317–318 = Segovia, A.

R 168 *Doctrina Patrum de incarnatione Verbi* ed. B. PHANOURGAKIS; E.
CHRYSOS (1981/82, 877): RHE 78 (1983) 558 = de Halleux — Greg 64
(1983) 183 = Orbe

R 169 DOEPP, S. (1979/80, 1296): Gn 55 (1983) 28–36 = Klein

R 170 *Does Chalcedon Divide or Unite?*... ed. PAULOS GREGORIOS; W. H.
LAZARETH; N. A. NISSIOTIS (1983, 2315): Sob 4 (1982) 233–236 =
Price, R. — CO 35 (1983) 290 = Franken, S.

R 171 *La doppia creazione dell'uomo negli Alessandrini, nei Cappadoci e nella
gnosi* ed. U. BIANCHI (1977/78, 121): Mu 93 (1980) 385–388 = Janssens

R 172 DOUCET, D. (1981/82, 1196): REA 29 (1983) 369–370 = Doucet

R 173 DRAKE, H. A. (1975/76, 1604): HumanitasCoim 33/34 (1981/82) 324–326 = Freire, J. G.

R 174 DRANE, J. W. (1981/82, 402): EvangQ 55 (1983) 239–240 = Marshall, I. H.

R 175 DUPRIEZ, F. (1981/82, 903): REA 29 (1983) 381 = Amadei

R 176 DU RAND, J. A. (1983, 458): GTT 83 (1983) 57–58 = Augustijn, C.

R 177 DUVAL, Y. (1981/82, 3003): REL 61 (1983) 492–495 = Fontaine – REA 29 (1983) 362 = Madec

R 178 *Ecclesiologia e Catechesi patristica* (1981/82, 196): CD 196 (1983) 154 = Folgado Flórez, S. – REDC 39 (1983) 544 = Jiménez Urresti, T. – ArGran 46 (1983) 318–319 = Segovia, A. – Salesianum 44 (1982) 768 – Greg 64 (1983) 734–736 = Janssens – CrSt 4 (1983) 480–483 = Dianich

R 179 ELLVERSON, A.-S. (1981/82, 1994): HeythropJ 24 (1983) 332–333 = Meredith, A. – Sob 5,2 (1983) 87 = Ward, B. – RSPhTh 67 (1983) 621–622 = de Durand

R 180 *L'empereur Julien* ed. R. BRAUN; J. RICHTER (1977/78, 1914): Euphrosyne 12 (1983/84) 363–364 = Nunes, J. de C. – RSLR 19 (1983) 480–487 = Gianotti

R 181 ENO, R. B. (1981/82, 1206): REA 29 (1983) 384 = Madec

R 182 *Éphèse et Chalcédoine. Actes des conciles* ed. A. J. FESTUGIÈRE (1981/82, 3023): AB 101 (1983) 210 = Halkin – RechSR 71 (1983) 554 = Kannengiesser – RechSR 71 (1983) 602 = Sesboüé – RHPhR 63 (1983) 468 = Maraval

R 183 *Episcopale munus*... ed. PH. DELHAYE; L. ELDERS (1981/82, 198): TLit 67 (1983) 215 = Verheul, A.

R 184 ERDT, W. (1979/80, 1947): JThS 34 (1983) 296 = Wiles – RHR 200 (1983) 439 = Nautin

R 185 *Estudios patrísticos* (1981/82, 201): REA 29 (1983) 345 = Madec – TyV 24 (1983) 326–327 = Huidobro, F.

R 186 *Eudocia* ed. E. SALVANESCHI (1983, 1300): RechSR 71 (1983) 554 = Kannengiesser

R 187 *Eudoxia and the Holy Sepulchre. A Constantinian legend in coptic* ed. T. ORLANDI; B. A. PEARSON; H. A. DRAKE (1983, 1945): Orientalia 52 (1983) 302–303 = Quecke

R 188 *Eugippius* ed. R. NOLL (1981/82, 1887): AB 101 (1983) 432 = de Gaiffier

R 189 *Eusebius Caesariensis* ed. E. DES PLACES (1981/82, 1894): VigChr 37 (1983) 205–206 = van Winden – BLE 84 (1983) 304 = Crouzel – ACl 52 (1983) 408 = Joly – LEC 51 (1982) 181 = Wankenne – RSLR 19 (1983) 517–519 = Curti – EE 58 (1983) 87–88 = Granado, C.

R 190 EVANS, G. R. (1981/82, 1210): REA 29 (1983) 382 = Amadei – RSPhTh 67 (1983) 619–621 = de Durand – JThS 34 (1983) 643–645 = Markus – CD 196 (1983) 523 = Uña, A. – ExpT 94 (1982/83) 376 = Stead, Chr.

R 191 EVENEPOEL, W. (1979/80, 2122): Latomus 42 (1983) 668–670 = van Uytfanghe

R 192 FABBRINI, F. (1979/80, 2046): RSLR 19 (1983) 139–142 = Paschoud – Eirene 20 (1983) 128–129 = Burian – RHPhR 63 (1983) 479–480 = Maraval

R 193 FABREGAS I BAQUÉ, J.; OLIVAR, A. (1983, 2041): Phase 23 (1983) 342–343 = Tena, P.

R 194 FARIA, S. (1973/74, 2189): HumanitasCoim 33–34 (1981/82) 330–332 = Freire, J. G.

R 195 FAUTH, W. (1981/82, 2412): Maia 35 (1983) 68–70 = Valgiglio

R 196 FEDWICK, P. J. (1979/80, 1076): SecCent 3 (1983) 109–111 = Henry, P.

R 197 FEELEY-HARNIK, G. (1981/82, 2918): SecCent 2 (1982) 185–187 = Zaas – ChH 53 (1983) 199 = Ferguson

R 198 FELLERMAYR, J. (1979/80, 598): ByZ 76 (1983) 85–86 = Gessel – JEcclH 34 (1983) 480 = Chadwick

R 199 FENGER, A. L. (1981/82, 976): RHE 78 (1983) 557 = Gryson – ThRe 79 (1983) 464–466 = Hahn – TTh 23 (1983) 183–184 = Waldram, J.

R 200 FERNÁNDEZ, A. (1979/80, 2588): CrSt 3 (1982) 412–415 = Norelli

R 201 FERNÁNDEZ MARCOS, N. (1979/80, 533): ScTh 15 (1983) 1012–1015 = Basevi, C.

R 202 FIGUEIREDO, F. A. (1983, 40): REBras 43 (1983) 649–650 = Beckhäuser, A.

R 203 FINKENZELLER, J. (1979/80, 2372): Greg 63 (1982) 348–350 = Becker

R 204 *Firmicus Maternus* ed. R. TURCAN (1981/82, 1938): NRTh 105 (1983) 746 = Martin

R 205 FLASCH, K. (1979/80, 846): RSPhTh 67 (1983) 616–619 = de Durand – Eirene 20 (1983) 176–179 = Ullmann – Latomus 42 (1983) 707 = Duval – ArchPhilos 46 (1983) 135–136 = Solignac, A.

R 206 FO, A. (1983, 1183): Paideia 38 (1983) 286–288 = Torti

R 207 FOTI, M. B. (1979/80, 1081): CodMan 9 (1983) 46 = Mazal

R 208 ΦΟΥΓΙΑΣ, M. (1979/80, 304): QS 31 (1982) 198–200 = Meinardus

R 209 FREDE, H. J. (1981/82, 319): VigChr 37 (1983) 92–94 = Verheijen – FZPT 30 (1983) 477–478 = Nuvolone – Latomus 42 (1983) 459–460 = Gryson – ThZ 39 (1983) 309–310 = Brändle, R.

R 210 FREND, W. H. C. (1979/80, 115): ChH 51 (1982) 336–337 = Partrick

R 211 *Funktionen des Fiktiven* ed. D. HENRICH; W. ISER (1983, 106): LinBibl 53 (1983) 114–115 = Magass

R 212 GALLAGHER, E. V. (1981/82, 2458): RBi 90 (1983) 155 = Pierre

R 213 GAMBER, K. (1981/82, 417): RBen 93 (1983) 165 = Verbraken

R 214 GAMBER, K. (1981/82, 2741): AB 101 (1983) 226 = Halkin

R 215 GAMBER, K. (1983, 2096): RBen 93 (1983) 365 = Verbraken

R 216 GANOCZY, A.; MÜLLER, K. (1981/82, 20): ThRe 78 (1982) 213–214 = Neuser, W. H. – GTT 83 (1983) 102–103 = Augustijn, C.

R 217 GARCÍA BAZÁN, F. (1977/78, 2779): ArGran 46 (1983) 319 = Granado, C.

R 218 GARCÍA BAZÁN, F. (1981/82, 3426): ArGran 46 (1983) 319 = Granado, C. – TyV 24 (1983) 226 = Meis Woermer, A.

R 219 GARGANO, G. I. (1981/82, 2027): AugR 23 (1983) 555–556 = Simonetti

R 220 GAUDEMET, J. (1979/80, 2424): ZSavR 100 (1983) 699–705 = Waldstein

R 221 *San Gaudenzio* (1983, 1983): RSCI 37 (1983) 332 = Casagrande

R 222 GEERARD, M. (1979/80, 223): Mu 93 (1980) 175–176 = Mossay

R 223 GEERARD, M. (1979/80, 224): JÖB 33 (1983) 345–346 = Lackner, W.

R 224 GEERLINGS, W. (1977/78, 1069): RSPhTh 66 (1982) 633–636 = de Durand

R 225 GIACOBBI, A. (1977/78, 1070): BLE 84 (1983) 141–142 = Crouzel – ThRe 79 (1983) 294 = Gessel

R 226 GIANARELLI, E. (1983, 680): REL 61 (1983) 489–491 = Rondeau – BStudLat 12 (1982) 107–108 = Viparelli Santangelo

R 227 GIBSON, M. (1981/82, 1671): HeythropJ 24 (1983) 335–337 = Price, R. M.

R 228 GIL HELLÍN, F. (1981/82, 1232): REA 29 (1983) 385 = Madec

R 229 GIRAUDO, C. (1981/82, 2923): EThL 59 (1983) 150–152 = Leijssen – BLE 84 (1983) 315–316 = Cabié

R 230 *Glaubensbekenntnis und Kirchengemeinschaft* ed. K. LEHMANN; W. PANNENBERG (1981/82, 3053): KRS 139 (1983) 11–12 = Brändle, R.

R 231 *Gnadenwahl und Entscheidungsfreiheit in der Theologie der Alten Kirche* ed. F. VON LILIENFELD; E. MÜHLENBERG (1979/80, 120): OstkiSt 32 (1983) 59 = Tretter – ThLZ 108 (1983) 374 = Thümmel

R 232 *Gnosticisme et monde hellénistique* ed. J. RIES; Y. JANSSENS; J. M. SEVRIN (1983, 2441): NRTh 105 (1983) 613–614 = Jacques

R 233 GODIN, A. (1981/82, 21): BLE 84 (1983) 121–124 = Crouzel – Greg 64 (1983) 734 = Crouzel – SZG 33 (1983) 461–462 = Bedouelle – NRTh 105 (1983) 444–447 = Chantraine – BibHR 45 (1983) 405–410 = Chomarat

R 234 GOETZ, H. W. (1979/80, 2047): ACl 52 (1983) 421 = Verheijen – ArchPhilos 46 (1983) 137 = Solignac, A. – ThRe 79 (1983) 273–276 = Seeliger, R.

R 235 GOMES, P. (1983, 41): ThBraga 18 (1983) 367–368 = Arieiro, J.

R 236 GOODALL, B. (1979/80, 1789): HumanitasCoim 33–34 (1981/82) 326–327 = Freire, J. G.

R 237 GOTTLIEB, G. (1977/78, 353): Klio 64 (1982) 289–296 = Winkelmann, F.

R 238 *Grandi monaci del primo millennio* ed. M. DONADEO (1983, 1947): OrChrP 49 (1983) 249 = Špidlík

R 239 GRANT, R. M. (1979/80, 1493): RSPhTh 66 (1982) 624–625 = de Durand – RHR 200 (1983) 224 = Nautin – SecCent 3 (1983) 122–124 = Baldwin, B. – ThRe 79 (1983) 265–269 = Seeliger, R.

R 240 GRANT, R. M. (1981/82, 425): EtThR 57 (1982) 423 = Dubois – Greg 63 (1982) 375 = Janssens – HZ 236 (1983) 650–651 = Molthagen – ThRe 79 (1983) 211–212 = Kötting – ThLZ 108 (1983) 28–30 = Matthiae

R 241 GRAY, P. T. R. (1979/80, 2442): RHE 78 (1983) 103–105 = Allen

R 242 *The Greek New Testament* ed. K. ALAND e. a. (1983, 545): CL 3 (1983) 95–105 = Paganelli, L.

R 243 *The Greek New Testament according to the Majority Text* ed. Z. C. HODGES; A. L. FARSTAD (1981/82, 740): BiTransl 34 (1983) 342–344 = Elliott, J. K. – JThS 34 (1983) 590–592 = Elliott – Prudentia 15 (1983) 140–143 = Foulkes

R 244 GREGG, R. C.; GROH, D. E. (1981/82, 3253): RSPhTh 66 (1982) 616–617 = de Durand – RSLR 19 (1983) 304–306 = Simonetti – RHE 78 (1983) 617 = de Halleux – CrSt 4 (1983) 473–478 = Beatrice – ThLZ 108 (1983) 606–607 = Kraft – ChH 52 (1983) 201 = Ferguson – HeythropJ 24 (1983) 228–229 = Meredith, A.

R 245 GREGO, I. (1983, 298): Salesianum 44 (1982) 773

R 246 *Gregorius Magnus* ed. D. NORBERG (1981/82, 1958): REL 61 (1983) 357–359 = Fontaine – LEC 51 (1983) 187–188 = Philippart, G.

R 247 *Gregorius Nazianzenus* ed. J. MOSSAY; G. LAFONTAINE (1979/80, 1580; 1981/82, 1985): ThLZ 108 (1983) 749–750 = Winkelmann

R 248 *Gregorius Nazianzenus* ed. J. MOSSAY; G. LAFONTAINE (1981/82, 1985): ACl 52 (1983) 409 = Joly – NRTh 105 (1983) 281 = Martin – JThS 34 (1983) 299–300 = Sykes – EE 58 (1983) 88–89 = Granado, C.

R 249 *Gregorius Nazianzenus* ed. M. WITTIG (1981/82, 1986): BijFTh 44 (1983) 92 = Hemel, U.

R 250 *Gregorius Nyssenus* ed. R. CRISCUOLO (1981/82, 2012): OrChrP 49 (1983) 229–232 = Cattaneo

R 251 *Gregorius Nyssenus* ed. H. R. DROBNER (1981/82, 2008): OrChrP 49 (1983) 232–233 = Paparozzi – JThS 34 (1983) 637–639 = Meredith

R 252 *Gregorius Nyssenus* ed. J. Y. GUILLAUMIN; A. G. HAMMAN (1981/82, 2010): RThPh 115 (1983) 89 = Junod

R 253 *Gregorius Nyssenus* ed. S. LILLA (1981/82, 2013): BLE 84 (1983) 69 = Crouzel

R 254 *Gregorius Nyssenus* ed. A. SPIRA; C. KLOCK (1981/82, 2009): ChH 52 (1983) 528 = Kolp – RechSR 71 (1983) 553 = Kannengiesser – RSPhTh 67 (1983) 625–627 = de Durand

R 255 *Gregorius Turonensis* ed. M. OLDONI (1983, 1430): KoinNapoli 7 (1983) 79–80 = Matrella

R 256 GREGORY, T. E. (1979/80, 326): CHR 68 (1982) 94–95 = O'Donnell

R 257 GRESE, W. C. (1979/80, 2628): SecCent 3 (1983) 120–122 = Turner, J.

R 258 GRYSON, R. (1979/80, 605): RHE 78 (1983) 484–486 = Tombeur

R 259 GRYSON, R. (1981/82, 692): NRTh 105 (1983) 748–749 = Martin – RHE 78 (1983) 839–842 = Testard – REL 61 (1983) 331–332 = Doignon

R 260 GRYSON, R. (1983, 215): RBen 93 (1983) 358–359 = Bogaert – NRTh 105 (1983) 749 = Martin – REL 61 (1983) 481–482 = Fontaine

R 261 GRYSON, R. (1983, 216): RBen 93 (1983) 358–359 = Bogaert – REL 61 (1983) 481–482 = Fontaine

R 262 GRYSON, R. (1983, 501): NRTh 105 (1983) 749 = Martin — Euphrosyne 12 (1983/84) 351–353 = Nascimento, A. A.

R 263 GRYSON, R.; GILISSEN, L. (1979/80, 604): RHE 78 (1983) 486–488 = Tombeur

R 264 GUILLAUMONT, A. (1979/80, 2570): Mu 93 (1980) 178–180 = de Halleux

R 265 HADOT, P. (1981/82, 585): Greg 64 (1983) 181 = Galot — Salmant 30 (1983) 116–118 = Trevijano Etcheverría, R. — Orpheus 4 (1983) 175–177 = Romano — ArchPhilos 46 (1983) 664 = Solignac

R 266 HAGENDAHL, H. (1983, 682): BStudLat 13 (1983) 102–104 = Piscitelli Carpino

R 267 HALKIN, F. (1983, 217): AB 101 (1983) 304 = Halkin

R 268 HALKIN, F. (1983, 503): AB 101 (1983) 294 = Halkin

R 269 Handbuch der Dogmen- und Theologiegeschichte, I ed. C. ANDRESEN (1981/82, 3171): TTh 23 (1983) 437–438 = Lemmens, J.

R 270 HARNACK, A. VON (1979/80, 124): ThLZ 108 (1983) 128 = Irmscher

R 271 HARNACK, A. VON (1981/82, 3173): AnglThR 65 (1983) 99–101 = Swift, L. J.

R 272 HARWORTH, K. R. (1979/80, 2127): ACl 52 (1983) 421 = Verheijen — REL 60 (1982) 523–525 = Fontaine

R 273 HEINEMEYER, K. (1979/80, 334): BEC 140 (1982) 272–273 = Mariotte — Francia 10 (1982) 747–748 = Gauthier — ZKG 94 (1983) 139–140 = Brück

R 274 HEINZER, F. (1979/80, 1961): RSPhTh 67 (1983) 629–631 = de Durand — ByZ 76 (1983) 52–53 = Kannengiesser

R 275 HELLHOLM, D. (1979/80, 1639): RThPh 115 (1983) 413 = Junod

R 276 HENGEL, M. (1981/82, 436): JEcclH 33 (1982) 586–589 = Hall — BLE 83 (1982) 302 = Légasse — RHE 78 (1983) 258 = Osborne — ThLZ 108 (1983) 201–203 = Weiss

R 277 HENGEL, M. (1983, 306): CT 110 (1983) 166 = Espinel, J. L.

R 278 HENKE, R. (1983, 1824): AB 101 (1983) 430 = de Gaiffier — REL 61 (1983) 486–488 = Fontaine

R 279 HENSELLEK, W. (1981/82, 1249): Euphrosyne 12 (1983/84) 328–329 = Fernandes, R. M. R.

R 280 Hermès en Haute-Égypte, 2 ed. J.-P. MAHÉ (1983, 2416): RechSR 71 (1983) 551 = Kannengiesser — EThL 59 (1983) 376 = de Halleux — NRTh 105 (1983) 612–613 = Jacques

R 281 HERRMANN, E. (1983, 307): RHDFE 59 (1981) 658–661 = Gaudemet — ByZ 76 (1983) 89–91 = Stockmeier — ZSavR 100 (1983) 542–555 = Waldstein, W. — SecCent 2 (1982) 188–190 = Weed — TTh 22 (1982) 435 = Goosen, L.

R 282 Hesychius de Batos, Chapitres sur la vigilance; Jean Carpathios, Chapitres d'exhortation et Discours ascétique ed. J. TOURAILLE (1983, 661): RSPhTh 66 (1982) 596 = Desprez

R 283 *Hesychius Hierosolymitanus* ed. M. AUBINEAU (1977/78, 1671): Mu 93 (1980) 176–178 = Mossay – OrChr 67 (1983) 222 = Gessel

R 284 *Hesychius Hierosolymitanus* ed. M. AUBINEAU (1979/80, 1645): Aevum 57 (1983) 155–157 = Pizzolato – JÖB 33 (1983) 359–361 = Lackner, W. – JThS 34 (1983) 313–314 = Chadwick

R 285 *Hesychius Hierosolymitanus* ed. M. AUBINEAU (1977/78, 1671; 1979/80, 1645): RSO 55 (1981) 120–121 = Orlandi

R 286 *Hieronymus* ed. P. LARDET (1983, 1450): REL 60 (1982) 373–376 = Fontaine

R 287 *Hieronymus* ed. P. LARDET (1983, 1451): RBen 93 (1983) 357 – REL 61 (1983) 355–357 = Fontaine

R 288 *Hilarius Pictaviensis* ed. J. DOIGNON (1977/78, 1705; 1979/80, 1688): BijFTh 44 (1983) 59–82 = Smulders, P.

R 289 *Hilarius Pictaviensis* ed. A. MARTIN (1981/82, 2090): RThPh 115 (1983) 89 = Junod

R 290 *Hilarius Pictaviensis* ed. E. P. MEIJERING (1981/82, 2089): RSPhTh 67 (1983) 610–611 = de Durand – ChH 52 (1983) 492–493 = Grant

R 291 *Hilarius Pictaviensis* ed. P. SMULDERS (1979/80, 1687; 1981/82, 2088): RHE 78 (1983) 99–101 = Gryson – Latomus 42 (1983) 700–701 = Duval

R 292 HINSON, E. G. (1981/82, 439): ChH 52 (1983) 349–350 = Rush – CHR 69 (1983) 455–456 = Frend

R 293 *Histoire du droit et des institutions de l'Église en Occident, II* ed. C. MUNIER (1979/80, 2427a): ZKTh 105 (1983) 235–236 = Wrba

R 294 *Historia de la Iglesia en España, I* ed. R. GARCÍA VILLOSLADA (1979/80, 314): Hispania 43, 153 (1983) 218–220 = Cárcel Ortí

R 295 *Historia Monachorum* ed. M. PAPAROZZI (1983, 1498): StPat 29 (1982) 199–200 = Altissimo

R 296 *A history of Christian doctrine* ed. H. CUNLIFFE-JONES (1981/82, 3178): JEcclH 33 (1982) 487 = Chadwick

R 297 HOHEISEL, K. (1977/78, 378): OLZ 78 (1983) 372–374 = Wächter

R 298 *On the Holy Spirit and on prayer* (1983, 2199): StMon 24 (1982) 432 = Lluch

R 299 *Hommages à Robert Schilling* ed. H. ZEHNACKER; G. HENTZ (1983, 116): Caesarodunum 18 (1983) 184–188

R 300 HORN, S. O. (1983, 2200): ThPh 58 (1983) 260–262 = Sieben – OrChrP 49 (1983) 506–507 = Poggi – StMon 25 (1983) 198 = Rosés – CD 196 (1983) 336–337 = Folgado Flórez, S.

R 301 HORNUS, J. M. (1981/82, 3176): REL 59 (1981) 465–466 = Fontaine – SecCent 2 (1982) 188–190 = Weed

R 302 HORSLEY, G. H. R. (1981/82, 697): VigChr 37 (1983) 200–202 = Pleket – JEcclH 34 (1983) 303 = Hall – JRH 12 (1983) 333–334 = Brennan – ChH 52 (1983) 526 = Tripolitis – JThS 34 (1983) 578–579 = Barrett

R 303 HUNT, E. D. (1983, 2377): GR 30 (1983) 110 = Walcot – JThS 24 (1983) 302–304 = Frend – Phoenix 37 (1983) 92–93 = Barnes – CR 33 (1983) 353–354 = Markus – RHE 78 (1983) 970 = Hockey – REL 61 (1983) 491–492 = Savon – Clergy 68 (1983) 110–111 = Croughan, B. J. – TLS 81 (1982) 1082 = Fowden

R 304 HURTADO, L. W. (1983, 581): NovTest 25 (1983) 281–286 = Kilpatrick

R 305 *L'Hypostase des archontes* ed. B. BARC; M. ROBERGE (1981/82, 3372): SecCent 2 (1982) 183–185 = Pearson – Mu 94 (1981) 388–390 = Janssens

R 306 *Iacobus Edessenus* ed. K.-E. RIGNELL (1979/80, 1719): ParOr 10 (1981/82) 413–414 = Albert, M.

R 307 *Ignatius van Antiochië, Zeven brieven. Polycarpus van Smyrna, Brief en Martelaarsakte* (1981/82, 881): EThL 59 (1983) 374 = Dehandschutter

R 308 *Index verborum Homiliarum festalium Hesychii Hierosolymitani* ed. M. AUBINEAU (1983, 1449): NRTh 105 (1983) 750 = Martin

R 309 *Iohannes Chrysostomus* ed. A. CERESA-GASTALDO (1981/82, 2153): RCatT 8 (1983) 514–515 = Janeras, S.

R 310 *Iohannes Chrysostomus* ed. J. DUMORTIER (1981/82, 2151): BLE 84 (1983) 139 = Crouzel – OrChrP 49 (1983) 487–488 = Cattaneo – RHR 200 (1983) 110 = Nautin – ACl 52 (1983) 411 = Joly – NRTh 105 (1983) 282 = Martin

R 311 *Iohannes Chrysostomus* ed. P. W. HARKINS (1979/80, 1760): JThS 34 (1983) 300–301 = Kelly

R 312 *Iohannes Chrysostomus* ed M. JOURJON (1979/80, 1763): BLE 84 (1983) 140 = Crouzel

R 313 *Iohannes Chrysostomus* ed. V. MADUREIRA (1973/74, 1518): HumanitasCoim 33–34 (1981/82) 328–329 = Freire, J. G.

R 314 *Iohannes Chrysostomus* ed. A. M. MALINGREY (1979/80, 1761): RSLR 19 (1983) 165–167 = Mazzucco – RHE 78 (1983) 478–484 = Zeegers – RThAM 50 (1983) 267 = Petit – ACl 52 (1983) 410 = Joly – RHR 200 (1983) 110 = Nautin

R 315 *Iohannes Chrysostomus* ed. A. PIÉDAGNEL (1981/82, 2152): EE 58 (1983) 90–91 = Granado, C. – VigChr 37 (1983) 409 = van Winden – RBi 90 (1983) 312 = Pierre – RBen 93 (1983) 157 = Verbraken – RSLR 19 (1983) 338 = Naldini – ThPh 58 (1983) 586 = Sieben – ThLZ 108 (1983) 381 = Haendler – OrChrP 49 (1983) 488–489 = Cattaneo – RHPhR 63 (1983) 467 = Maraval – REG 96 (1983) 340 = Nautin

R 316 *Iohannes Chrysostomus* et *Caesarius Arelatensis* ed. P. SOLANGER; D. ELLUL; M. H. STÉBÉ; A. G. HAMMAN (1981/82, 882): RThPh 115 (1983) 89 = Junod

R 317 *Pseudo-Iohannes Chrysostomus* ed. M. SACHOT (1981/82, 2191): VigChr 37 (1983) 98–100 = Datema – ThPh 58 (1983) 264–265 = Sieben

R 318 *Iohannes Damascenus* ed. B. KOTTER (1981/82, 2203): AB 101 (1983)

230 = Halkin − RHE 78 (1983) 559 = de Halleux − JThS 34 (1983) 316−317 = Chadwick − NRTh 105 (1983) 288 = Martin − RThPh 115 (1983) 88 = Junod

R 319 *Iohannes Damascenus* ed. G. RICHTER (1981/82, 2205): ByZ 76 (1983) 337−340 = Kotter, B.

R 320 *Irenaeus* ed. E. BELLINI (1981/82, 2229): Greg 64 (1983) 737 = Orbe

R 321 *Irenaeus* ed. E. PERETTO (1981/82, 2228): AugR 23 (1983) 559 = Voicu − RechSR 71 (1983) 551 = Kannengiesser

R 322 *Irenaeus* ed. A. ROUSSEAU; L. DOUTRELEAU (1979/80, 1826): JThS 34 (1983) 630−632 = Chadwick

R 323 *Irenaeus* ed. A. ROUSSEAU; L. DOUTRELEAU (1981/82, 2227): EE 58 (1983) 83−84 = Granado, C. − StMon 25 (1983) 200 = Olivar − VigChr 37 (1983) 643−644 = Frend − JThS 34 (1983) 630−632 = Chadwick − ThRe 79 (1983) 26−28 = Jaschke − ThPh 58 (1983) 581−582 = Sieben

R 324 *Isidorus Hispalensis* ed. J. ANDRÉ (1981/82, 2253): Faventia 4 (1982) 129−131 = Peris i Joan, A. − AB 101 (1983) 153−154 = de Gaiffier − RHR 200 (1983) 227−228 = de Vogüé − ThLZ 108 (1983) 374−375 = Diesner − SMed 5 (1983) 497−498 = Roccaro

R 325 *Isidorus Hispalensis* ed. J. OROZ RETA; M. A. MARCOS CASQUERO; M. C. DÍAZ Y DÍAZ (1981/82, 2254): CD 196 (1983) 511 = Folgado Flórez, S. − AB 101 (1983) 154−155 = de Gaiffier − EAg 18 (1983) 462 = Luis, P. de − ScTh 15 (1983) 1024−1027 = Ramos-Lissón, D.

R 326 *Isidorus Hispalensis* ed. J. OROZ RETA; M. A. MARCOS CASQUERO; M. C. DÍAZ Y DÍAZ (1981/82, 2254; 1983, 1586): HispAnt 9−10 (1979/80) [1983] 263−265 = Pradales, D.

R 327 *Iter Helveticum, Teil III* ed. J. LEISIBACH (1979/80, 510): RThAM 50 (1983) 272 = Michiels

R 328 JACAMON, S. M. (1981/82, 1578): RSPhTh 66 (1982) 605 = Desprez

R 329 JAEGER, W. (1981/82, 589): REL 59 (1981) 460 = Fontaine − RHE 78 (1983) 259 = Hannick − RHR 200 (1983) 218−219 = Martin

R 330 JANINI, J. (1981/82, 698): TEsp 27 (1983) 298−299 = Bernal, J. M. − CT 110 (1983) 419 = Fernández, P.

R 331 JANINI, J. (1981/82, 699): AB 101 (1983) 161−162 = de Gaiffier

R 332 JANSEN, H. (1983, 309): BijFTh 44 (1983) 214−215 = Poorthuis, M. − KT 34 (1983) 70−72 = Bijlsma, R.

R 333 JANVIER, Y. (1981/82, 2518): Caesarodunum 18 (1983) 166 − CaHist 28 (1983) No 1 77 = Rougé

R 334 JASCHKE, H. J. (1977/78, 1872): CrSt 4 (1983) 237−239 = Norelli

R 335 JASPERT, B. (1981/82, 3315): DR 101 (1983) 323−329 = Corbett, Ph. − ThRe 79 (1983) 297−298 = Hagemeyer

R 336 *Jewish and Christian self-Definition, I* ed. E. P. SANDERS (1979/80, 340): JThS 33 (1982) 273−275 = Horbury − JEcclH 33 (1982) 111−114 = Lange − Salesianum 44 (1982) 588 = Riggi − JThS 34 (1983) 581−584 = Horbury

R 337 JOURJON, M. (1981/82, 2931): TTh 23 (1983) 312 = Witte, H.

R 338 JUNOD, E.; KAESTLI, J.-D. (1981/82, 838): FZPT 30 (1983) 475–476 = Nuvolone, F.

R 339 KAISER, PH. (1981/82, 3238): Greg 64 (1983) 153–154 = Galot – BijFTh 44 (1983) 446–447 = Tillmans, W. G. – TTh 23 (1983) 313 = Logister, W.

R 340 KAWERAU, P. (1983, 313): OrChrP 48 (1982) 479–480 = Poggi

R 341 KERESZTES, P. (1981/82, 459): GR 29 (1982) 102 = Walcot – AHR 87 (1982) 758–759 = Benko – JEcclH 33 (1982) 487–488 = Markus – JRH 12 (1982) 207–208 = Emmett – RechSR 70 (1982) 598 = Kannengiesser – VigChr 37 (1983) 102–103 = Allen – HZ 237 (1983) 675–677 = Castritius – ByZ 76 (1983) 350–351 = Herrmann

R 342 *Klassiker der Theologie, I* ed. H. FRIES; G. KRETSCHMAR (1981/82, 222): OstkiSt 32 (1983) 205 = Wittig – RHE 78 (1983) 177 = Reinhardt

R 343 KLUM-BÖHMER, E. (1979/80, 2409): ThPh 57 (1982) 292 = Grillmeier – ThLZ 108 (1983) 214 = Nagel – ZRGG 35 (1983) 184 = Kantzenbach – ZKG 94 (1983) 125–127 = Blum

R 344 KOPECEK, T. A. (1979/80, 346): RSLR 19 (1983) 307–308 = Simonetti – BLE 84 (1983) 70 = Crouzel – ZKG 94 (1983) 124–125 = Mühlenberg – HeythropJ 24 (1983) 333–335 = Meredith, A. – Ant 58 (1983) 157–159 = Weijenborg

R 345 KRAFT, H. (1981/82, 467): JEcclH 33 (1982) 586–589 = Hall – ThRe 78 (1982) 198–200 = Knoch

R 346 KRONHOLM, T. (1979/80, 1516): Mu 93 (1980) 180–185 = de Halleux

R 347 KÜRZINGER, J. (1983, 1775): ArGran 46 (1983) 320–321 = Segovia, A. – JEcclH 34 (1983) 643 = Hall – EThL 59 (1983) 368–369 = Neyrinck – ThRu 48 (1983) 300 = Kümmel – ThPh 58 (1983) 580 = Sieben

R 348 LA BONNARDIÈRE, A. M. (1981/82, 1267): REA 29 (1983) 390 = Petitmengin

R 349 *Lactance et son temps* ... ed. J. FONTAINE; M. PERRIN (1977/78, 151): MSR 40 (1983) 55–68 = Spanneut, M.

R 350 *Lactantius* ed. CHR. INGREMEAU (1981/82, 2296): EE 58 (1983) 87 = Granado, C. – RBen 93 (1983) 155 = Verbraken – BLE 84 (1983) 302 = Crouzel – RHE 78 (1983) 633 = Rouillard – REL 60 (1982) 380–381 = Fredouille – JThS 34 (1983) 291–293 = Creed – JEcclH 34 (1983) 449–451 = Frend – MSR 40 (1983) 55–68 = Spanneut, M.

R 351 LADARIA, L. F. (1979/80, 1320): RSPhTh 66 (1982) 613 = de Durand – TyV 24 (1983) 225 = Meis W., A. – HeythropJ 24 (1983) 227–228 = McDermott, J. M.

R 352 LAMIRANDE, E. (1983, 1784): ArGran 46 (1983) 321 = Segovia, A. – CD 196 (1983) 512 = Folgado Flórez, S.

R 353 LANZI, N. (1981/82, 1272): REA 29 (1983) 347 = Bouhot

R 354 LATHAM, J. E. (1983, 691): ExpT 94 (1982) 87–88 = Townsend, M. J. – ThPh 58 (1983) 591 = Sieben

R 355 LAURENTIN, R. (1981/82, 845): StPat 30 (1983) 117–130 = Segalla, G.

R 356 LÉCUYER, J. (1983, 2103): ArGran 46 (1983) 337–338 = Segovia, A.

R 357 LEHMANN, H. J. (1975/76, 1619): RHE 78 (1983) 476–478 = Leloir

R 358 LEIDL, A. (1983, 2015a): TPQS 131 (1983) 371–372 = Holterer, K.

R 359 *Leo Magnus* ed. A. VALERIANI (1983, 1645): SMed 5 (1983) 502–503 = Musco

R 360 LEONARDI, C. (1979/80, 1752): RSPhTh 67 (1983) 297 = Bataillon

R 361 *The Letter of Peter to Philip* ed. M. W. MEYER (1983, 602): RBi 90 (1983) 307 = Murphy-O'Connor

R 362 *Lexicon errorum interpretum Latinorum* ed. S. LUNDSTRÖM (1983, 221): REL 61 (1983) 498 = Fontaine

R 363 *Liber Missarum de Toledo y Libros Misticos, II* ed. J. JANINI (1983, 2082): CT 110 (1983) 419 = Fernández, P.

R 364 *Liber Misticus de Cuaresma y Pascua* ed. J. JANINI (1981/82, 2964): TEsp 27 (1983) 298–299 = Bernal, J. M.

R 365 *Liber Sacramentorum Gellonensis* ed. A. DUMAS; J. DESHUSSES (1981/82, 2899): TLit 67 (1983) 371–372 = Speeten, J. van der

R 366 *Liturgia opera divina e umana . . .* (1983, 124): TLit 67 (1983) 284–285 = Speeten, J. van der

R 367 *Livius. Werk und Rezeption* ed. E. LEFÈVRE; E. OLSHAUSEN (1983, 128): Labeo 29 (1983) 354 = Guarino

R 368 LORENZ, R. (1979/80, 722): CrSt 4 (1983) 473–478 = Beatrice – ThRe 78 (1982) 459–463 = Grillmeier – JThS 34 (1983) 293–296 = Williams – Salmant 30 (1983) 112–114 = Trevijano Etcheverría, R. – RHE 78 (1983) 834–837 = Camelot

R 369 LORENZO, E. DI (1981/82, 1430): BStudLat 12 (1982) 268–269 = Salemme

R 370 LOUTH, A. (1981/82, 596): ThSt 43 (1982) 353–355 = Lienhard – JThS 33 (1982) 275–278 = Macleod – Sp 57 (1982) 635–637 = Hardy – Numen 29 (1982) 278–282 = Stroumsa – RHE 78 (1983) 289 = Fitzsimons – RSPhTh 66 (1982) 611–612 = de Durand – AugR 23 (1983) 563 = Lawless – BLE 84 (1983) 55–56 = Crouzel – ThLZ 108 (1983) 44–45 = Sudbrack – TTh 23 (1983) 76 = Goosen, L.

R 371 LUCIANI, E. (1981/82, 1284): REA 29 (1983) 399–400 = Bouhot

R 372 *Lucifer Calaritanus* ed. J. AVILÉS (1979/80, 1928): Emerita 50 (1983) 150–151 = Anglada, A. – Faventia 4 (1982) 131–133 = Mayer, M. – REL 61 (1983) 365 = Fontaine

R 373 *Lucifer Calaritanus* ed. L. FERRERES (1981/82, 2323): REL 61 (1983) 366–368 = Fontaine

R 374 LUIBHÉID, C. (1983, 2208): JThS 34 (1983) 699 = Chadwick – JEcclH 34 (1983) 478 = Stend

R 375 LUIS VIZCAÍNO, P. DE (1981/82, 1285): REA 29 (1983) 386 = Madec

R 376 LUIS VIZCAÍNO, P. DE (1983, 908): EAg 18 (1983) 103 = Cilleruelo, L.

R 377 LUISLAMPE, P. (1981/82, 1514): ThPh 57 (1982) 589–591 = Sieben –

ThLZ 108 (1983) 605–606 = Staats – ZKG 94 (1983) 377–381 = Hauschild – RBS 10–11 (1981/82) 195-196 = Smith

R 378 LYONS, J. A. (1981/82, 2480): BLE 84 (1983) 119–121 = Crouzel – ThLZ 108 (1983) 615–618 = Daecke

R 379 *Pseudo-Macarius* ed. V. DESPREZ (1979/80, 1935): Laval 39 (1983) 114–116 = Poirier – JThS 34 (1983) 636–637 = Louth – ACl 52 (1983) 412 = Joly – NRTh 105 (1983) 280 = Martin

R 380 *Pseudo-Macarius* ed. W. STROTHMANN (1981/82, 2325): OrChrP 49 (1983) 491–494 = van Esbroeck

R 381 MACMULLEN, R. (1983, 329): HeythropJ 24 (1983) 226–227 = Ferguson, J. – ClO 60 (1983) 134–135 = Lane – AJPh 104 (1983) 306–310 = Fishwick – CB 59 (1983) 54–55 = Rexine – JCS 31 (1983) 123–126 = Matsumoto – TG 96 (1983) 596–597 = Versnel

R 382 MAIER, J. (1981/82, 486): CD 196 (1983) 318 = Salas, A. – AugR 23 (1983) 554–555 = Studer – Greg 64 (1983) 716–717 = Prato – StMon 25 (1983) 196 = Ormaechea – FZPT 30 (1983) 472–474 = Schenker

R 383 MALLEY, W. J. (1977/78, 1439): RSLR 18 (1982) 140 = Forlin Patrucco – Orpheus 3 (1982) 427–428 = Pricoco

R 384 *Der Mandäismus* ed. G. WIDENGREN (1983, 131): ArGran 46 (1983) 381 = Muñoz, A. S. – CD 196 (1983) 316–317 = Salas, A.

R 385 MANDOUZE, A. (1981/82, 329): CRAI (1982) 293 = Palanque – StudMon 25 (1983) 197–198 = Olivar, A. – REA 24 (1983) 361 = Madec

R 386 MARA, M. G. (1979/80, 2582): Orpheus 4 (1983) 151–154 = Tibiletti

R 387 MARGERIE, B. DE (1981/82, 3509): EAg 18 (1983) 275–276 = Luis, P. de – BLE 84 (1983) 57–58 = Crouzel – RHR 200 (1983) 109 = Le Boulluec – RThPh 115 (1983) 87 = Junod – ThRe 78 (1982) 373–374 = Brox – JThS 24 (1983) 279–281 = Drewery – Mu 94 (1981) 396–398 = de Halleux

R 388 MARGERIE, B. DE (1983, 2504; 2505): Studium 23 (1983) 321–322 = Lopez de las Heras, L. – CD 196 (1983) 513 = Folgado Flórez, S. – EAg 18 (1983) 458–459 = Luis, P. de – ArGran 46 (1983) 307–308 = Segovia, A.

R 389 MARIN, M. (1981/82, 1296): VigChr 37 (1983) 405–407 = den Boeft – RechSR 71 (1983) 544 = Kannengiesser – RHE 78 (1983) 677 = Gryson – Orpheus 4 (1983) 156–158 = Leanza – RFC 110 (1982) 503–504 = Simonetti – REL 60 (1982) 526 = Doignon

R 390 *Marius Victorinus* ed. M. T. CLARK (1981/82, 2334): RHE 77 (1982) 573 = Hockey – RBen 93 (1983) 156 = Verbraken – AB 101 (1983) 454 = Halkin – JThS 34 (1983) 304–306 = Meredith

R 391 *Marius Victorinus* ed. F. GORI (1981/82, 2335): RFC 111 (1983) 83–85 = Traina

R 392 MARROU, H. I. (1981/82, 1298): ThPh 57 (1982) 592–593 = Sieben

R 393 MARTIKAINEN, J. (1979/80, 1517): Mu 93 (1980) 180–185 = de Halleux

R 394 MARTIKAINEN, J. (1981/82, 3180): OrChrP 49 (1983) 234 = van Esbroeck

R 395 MARTIMORT, A. G. (1983, 2247): BLE 83 (1982) 314 = Cabié – OrChrP 49 (1983) 473–474 = Paparozzi – RiAC 58 (1982) 412–414 = Saxer – TLit 67 (1983) 375 = D. H.

R 396 MASI, M. (1983, 1140): Janus 70 (1983) 300 = Bruins

R 397 *Maximus Confessor* ed. J. H. DECLERCK (1983, 1665): VigChr 37 (1983) 310 = van Winden – NRTh 105 (1983) 438–439 = Martin

R 398 *Maximus Confessor* ed. C. LAGA; C. STEEL (1979/80, 1955): JThS 34 (1983) 645–647 = Wickham – ByZ 76 (1983) 47–48 = Westerink

R 399 *Maximus Confessor. Actes du Symposium . . .* ed. F. HEINZER; CHR. VON SCHOENBORN (1981/82, 227): RechSR 71 (1983) 559 = Kannengiesser – RSPhTh 67 (1983) 299–300 = Bataillon – RSPhTh 67 (1983) 631–633 = de Durand – Greg 64 (1983) 591 = Orbe – RThPh 115 (1983) 414–415 = Junod – NRTh 105 (1983) 439 = Martin

R 400 MAY, G. (1977/78, 2661): JEcclH 32 (1981) 79–80 = Frend

R 401 McSHANE, PH. A. (1979/80, 362): RechSR 71 (1983) 547 = Kannengiesser – ZKG 94 (1983) 133–134 = Stockmeier

R 402 MEIJERING, E. P. (1979/80, 920): Eirene 20 (1983) 179–180 = Hošek

R 403 MEIS, A. (1979/80, 2467): ZKTh 104 (1982) 110–111 = Neufeld – RThL 13 (1982) 237 = de Halleux – Augustinus 27 (1982) 403 = Ayape – RHE 78 (1983) 194 = Aubert

R 404 *Melito Sardensis* ed. S. G. HALL (1979/80, 1964): ThRe 78 (1982) 378–379 = Kilpatrick

R 405 MESSANA, V. (1983, 2507): Ant 58 (1983) 493 = Weijenborg – EE 58 (1983) 367 = Ladaria, L. F.

R 406 METZGER, B. M. (1981/82, 709): SecCent 3 (1983) 173–174 = Hurtado, L. W. – EvangQ 55 (1983) 52–53 = Marshall, I. H. – GR 30 (1983) 110 = Walcot – CR 33 (1983) 302–306 = Birdsall – JThS 34 (1983) 586–589 = Elliott – Bibl 64 (1983) 283 = O'Callaghan

R 407 MEULENBERG, L. (1983, 1530): TTh 23 (1983) 312 = Paverd, F. van de

R 408 MIETHE, T. L. (1981/82, 1310): AEB 7 (1983) 121–130 = Fortin, E.

R 409 MILLARES CARLO, A.; RUIZ ASENSIO, J. M. (1983, 516): AHDE 53 (1983) 619–621 = Martínez Díez, G.

R 410 *Minucius Felix* ed. B. KYTZLER (1981/82, 2393): REL 61 (1983) 350 = Braun

R 411 *Miscellanea historiae ecclesiasticae, VI: Congrès de Varsovie (25 juin-1er juillet 1978), Section I: Les transformations dans la société chrétienne au IVe siècle* (1983, 137): RHE 78 (1983) 603–604 = Gryson

R 412 MOHRMANN, CH. (1977/78, 166): HumanitasCoim 33–34 (1981/82) 333–336 = Freire, J. G.

R 413 MOLINÉ, E. (1983, 42): ScTh 15 (1983) 626–628 = Merino, M.

R 414 MONAT, P. (1981/82, 2306): RHE 78 (1983) 474–476 = Gryson – RSPhTh 67 (1983) 607–609 = de Durand – REL 60 (1982) 518–521 = Perrin – ThPh 58 (1983) 584–585 = Sieben – MSR 40 (1983) 55–68 = Spanneut, M.

R 415 MORANI, M. (1981/82, 2399): ACl 52 (1983) 411 = Joly

R 416 MOSSAY, J. (1981/82, 1999): CodMan 8 (1982) 75 = Mazal — AB 101 (1983) 185 = Halkin — RHE 78 (1983) 179 = de Halleux — BBF 28, 1 (1983) 100 = Astruc

R 417 MOSSHAMMER, A. A. (1979/80, 1499): WSt N. F. 17 (1983) 264 = Schwabl — Mn 36 (1983) 202–207 = Mansfeld

R 418 MÜHLENBERG, E. (1979/80, 368): BijFTh 44 (1983) 219 = Jacobs, J. Y. H.

R 419 NAUTIN, P. (1977/78, 2033): Orpheus 4 (1983) 177–181 = Tuccari Galeani

R 420 ΝΕΛΛΑΣ, Π. (1981/82, 3285): ByZ 75 (1982) 45–48 = Nikolaou

R 421 *Neoplatonism and Christian thought* ed. D. J. O'MEARA (1983, 141): PhRh 16 (1983) 208–211 = Kennedy — JHPh 21 (1983) 566–568 = Evangeliou — Philosophia 12 (1982) 435–444 = Benakis

R 422 *Neoplatonism and Early Christian Thought* ed. H. J. BLUMENTHAL; R. A. MARKUS (1981/82, 239): Pensamiento 39 (1983) 487–488 = Gabari, J.

R 423 NEUGEBAUER, O. (1983, 222): CO 35 (1983) 141–142 = Franken, S.

R 424 *New Testament textual criticism. Its significance for exegesis. Essays in honor of Bruce M. Metzger* ed. E. J. EPP; G. D. FEE (1981/82, 241): RBi 89 (1982) 446

R 425 NIKOLAOU, T. S. (1981/82, 1764): BLE 84 (1983) 64 = Crouzel

R 426 NOORDMANS, O. (1983, 920): BijFTh 44 (1983) 445–446 = Wissink, J.

R 427 NORBERG, D. (1981/82, 1977): MH 40 (1983) 269 = Paschoud

R 428 NORONHA GALVÃO, H. DE (1981/82, 1325): ThRe 79 (1983) 383–386 = Feldmann — Augustinus 28 (1983) 424–426 = Rivera, E. — TTh 23 (1983) 313 = Bavel, T. J. van

R 429 O'DONNELL, J. J. (1979/80, 1272): Phoenix 34 (1980) 370–373 = McDonough — HJ 103 (1983) 435–437 = Jenks

R 430 O'DONOVAN, O. (1979/80, 937): Thom 46 (1982) 340–341 = Ramsey

R 431 ONASCH, K. (1981/82, 2877): CO 35 (1983) 148–149 = Franken, S. — ThLZ 108 (1983) 914–915 = Nyssen — ZKTh 105 (1983) 490 = Lies

R 432 *Origenes* ed. C. BLANC (1981/82, 2427): EE 58 (1983) 85–86 = Granado, C. — RBen 93 (1983) 154 = Verbraken — BLE 84 (1983) 115 = Crouzel — Greg 64 (1983) 391 = Orbe — ThLZ 108 (1983) 908–910 = Wendelborn — JThS 34 (1983) 286 = Hanson — RHPhR 63 (1983) 465 = Maraval

R 433 *Origenes* ed. M. BORRET (1981/82, 2428): EE 58 (1983) 84–85 = Granado, C. — RThPh 115 (1983) 88–89 = Junod — ThPh 58 (1983) 256–257 = Sieben — BLE 84 (1983) 116 = Crouzel — ACl 52 (1983) 406 = Joly — JThS 34 (1983) 394 = Hanson — ChH 52 (1983) 527–528 = Lewis — NRTh 105 (1983) 279 = Martin — EFil 32 (1983) 362–363 = Soria, F. — RHPhR 63 (1983) 465 = Maraval

R 434 *Origenes* ed. E. SCHADEL (1979/80, 2001): AugR 23 (1983) 571 = Peretto — RHR 200 (1983) 223 = Nautin

R 435 ORLANDIS, J.; RAMOS-LISSÓN, D. (1981/82, 3073): History 68 (1983) 133 = Linehan − REDC 39 (1983) 375–376 = García y García, A. − RHPhR 63 (1983) 473–474 = Faivre

R 436 OSBORN, E. F. (1981/82, 604): Salmant 30 (1983) 110–112 = Trevijano Etcheverría, R. − HeythropJ 24 (1983) 486–487 = Armstrong, A. H.

R 437 O'SULLIVAN, TH. D. (1981/82, 1956a): AB 101 (1983) 210–211 = de Gaiffier

R 438 OTRANTO, G. (1979/80, 1889): ScTh 15 (1983) 288–291

R 439 *Pachomian Koinonia, I* ed. A. VEILLEUX (1981/82, 2805): ChH 52 (1983) 256 = MacKenzie

R 440 *Pachomius* ed. F. HALKIN (1981/82, 2522): AB 101 (1983) 220 = Halkin − VigChr 37 (1983) 311 = van Winden − RBen 93 (1983) 156 = Wankenne − RHE 78 (1983) 715 = de Halleux − JThS 34 (1983) 633 = Chadwick − CE 57 (1982) Nr. 114 383–384 = Guy − NRTh 105 (1983) 425 = Martin − REG 95 (1982) 533 = Le Boulluec − ThPh 58 (1983) 265 = Bacht − ThLZ 108 (1983) 748–749 = Winkelmann

R 441 *Pachomius* ed. A. VEILLEUX (1981/82, 2520a): RHE 78 (1983) 935 = Gribomont

R 442 PADOVESE, L. (1979/80, 2130): RHE 78 (1983) 320 = de Halleux − RechSR 71 (1983) 543 = Kannengiesser − ScTh 15 (1983) 293–295 = Mateo Seco, L. F.

R 443 PAGELS, E. (1979/80, 2659): BijFTh 44 (1983) 91–92 = Dehandschutter, B.

R 444 *Il paleocristiano in Ciociaria* (1983, 147): RSCI 37 (1983) 646 = Tagliabue

R 445 PARONETTO, V. (1983, 929): RBen 93 (1983) 171 = Verbraken − RSLR 19 (1983) 164 = Zangara

R 446 *Pascua mediaevalia. Studies voor J. M. de Smet* (1983, 149): AB 101 (1983) 426–427 = Fros

R 447 *Patres Apostolici* ed. A. F. J. KLIJN (1983, 1777): NAKG 63 (1983) 221 = Dehandschutter, B.

R 448 *Paul and Paulinism* ed. M. D. HOOKER; S. G. WILSON (1983, 151): TLS 81 (1982) 1226 = Houlden

R 449 *Le pécheur et la pénitence dans l'Église ancienne* ed. C. VOGEL (1983, 2281): EE 58 (1983) 102–103 = Segovia, A. − TTh 23 (1983) 439 = Eupen, Th. van

R 450 *Pélagie la Pénitente, I* ed. P. PETITMENGIN (1981/82, 2809a): RHE 78 (1983) 101–103 = Leloir − REArm 15 (1981) 515–516 = Mahé − CR 33 (1983) 114–116 = Pattenden

R 451 PELLEGRINO, M. (1981/82, 247): AB 101 (1983) 429 = Halkin

R 452 PEÑAMARIA DE LLANO, A. (1981/82, 2104): RHE 78 (1983) 229 = Gryson − BLE 84 (1983) 66 = Crouzel

R 453 PERI, V. (1979/80, 2030): RSPhTh 66 (1982) 614–615 = de Durand

R 454 PERRIN, M. (1981/82, 2307): RSLR 19 (1983) 164 = Doignon − RechSR

71 (1983) 542 = Kannengiesser − BLE 84 (1983) 303 = Crouzel −
RSPhTh 67 (1983) 605–607 = de Durand − REL 60 (1982) 514–518 =
Monat − JEcclH 34 (1983) 449–451 = Frend − ThSt 44 (1983) 147–149
= Walsh − SR 12 (1983) 477 = Poirier − ThPh 58 (1983) 583–584 =
Sieben − NRTh 105 (1983) 435 = Javaux − MSR 40 (1983) 55–68 =
Spanneut, M.

R 455 PERRONE, L. (1981/82, 519): RSLR 18 (1982) 99–101 = Monaci Castagno − ChH 51 (1982) 447 = Rush − ZKG 92 (1981) 359–361 = Frend −
Aevum 56 (1982) 144–145 = Scaglioni − RechSR 71 (1983) 606–608
= Sesboüé − ByZ 76 (1983) 65–66 = Winkelmann − AHC 14 (1982)
243–245 = Speigl − RHR 200 (1983) 336 = Nautin

R 456 PETERS, G. (1981/82, 81): StTBiał 1 (1983) 327–329 = Ozorowski, E.

R 457 *Petrus Chrysologus* ed. A. OLIVAR (1975/76, 2208; 1981/82, 2251; 2252):
REA 29 (1983) 352 = Bouhot − LEC 51 (1983) 284 = Philippart, G.
(III) − RHE 78 (1983) 843–844 = Gryson

R 458 *Philo Carpasianus* ed. A. CERESA GASTALDO (1979/80, 2099): RSLR
19 (1983) 168 = Gallicet

R 459 *The Philokalia* ed. G. E. H. PALMER; P. SHERRARD; K. WARE (1981/
82, 889): Clergy 66 (1981) 222 = Houédard, S.

R 460 *Philostorgius* ed. J. BIDEZ; F. WINKELMANN (1981/82, 2557): AB 101
(1983) 183 = Halkin

R 461 PICHLER, K. (1979/80, 2032): ThPh 57 (1982) 588–589 = Sieben −
ChH 53 (1983) 200 = Trigg − CHR 69 (1983) 458 = Daly − RHE 78
(1983) 179 = de Halleux

R 462 PIJUÁN, J. (1981/82, 2947): EF 85 (1982) 273–274 = López i Bonet, M.

R 463 PILLINGER, R. (1979/80, 2132): ByZ 76 (1983) 74–75 = Schäublin −
JAC 26 (1983) 229–231 = Döpp

R 464 PISI, P. (1981/82, 2039): Greg 64 (1983) 617 = Orbe − JThS 34 (1983)
700 = Louth − Aevum 57 (1983) 174–176 = Scaglioni − ACl 52 (1983)
410 = Joly

R 465 PLACES, E. DES (1981/82, 1912): CRAI (1983) 41 = Irigoin − BLE 84
(1983) 304 = des Places − NRTh 105 (1983) 436 = Martin − SR 62 (1983)
110 = Lamirande − ThSt 44 (1983) 507–508 = Ettlinger − RHPhR 63
(1983) 477 = Bertrand − TTh 23 (1983) 438 = Paverd, F. van de

R 466 *Platonismus und Christentum* ed. H. BLUME; F. MANN (1983, 153):
NRTh 105 (1983) 751 = Roisel

R 467 PLOETZ, R. (1983, 1986): AB 101 (1983) 157 = de Gaiffier

R 468 POINSOTTE, J. M. (1979/80, 1898): Mn 36 (1983) 221–224 = van Andel

R 469 POIRIER, P.-H. (1981/82, 632): ParOr 10 (1981/82) 414–417 = Albert, M.

R 470 POKORNÝ, P. (1981/82, 810): ZJKF 24 (1982) 178–179 = Janoušek

R 471 *Presenza benedittina nel Piacentino* (1981/82, 1616): RSCI 37 (1983) 643
= Paolocci

R 472 PRETE, B. (1983, 2391): REDC 37 (1981) 601–602 = García Barberena,
T.

R 473 PRINZ, F. (1979/80, 380): AB 101 (1983) 190–191 = de Gaiffier

R 474 *Prudentius* ed. A. ORTEGA; I. RODRÍGUEZ (1981/82, 2575): Augustinus 28 (1983) 455 = Ayape, E. — Burgense 24 (1983) 357–359 = Guerra, M. — AB 101 (1983) 153 = de Gaiffier — Ant 58 (1983) 494–497 = Recio

R 475 *Prudentius* ed. R. PALLA (1981/82, 2576): RPh 57 (1983) 175–177 = Charlet — BStudLat 12 (1982) 272–276 = Magazzù — Aevum 57 (1983) 178–179 = Scaglioni — WSt N. S. 17 (1983) 264 = Pillinger, R. — AteRo 28 (1983) 187–190 = Bianco

R 476 PUECH, H. C. (1979/80, 2667): OLZ 78 (1983) 486–488 = Sundermann

R 477 PUECH, H.-C. (1983, 2467): Communio 16 (1983) 297 = Lobato, A.

R 478 PUZICHA, M. (1979/80, 2754): ThRe 78 (1982) 26–28 = Böckmann - ThPh 57 (1982) 294–295 = Bacht — CHR 68 (1982) 81–82 = Eno

R 479 QUACQUARELLI, A. (1981/82, 607): ArGran 46 (1983) 385–386 = Segovia, A. — StMon 25 (1983) 196 = Olivar — RechSR 71 (1983) 540 = Kannengiesser

R 480 QUACQUARELLI, A. (1981/82, 3338): ArGran 46 (1983) 362 = Segovia, A. — RBen 93 (1983) 375 = Misonne — REA 29 (1983) 388 = Amadei — OrChrP 49 (1983) 483–484 = Špidlík

R 481 RAMBAUX, C. (1979/80, 2212): Gn 55 (1983) 690–695 = Fontaine — RechSR 71 (1983) 540–542 = Kannengiesser — Orpheus 4 (1983) 459–463 = Micaelli, Cl.

R 482 RAPP, F. (1983, 364): RHE 78 (1983) 948–950 = Aubert — MSR 40 (1983) 227 = Berthe

R 483 RECAREDO GARCIA, B. (1979/80, 1865): RC 29 (1983) 128–129 = Langa, P.

R 484 RECCHIA, V. (1979/80, 1572): HumanitasCoim 33–34 (1981/82) 332–333 = Freire, J. G.

R 485 *Reformatio Ecclesiae* ed. R. BAEUMER (1979/80, 154): ZKG 94 (1983) 102–103 = Maron — RQ 78 (1983) 140–141 = Gatz

R 486 *Règles monastiques d'Occident* ed. V. DESPREZ (1979/80, 234): RSPhTh 66 (1982) 602 = Desprez — RechSR 71 (1983) 545 = Kannengiesser

R 487 *Les Règles des saints Pères, I* ed. A. DE VOGÜÉ (1981/82, 887): RSLR 19 (1983) 310–312 = Gribomont — OrChrP 49 (1983) 490–491 = Špidlík — ThPh 58 (1983) 588–590 = Bacht — JThS 34 (1983) 700–701 = Chadwick

R 488 *Les Règles des saints Pères* ed. A. DE VOGÜÉ (1981/82, 887; 888): RBen 93 (1983) 359–362 = Bogaert — StMon 25 (1983) 171 = Badía, B. — RHE 78 (1983) 849–851 = Gribomont — ReSR 57 (1983) 323 = Munier — REDC 39 (1983) 374–375 = Echeverría, L. de — NetV 8 (1983) 305 = Fernández, S.

R 489 REISS, E. (1983, 1153): CW 77 (1983) 54–55 = Ziolkowski

R 490 RIPANTI, G. (1981/82, 1363): Orpheus 4 (1983) 488–490 = Martorana, S.

R 491 Rius-Camps, J. (1979/80, 1735): ChH 52 (1983) 526–527 = Smith

R 492 Robinson, S. E. (1981/82, 857): EThL 59 (1983) 378 = de Halleux

R 493 Rodríguez Herrera, I. (1981/82, 2592): LEC 51 (1983) 90 = Coulie, B. − AtPavia 61 (1983) 612–613 = Ela Consolino

R 494 Roget, François (1983, 368): NAKG 63 (1983) 223–224 = J.R.

R 495 Rohland, J. P. (1977/78, 2526): Klio 64 (1982) 289–296 = Winkelmann, F.

R 496 *Romanus Melodus* ed. J. Grosdidier de Matons (1981/82, 2602): EE 58 (1983) 91–92 = Granado, C. − ZKG 94 (1983) 120–122 = Tinnefeld − ByZ 76 (1983) 44–47 = Hunger − ACl 52 (1983) 413 = Leroy-Molinghen − RHR 200 (1983) 228 = Dalmais − NRTh 105 (1983) 283 = Martin − RSLR 19 (1983) 168 = Pellegrino − RHE 78 (1983) 634 = de Halleux

R 497 Rondeau, M. J. (1983, 2527): RSPhTh 67 (1983) 317 = Gy − NRTh 105 (1983) 752 = Martin

R 498 Rordorf, W.; Schneider, A. (1981/82, 3189): RHPhR 63 (1983) 474 = Maraval − TTh 23 (1983) 182–183 = Lemmens, J.

R 499 Rosenqvist, J. O. (1981/82, 2833): Byslav 44 (1983) 62–63 = Muchnová − LFilol 106 (1983) 116–117 = Kurzová − RPh 57 (1983) 140 = des Places − ByZ 76 (1983) 344 = Hörandner − REG 96 (1983) 342 = Irigoin

R 500 Rowland, Chr. (1981/82, 3365): Clergy 68 (1983) 108–109 = Murray, R.; S. J. − ExpT 94 (1982/83) 129–130

R 501 Rudolph, K. (1983, 2472): Byslav 44 (1982) 215–216 = Oerter

R 502 Ruef, H. (1981/82, 1367): BSL 77 (1982) 124 = Moussy − RPh 57 (1983) 349 = Pépin

R 503 *Early monastic rules* ed. C. V. Franklin; I. Havener; J. A. Francis (1981/82, 889): RBen 93 (1983) 159 = Misonne

R 504 Russell, J. B. (1981/82, 3358): JEcclH 33 (1982) 447–448 = Smalley − AHR 87 (1982) 1043–1044 = Peters − ChH 52 (1983) 202–203 = Ferguson − CHR 69 (1983) 456–457 = Emmerson − JRH 12 (1983) 331–333 = Kelly − RelStud 19 (1983) 431–433 = Butterworth − ZKG 94 (1983) 382 = Ménard

R 505 *Sabato e domenica nella Chiesa antica* ed. W. Rordorf (1979/80, 2403): RSLR 19 (1983) 131–137 = Mazzucco

R 506 Sabugal, S. (1981/82, 2883): TyV 24 (1983) 229 = Ferrando, M. A. − CD 196 (1983) 167 = Keller, M. A. − HumTeol 4 (1983) 244–245 = Gonçalves, J. M. P. − EphMariol 33 (1983) 242 = Fernández, D.

R 507 *Le Sacramentaire Grégorien* ed. J. Deshusses (1981/82, 2900): RBen 93 (1983) 366–370 = Nocent − RSPhTh 67 (1983) 134 = Gy − RiAC 59 (1983) 216–219 = Décréaux − ArGran 46 (1983) 347 = Muñoz, A. S. − TLit 67 (1983) 212–213 = Speeten, J. van der

R 508 *Saecula saeculorum. Opstellen aangeboden aan C. W. Mönnich . . .* (1981/82, 267): TTh 23 (1983) 173 = Paverd, F. van de

R 509 Sáenz de Argandoña, P. M. (1981/82, 2569): ArGran 46 (1983) 321–322 = Segovia, A.

R 510 *San Benedetto agli uomini d'oggi. Miscellanea di studi per il XV centenario della nascita di san Benedetto* (1981/82, 1621): SMed 4 (1983) 173–174 = Buttitta

R 511 Sangrinum, A. (1979/80, 1232): ScTh 15 (1983) 304 = Ramos Lissón, D.

R 512 *I Santi Benedetto e Scolastica...* (1981/82, 2767): Apollinaris 56 (1983) 714–716 = Bucci

R 513 Saxer, V. (1979/80, 395): BLE 83 (1982) 55–58 = Martimort – MSR 39 (1982) 38–39 = Spanneut – BTAM 13 (1982) 189 = Mathon – Salesianum 44 (1982) 589 = Riggi – ChH 51 (1982) 213–214 = Reardon – JEcclH 33 (1982) 158–159 = Crook – RQ 77 (1982) 138–141 = Schmugge – ZKG 93 (1982) 364–366 = Rordorf – Gn 55 (1983) 76–78 = Hiltbrunner – JAC 26 (1983) 223–229 = Kehl – ThPh 58 (1983) 585–586 = Stenzel – BJ 183 (1983) 833–846 = Duval – RSLR 19 (1983) 137–139 = Zangara – RHR 200 (1983) 88–90 = Savon – SR 12 (1983) 476–477 = Poirier

R 514 Schäferdiek, K. (1983, 380): RHE 78 (1983) 180 = Reinhardt

R 515 Schär, M. (1979/80, 2035): RHE 78 (1983) 1013 = Denis

R 516 Scheffczyk, L. (1983, 2356): EThL 58 (1982) 406–408 = de Halleux – REA 29 (1983) 382 = Madec – Greg 64 (1983) 568 = Alszeghy – TTh 23 (1983) 85–86 = Tente, M. van

R 517 Schnusenberg, C. (1981/82, 943): ChH 52 (1983) 257–258 = Reynolds

R 518 *Scolies ariennes sur le concile d'Aquilée* ed. R. Gryson (1979/80, 581): RSCI 37 (1983) 601 = Tagliabue – ACl 52 (1983) 417 = Verheijen – RHR 200 (1983) 335 = Nautin – AB 101 (1983) 185 = Halkin

R 519 *Scripta Ariana Latina, I* ed. R. Gryson (1981/82, 878): RechSR 71 (1983) 553 = Kannengiesser – NRTh 105 (1983) 747–748 = Martin – RBen 93 (1983) 358–359 = Bogaert – RHE 78 (1983) 837–839 = Testard

R 520 Segala, F. (1981/82, 2726): AB 101 (1983) 429 = Halkin – RBen 93 (1983) 162 = Verbraken – RSCI 37 (1983) 201–202 = Golinelli

R 521 Selb, W. (1981/82, 3022): ZSavR 100 (1983) 724–735 = Kaufhold

R 522 Selge, K. V. (1981/82, 537): StMon 25 (1983) 194 = Olivar – ThRu 48 (1983) 191–192 = Moeller – ThQ 163 (1983) 329 = Reinhardt

R 523 Sell, J. (1983, 645): RBi 90 (1983) 469 = Murphy-O'Connor

R 524 *Semana de historia...* (1983, 165): RHE 78 (1983) 932–934 = Moral

R 525 *Il sepolcro di san Benedetto, II* (1983, 1103): StMon 25 (1983) 394–408 = Capó, A.

R 526 Severus, E. von (1981/82, 274): RHE 78 (1983) 557 = de Vogüé

R 527 *Sexti Sententiae* ed. R. A. Edwards; R. A. Wild (1981/82, 2620): RBen 93 (1983) 383 = Bogaert – RechSR 71 (1983) 551 = Kannengiesser – JThS 34 (1983) 311 = Chadwick – ThLZ 108 (1983) 269 = Holtz – SecCent 3 (1983) 106–107 = Hoch, R. F.

R 528 SGHERRI, G. (1981/82, 2507): ArGran 46 (1983) 322 = Segovia, A. – EThL 59 (1983) 382–384 = de Halleux

R 529 SICLARI, A. (1979/80, 1818): RFN 72 (1980) 173–174 = Micheletti

R 530 SIEBEN, H. J. (1979/80, 2453): AHC 13 (1981) 423–433 = Schneemelcher – Klio 64 (1982) 289–296 = Winkelmann, F.

R 531 SIEBEN, H. J. (1983, 65): REL 61 (1983) 460–461 = Fontaine

R 532 SIEGERT, F. (1981/82, 334): ArGran 46 (1983) 387–388 = Muñoz, A.

R 533 *La signification et l'actualité du IIe Concile œcuménique . . .* (1981/82, 275): Sob 5,2 (1983) 87–88 = Bray, G.

R 534 SIMON, M. (1981/82, 538): AugR 22 (1982) 598 = di Berardino – RSLR 18 (1982) 294–297 = Frend – RechSR 70 (1982) 620 = Kannengiesser – NovTest 24 (1982) 375–378 = Klijn – StMon 24 (1982) 233 = Celio – Salesianum 44 (1982) 824–826 = Pasquato – KT 34 (1983) 60–61 = Horst, P. W. van der – Greg 63 (1982) 601–604 = Janssens – ThRu 47 (1982) 302–304 = Wischmeyer – NRTh 104 (1982) 94 = Plumat – RHPhR 62 (1982) 290 = Maraval – RHE 78 (1983) 178 = Gryson – JBL 102 (1983) 167–169 – HeythropJ 24 (1983) 114 = L. H. C. – NAKG 63 (1983) 222 = Dehandschutter, B.

R 535 SIMONETTI, M. (1981/82, 3517): Greg 64 (1983) 162–163 = Wicks – SMed 4 (1983) 215–216 = Messana

R 536 SMITH, W. T. (1979/80, 969): AugR 23 (1983) 562 = Lawless – SecCent 1 (1981) 115–117 = Miles

R 537 SØBY CHRISTENSEN, A. (1979/80, 1914): StudClas 21 (1983) 164–165 = Niculescu – Eirene 20 (1983) 127–128 = Burian – Eos 71 (1983) 117–120 = Ilski – Mn 36 (1983) 436–437 = den Boeft

R 538 STEIN, D. (1979/80, 408): JEcclH 32 (1981) 518–519 = Shepard – ByZ 76 (1983) 67–68 = Hauschild – OstkiSt 32 (1983) 196 = Biedermann – JÖB 33 (1983) 365–366 = Koder, J.

R 539 STEPPAT, M. (1981/82, 1381): ThPh 57 (1982) 591–592 = Sieben – Augustinus 28 (1983) 423–424 = Rivera, E.

R 540 STIGLMAYR, E. (1979/80, 974): ArchPhilos 46 (1983) 136 = Solignac, A.

R 541 *Storia monastica ligure e pavese. Studi e documenti* (1983, 392): StMon 25 (1983) 175 = Lluch

R 542 STRAETEN, J. VAN DER (1983, 1961): AB 101 (1983) 32 = van der Straeten

R 543 STRECKER, G. (1981/82, 1777): VoxP 4 (1983) 266–269 = Szulc

R 544 STRECKER, G. (1983, 1212): VigChr 37 (1983) 413–415 = Wehnert

R 546 *Studien zur mittelalterlichen Geistesgeschichte und ihren Quellen* ed. A. ZIMMERMANN (1983, 179): RSPhTh 67 (1983) 302 = Bataillon

R 547 STUNKEL, K. R. (1983, 440): JAOS 102 (1982) 421–422 = Alper

R 548 *Synesius Cyrenensis* ed. A. GARZYA (1979/80, 2171): Orpheus 4 (1983) 466–470 = Criscuolo, U.

R 549 *A synopsis of the four Gospels in Greek* ed. J. B. ORCHARD (1983, 546): DR 101 (1983) 320–323 = Goulder

R 550 SZYMUSIAK, J.; STAROWIEYSKI, M. (1971/72, 186): PST 4 (1983) 83–89=
Dziasek, F.

R 551 TARABOCHIA CANAVERO, A. (1981/82, 3528): EThL 59 (1983) 384 =
de Halleux — RThL 14 (1983) 113 = Bogaert

R 552 TARDIEU, M. (1981/82, 3483): RHPhR 63 (1983) 510 = Bertrand

R 553 Tatianus Syrus ed. M. WHITTAKER (1981/82, 2643): Ha 134 (1983)
90–91 = Vokes — CW 77 (1983) 133–134 = Tripolitis — RHE 78 (1983)
969 = Hockey

R 554 Teksty z Nag-Hammadi ed. A. DEMBSKA; W. MYSZOR (1979/80,
2594): ThLZ 108 (1983) 443–446 = Rohde

R 555 Tertullianus ed. J. C. FREDOUILLE (1979/80, 2181; 1981/82, 2644):
RHE 78 (1983) 260 = Gryson — BLE 84 (1983) 64–65 = Crouzel —
ACl 52 (1983) 414 = Verheijen — NRTh 105 (1983) 280 = Martin —
RHR 200 (1983) 438 = Nautin

R 556 Tertullianus ed. P. A. GRAMAGLIA (1983, 1888): REA 29 (1983) 313 =
Fredouille

R 557 Tertullianus ed. CH. MUNIER (1979/80, 2183): BLE 84 (1983) 64–65 =
Crouzel — RHR 200 (1983) 221–222 = Savon — ACl 52 (1983) 413 =
Verheijen

R 558 Tertullianus ed. A. RESTA BARRILE (1981/82, 2647): Latinitas 31 (1983)
78–79 = Palmerini

R 559 Tertullianus ed. J. H. WASZINK (1979/80, 2178): RHR 200 (1983) 222 =
Nautin — ThPh 58 (1983) 582 = Sieben

R 560 TESTARD, M. (1981/82, 549): RHPhR 58 (1983) 474 = Maraval — AB
101 (1983) 229 = de Gaiffier — RHE 78 (1983) 95–99 = Fontaine —
RThL 14 (1983) 105–107 = Delhaye — REA 29 (1983) 314 = Petitmengin — Latomus 42 (1983) 664–665 = Savon — CR 33 (1983) 136 =
Barnes — Gy 90 (1983) 316–317 = Opelt — Euphrosyne 12 (1983/84)
345–346 = Nascimento, A. A.

R 561 Testi gnostici ed. L. MORALDI (1983, 2421): BibbOr 25 (1983) 126 =
Rinaldi

R 562 Testimonianze cristiane antiche ed altomedievali nella Sibaritide ed. C.
D'ANGELA (1979/80, 168): SMed 4 (1983) 154–161

R 563 THÉLAMON, F. (1981/82, 2610): JThS 34 (1983) 306–308 = Alexander —
ThLZ 107 (1982) 906–908 = Lorenz — REL 60 (1982) 521–523 =
Flamant — CE 57 (1982) Nr. 114 382–383 = Bingen — Latomus 42 (1983)
665–667 = Duval — BiblOr 40 (1983) 256–258 = den Boeft

R 564 Theodoretus Cyrensis ed. J. N. GUINOT (1979/80, 2235): RHE 77
(1982) 583 = de Vogüé — BLE 84 (1983) 142 = Crouzel

R 565 Theodoretus Cyrensis ed. J. N. GUINOT (1981/82, 2678): RBi 90 (1983)
311 = Pierre

R 566 Theologische Realenzyklopädie V (1979/80, 245): BibHR 44 (1982)
178–179 = Hazlett — ThLZ 106 (1981) 873–874 = Amberg

R 567 Theologische Realenzyklopädie VI-VIII (1979/80, 246; 1981/82, 335–

336): ThLZ 107 (1982) 875–880 = Amberg – ThLZ 108 (1983) 178–180
= Amberg

R 568 *Theologische Realenzyklopädie VII* (1981/82, 335): ThRe 78 (1982)
275–277 = Bäumer – ThRu 42 (1982) 201–204 = Grässer (V–VII) –
EtThR 57 (1982) 149 = Reymond (VII, 4–5)

R 569 *Theologische Realenzyklopädie VIII* (1981/82, 336): EtThR 57 (1982) 150
(Lief. 1–2), 303 (Lief. 3), 458 (Lief. 5) = Reymond – ThRe 78 (1982)
277–279 = Bäumer

R 570 *Theologische Realenzyklopädie VIII–X* (1981/82, 336–338): RHPhR 63
(1983) 456 = Chevallier

R 571 *Theologische Realenzyklopädie IX* (1981/82, 337): RechSR 70 (1982)
624 = Kannengiesser (VII–IX,2) – RHE 77 (1982) 186–189 = Aubert
(VII–IX,2) – EtThR 57 (1982) 459–460 = Reymond (IX,1–2) – ThRe
79 (1983) 361–364 = Bäumer – ThLZ 108 (1983) 721–727 = Wallis –
JEcclH 34 (1983) 159–160 (IX,3–4); 309 (IX, 5) = Chadwick

R 572 *Theologische Realenzyklopädie X* (1981/82, 338): RHE 78 (1983) 173–175
= Aubert – ThRe 79 (1983) 449–453 = Bäumer

R 573 THOMAS, C. (1981/82, 550): Antiquity 56 (1982) 146–148 = Davies –
History 67 (1982) 114 = Reece – GR 29 (1982) 212 = Walcot – RHE 77
(1982) 107–109 = Hockey – AntJ 62 (1982) 420–422 = Painter – ChH
52 (1983) 493–494 = Pfaff – JBL 102 (1983) 967 = Birley – SecCent 3
(1983) 69–70 = Grant

R 574 TIBILETTI, G. (1979/80, 726a): ACl 52 (1983) 352 = Joly – Euphrosyne
12 (1983/84) 349–350 = Nascimento, A. A.

R 575 TORTI, G. (1979/80, 982): Orpheus 4 (1983) 181–182 = Giordano –
Augustinus 28 (1983) 428–429 = Oroz Reta, J.

R 576 TREMBLAY, R. (1979/80, 1850): ThRe 79 (1983) 28–29 = Hahn

R 577 *The Trinitarian controversy* ed. W. G. RUSCH (1979/80, 247): SecCent
1 (1981) 191–192 = Balás

R 578 TRONCARELLI, F. (1981/82, 1702): Maia 34 (1982) 270–273 = Milanese

R 579 TWOMEY, V. (1981/82, 3133): OrChrP 49 (1983) 214–218 = de Vries –
ThPh 58 (1983) 257–260 = Sieben – OstkiSt 32 (1983) 337–340 =
Biedermann – JEcclH 34 (1983) 479 = Frend – ThSt 44 (1983) 322–324
= Eno

R 580 *Typus, Symbol, Allegorie* ed. M. SCHMIDT; C. F. GEYER (1981/82, 290):
ThPh 58 (1983) 590–591 = Sieben – ArGran 46 (1983) 323 = Segovia, A.

R 581 ULLMANN, W. (1981/82, 1946): StMon 25 (1983) 200 = Olivar – RSCI
37 (1983) 505–507 = Reuter – HZ 236 (1983) 654–655 = Schieffer –
ChH 52 (1983) 495–496 = Noble – JEcclH 34 (1983) 106–108 = Markus

R 582 VALERO, J. B. (1979/80, 2095): BLE 84 (1983) 140 = Crouzel

R 583 VALLÉE, G. (1981/82, 3493): JThS 34 (1983) 285–286 = Stead – ChH 52
(1983) 527 = Friesen – ThRe 79 (1983) 29–31 = Jaschke – ReSR 57
(1983) 72–73 = Ménard – RHR 200 (1983) 333–335 = Le Boulluec –
RHPhR 63 (1983) 476 = Bertrand

R 584 VASEY, V. (1981/82, 1004): ArGran 46 (1983) 323–324 = Muñoz, A.
R 585 VERHEIJEN, P. (1979/80, 987): RSPhTh 66 (1982) 604 = Desprez –
RechSR 71 (1983) 545 = Kannengiesser – ACl 52 (1983) 419–420 =
Pietri
R 586 *Vetus Latina. Die Reste der altlateinischen Bibel, XXV, Pars 2, 1–2* ed.
H. J. FREDE (1983, 550): REL 61 (1983) 360–361 = Fontaine
R 587 VICASTILLO, S. (1979/80, 2229): BLE 84 (1983) 301 = Crouzel – Greg
64 (1983) 618 = Orbe – ScTh 15 (1983) 291–293 = Mateo Seco, L. F.
R 588 VILLALOBOS, J. (1981/82, 1402): REA 29 (1983) 369 = Madec – CD
196 (1983) 534–535 = Sánchez Meca, D.
R 589 VIÑAS ROMÁN, T. (1981/82, 1404): CD 196 (1983) 155 = Carmona, F. –
Augustinus 28 (1983) 419–423 = Rivera, E.
R 590 VISCIDO, L. (1983, 1173): BStudLat 13 (1983) 105 = Cupaiuolo
R 591 *Vita di S. Filippo d'Argira attribuita al Monaco Eusebio* ed. C. PASINI
(1981/82, 2815): ByZ 76 (1983) 347–350 = Capizzi
R 592 VITORES, A. (1981/82, 2513): JThS 34 (1983) 287–289 = Hanson –
RHE 78 (1983) 93–94 = Crouzel – BLE 84 (1983) 117–119 = Crouzel
R 593 VLIET, H. VAN (1983, 2522): NedThT 37 (1983) 34 = Mussies, G.
R 594 VOGÜÉ, A. DE (1981/82, 1639): RSPhTh 66 (1982) 604 = Desprez
R 595 VORGRIMLER, H. (1979,80, 2397): AHC 12 (1980) 452–455 = Ziege-
naus
R 596 WALLACE-HADRILL, D. S. (1983, 712): ExpT 94 (1982/83) 186–187
= Hanson, R.P.C. – ThSt 44 (1983) 505–507 = Slusser
R 597 WEISCHER, B. M. (1981/82, 954): OLZ 78 (1983) 468–474 = Müller
R 598 WENDEBOURG, D. (1981/82, 3194): ByZ 76 (1983) 53–54 = Pods-
kalsky, G.
R 599 WIELAND, W. (1977/78, 1204): RSPhTh 66 (1982) 630–633 = de
Durand
R 600 WINKELMANN, F. (1979/80, 428): ZKG 93 (1982) 366–367 = Haacke –
VetChr 19 (1982) 407–410 = Orlandi – Byslav 44 (1983) 57–58 =
Cinke
R 601 WINKLER, G. (1981/82, 2963): HA 97 (1983) 165–178 = Mesrop, T.P. –
ArGran 46 (1983) 349 = Segovia, A.
R 602 WINSLOW, D. F. (1981/82, 2007): RSPhTh 66 (1982) 623 = de Du-
rand – BLE 84 (1983) 68 = Crouzel – Ant 58 (1983) 159–160 =
Weijenborg – HeythropJ 24 (1983) 230 = Meredith, A.
R 603 WISSE, F. (1981/82, 736): CW 77 (1983) 135 = Yates – SR 12 (1983)
469–470 = Hurtado
R 604 WITTMANN, L. (1979/80, 995): Pensamiento 39 (1983) 245–246 =
Gerardo, J.
R 605 WÓJTOWICZ, H. (1979/80, 1987): Eos 70 (1982) 369–373 = Appel
R 606 WOJTOWYTSCH, M. (1981/82, 3103): REA 28 (1982) 359 = Brix – REB
40 (1982) 270 = Failler – DLZ 103 (1982) 880–882 = Haendler –
RHDFE 60 (1982) 623–625 = Gaudemet – CHR 69 (1983) 459 =

Eno — JEcclH 34 (1983) 451–453 = Bonner — JThS 34 (1983) 634 = Chadwick — RHE 77 (1982) 464–466 = Munier — StMon 25 (1983) 199 = Olivar — RSPhTh 67 (1983) 147–148 = Congar — ThLZ 108 (1983) 126–128 = Diesner

R 607 WOLFSON, H. A. (1979/80, 657): RFC 110 (1982) 506 = Gallicet

R 608 *Women of spirit* ed. R. RUETHER; E. MacLAUGHLIN (1983, 409): JR 61 (1981) 120–122 = Carr

R 609 YANGUAS, J. M. (1983, 1076): ScTh 15 (1983) 1023–1024 = Aranda Lomeña, A.

R 610 ZAÑARTU, S. (1977/78, 1760): ThRe 78 (1982) 458 = Gessel

R 611 ZIMMERMANN, H. (1983, 410): ThRe 79 (1983) 387 = Bäumer

R 612 ZINNHOBLER, R. (1981/82, 2829): AB 101 (1983) 432–433 = de Gaiffier — JEcclH 34 (1983) 606–607 = Markus — TPQS 191 (1983) 370–371 = Schwarcz, A.

X. Register

ARBEITEN ZUR
NEUTESTAMENTLICHEN TEXTFORSCHUNG

KURT ALAND
Kurzgefaßte Liste der griechischen Handschriften des Neuen Testaments

Band I: Gesamtübersicht

Groß-Oktav. VIII, 431 Seiten. 1963. Ganzleinen DM 88,– (Band 1)
Band II: Einzelübersichten (in Vorbereitung)

Studien zur Überlieferung des Neuen Testaments und seines Textes

Groß-Oktav. X, 229 Seiten. 1967. Ganzleinen DM 54,– (Band 2)

Materialien zur neutestamentlichen Handschriftenkunde I

In Verbindung mit B. Ehlers, P. Ferreira, H. Hahn, H. L. Heller, K. Junack, R. Peppermüller, V. Reichmann, H. U. Rosenbaum, J. G. Schomerus, K. Schüssler, P. Weigandt, herausgegeben von Kurt Aland

Groß-Oktav. VIII, 292 Seiten. 1969. Ganzleinen DM 88,– (Band 3)

Vollständige Konkordanz zum griechischen Neuen Testament

Unter Zugrundelegung aller modernen kritischen Textausgaben und des Textus receptus
In Verbindung mit H. Riesenfeld, H. U. Rosenbaum, Chr. Hannick, B. Bonsack neu zusammengestellt unter der Leitung von Kurt Aland

2 Bände. Quart. Halbleder
Band I, Teil 1 (A–Λ). XVIII, 752 Seiten. 1983.
Band I, Teil 2 (M–Ω). VI, Seiten 753–1352. 1983. DM 1725,–
Band II (Spezialübersichten). VIII, 557 Seiten. 1978. DM 198,– (Band 4)

Die alten Übersetzungen des Neuen Testaments, die Kirchenväterzitate und Lektionare

Der gegenwärtige Stand ihrer Erforschung und ihre Bedeutung für die griechische Textgeschichte

Mit Beiträgen von M. Black, B. Fischer, H. J. Frede, Chr. Hannick, J. Hofmann, K. Junack, L. Leloir, B. M. Metzger, G. Mink, J. Molitor, P. Prigent, E. Stutz, W. Thiele herausgegeben von Kurt Aland

Groß-Oktav, XXII, 591 Seiten, 5 Tafeln, 1972. Ganzleinen DM 156,– (Band 5)

Preisänderungen vorbehalten

Walter de Gruyter **Berlin · New York**

ARBEITEN ZUR NEUTESTAMENTLICHEN TEXTFORSCHUNG

Das Neue Testament auf Papyrus
I: Die Katholischen Briefe

In Verbindung mit K. Junack bearbeitet von W. Grunewald,
mit einem Vorwort von Kurt Aland
Groß-Oktav. XI, 171 Seiten. 1986. Ganzleinen DM 158,– (Band 6)

Das Neue Testament in syrischer Überlieferung
I: Die Großen Katholischen Briefe

In Verbindung mit A. Juckel herausgegeben und untersucht von Barbara Aland
Quart. X, 311 Seiten. 1986. Ganzleinen DM 240,– (Band 7)

Liste der koptischen Handschriften des Neuen Testaments
I: Die sahidischen Handschriften der Evangelien, 1. Teil

Bearbeitet von F.-J. Schmitz und G. Mink, mit einem Vorwort von Barbara Aland
Groß-Oktav. XXIII, 471 Seiten. 1986. Ganzleinen DM 148,– (Band 8)

Text und Textwert der Griechischen Handschriften des Neuen Testaments
I: Die Katholischen Briefe
Band 1: Das Material

In Verbindung mit A. Benduhn-Mertz und G. Mink, herausgegeben von Kurt Aland
Groß-Oktav. XVIII, 430 Seiten. 1987. Ganzleinen DM 138,– (Band 9)

Band 2,1: Die Auswertung p23-999 –
Band 2,2: Die Auswertung 1003–280

Groß-Oktav. XX, 1332 Seiten. Ergänzungsliste (118 Seiten). 1987.
Ganzleinen DM 360,– (Band 10/1 + 2)

Band 3: Die Einzelhandschriften

Groß-Oktav. XI, 410 Seiten. 1987. Ganzleinen DM 128,– (Band 11)

Preisänderungen vorbehalten

Walter de Gruyter   Berlin · New York